Zu diesem Buch

Die DDR ist das gesellschaftliche Gegenmodell, an dem die Bundesrepublik sich in erster Linie mißt. Hier wie dort bildet das Wirtschaftssystem die Basis für die politische und soziale Ordnung. Obwohl die liberale Marktwirtschaft in ihrer ökonomischen Effektivität deutlich überlegen scheint, beansprucht die sozialistische Planwirtschaft für sich, in Theorie und Praxis die bessere Alternative zu sein.

Modell, Realität und Tendenz der Wirtschaftsgestaltung in Ost- und Westdeutschland untersucht dieses didaktische Sachbuch an Hand der wichtigsten Strukturmerkmale. So unterschiedliche Mechanismen wie Konkurrenz und Kooperation, Markt und Plan werden beschrieben und auf ihre Leistungen für die gesellschaftliche Entwicklung und die Lebensqualität des einzelnen hin überprüft.

Materialien ergänzen den Text zur vertiefenden Information und selbständigen Überlegung. Arbeitsvorschläge verweisen auf die besondere Eignung des Bandes für den politischen Unterricht.

Karl-Heinz Eckhardt, Diplom-Politologe, studierte mit dem Schwerpunkt «Politische Ökonomie sozialistischer Länder» Geschichte, Politik und Publizistik an der FU Berlin. Er ist Studienrat für Geschichte und politische Weltkunde an einem Berliner Gymnasium und Mitautor von «Wirtschaft und Politik verstehen» (rororo sachbuch 7118).

Karl-Heinz Eckhardt

Die DDR im Systemvergleich

Didaktisches Sachbuch zum Verständnis von Plan- und Marktwirtschaft

Erläuterungen – Materialien – Arbeitsvorschläge

rororo

Rowohlt

1.–15. Tausend September 1978
16.–23. Tausend Juni 1979
24.–28. Tausend Dezember 1980
29.–34. Tausend September 1981

Originalausgabe
Redaktion Ludwig Moos
Umschlagentwurf Werner Rebhuhn
Veröffentlicht im Rowohlt Taschenbuch Verlag GmbH,
Reinbek bei Hamburg, September 1978

Satz Aldus (Linotron 505 C)
Gesamtherstellung Clausen & Bosse, Leck
Printed in Germany
980-ISBN 3 499 17161 9

Inhaltsverzeichnis

Einleitung
Sozialismus in der DDR: Abschreckung oder Beispiel?

Für den Besucher aus der Bundesrepublik Deutschland ist die DDR das Land der armen Verwandten, deren Lebensstandard sich trotz einiger Fortschritte nicht mit dem seinigen vergleichen läßt. Die Qualität der Autos, die Preise der Konsumgüter, die fehlenden Dienstleistungen und das Grau der über lange Zeit vernachlässigten Wohnviertel der Städte bestätigen nachdrücklich, daß die DDR mit den wirtschaftlichen Erfolgen der Bundesrepublik nicht mithalten konnte. Dieser Abstand läßt sich auch klar an Hand der diesbezüglichen Statistiken nachweisen. Im Pro-Kopf-Einkommen, in der Arbeitsproduktivität und dem technischen Fortschritt hinkt das sozialistische Wirtschaftssystem bis zu 50 Prozent hinter seinem marktwirtschaftlichen Kontrahenten her.

Sichtbarster Ausdruck der verminderten Lebensqualität in materieller und politischer Hinsicht ist die Mauer in Berlin, mit der die Bevölkerung gewaltsam am Verlassen des DDR-Sozialismus gehindert wird. Insofern erfüllt dieser hier praktizierte reale Sozialismus seit seinem Bestehen aller gegenteiligen Propaganda der DDR zum Trotz eher die Funktion einer Abschreckung vor Systemveränderungen als einer Verlockung. Wie sich dieser Tatbestand auf die Bundesrepublik auswirkt, hat die Auseinandersetzung zwischen den Parteien im letzten Wahlkampf gezeigt. Hier wurden die Negativsymbole und die Vorurteilsmechanik dazu benutzt, mit Bildern und Worten die politischen Ziele der Sozialdemokratischen Partei zu diskreditieren.

Dabei ging es neben der Auseinandersetzung um wirtschaftspolitische Maßnahmen vor allem um die theoretische Auseinandersetzung mit den Inhalten sozialistischer Politik an Schulen und Universitäten. Denn während die Praxis des «realen Sozialismus» in der DDR nur eine sehr geringe Anziehungskraft auf die Bevölkerung der Bundesrepublik ausübt, hat in den letzten Jahren im Zuge neuer Wirtschaftskrisen, Studentenunruhen, Arbeitslosigkeit und allgemeiner wirtschaftlicher Unsicherheit die Diskussion über eine alternative Wirtschaftsordnung stark zugenommen. Zumindest die geschlossene Theorie des Sozialismus mit ihren ethisch hochwertigen Zielen wie soziale Gerechtigkeit, Gleichheit und gemeinsame Arbeit hat für Teile der heranwachsenden Jugend in der Bundesrepublik, deren Denken

Ein Teil Deutschlands ist bereits sozialistisch. Unsere Bundesrepublik darf es niemals werden.*

CDU
sicher, sozial und frei

* Das Regime in Ost-Berlin beweist die Unvereinbarkeit von Freiheit und sozialistischer Staatsform.
Die SPD spielt mit unserer Freiheit, wenn sie den Sozialismus will. Auch wenn sie ihren Sozialismus demokratisch nennt.

nicht mehr primär durch die materielle Orientierung auf Grund der Kriegs- und Nachkriegserlebnisse gekennzeichnet ist, eine starke Anziehungskraft. Damit findet die Bundesrepublik tatsächlich aber nur Anschluß an ihre europäischen Nachbarn wie Italien und Frankreich, wo starke kommunistische und sozialistische Parteien seit jeher die politische Landschaft mitbestimmen, Anschluß auch an ihre eigene Tradition, die schließlich einmal von einer sozialistisch orientierten Sozialdemokratie mitgestaltet wurde. Eine Tradition, die gewaltsam unter dem Nationalsozialismus und ideologisch infolge des kalten Krieges unterbrochen worden war.

Die DDR versteht sich als konsequente Fortsetzung dieser Tradition in Theorie und Praxis. Die führende erste Generation ihrer Politiker war geprägt durch den Ersten Weltkrieg, die Weimarer Republik und den Nationalsozialismus. Ihre politische Aktivität läßt sich also nur vor dem Hintergrund dieser Erfahrungen erklären. Die Anknüpfung an diese Zeit wird in der *Präambel der DDR-Verfassung von 1974* deutlich:

●●

In Fortsetzung der revolutionären Traditionen der deutschen Arbeiterklasse und gestützt auf die Befreiung vom Faschismus hat das Volk der Deutschen Demokratischen Republik in Übereinstimmung mit den Prozessen der geschichtlichen Entwicklung unserer Epoche sein Recht auf sozial-ökonomische, staatliche und nationale Selbstbestimmung verwirklicht und gestaltet die entwickelte sozialistische Gesellschaft.

●●

Eine derart bestimmte politische Orientierung läßt sich für die Bundesrepublik nicht ausmachen. In der *Präambel des Grundgesetzes* wird vielmehr an allgemeine nationale und religiöse Prinzipien appelliert, um die Einzelbestimmungen normativ abzusichern.

●●

Im Bewußtsein seiner Verantwortung vor Gott und den Menschen, von dem Willen beseelt, seine nationale und staatliche Einheit zu wahren und als gleichberechtigtes Glied in einem vereinten Europa dem Frieden der Welt zu dienen, hat das Deutsche Volk [. . .], um dem staatlichen Leben für eine Übergangszeit eine neue Ordnung zu geben, kraft seiner verfassungsgebenden Gewalt dieses Grundgesetz der Bundesrepublik Deutschland beschlossen.

●●

Ein Vergleich der beiden deutschen Staaten hat also zuerst einmal zu klären, was die jeweils unterschiedliche Orientierung an «revolutionärer Tradition» und «neuer Ordnung» eigentlich zu bedeuten hat. Das soll im ersten Teil dieses Buches durch die Darstellung der historischen Entwicklung von Theorie und Praxis des liberalen und sozialistischen Wirtschaftsmodells geschehen. Dabei ist besonders zu überprüfen, welche Realisierungsmöglichkeiten für die beiden Modelle 1945 in Deutschland überhaupt bestanden und welche Folgen diese Ausgangsbedingungen für die Gestaltung der jeweiligen Wirtschaftsordnung haben mußten.

Erst auf dieser Basis lassen sich die strukturellen Unterschiede der beiden Systeme an ihren wesentlichen Funktionsmechanismen verdeutlichen. Teil 2 und 3 versuchen, das Umfeld und die unterschiedlichen Variablen zu verdeutlichen, die ansonsten nur noch im Endergebnis der volkswirtschaftlichen Gesamtrechnung als statistische Erfolgsziffern gezählt werden. Auf diese Weise kann der exemplarische Vergleich von Strukturmerkmalen aufzeigen, wo die tatsächlichen Stärken und Schwächen der beiden Wirtschaftsordnungen und ihrer Funktionsmechanismen zu finden sind. Dazu gehört auch die kritische Würdigung der sozialen und politischen Auswirkungen ökonomischer Tatbestände, ihre Bedeutung für die staatliche Ordnung und die Einzelpersönlichkeit des Bürgers.

Den Schluß dieser Darstellung bildet eine vergleichende Einschätzung von Ergebnissen und Tendenzen in der Entwicklung der beiden Wirtschaftssysteme. Eine derartige Gesamtwürdigung kann sich aber nur auf die augenblickliche Situation beziehen und bleibt daher in der Beurteilung von Zukunftsaspekten auf Vermutungen angewiesen.

Erster Teil
Die Entstehung der Wirtschaftssysteme: Liberalismus und Sozialismus

I. Vom Feudalismus zum Merkantilismus: Die Planwirtschaft der Monarchen

Der Mensch ist von seinen Bedürfnissen abhängig. Auf der untersten Stufe seiner wirtschaftlichen Tätigkeit arbeitet er für die bloße Erhaltung seiner Existenz, für das einfache Überleben. Mit der Vermehrung der Güter durch die Verbesserung der Werkzeuge und den technischen Fortschritt wuchsen auch die Bedürfnisse der Menschen. Das gegenseitige Abhängigkeitsverhältnis von Bedarf und dem Einsatz der knappen Mittel zu seiner Befriedigung kommt in der Formulierung des ökonomischen Prinzips zum Ausdruck: Wirtschaften heißt, mit dem rationalsten Einsatz knapper Mittel eine möglichst große Bedürfnisbefriedigung zu erzielen. Der englische Schriftsteller und Ökonom Daniel Defoe (1661–1731) hat in seinem Buch *Robinson Crusoe* anschaulich beschrieben, auf welche Weise man sich die Entwicklung der Volkswirtschaft vom autarken Ein-Mann-Modell bis zur entwickelten Wirtschaftsordnung vorstellen kann. Dabei hat er sich noch des Kunstgriffs bedient, über einen Schiffsuntergang das ganze damals bekannte technische und zivilisatorische Wissen in seine Geschichte vom Naturzustand einer Volkswirtschaft einzubringen. So konnte er die langwierige Zeitepoche von etwa tausend Jahren abkürzen, die tatsächlich in der europäischen Geschichte zwischen dem autarken Betrieb eines Bauernhofes mit Selbstversorgung und dem Kreislauf einer arbeitsteiligen Volkswirtschaft liegen. Tatsächlich findet man natürlich niemals in der Geschichte Verhältnisse vor, die sich mit den Modellvorstellungen der Wirtschaftswissenschaftler decken. Insofern bietet die Theorie immer nur abstrakte Vergleichsmöglichkeiten zur Erfassung der Wirklichkeit an, die aber notwendig sind, um in der Flut von Einzelheiten überhaupt noch einen Zusammenhang wahrzunehmen. Die Erfassung und Begründung der gesamtwirtschaftlichen Ordnung ist daher auch das eigentliche Problem von Wirtschaftstheorie und Wirtschaftspolitik. Erst die theoretische Analyse der ökonomischen Vorgänge bietet der Gesellschaft die Möglichkeit, bewußt und planend, fördernd oder hemmend in den Wirtschaftsprozeß einzugreifen, um so die knappen Mittel zu einer möglichst großen Bedarfsdeckung einzusetzen. Die Entscheidung für eine derart aktive und bewußte Wirtschaftspolitik wurde zu dem Zeitpunkt zwingend, als ein Teil der Bevölkerung, die herrschende Schicht, ihren Anteil am erwirtschafteten Sozialprodukt vergrößern wollte und das nicht mehr durch einfache Ausplünderung oder Erhöhung der Steuern möglich war.

Spätestens mit dem Ende des Feudalismus in Europa trat auch die volkswirtschaftliche Theorie aus dem Naturzustand von «Haben» und «Ausgeben» heraus und erarbeitete Modelle, die versuchten, ein Abbild der gegenseitigen Abhängigkeiten und Zusammenhänge der wirtschaftlichen Gegebenheiten zu schaffen. Die einfachen Herr- und Knechtschaftsverhältnisse des Mittelalters, in dem der Bauer mit seiner Familie weitgehend selbständig alles zum Leben Notwendige erarbeitet hatte und der Feudalherr auf Grund seines Waffenmonopols Abgaben und Dienstleistungen selbstherrlich festsetzen konnte, wichen mit dem Aufkommen der Städte immer mehr den komplizierten Regeln des Kapitalverkehrs. Eine Weile noch versuchten die adligen Grundherren mit dem aufkommenden Bürgertum Schritt zu halten und durch immer neue Steuern und Abgaben die dafür notwendigen Mittel aus ihren Leibeigenen und Bauern herauszupressen, aber das gelang ihnen auf Dauer nicht.

●●

Friedrich Engels über den Verfall des Feudalismus und das Aufkommen der Bourgeoisie (1884)

Während die wüsten Kämpfe des herrschenden Feudaladels das Mittelalter mit ihrem Lärm erfüllten, hatte die stille Arbeit der unterdrückten Klassen in ganz Westeuropa das Feudalsystem untergraben, hatte Zustände geschaffen, in denen für den Feudalherrn immer weniger Platz blieb. Auf dem Lande freilich trieben die adligen Herren noch ihr Wesen, peinigten die Leibeignen, schwelgten von ihrem Schweiß, ritten ihre Saaten nieder, vergewaltigten ihre Weiber und Töchter. Aber ringsherum hatten sich Städte erhoben; in Italien, Südfrankreich, am Rhein altrömische Munizipien, aus ihrer Asche erstanden; anderswo, namentlich im Innern Deutschlands, neue Schöpfungen; immer eingeringt in schirmende Mauern und Gräben, Festungen, weit stärker als die Burgen des Adels, weil bezwingbar nur durch ein großes Heer. Hinter diesen Mauern und Gräben entwickelte sich – zunft-bürgerlich und kleinlich genug – das mittelalterliche Handwerk, sammelten sich die ersten Kapitalien an, entsprang das Bedürfnis des Verkehrs der Städte untereinander und mit der übrigen Welt, und, mit dem Bedürfnis, allmählich auch die Mittel, diesen Verkehr zu schützen.

Im 15. Jahrhundert waren die Städtebürger bereits unentbehrlicher in der Gesellschaft geworden als der Feudaladel. Zwar war der Ackerbau noch immer die Beschäftigung der großen Masse der Bevölkerung und damit der Hauptproduktionszweig. Aber die paar vereinzelten Freibauern, die sich hie und da noch gegen die Anmaßungen des Adels erhalten, bewiesen hinreichend, daß beim Ackerbau nicht die Bärenhäuterei und die Erpressungen des Adligen die Hauptsache sei, sondern die Arbeit des Bauern. Und dann hatten sich die Bedürfnisse auch des Adels so vermehrt und verändert, daß selbst ihm die Städte unentbehrlich geworden; bezog er doch sein einziges Produktionswerkzeug, seinen Panzer und seine Waffen, aus den Städten! Einheimische Tuche, Möbel und Schmucksachen, italienische Seidenzeuge, Brabanter Spitzen, nordische Pelze, arabische Wohlgerüche, levantische Früchte, indische Gewürze – alles, nur die Seife nicht – kaufte er von den Städtern.

[. . .]

Dabei hatte die Bürgerschaft der Städte eine gewaltige Waffe gegen den Feudalismus – *das Geld.* In der feudalen Musterwirtschaft des frühen Mittelalters war für das Geld kaum Platz gewesen. Der Feudalherr bezog von seinen Leibeigenen alles, was er brauchte; entweder in der Form von Arbeit oder in der von fertigem Produkt; die Weiber spannen und woben den Flachs und die Wolle und machten die Kleider; die Männer bestellten das Feld; die Kinder hüteten das Vieh des Herrn, sammelten ihm Waldfrüchte, Vogelnester, Streu; die ganze Familie hatte außerdem noch Korn, Obst, Eier, Butter, Käse, Geflügel, Jungvieh und was nicht alles noch einzuliefern. Jede Feudalherrschaft genügte sich selbst; sogar die Kriegsleistungen wurden in Produkten eingefordert; Verkehr, Austausch war nicht vorhanden, Geld überflüssig. Europa war auf eine so niedrige Stufe herabgedrückt, hatte so sehr wieder von vorn angefangen, daß das Geld damals weit weniger eine gesellschaftliche als eine bloß politische Funktion hatte: Es diente zum *Steuerzahlen* und wurde hauptsächlich erworben durch *Raub.*

Alles das war jetzt anders. Geld war wieder allgemeines Austauschmittel geworden, und damit hatte sich seine Masse bedeutend vermehrt; auch der Adel konnte es nicht mehr entbehren, und da er wenig oder nichts zu verkaufen hatte, da auch das Rauben jetzt nicht ganz so leicht mehr war, mußte er sich entschließen, vom bürgerlichen Wucherer zu borgen. Lange ehe die Ritterburgen von den neuen Geschützen in Bresche gelegt, waren sie schon vom Geld unterminiert; in der Tat, das Schießpulver war sozusagen bloß der Gerichtsvollzieher im Dienst des Geldes. Das Geld war der große, politische Gleichmachungshobel der Bürgerschaft.

Karl Marx/Friedrich Engels: Werke, Band 21. Berlin (DDR) 1962, S. 392 ff

●●

Die Ordnungsvorstellung des Mittelalters mit seinen Ständen und der Berufung auf den Willen Gottes wurde mit der Reformation einer ersten Feuerprobe unterzogen. Ab jetzt setzte mit dem Merkantilismus eine national orientierte volkswirtschaftliche Planung ein. Der absolute Monarch betrieb aktive Wirtschaftspolitik zum Nutzen des Staates und des herrschenden Adels.

Die zunehmende Arbeitsteilung, Manufakturen und der sich ausdehnende Handel ließen dabei die gegenseitige Abhängigkeit von Einzelpersonen und Gruppen immer größer werden. Die Dynamik der wirtschaftlichen Entwicklung veränderte fortlaufend die Bedingungen der ökonomischen Tätigkeiten und brachte zugleich neue soziale Zwänge und Abhängigkeiten mit sich. Der Weg vom autarken Bauernhof über die Tauschwirtschaft zur Marktproduktion und zur Geldwirtschaft war zugleich der Weg zu einer staatlichen Ordnungspolitik. Indem der absolute Staat des Merkantilismus mit seiner Bürokratie die Steigerung der wirtschaftlichen Ertragsfähigkeit der nationalen Ökonomie zu einem seiner Hauptziele machte, mußte er zugleich durch entsprechende Verordnungen dafür Sorge tragen, daß der gesamtwirtschaftliche Zusammenhang dieses Systems nicht durch Krisen oder soziale Unruhen gefährdet wurde.

Als eine geschlossene Wirtschaftsordnung mit Schutzzöllen nach außen und intensiver Gewerbeförderung im Inneren unterlag dieser Staatskapitalismus allein dem Weisungsrecht des Fürsten. Das Erwerbsstreben des Unternehmers fand seine Schranken da, wo der Monarch aus gesamtwirtschaftlichen Erwägungen seinem Profitstreben eine Grenze setzte. Ebenso wie zuvor im Feudalismus fanden sich auch jetzt Wissenschaftler, die diese Herrschaftsprinzipien auf naturgesetzliche Grundlagen zurückführten: die Kameralisten und Physiokraten.

●●

Jacques-Bénigne Bossuet über die Fürsten als Diener Gottes (1679)

Alle Welt beginnt mit der monarchischen Staatsform. Sie hat ihr Vorbild in der väterlichen Gewalt, das heißt in der Natur selber. Die Menschen werden allesamt als Untertanen geboren, und die väterliche Autorität, die sie an den Gehorsam gewöhnt, gewöhnt sie zugleich daran, nur ein Oberhaupt zu kennen . . .

Die Fürsten handeln als Gottes Diener und Statthalter auf Erden. Durch sie übt er seine Herrschaft aus. Die königliche Gewalt ist absolut . . .

Der ganze Staat ist in der Person des Fürsten verkörpert; in ihm ist der Wille des Volkes wirksam.

Jacques-Bénigne Bossuet: Die Politik, der Heiligen Schrift entlehnt (1679/

1709). Zitiert nach: Jean-Jacques Chevallier: Denker Planer Utopisten. 2. Auflage, Frankfurt/Main 1970, S. 76ff

---

●●

Diese dem Fürsten zugesprochene absolute Macht setzte der Monarch nun vor allem zur Sicherung und Mehrung der Staatsfinanzen ein.

●●

Johann Heinrich Gottlieb von Justi über den Reichtum des Staates (1758)

Die Sicherheit allein ist zu der Glückseeligkeit des Staates nicht zureichend, sondern es wird noch erfordert, daß er mit genugsamen Reichthume versehen sey ... Man versteht aber unter dem Reichthume des Landes eine genugsame Menge darinnen befindlicher Güter, die zur Notdurft und Bequemlichkeit des Lebens erfordert werden, und vermittelst welcher die Unterthanen durch Fleiß und Arbeit ihre gute Nahrung finden können ...

Wir betrachten hier die Commercien als ein Mittel, den Reichthum des Landes zu vermehren ...

Der erste Grundsatz vorteilhaftiger Commercien mit auswärtigen Nationen ist, daß dadurch mehr Gold und Silber in das Land eingeführt werden muß als deshalb ausgeht; und auf diesen Grundsatz müssen alle Maßregeln zu Gründung eines nützlichen Kaufhandels gebauet werden.

Johann Heinrich Gottlieb von Justi: Staatswirthschaft oder Systematische Abhandlung aller Oekonomischen und Cameral-Wissenschaften. Leipzig 1758. Zitiert nach: Günter Schmölders: Geschichte der Volkswirtschaftslehre. Reinbek 1962, S. 146f

---

●●

Nach diesen Maßstäben kontrollierte und förderte der Staat die private Wirtschaft und betätigte sich zugleich als Unternehmer, wodurch ein breiter Sektor staatlicher Wirtschaftsbeteiligung entstand. Die staatliche Aufmerksamkeit galt dabei vor allem dem Produktionsfaktor Arbeit: Durch eine gezielte Politik wurde die Bevölkerung vermehrt, die Arbeit durch Verlängerung der Arbeitszeit intensiviert und immer weitere Schichten der Bevölkerung in den Produktionskreislauf einbezogen. Die Zusammenarbeit mit dem Produktionsfaktor Kapital, die Förderung des Gewerbes und des Handels, der Landwirtschaft und der Manufakturen erfolgte dagegen mehr in Form der Kooperation. Mit dem grundsätzlichen Erfolg dieser Politik, dem zunehmenden Wirtschaftswachstum und dem Reichtum der Bürger, entstand aber zugleich auch die Ursache für die Abschaffung dieser aus dem

Feudalismus entwachsenen Wirtschaftsordnung. Das reich gewordene Bürgertum wollte nicht länger die Kontrolle, Ausbeutung und politische Unterdrückung durch die herrschende Adelsschicht hinnehmen. Zum Zusammenstoß zwischen den beiden rivalisierenden Klassen kam es zuerst in dem Land, in dem durch Handel und Kolonien der wirtschaftliche Aufschwung am größten war. Und er entzündete sich genau an der Tatsache, die bis heute, wenn auch häufig verschleiert, hinter Begründung und Analyse jeder Wirtschaftsordnung steht: der Verteilung des Nationaleinkommens.

Arbeitsvorschläge

1. Die Diskussion um Theorie und Praxis sozialistischer Politik wird in der Bundesrepublik meist nicht inhaltlich, sondern häufig in der Form gegenseitiger Verdächtigungen und Unterstellungen geführt. Auf welche Ursachen läßt sich dieser Tatbestand zurückführen? Vergleichen Sie diese Art der Auseinandersetzung mit der Theoriediskussion in Frankreich und Italien.
2. Die Grundlage jeder Wirtschaftsordnung ist die Befriedigung individueller und gesellschaftlicher Bedürfnisse mit Hilfe der organisierten Vermittlung von Angebot und Nachfrage. Auf welche Weise erfolgte diese Vermittlung im feudalistischen Zeitalter?
3. Europäisches Vorbild in Theorie und Praxis des Merkantilismus war das Frankreich Ludwigs des XIV. Im Gegensatz dazu hat es für Deutschland eine vergleichbare umfassende Wirtschaftsordnung nicht gegeben. Vergleichen Sie die staatliche und wirtschaftliche Struktur Deutschlands und Frankreichs im 17. und 18. Jahrhundert. Worauf lassen sich die Unterschiede zurückführen?
4. Im Merkantilismus übernimmt der Staat eine aktive Rolle bei der Planung und Lenkung der Volkswirtschaft. Mit welchen Theorien wird diese Politik begründet und wie ist das Verhältnis des Staates zu den einzelnen Klassen wie Adel, Bürgertum und Arbeiterschaft?
5. Erklären Sie den Prozeß des Übergangs von der mittelalterlichen Feudalordnung zur absoluten Monarchie des Merkantilismus! Welche gesellschaftlichen Gruppen verloren an Bedeutung und welche konnten an Einfluß gewinnen? Gibt es heute Staaten in der Welt, die sich in einer ähnlichen Übergangsphase befinden?

II. Vom Merkantilismus zum Liberalismus: Die Marktwirtschaft

Die auf dem Waffenmonopol des Adels, der Ideologie der Kiche und der Beamtenschaft des Monarchen aufgebaute absolute Herrschaft des Königs von Gottes Gnaden blieb so lange unberührt, wie es ihm gelang, auf materieller und ideologischer Ebene unangefochten zu regieren. Den ersten Stoß erhielt dieses System durch die Reformation, in deren Verlauf der internationale Feudalismus, das Blut-und-Boden-Prinzip der regierenden Fürstenhäuser, auf den nationalen Bereich der Volkswirtschaft begrenzt wurde. Jetzt wurde der Erwerb von Grund und Boden, der bisher einzig zählende ökonomische Faktor, sekundär im Vergleich zum Anhäufen von Edelmetallen wie Gold und Silber, zum Erschließen von Absatzmärkten für Fertigprodukte und von billigen Rohstoffquellen. Das persönliche Regiment des Königs, des aufgeklärten Monarchen, umfaßte im besten Falle alle diese wirtschaftlichen Tätigkeiten mit Hilfe einer nationalen Buchführung.

●●

Friedrich II. über das Staatsvermögen (1768)

Das Geld ist der Nerv des Staates, seine Einkünfte der Puls, an dem man seine Lebenskraft mißt. Die Fürsten werden nur so lange geachtet, als sie reich und mächtig sind . . . Der Bauernstand (ist) für den Staat sehr wichtig; er bildet seine Grundlage und trägt seine Last; er hat die Arbeit und andere den Ruhm . . . Die wahre Kraft eines Volkes liegt in der hohen Volkszahl.

Friedrich II.: Politisches Testament. Berlin 1922, S. 159f

●●

Während sich im kontinentalen Europa dieses Bündnis von Thron und Altar, staatlicher Lenkung und privatem Gewinnstreben auf der Grundlage einer sich nur langsam entwickelnden Industrie bis zum Ende des 18. Jahrhunderts behaupten konnte, hielt in England die Marktwirtschaft bereits Mitte des 17. Jahrhunderts ihren Einzug. Hier waren durch Handel und Seeraub einerseits und die Intensivierung der Landwirtschaft bei gleichzeitiger Vertreibung der Pachtbauern andererseits die Bedingungen für ein rasches wirtschaftliches Wachstum und damit die Grundlage für ein selbstbewußtes starkes Bürgertum gegeben. Die Anhäufung großer Kapitalien bei den reichen Kaufleuten traf auf ein wachsendes Angebot an Arbeitskräften, die durch die Einhegung der bisher landwirtschaftlich genutzten Flächen zum Zwecke der Schafzucht freigesetzt wurden. Damit waren die Bedingungen für die Entstehung und Durchsetzung kapitalistischer Produktionsverhältnisse gegeben. Die zunehmenden Forderungen des wirtschaftlich immer stärker werdenden Bürgertums nach Teilhabe an der politischen Macht wurden ergänzt durch theoretische Abhandlungen zur Politik, in denen das bisherige Staatssystem einer vernichtenden Kritik unterzogen und auf Veränderungen gedrängt wurde.

●●

John Locke über Eigentums- und Widerstandsrecht (1690)

Der Grund, weshalb Menschen sich zu einer Gesellschaft vereinigen, ist die Erhaltung ihres Eigentums; und der Zweck, warum sie eine Legislative wählen und bevollmächtigen, ist der, daß Gesetze gegeben und Regeln festgesetzt werden zu Wächtern und Beschützern des Eigentums aller Glieder der Gesellschaft. ... Deshalb versetzen sich die Gesetzgeber, so oft sie versuchen, das Eigentum des Volkes wegzunehmen und zu vernichten, oder das Volk in Sklaverei unter willkürliche Gewalt zu bringen, in einen Kriegszustand mit dem Volk, das dadurch von jedem ferneren Gehorsam losgesprochen und der gemeinsamen Zuflucht überlassen wird, die Gott für alle Menschen gegen Macht und Gewalt vorgesehen hat. ... Die Gewalt fällt an das Volk zurück, das ein Recht hat, seine ursprüngliche Freiheit wieder an sich zu nehmen und durch die Errichtung einer neuen Legislative für seine eigene Wohlfahrt und Sicherheit, die der Zweck sind, um dessentwillen es die Gesellschaft gebildet hat, Sorge zu tragen. Was ich hier in bezug auf die Legislative im allgemeinen gesagt habe, gilt auch von dem höchsten Vollstrecker, der, da ihm ein zwiefaches Vertrauen, sowohl der Teilnahme an der Legislative als auch der höchsten Vollziehung des Gesetzes, erwiesen worden ist, in Gegensatz gegen beide handelt, wenn er unternimmt, seinen eigenen eigenmächtigen Willen als das Gesetz der Gesellschaft aufzustellen.

John Locke: Zwei Abhandlungen über Regierung. Zitiert nach: Arnold Bergsträsser/Dieter Oberndörfer (Hg.): Klassiker der Staatsphilosophie. Stuttgart 1962, S. 213

●●

Diesem doppelten Angriff auf materieller und ideologischer Ebene fiel als erster der englische König zum Opfer. Anfang 1642 kam es zum offenen Kampf. Der Adelspartei des Königs stand eine Koalition des Handels- und Manufakturbürgertums, des kleinen Landadels, der Handwerker, Teilen der Bauernschaft und der städtischen Armen gegenüber. Diese antikönigliche Partei verfügte über große Geldmittel und die Flotte. Anlaß der Auseinandersetzung war der Streit um die Steuergesetzgebung, das heißt die Kontrolle der Staatsausgaben. Der endgültige Sieg des Bürgertums erfolgte zwar erst fünfzig Jahre später, doch war er diesmal vollständig und fand seinen schriftlichen Niederschlag in den *Bill of Rights von 1689.*

●●

---

1. Die angemaßte Macht des Königs, ohne Zustimmung des Parlaments Gesetze oder die Ausführung von Gesetzen auszusetzen, ist ungesetzlich.
2. Die angemaßte Macht des Königs, Gesetze oder die Ausführung von Gesetzen aufzuheben . . ., ist ungesetzlich . . .
4. Die Erhebung von Geld für den Gebrauch der Krone . . . ohne Bewilligung des Parlaments . . . ist ungesetzlich . . .
6. Das Aufstellen und Halten einer stehenden Armee im Königreich in Friedenszeiten, außer mit Zustimmung des Parlaments, ist ungesetzlich . . .
8. Die Wahl der Mitglieder des Parlaments soll frei sein.
9. Die Freiheit der Rede, der Debatten und des Verfahrens im Parlament soll nicht von irgendeinem Gerichtshof oder einer Stelle außerhalb des Parlaments verfolgt oder untersucht werden.

●●

Mit diesem Gesetzeswerk befreite sich das Bürgertum von der Vorherrschaft des Adels, von der Bindung seiner wirtschaftlichen und politischen Tätigkeit an ein durch Standesinteressen festgelegtes «Staatswohl». Der Wirtschaftsliberalismus ist also vornehmlich eine Bewegung gegen die Reglementierung der Wirtschaft durch den Merkantilismus. Hatten die englischen Unternehmer anfangs noch den Schutz der Krone für den Aufbau ihrer Handelsimperien, Niederlassungen und Manufakturen gebraucht, so erschien ihnen jetzt jede Bevormundung überflüssig. Dieser klassische Liberalismus beinhaltete somit zugleich eine politische wie eine ökonomische Konzeption. Politisch trat er für die Grundfreiheiten des Individuums gegenüber den Anforderungen von Kirche und Staat ein, ökonomisch forderte er vor allem die freie Betätigung des Unternehmers. Die Absicherung der politischen Macht und ihrer materiellen Realisierung erfolgte in der liberalen konstitutionellen Monarchie über das Zensuswahlrecht, das nur die Besitzbürger am Wahlrecht teilhaben ließ.

Auf der ideologischen Ebene geschah die Absicherung und Rechtfertigung der neugewonnenen Macht über die Proklamation einer ökonomischen Theorie, nach der die Steigerung des Wohlstandes nicht mehr durch die Vermittlung des Staates, sondern allein durch die ungehinderte Entfaltung der Unternehmer gewährleistet wurde. Die Theorie des Merkantilismus hatte dagegen noch dem Staat die lenkende und regulierende Funktion in der

Wahlrechtsreformen im 19. und 20. Jahrhundert

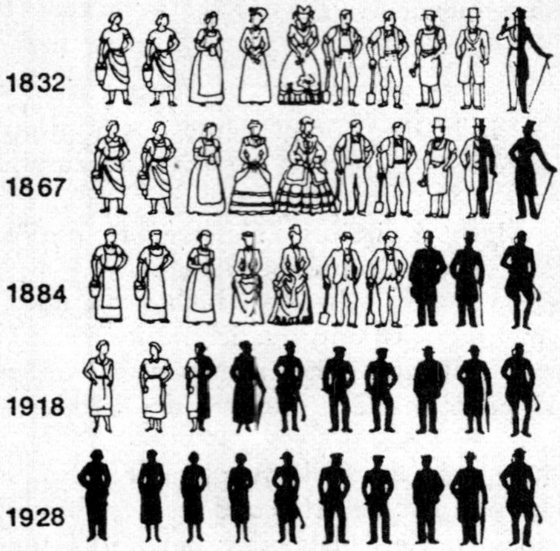

Schwarz erscheint der Prozentsatz der Erwachsenen, die das Wahlrecht besitzen

Quelle: Handbücher der Auslandskunde. England. Hg. v. Paul Hartig. Verlag Diesterweg, Frankfurt/Main 1971, S. 103

Wirtschaftsentwicklung zugesprochen. Auf diese Weise sollte verhindert werden, daß der Kampf der unterschiedlichen Interessengruppen schließlich im Chaos einer gesellschaftlichen Auflösung endete.

●●

Thomas Hobbes über die Macht im Staat (1651)

Die letzte Ursache und der Hauptzweck des Zusammenlebens der Menschen in einem Staat und somit auch der damit verbundenen Selbstverpflichtung (die in offenem Gegensatz zu seiner natürlichen Freiheitsliebe und seinem Machttrieb steht) ist sein Selbsterhaltungstrieb und sein Wunsch nach einem gesicherten Leben. Damit ist gemeint: der Wunsch, jenem elenden Zustand des Krieges aller gegen alle zu entrinnen, der [. . .] unweigerlich eintritt, wenn der Mensch allein seinen Trieben folgt, d. h. wenn keine sichtbare Gewalt da ist, die ihn in Zucht hält, die ihn durch die Furcht vor Strafen bindet und ihn zu der Einhaltung jener Naturgesetze zwingt, von denen im 14. und 15. Kapitel die Rede war.

Denn jene Naturgesetze – Gerechtigkeit, Gleichheit, Bescheidenheit,

Barmherzigkeit, kurz alles, was in dem Satz zusammengefaßt werden könnte: Handle deinem Mitmenschen gegenüber so, wie du wünschest, daß auch an dir gehandelt werde – laufen unseren natürlichen Trieben zuwider; denn diese führen uns, ohne den Zwang einer höheren Gewalt, zu Mißgunst, Stolz und Rachsucht. Und Verträge sind ohne das Schwert leere Worte und vermögen in keiner Weise dem Menschen Sicherheit zu geben. Wenn es keine übergeordnete Gewalt gibt oder wenn sie nicht stark genug ist, vor dem Krieg aller gegen alle zu schützen, so muß sich deshalb jeder, ungeachtet aller Naturgesetze, die im übrigen auch immer nur dann beachtet worden sind, wenn man gerade Lust dazu hatte und wenn kein persönlicher Schaden damit verbunden war, zum Schutz vor seinem Nächsten auf seine eignen Kräfte verlassen und hat auch das volle Recht dazu.

Thomas Hobbes: Leviathan: Deutsch von D. Tidow. Rowohlts Klassiker. Reinbek 1965

●●

Jetzt proklamierte das Bürgertum die Durchsetzung seiner Interessen als die oberste Zielsetzung staatlicher Aufgaben und Voraussetzung jeglicher positiven Gesellschaftsentwicklung. Privateigentum und Unternehmertätigkeit traten an die Stelle von Thron und Altar. In diesem System wurde der Staat auf die bloße Schutzfunktion des Eigentums beschränkt sowie auf die Wahrnehmung infrastruktureller Aufgaben wie Verkehr und Ausbildung, die privatwirtschaftlich nicht gewinnbringend betrieben werden konnten.

●●

Adam Smith über das Prinzip des «laissez-faire» (1776)

Räumt man alle Begünstigungs- oder Beschränkungsmaßnahmen völlig aus dem Wege, so stellt sich von selbst das klare und einfache System der natürlichen Freiheit her.

In ihm hat jeder Mensch, solange er nicht die restlichen Schranken überschreitet, die vollkommene Freiheit, seine eigenen Interessen so, wie er will, zu verfolgen und seine Arbeit sowie sein Kapital mit der Arbeit und den Kapitalien anderer Menschen oder anderer sozialer Schichten in Wettbewerb zu bringen ...

Nach dem System der natürlichen Freiheit beschränkt sich der staatliche Eingriff nur auf die Erfüllung dreier Funktionen:

1. die Nation gegen Gewalttätigkeiten und Angriffe anderer Nationen zu schützen;
2. jeden einzelnen Vertreter der eigenen Nation vor den rechtlichen Über-

griffen aller anderen soweit wie möglich zu bewahren, d. h. Rechtspflege zu üben; und

3. bestimmte öffentliche Einrichtungen zu schaffen, deren Errichtung und Unterhalt der privaten Initiative nicht überlassen werden kann.

Adam Smith: Der Wohlstand der Nationen. Neu aus dem Englischen übertragen nach der fünften Auflage. London (1776) 1789. München 1974, S. 582

●●

Prinzipiell hatte sich das Ziel der Wirtschaftspolitik beim Wechsel vom Merkantilismus zum Liberalismus demnach nicht gewandelt. Beiden Systemen ging es erklärtermaßen um die nationale Wohlfahrt und das wirtschaftliche Wachstum zum Nutzen aller Bürger. Der Unterschied bestand also nicht vornehmlich in der Zielbestimmung, sondern in der Beschreibung von Mitteln und Methoden zur Realisierung dieser Ziele. Es ging jetzt nicht mehr um die staatliche Förderung und Planung der produktiven Kräfte, sondern ausschließlich um freie Entfaltung der Unternehmertätigkeit. Das Gewinnstreben des einzelnen wurde jetzt auch in der Theorie zur Voraussetzung der optimalen Wirtschaftlichkeit gemacht – ein Optimum, dessen Zuwachs an der laufenden Steigerung des Volkseinkommens meßbar sein sollte. Wegbereiter und Theoretiker dieser Lehre vom «Freien Spiel der freien Kräfte» waren vor allem die Engländer, unter ihnen wurde Adam Smith sozusagen zum Stammvater und Begründer der klassischen liberalen Theorie. Diese Vorherrschaft Englands bei der Formulierung der ökonomischen Grundsätze des Liberalismus war nur folgerichtig, da dieses Land die führende Handels- und Industriemacht der Welt war und insofern auch vor einem Wettbewerb anderer Länder nichts zu befürchten hatte.

●●

Adam Smith über den Ursprung des Volkswohlstandes (1776)

Bei fast allen anderen Lebewesen ist jedes Einzelwesen, wenn es herangewachsen ist, vollkommen selbständig und hat im Naturzustand den Beistand keines anderen lebenden Wesens mehr nötig, der Mensch dagegen braucht fortwährend die Hilfe seiner Mitmenschen, und vergeblich erwartete er diese von ihrem Wohlwollen allein. Er wird viel eher seine Ziele erreichen, wenn er ihr Selbstinteresse zu seinen Gunsten lenken und ihnen zeigen kann, daß sie auch ihren eigenen Vorteil verfolgen, wenn sie für ihn tun, was er von ihnen haben will. Wer einem anderen ein Geschäft irgendwelcher Art anträgt, verfährt in diesem Sinne. Gib mir, was ich brauche, und du sollst haben, was du brauchst, das ist der Sinn eines jeden solchen Anerbietens, und auf diese Weise erhalten wir voneinander den bei weitem größten Teil all der Dienste, auf die wir gegenseitig angewiesen sind. Nicht von dem Wohlwollen des Fleischers, Brauers oder Bäckers erwarten wir das, was wir zum Essen brauchen, sondern von der Rücksichtnahme auf ihr eigenes Interesse. Wir wenden uns nicht an ihre Menschenliebe, sondern an ihr Selbstinteresse und sprechen zu ihnen nie von unserem Bedarf, sondern von ihren Vorteilen.

Stets sind alle Menschen darauf bedacht, die für sie vorteilhafteste Anlage ihrer Kapitalien ausfindig zu machen. In der Tat hat jeder dabei nur seinen eigenen Vorteil, nicht aber das Wohl der gesamten Volkswirtschaft im Auge. Aber dieses Erpichtsein auf seinen eigenen Vorteil führt ihn ganz von selbst – oder besser gesagt – notwendigerweise dazu, derjenigen Kapitalanlage den Vorzug zu geben, die zu gleicher Zeit für die Volkswirtschaft als Ganzes am vorteilhaftesten ist.

Verfolgt er nämlich sein eigenes Interesse, so fördert er damit indirekt das Gesamtwohl viel nachhaltiger, als wenn die Verfolgung des Gesamtinteresses unmittelbar sein Ziel gewesen wäre. Ich habe nie viel Gutes von denen gehalten, die angeblich für das allgemeine Beste tätig waren.

Der Jahresertrag einer Volkswirtschaft ist höher, wenn sie sich auf die Erzeugung derjenigen Waren beschränkt, in denen sie vor anderen Ländern Kostenvorteile voraus hat, und die ihrerseits von anderen Ländern diejenigen Waren kauft, die dort billiger sind. Die Regelung dieser Austauschverhältnisse aber muß dem freien Spiel der wirtschaftlichen Kräfte überlassen bleiben.

Kapitalbildung und Industrieentfaltung müssen in einem Lande dem natürlichen Gang der Entwicklung überlassen bleiben. Jede künstliche wirtschaftspolitische Maßnahme lenkt die produktiven Kräfte der Arbeit und auch die Kapitalien in falsche Richtung.

Adam Smith: Der Wohlstand der Nationen. München 1974, S. 16ff

---

●●

Der Freiheitsbegriff des Liberalismus richtete sich also gegen die traditionelle Ständeherrschaft des Mittelalters und setzte an ihre Stelle das in der Verfassung verankerte Recht auf politische Mitbestimmung des Besitzbürgertums. Die liberale Bewegung war antiklerikal und berief sich gegen die Dogmen der Kirche auf die Grundsätze des Rationalismus und Empirismus. In der liberalen Wirtschaftsordnung wurden die staatlichen Bindungen und Kontrollen durch die Konkurrenz und den Freihandel ersetzt. Dem im Absolutismus als Staatsrechtfertigung konstruierten Menschenbild des «homo aggressivus», eines Menschentyps, den nur die staatliche Gewalt davon abhielt, die Gesellschaft ständig in Unsicherheit und Verwirrung zu stürzen, wurde jetzt der «homo oeconomicus» gegenübergestellt: ein Individuum, das durch die rationale und wirtschaftliche Ausrichtung seines Denkens und Handelns angeblich am besten bei vollständiger Freiheit zum Wohle des einzelnen wie der Gesellschaft beitragen kann. Damit war die theoretische Plattform zur Zerstörung der feudalen Wirtschaftsorganisation durch die kapitalistischen Geschäftsmethoden geschaffen. Dem Freiheitsbegriff des Liberalismus fehlte allerdings jede soziale Komponente. In der einseitigen Stoßrichtung gegen die Privilegien der bisher herrschenden Stände erklärte man die materielle Orientierung und das Gewinnstreben des Besitzbürgertums zu natürlichen Eigenschaften jedes Menschen, erhob sozusagen formal den Stand des Besitzbürgers zur einzig sinnvollen Existenzform des Individuums. Wer immer aus materiellen und sozialen Gründen oder aus theoretischen Erwägungen heraus diesem Stand nicht angehörte oder angehören wollte, hatte folglich in diesem bürgerlichen Staat keine Existenzberechtigung. War Armut bisher im Feudalismus als von Gott gegeben und Barmherzigkeit deshalb als Tugend betrachtet worden, sah nun die bürgerliche Denkweise in der Armut das persönliche Versagen des Individuums. Soziale Hilfe konnte nach diesem Verständnis das Übel nur noch verschärfen, da sie den «erzieherischen» Druck der Not auf den Betroffenen abschwächte. Materielle Not galt als wichtiger Anreiz für die Armen, sich durch Arbeit Besitz zu verschaffen und so ihren Status zu verändern. Damit war die Konkurrenz nicht mehr nur bloßer Wettbewerb um geschäftlichen Gewinn, sondern wurde faktisch auch auf die physische Existenz des Menschen ausgedehnt.

In diesem System konnten Sozialhilfe wie auch jede andere staatliche Unterstützung nur als störender Eingriff in den normalen Verlauf einer Entwicklung betrachtet werden, die – sich selbst überlassen – zum optimalen Zustand einer allgemeinen Gesellschaft von Besitzbürgern führen sollte. Zudem hatte die negative Wertung der Armut zugleich einen positiven Gegenpol, den Reichtum. Wenn nämlich Armut erwiesenermaßen die Folge von Faulheit und Unfähigkeit war, dann mußte Reichtum die Konsequenz von Fleiß und Fähigkeit sein. Auf diese Weise war, im Gegensatz zum Feudalismus und Merkantilismus, nicht mehr der Produktionsfaktor Boden, sondern der Faktor Arbeit das beherrschende Element der bürgerlichen beziehungsweise klassischen Nationalökonomie, und das jeweils entstandene Eigentum erhielt seine Legitimation durch die Leistung. Unter diesen Voraussetzungen hatten der Staat und die Kirche die Pflicht, das Eigentum zu schützen und die freie Verfügungsgewalt seiner Besitzer zu sichern. Diese Symbiose staatlicher und religiöser Zielsetzung im bürgerlichen Staat wird am deutlichsten in der calvinistischen Ethik, doch findet sie sich entsprechend auch in den Vorstellungen der amerikanischen Puritaner, der deutschen Protestanten, schottischen Calvinisten und französischen Hugenotten. Die Zusammenhänge zwischen der puritanisch-calvinistischen Ethik und der Entwicklung des Kapitalismus hat der Soziologe Max Weber folgenderweise beschrieben:

●●

Max Weber über Protestantismus und Kapitalismus

Das sittlich wirklich Verwerfliche ist nämlich das *Ausruhen* auf dem Besitz, der *Genuß* des Reichtums mit seiner Konsequenz von Müßigkeit und Fleischeslust, vor allem von Ablenkung von dem Streben nach «heiligem» Leben. Und *nur weil* der Besitz die Gefahr dieses Ausruhens mit sich bringt, ist er bedenklich. Denn die «ewige Ruhe der Heiligen» liegt im Jenseits, auf Erden aber muß auch der Mensch, um seines Gnadenstandes sicher zu werden, «wirken die Werke dessen, der ihn gesandt hat, solange es Tag ist». Nicht Muße und Genuß, sondern *nur Handeln* dient nach dem unzweideutig geoffenbarten Willen Gottes zur Mehrung seines Ruhms. *Zeitvergeudung* ist also die erste und prinzipiell schwerste aller Sünden. Die Zeitspanne des Lebens ist unendlich kurz und kostbar, um die eigene Berufung «festzumachen». Zeitverlust durch Geselligkeit, «faules Gerede», Luxus, selbst durch mehr als der Gesundheit nötigen Schlaf – 6 bis höchstens 8 Stunden – ist sittlich absolut verwerflich. Es heißt noch nicht wie bei Benjamin Franklin: «Zeit ist Geld», aber der Satz gilt gewissermaßen im spirituellen Sinn: sie ist unendlich wertvoll, weil jede verlorene Stunde der Arbeit im Dienst des Ruhmes Gottes entzogen ist. [. . .]

Die Arbeit ist zunächst das alterprobte *asketische Mittel,* als welches sie in der Kirche des Abendlandes, in scharfem Gegensatz nicht nur gegen den Orient, sondern gegen fast alle Mönchsregeln der ganzen Welt, von jeher geschätzt war. [. . .]

Aber die Arbeit ist darüber hinaus, und vor allem, von Gott vorgeschriebener *Selbstzweck* des Lebens überhaupt. Der paulinische Satz: «Wer nicht arbeitet, soll nicht essen», gilt bedingungslos und für jedermann. Die Arbeitsunlust ist Symptom fehlenden Gnadenstandes.

Max Weber: Asketischer Protestantismus und kapitalistischer Geist. In Max Weber: Soziologie, Weltgeschichtliche Analysen, Politik. Hg. v. J. Winckelmann. Stuttgart 1968, S. 359f

---

●●

Diese Unternehmerideologie war Ausdruck der gesellschaftlichen wie wirtschaftlichen Bedingungen des Frühkapitalismus. Sie verlangten

1. wegen der Kapitalknappheit eine an Sparsamkeit, Fleiß und genaue Abrechnung orientierte Bürgerschicht;
2. die Disziplinierung der aus der Landwirtschaft rekrutierten Arbeiter und

ihre Unterwerfung unter die Notwendigkeiten einer arbeitsteiligen Massengüterproduktion;

3. die optimale Ausnutzung der Ware Arbeitskraft durch Lohndruck und staatliche Gesetzgebung.

Wie schon die Theorien des Feudalismus und der anderen zuvor existierenden Wirtschaftsordnungen wurden auch die Lehren der liberalen Marktordnung als die endlich gefundenen Grundsätze der natürlichen Ordnung ausgegeben. Man war überzeugt, daß sich eine an diesen natürlichen Gesetzen orientierte Wirtschaftsordnung wie der Kreislauf der Natur dauernd von selber regulieren und im Gleichgewicht halten würde. Auf einem freien Weltmarkt ohne Einschränkung der Wettbewerbschancen sollten die Gesetze von Angebot und Nachfrage den jeweils natürlichen Ausgleich zwischen den Produktionsfaktoren herstellen.

Diese Überzeugung – am deutlichsten ausgedrückt in der Formel «laissez faire, laissez aller» – läßt sich in ihrer theoretischen Ausformung an einigen Strukturmerkmalen festmachen, die ihre funktionale Bedeutung bis heute nicht eingebüßt haben. Sie umfasen im einzelnen die Rolle des Individuums, seinen Bedarf, der sich auf dem Markt in der Nachfrage äußert und über das Angebot des Produzenten befriedigt wird. In dem theoretischen Modell der klassischen Nationalökonomie hat jede Einzelpersönlichkeit einen bestimmten Bedarf an materiellen Gütern, für die sie je nach Dringlichkeit eine mehr oder weniger große Menge Geldes auszugeben bereit ist. Die Nachfrage am Markt ist somit die durch Geld ausgedrückte Bedarfsäußerung der Individuen. Bedürfnisse, die sich nicht in geldlicher Nachfrage äußern, gelten demgemäß als nicht existent. Die Problematik dieser Schlußfolgerung liegt in der Frage, wie denn der einzelne innerhalb der Volkswirtschaft zu dem Geld kommt, mit dem er seine Nachfrage ausdrücken soll. Tatsache ist, daß jedes Lebewesen allein durch seine Existenz Bedürfnisse hat, die befriedigt werden müssen: die Grund- oder Existenzbedürfnisse. Gerade darin sah ja die klassische Schule auch die wichtigste Antriebskraft des Menschen zu wirtschaftlichem Verhalten. Erst nach Sicherung der Existenzbedürfnisse ergibt sich überhaupt eine Entscheidungsmöglichkeit zwischen alternativen Verhaltensweisen, mehr oder weniger zu arbeiten, mehr oder weniger an Bedarf zu entwickeln und zu realisieren. Indem der Liberalismus nun stillschweigend voraussetzte, daß jeder Mensch die Möglichkeit habe, sich durch entsprechende Arbeit das notwendige Geld für die Sicherung seiner Grundbedürfnisse zu verdienen, ging er offenkundig von einer Situation aus, die nur auf einen Teil der Bevölkerung zutraf. Die Verabsolutierung des Marktes, der ja einzig und allein über die geldliche Vermittlung von Angebot und Nachfrage funktioniert, verwandelte auch die in Individuen atomisierte Gesellschaft in die Produkte von Angebot und Nachfrage. Der Mensch hatte also nicht mehr, wie noch zuvor durch die Kirche postuliert, eine durch göttlichen Willen ausgedrückte Existenzberechtigung, sondern nur noch eine durch den Markt bestimmte ökonomische Funktion. War die Nachfrage auf dem Markt so gering, daß die Grundbedürfnisse mit dem dort erhaltenen Entgelt nicht mehr befriedigt werden konnten, dann war dieser Mensch eben so überflüssig wie ein nicht nachgefragter Haufen Obst oder eine Anzahl nicht abgesetzter Textilien. In dieser Perspektive war logischerweise die menschliche Existenz ebenso eine Ware wie jedes andere Produkt auch.

●●

David Ricardo über die Arbeit als Ware (1817)

Arbeit hat, wie alle übrigen Dinge, die man kauft oder verkauft, und die an Menge vermehrt oder vermindert werden können, ihren natürlichen und ihren Marktpreis. Der natürliche Preis der Arbeit ist jener Preis, welcher nötig ist, die Arbeiter in den Stand zu setzen, einen wie den anderen, sich zu erhalten und ihr Geschlecht fortzupflanzen ohne Vermehrung oder Verminderung . . .

Der Marktpreis der Arbeit ist derjenige Preis, der wirklich für die Arbeit auf Grund des natürlichen Verhältnisses von Angebot und Nachfrage bezahlt wird. Die Arbeit ist teuer, wenn sie selten ist, und billig, wenn sie reichlich ist. Wie weit auch immer der Marktpreis der Arbeit von ihrem natürlichen Preise abweichen mag, so hat er, wie die Güter, eine Tendenz, sich ihm anzupassen.

Erst wenn der Marktpreis der Arbeit ihren natürlichen Preis übersteigt, wird die Lage des Arbeiters eine gedeihliche und glückliche, hat er es in seiner Macht, über einen größeren Anteil von Bedarfsartikeln und Lebensgenüssen zu verfügen und daher eine gesunde und zahlreiche Familie zu ernähren. Wenn sich jedoch die Zahl der Arbeiter durch den Antrieb, welchen ein hoher Lohn für die Bevölkerungszunahme bildet, vermehrt, sinkt der Lohn wieder auf seinen natürlichen Preis und sinkt bisweilen infolge eines Rückschlages darunter.

Steht der Marktpreis der Arbeit unter ihrem natürlichen Preis, so gestaltet sich die Lage der Arbeiter am elendesten; dann raubt ihnen die Armut selbst noch jene Genüsse, welche die Gewohnheit zu absoluten Notwendigkeiten macht. Erst nachdem die Entbehrungen ihre Zahl vermindert haben oder nachdem die Nachfrage nach Arbeit gestiegen ist, wird der Marktpreis der Arbeit wieder auf ihren natürlichen Preis steigen, und der Arbeiter wird die bescheidenen Annehmlichkeiten haben, die ihm die natürliche Lohnrate zu gewähren pflegt.

Das also sind die Gesetze, die den Lohn bestimmen und von welchen das Glück des weitaus größten Teils jeder Gesellschaft beherrscht wird . . .

David Ricardo: Grundsätze der Volkswirtschaft und Besteuerung. Zitiert nach H. Waentig (Hg.): Sammlung sozialwissenschaftlicher Meister. Jena 1923, S. 81ff

---

●●

Die konsequenteste Fortführung dieses Gedankengangs fand sich in den Schriften des Engländers Thomas Robert Malthus, der in der unkontrollierten Bevölkerungsvermehrung letztlich die nicht aufhebbare Ursache aller Not und des sozialen Elends sah. Mit dieser Feststellung hob er die sozialen Folgen der industriellen Revolution in den Status natürlicher Gesetzmäßigkeiten:

- Entstehung einer «Überbevölkerung» in Land und Stadt;
- Verschärfung der Konkurrenz zwischen den Arbeitern um die nur beschränkt vorhandenen Arbeitsplätze;
- Verarmung großer Teile des Handwerks und der Arbeiterschaft.

Mit der Rückführung des sozialen Elends auf einen biologischen Mechanismus verkürzte Malthus die immerhin noch optimistische Tradition der politischen Ökonomie, etwa bei Adam Smith, die von einem andauernden dynamischen Wachstum von Gesellschaft, Wirtschaft und Lebensniveau ausging. Nicht die Regierung oder die Unternehmer waren folglich für die gedrückte und elende Lage der Arbeiter verantwortlich zu machen, sondern die wachsende Zahl der Menschen. Malthus prophezeite demgemäß den arbeitenden Klassen ewige Armut als natürliches Schicksal.

●●

Thomas Robert Malthus über das Elend als Naturgesetz (1803)

Ein Mensch, der in eine schon in Besitz genommene Welt geboren wird, hat keinen Rechtsanspruch auf die kleinste Menge von Nahrung und hat in der Tat kein Recht, zu sein, wo er ist, falls er nicht von seinen Eltern, gegen die er einen rechtmäßigen Anspruch hat, Unterhalt erlangen kann, und falls die Gesellschaft seine Arbeitskraft braucht. An der großen Festtafel der Natur ist kein Gedeck für ihn gelegt. Sie sagt ihm, sich zu packen, und sie wird ihre eigenen Befehle rasch ausführen, falls er nicht das Mitleid eines ihrer anderen Gäste erregen kann.

Thomas Robert Malthus: Essay on the Principle of Population. London 1803. Zitiert nach Alfred Kruse: Geschichte der Volkswirtschaftlichen Theorien. Berlin 1959, S. 68

●●

Diese Annahme ließ sich unter den damals herrschenden Verhältnissen ebenso wie heute in manchen Ländern der dritten Welt empirisch stützen. Das bedeutet aber auch, daß die liberale Wirtschaftsordnung nur dort erfolgreich realisiert werden kann, wo für alle Menschen zumindest ein Arbeitsplatz vorhanden ist, der es ihnen erlaubt, mit dem dort verdienten Lohn ihre Existenzbedürfnisse zu sichern. Das trifft heute zum großen Teil für die Industrieländer Europas zu, es gilt mit Sicherheit aber nicht für die Entwicklungsländer, in denen sich die Bedürfnisse von Millionen ohne das Angebot von Arbeitsplätzen in keinerlei Nachfrage ausdrücken können. Auch in zwei anderen Punkten wies das Modell noch wesentliche Fehler auf, die seine Begründung eher als Rechtfertigung von Klasseninteressen des Bürgertums erscheinen lassen, denn als Ausführungen einer objektiven wissenschaftlichen Theorie. Der eine Punkt betrifft die Ausweitung der Konkurrenzbeziehungen aus dem Geschäftsbereich auf das Verhalten der Einzelpersönlichkeit, der andere die faktische Ökonomisierung des gesamten menschlichen Lebens.

Die gesetzliche Fixierung wirtschaftlichen Verhaltens im Rahmen der Konkurrenz und der Interessenvertretung auf das Modell ökonomisch selbständiger Einzelpersönlichkeiten lieferte in der Praxis den einzelnen Arbeitnehmer schutzlos der Verfügungsgewalt des überlegenen Arbeitgebers aus. Sie bedeutete zugleich das Verbot jeder kollektiven Handlungsweise der Arbeitnehmer, sei es in Form der gewerkschaftlichen Betätigung oder in Form der gemeinsamen Arbeitsniederlegung, dem Streik. Die realitätsblinde Fiktion von der Chancengleichheit verstand den Staat als bloße Ansammlung von Einzelsubjekten, die langfristig gesehen alle mehr oder minder den gleichen Status, nämlich den des Besitzbürgers in einer Mittelstandsgesellschaft einnehmen würden.

Unter diesem Aspekt wurde auch die Bedürfnisbefriedigung nur Faktor des privaten Verbrauchs. Gesellschaftliche, kulturelle oder auch die notwendigen politischen Bedürfnisse, deren das demokratische System zu seinem Funktionieren bedarf, wurden entweder als voraussetzungslose Nebenerscheinungen der wirtschaftlichen Beziehungen gedeutet oder in ihrer Bedeutung geleugnet. Damit waren aber praktisch auch Kultur und Politik den Markt- und Konkurrenzbeziehungen untergeordnet.

Arbeitsvorschläge

1. Die Notwendigkeit der Existenz des Staates und seiner Aufgaben wird in den verschiedenen Wirtschaftssystemen jeweils aus einem bestimmten Menschenbild abgeleitet. Die Theoretiker des Merkantilismus sahen in der ungehinderten Durchsetzung privater Interessen die Ursache für gesellschaftliches Chaos, die Vertreter des Liberalismus erklärten die Realisierung privater Interessen zur Voraussetzung des

nationalen Wohlstandes. Gibt es heute eine ähnliche Argumentationsweise und welchen Stellenwert hat sie in der politischen Auseinandersetzung?

2. Die liberale Wirtschaftsordnung verabsolutierte die Rolle des Marktes als der einzigen Instanz zur Vermittlung von Angebot und Nachfrage. Unter die Marktregulierung fiel notwendigerweise auch der Faktor «Arbeitskraft». Welche Folgen hat das für die Arbeitnehmer und ihre Familien?
3. Der Engländer Robert Malthus sah in der unkontrollierten Bevölkerungsvermehrung namentlich der unteren Klassen die Ursache beständiger Not und sozialen Elends der Arbeiter. Unter welchen Bedingungen stimmt diese These? Wo könnte man heute noch die Berechtigung einer derartigen Voraussage in der Realität nachweisen?
4. Der Liberalismus ist ein in sich geschlossenes System, das den gesamten wirtschaftlichen und gesellschaftlichen Daseinsbereich zu ordnen und zu erklären versucht. Welcher theoretische Zusammenhang besteht dabei zwischen dem wirtschaftlichen, sozialen und politischen Bereich? Welche Abhängigkeiten und Interdependenzen der Teilsysteme bedingen und ergänzen einander?
5. In den bürgerlichen Revolutionen des 17. und 18. Jahrhunderts kämpfen verschiedene Klassen und Schichten der Bevölkerung um die Durchsetzung einer neuen Wirtschafts- und Gesellschaftsordnung. Welche Gruppen der Bevölkerung sind hier beteiligt und mit welchen Theorien vertreten sie ihre jeweiligen Machtansprüche?

III. Die Durchsetzung der liberalen Wirtschaftsordnung: Das amerikanische Modell

Basis zur Durchsetzung des liberalen Wirtschaftsmodells in den anderen Staaten war die Industrialisierung und die damit unmittelbar wachsende Macht des Bürgertums. Ihren deutlichsten Ausdruck fand die Auseinandersetzung auf sozialem, materiellem und ideologischem Gebiet im Verlauf der Französischen Revolution; hier kämpften innerhalb weniger Jahre jeweils unterschiedliche Machtgruppen und Bevölkerungsschichten unter Berufung auf die liberale Theorie um die Durchsetzung ihrer Machtansprüche. Und hier zeigte sich auch bereits, daß die vormals revolutionäre Bourgeoisie des englischen Inselreichs mittlerweile zur bloßen konservativen Platzhalterin der einmal errungenen ökonomischen Vormachtstellung geworden war. Die bürgerlichen Revolutionen in Europa und in Übersee hatten nicht nur mit dem Widerstand von Adel und Kirche zu kämpfen, sondern auch mit der Vorherrschaft des englischen Kapitals. Das herrschende englische Besitzbürgertum versuchte nun, jeden potentiellen Konkurrenten im Namen eben der Freiheit zu unterdrücken, mit der es einst selber seinen Machtanspruch gegenüber der Krone begründet hatte. Insofern stimmten die Klagen der amerikanischen Siedler gegenüber dem englischen König durchaus mit offizieller englischer Staatsphilosophie überein.

●●

John Locke über das Widerstandsrecht (1690)

Die Gesetze sollten letztlich keinen anderen Zweck haben als das Wohl des Volkes . . .

Das Eigentum des Volkes darf nicht besteuert werden ohne die vom Volke selbst oder durch seine Vertreter gegebene Einwilligung . . .

Wer die gesetzgebende Gewalt daran hindert, zur fälligen Zeit tätig zu werden oder ihre Freiheit beschneidet, hebt damit die gesetzgebende Gewalt praktisch auf . . . Wenn ein Gesetzgeber es unternimmt, den Menschen ihr Eigentum wegzunehmen oder zu zerstören, oder sie als Sklaven unter eine Willkürherrschaft zu zwingen, so versetzt er sich selbst in einen Kriegszustand mit dem Volk, das dadurch von jedem weiteren Gehorsam befreit ist . . .

John Locke: Zwei Abhandlungen über Regierung. Zitiert nach: Arnold Bergsträsser/Dieter Oberndörfer (Hg.): Klassiker der Staatsphilosophie. Stuttgart 1962, S. 184f

Vorwürfe gegen den englischen König Georg III. (1776)

Die Geschichte des gegenwärtigen Königs von Großbritannien ist eine Geschichte ständiger Ungerechtigkeiten und Übergriffe, die allesamt die Errichtung einer absoluten Tyrannei über diese Staaten zum Ziel haben . . . Er hat Gesetzen seine Zustimmung verweigert, die für das allgemeine Wohl höchst nützlich und notwendig sind . . . Er hat sich lange Zeit hindurch geweigert, nach der Auflösung von Volksvertretungen Neuwahlen zu veranlassen; dadurch ist die gesetzgebende Gewalt, die unauflösbar ist, an das Volk zurückgefallen, das sie nun nach Gutdünken ausüben kann . . .

Er hat seine Zustimmung dazu gegeben . . ., unseren Handel mit allen Teilen der Welt abzuschneiden, uns ohne unsere Einwilligung Steuern aufzuerlegen, . . . unsere eigene Gesetzgebung außer Kraft zu setzen . . .

Er hat uns als außerhalb seines Schutzes stehend erklärt und Krieg gegen uns geführt; damit hat er das Herrschaftsrecht über dieses Land aufgegeben.

Unabhängigkeitserklärung der 13 Staaten, 4. Juli 1776

●●

Im Kräftefeld von ökonomischer Konkurrenz, feudaler Obrigkeit und dem internationalen Bündnis von Thron und Altar, wie es am deutlichsten in der «Heiligen Allianz» des Wiener Kongresses sichtbar geworden ist, mußten sich die liberalen Ordnungsvorstellungen nun immer mühseliger durchsetzen und führten je nach Stärke der bürgerlichen Interessengruppen zu einer ganz unterschiedlichen Ausprägung des jeweiligen Kapitalismusmodells. Unter den günstigen Voraussetzungen liberaler Ideologie, englischen Kapitals und europäischer Einwanderer wuchs auf dem ertragreichen Boden der Vereinigten Staaten der vollkommenste Ableger der englischen Bourgeoisie heran. Ungestört von Feudaladel und Kirche und mit frei verfügbarem Boden konnte sich hier tatsächlich ein großer Teil der Ideen realisieren, deren Verwirklichung unter europäischen Verhältnissen fast unmöglich war. Hier konnte wirklich die große Mehrheit der Einwanderer das notwendige Geld verdienen, um die familiäre Existenz zu sichern und darüber hinaus auch noch andere Wünsche und Bedürfnisse zu befriedigen. Nicht nur lagen die Löhne in den Städten der Ostküste höher als die vergleichbaren Einkommen in Europa, sondern das reiche und fruchtbare Land bot über Jahrzehnte hinweg dem existentiell gefährdeten Lohnarbeiter auch die Möglichkeit zur Flucht nach dem Westen. Hier konnte er sich, wenn auch unter schwierigen Bedingungen, den Traum vom eigenen Grund und Boden erfüllen, Landbesitz erwerben, der in seiner europäischen Heimat nie erschwinglich gewesen wäre.

●●

Ein Einwanderer vergleicht Amerika mit Europa (1782)

Hier sind die Reichen und die Armen nicht so weit voneinander entfernt wie in Europa. Von ein paar Städten abgesehen, bebauen wir alle den Boden ...

Wer durch unsere ländlichen Gebiete reist, sieht kein feindseliges Schloß und kein stolzes Herrenhaus im Kontrast mit armseligen Lehmhütten, wo Vieh und Menschen einander wärmen müssen und in Dürftigkeit und Elend wohnen. Alle unsere Behausungen sind menschenwürdig und gleichen sich in erfreulicher Weise ...

Die Armen Europas haben sich in diesem großen amerikanischen Zufluchtsort ein Stelldichein gegeben ... Wozu sollten sie einander fragen, was für Landsleute sie sind? ... Hier sind sie Bürger ...

Was ist eigentlich ein Amerikaner, diese neue Art Mensch? Er ist kein Europäer und auch nicht Nachkomme eines Europäers; er ist eine seltsame Mischung, die es nirgendwo sonst auf der Welt gibt. Ich kenne einen Mann, dessen Großvater Engländer war, dessen Frau Holländerin war, dessen Sohn eine Französin heiratete, und dessen vier Söhne jetzt Frauen von vier verschiedenen Nationalitäten haben. Er ist ein Amerikaner ... Hier hält der Lohn des Fleißes Schritt mit der aufgewandten Mühe ... Frauen und Kinder, die den Vater früher vergeblich um ein Stück Brot anbettelten, helfen ihm jetzt wohlgenährt und fröhlich bei der Bestellung der Felder, deren üppige Ernten sie alle nähren und kleiden, und kein despotischer Fürst, kein reicher Abt, kein mächtiger Herr fordert seinen Anteil ...

J. de Crèvecœr: Letters From an American Farmer. 1782. In: The Heritage of America. Boston 1951, S. 352ff

---

●●

Was zählte unter diesen Bedingungen die Tatsache, daß der Boden an sich Eigentum der Indianer war, die teils als Nomaden, teils als Bauern und Fischer die Küsten und Prärien bevölkerten. In diesem Fall setzte man sich ebenso großzügig über die eigene Ideologie hinweg wie in der Sklavenfrage. Als Begründung für dieses Verhalten diente jetzt das Argument von der zivilisatorischen Nutzung des Landes, die von den Ureinwohnern versäumt worden sei. Indem man sich dabei sowohl religiöser wie auch rassischer Argumente bediente, konnte man das Nützliche mit dem theoretisch Begründbaren verbinden. Die Eroberung und der Diebstahl des Landes wurden als kulturzivilisatorische Tat gefeiert, die im Namen Gottes und zum Wohle der Nation geschehen sei.

Die verblüffenden Wachstumsraten des Bruttosozialprodukts, der relative Wohlstand einer breiten Mittelschicht und die Durchsetzung des liberalen Modells in Wirtschaft und Politik machten Amerika bis heute zum eigentlichen Bollwerk der liberalen Wirtschaftsordnung. Sie nährten zudem in den Amerikanern selbst den Glauben an «Gottes eigenes Land», das der gesamten übrigen Welt sein System als Garant von Wohlstand und Freiheit zu vermitteln habe. Insofern ist es auch nicht verwunderlich, daß in diesem Hort des konservativen Liberalismus sozialistische Ideen bis zum heutigen Zeitpunkt weder im Bildungssektor noch in der realen Politik eine wichtige Rolle spielten. Das galt lange Zeit auch für England, das sich mit seinen Handelsprofiten und Kolonialgewinnen eine monopolartige Stellung unter den Wirtschaftsmächten aufbauen konnte. Dadurch erfreuten sich auch die englischen Arbeiter eines höheren Lebensstandards als ihre Kollegen auf dem Festland. Und auch sie hatten eine Möglichkeit zur Flucht, wenn auch nicht nach Westen so doch in die Kolonien des Empire, wo sie als Soldaten und Beamte der britischen Krone materiell und psychisch ihr Selbstwertgefühl pflegen konnten.

So waren England und die Vereinigten Staaten auch nicht die Länder, von denen man eine Entwicklung alternativer Theorien zum liberalen Gedankengut erwarten konnte. Die Kritik an der bürgerlichen Eigentumsideologie als Basis der kapitalistischen Wirtschaftsordnung kam aus den Staaten des Kontinents.

Arbeitsvorschläge

1. Untersuchen Sie die historischen und wirtschaftlichen Beziehungen Englands zu seinen amerikanischen Kolonien. Wo lagen die Ursachen und der Anlaß für die Beschwerden und die schließliche Loslösung der Kolonien vom Mutterland? Wie lassen sich die gegenseitigen Vorwürfe und Auseinandersetzungen mit der Ideologie des Liberalismus vereinen?
2. Nicht in England, sondern in den Vereinigten Staaten von Amerika erfuhr die Realisierung des liberalen Modells von Politik und Wirtschaft seine optimale Ausgestaltung. In dieser Hinsicht wurden die USA zum unerreichten Vorbild der meisten anderen Staaten und Industrienationen. Warum waren die Amerikaner bei der Durchsetzung des Liberalismus so erfolgreich?
3. In der Sklavenfrage und bei der Behandlung der Indianer setzten sich die Amerikaner souverän über ihre eigenen ideologischen Ansprüche hinweg. Vergleichen Sie die Anfangsartikel der Unabhängigkeitserklärung mit dem tatsächlichen Verhalten der amerikanischen Regierung. Mit welchen Argumenten rechtfertigte man diese offensichtliche Differenz zwischen theoretischem Anspruch und praktizierter Politik?
4. In der politischen Parteienlandschaft Amerikas spielen bis heute sozialistische Gruppen nur eine sehr untergeordnete Rolle. Die politische Szene wird von den liberalen Parteien beherrscht. Womit läßt sich diese Entwicklung erklären? Wie ist heute die Resonanz sozialistischer Theorie in den USA?
5. Der Freiheitsbegriff des Liberalismus ist im wesentlichen durch die negative Abgrenzung gegenüber den Ansprüchen des absolutistischen Staates definiert worden. In diesem Zusammenhang spricht man auch von einer rein formalen Definition, der die soziale Dimension fehlt. Untersuchen Sie die Möglichkeiten zur Realisierung dieser Freiheit am Beispiel Englands und der Vereinigten Staaten.

IV. Die Kritik der liberalen Wirtschaftsordnung und die sozialistische Alternative

Die Ideen des Sozialismus waren zugleich Weiterführung und Überwindung der liberalen Bewegung. Ausgehend vom humanistischen Menschenbild der Aufklärung, das die allseits gebildete, rationale und selbstbestimmte Persönlichkeit als Ziel einer zukünftigen Entwicklung sah, waren sich die «Sozialisten» mit den Bürgern darüber einig, die feudalen Zustände der damaligen Zeit zu beenden. Die materielle Basis für die Befreiung der bisher unterdrückten und abhängig arbeitenden Massen der Bauern und Stadtbewohner sollte durch die Maschinenproduktion erreicht werden. Hier deutete sich die Herstellung derart gewaltiger Mengen an Produkten an, daß die Perspektive einer allseitigen Versorgung der Bevölkerung nach den Maßstäben der Grundbedürfnisse realistisch schien. Die gemeinsame ideologische Plattform von Bürgern und Arbeitern, Arbeitnehmern und Selbständigen ergab sich durch die Ableitung ihres politischen Anspruchs aus ihrer produktiven Arbeit als dem eigentlichen werteschaffenden Faktor. Bei kurzschrittiger Betrachtungsweise erschien auch das Kapital durchaus seine demokratische Legitimation durch die Arbeit des Unternehmers zu erhalten, jedenfalls war seine Entstehung zur Begründung eines Herrschaftsanspruchs eindeutig legitimierter als das häufig durch Raub oder bloßes Erbe gewonnene Grundeigentum der Adligen und der Kirche.

Diese gemeinsame Plattform aus optimistischer Zukunftsperspektive und ideologischem Anspruch zerbrach spätestens in dem Augenblick, als sich herausstellte, daß die Folgen der industriellen Revolution mehr Elend als Wohlstand hervorbrachten und der Abstand zwischen reich und arm eher wuchs als abnahm. Die Spannung zwischen den bürgerlich-liberalen Ideen und den tatsächlichen Zuständen mußte bald zum Bruch in der politischen Bewegung führen und eine neue Frontstellung zwischen Adel und Besitzbürgertum einerseits und den für die verarmende Masse des Volkes sprechenden Sozialisten andererseits herbeiführen. Dabei blieb die allgemeine Zielsetzung der humanitären Persönlichkeit weiterhin das offen propagierte Ziel beider Parteien, umstritten war nur die Frage, mit welchen Methoden dieses Ziel erreicht werden sollte. Das Spektrum der nichtsozialistischen Kritik an den sozialen Verhältnissen reichte von der patriarchalischen Gesinnung der Adligen, die dem Unternehmer eine zu brutale Ausbeutung der Arbeiter vorwarfen, über die klerikale Mildtätigkeit der Kirche mit ihren Suppenküchen und Andachtsräumen bis zu den Bildungsreformen der Liberalen, die durch Erziehung und Vermittlung sittlicher Grundwerte die Werktätigen wenigstens geistig in die Gesellschaft integrieren wollten. Auf ähnlicher Ebene lagen auch die Versuche einzelner Unternehmer wie Robert Owen, die Arbeiter über den Weg der genossenschaftlichen Unternehmertätigkeit zu Aktivisten und Teilhabern der bürgerlichen Wirtschaftsordnung zu machen. Alle diese Reformbewegungen haben in der Auseinandersetzung mit der sogenannten «sozialen Frage» tiefe Spuren hinterlassen und in Einzelfällen auch deutliche Wirkungen hervorgebracht, doch an dem eigentlichen System der Ausbeutung, Konkurrenz und Krisen konnten sie nichts ändern. Alle diese Reformer hatten die Lehrsätze der liberalen Wirtschaftsökonomen zu sehr verinnerlicht, um eine systemkritische Alternative entwickeln zu können. So blieb es bei den Versuchen, das soziale Elend mittels Institutionen und Vereinen zu mildern. Aber auch hier lag vorrangig die Betonung auf der privaten, nicht auf der staatlichen Initiative. Die frühen sozialistischen Strömungen innerhalb der bürgerlichen Revolution, so die Leveller (Gleichmacher) in England und die Anhänger des linken Jakobinerflügels unter Jacques Roux während der Französischen Revolution, wollten dagegen die staatliche Gewalt für eine soziale Umgestaltung der Gesellschaft nutzen.

●●

Manifest der Enragés (Juni 1793)

Habt ihr die Spekulation geächtet? Nein. Habt ihr die Todesstrafe für Schieber verhängt? Nein. Habt ihr bestimmt, worin die Freiheit des Handels besteht? Nein. Habt ihr den Handel mit Hartgeld verboten? Nein. Nun gut – wir erklären euch, daß ihr für das Glück des Volkes nicht alles getan habt. Die Freiheit ist nichts als leerer Wahn, wenn eine Menschenklasse die andere ungestraft aushungern kann. Die Gleichheit ist nichts als leerer Wahn, wenn der Reiche mit Hilfe des Monopols das Recht über Leben und Tod seines Mitmenschen ausübt. Die Republik ist nichts als leerer Wahn, wenn sich die Konterrevolution Tag für Tag durch den Preis der Lebensmittel vollzieht, den Dreiviertel der Bürger nicht bezahlen können, ohne Tränen zu vergießen . . . Entscheidet also noch einmal. Die Sansculotten mit ihren Piken werden eure Dekrete zur Ausführung bringen.

Walter Markow/Albert Soboul: 1789 Die große Revolution der Franzosen. Berlin (DDR) 1977, S. 293f

---

●●

Beide Gruppen mußten scheitern, weil sie auf Grund der ökonomischen Entwicklung in der Bevölkerung weder für ihre Theorie noch für die Realisierung ihrer Ziele eine ausreichende Anhängerschaft mobilisieren konnten. Sie waren aber die grundsätzlichen Vorläufer der späteren Sozialisten, die besonders in Frankreich erfolgreich waren.

Solange die liberale Theorie als einzige Ordnungsvorstellung in den Köpfen der Bevölkerung existierte, konnte jedes praktische Handeln nur auf wirtschaftlichen Aufstieg und damit Integration in das System gerichtet sein oder unter dem Druck der unmittelbaren sozialen Bedrohung zu einem ziellosen gewalttätigen Ausbruchsversuch führen.

Die Theoretiker des Sozialismus sahen sich folglich vor die Aufgabe gestellt, durch die Analyse der realen wirtschaftlichen Entwicklung ein praktikables Gegenmodell zu entwerfen. Dieses System sollte einerseits den wirtschaftlichen Fortschritt des Kapitalismus beibehalten, andererseits aber durch die Sicherung gerechter Verteilung und der sozialen Existenz den Menschen zum Mittelpunkt der wirtschaftlichen Entwicklung machen. Die Lösung dieser Probleme erhoffte die erste Generation der sozialistischen Theoretiker von der staatlich geförderten Eigentumsbildung in den Händen der Produzenten. Unklar blieb dabei allerdings, auf welche Weise dieses Eigentumsrecht wahrgenommen werden sollte, in der individualistischen Form der Einzelpersönlichkeit, im Pluralismus der Produktivgenossenschaften oder in Form der kollektiven Aneignung durch den Staat.

Klar war nur, daß die produzierende Klasse, worunter man jetzt nicht mehr das besitzende Bürgertum, sondern nur noch den produktiven Teil der Bevölkerung verstand, ihr Aneignungsrecht nicht anders zur Geltung bringen konnte, als durch die Änderung der schon bestehenden gesellschaftlichen Eigentumsverteilung. Dabei war etwa der revolutionäre Anarchismus in seiner extremen Betonung der Freiheitsrechte des Individuums die konsequente Fortsetzung des ökonomischen und politischen Liberalismus. In der Ablehnung aller organisatorischen und staatlichen Regulierungsversuche blieben die Anarchisten letztlich dem Vorbild der autonomen Einzelpersönlichkeit verpflichtet, die in ihrer Isolierung weder den Bedingungen der wirtschaftlichen Produktion noch der gesellschaftlichen Planung gerecht werden konnte. Eine andere Spielart des frühen Sozialismus war der utopische Kommunismus, dessen Orientierung auf die zukünftige Idealgesellschaft ihn häufig für die Durchsetzungsmöglichkeiten seiner Ideen blind machte. So handelte es sich hier eher um eine Glaubenssache als um ein politisches Programm. Mit der Kraft des Beispiels und der Hilfe des Staates sollte die Selbstbestimmung der Produzenten in einer Gesellschaft ohne Klassen und Ausbeutung verwirklicht werden. Man war fest davon überzeugt, daß die Arbeitsproduktivität der zukünftigen Produktivgenossenschaften auf der Basis gemeinsamer Tätigkeit und freiwilliger Leistung wesentlich höher sei, als die der kapitalistischen Betriebe. Es kam also nur darauf an, die finanziellen Mittel für die Realisierung eines ersten derartigen Experiments zu erhalten, um dann im Sog des Erfolgs das ganze System für die neue Wirtschaftsordnung zu gewinnen. In einem stetigen Umwandlungsprozeß würde sich der Kapitalismus zur Mittelstandsgesellschaft gleichberechtigter Produktionskollektive verwandeln.

Diesem Reformansatz, die Gesellschaft evolutionär kraft des Beispiels zu verändern, stand die revolutionäre Entschlossenheit Babeufs gegenüber, der in Fortsetzung der Jakobinerherrschaft die Idee der kommunistischen Wirtschaftsgemeinschaft, die Gesellschaft der Gleichen verwirklichen wollte. Weniger sein sozioökonomischer Ansatz als vielmehr die praktisch-politische Idee von der Diktatur des arbeitenden Volkes fand später in der Lehre von der «Diktatur des Proletariats» eine Fortsetzung.

●●

Die Wahrheit des Revolutionärs Babeuf
Ein Plakat in Paris (1797)

Analyse der Lehre Babeufs, den das Direktorium geächtet hat, weil er die Wahrheit sagte.

Art. 1: Die Natur hat jedem Menschen ein gleiches Recht auf den Genuß aller Güter gegeben.

Art. 2: Der Zweck der Gesellschaft ist es, diese im Naturzustand so oft durch die Starken und Schlechten angegriffene Gleichheit zu verteidigen und durch die Mitwirkung aller die gemeinsamen Genüsse zu vermehren.

Art. 3: Die Natur hat jedem die Verpflichtung auferlegt zu arbeiten; niemand hat sich der Arbeit entziehen können, ohne ein Verbrechen zu begehen.

Art. 4: Die Arbeit und die Genüsse müssen gemeinsam sein.

Art. 5: Es besteht der Zustand der Unterdrückung, wenn der eine bis zur Erschöpfung arbeitet und ihm alles mangelt, während der andere, ohne zu arbeiten, im Überfluß schwelgt.

Art. 6: Niemand hat sich, ohne ein Verbrechen zu begehen, ausschließlich die Güter der Erde oder der Industrie aneignen können.

Art. 7: In einer wahrhaften Gesellschaft darf es weder Reiche noch Arme geben.

Art. 8: Die Reichen, die nicht auf ihren Überfluß zugunsten der Armen verzichten wollen, sind Feinde des Volkes.

Art. 9: Niemand darf durch die Anhäufung aller Mittel einem anderen den für sein Glück notwendigen Unterricht rauben; der Unterricht muß für alle gemeinsam sein.

Art. 10: Das Ziel der Revolution ist, die Ungleichheit zu beseitigen und das gemeinsame Glück wiederherzustellen.

Art. 11: Die Revolution ist nicht zu Ende, da die Reichen alle Güter an sich reißen und ausschließlich befehlen, während die Armen wie wahre Sklaven arbeiten, im Elend schmachten und im Staat nichts gelten.

Friedhelm Forwick (Hg.): Eigentum und Freiheit; dtv Dokumente. München 1972, S. 98

●●

Zwischen diesen beiden Ansätzen von Reform und Revolution standen die Saint-Simonisten als Verkünder der industriellen Leistungsgesellschaft, deren Basis nur noch das jeweils während eines Lebens erarbeitete Eigentum, aber nicht mehr das ererbte Privatvermögen sein sollte.

Die Aufarbeitung von Theorie und Praxis all dieser Änderungsversuche blieb schließlich den Begründern des wissenschaftlichen oder auch klassischen Sozialismus vorbehalten: Marx und Engels. Während dem vorwissenschaftlichen Sozialismus alle Richtungen zuzuordnen sind, die sich mehr oder minder an Utopien ausrichten, ist der klassische Sozialismus vornehmlich das Gedankengebäude einer Wirtschaftsordnung, die ihre Grundlagen im historischen Materialismus hat. Am Beispiel der wirtschaftlichen Entwicklung Englands versuchte Marx in seinem Hauptwerk, dem *Kapital*, nicht nur eine kritische Analyse des Kapitalismus durchzuführen, sondern zugleich auch den wissenschaftlichen Beweis vorzulegen, daß es einen zwangsläufigen Wandel vom Kapitalismus zum Sozialismus geben müsse. Dabei flossen neben der Aufarbeitung des empirischen Materials praktisch alle damals existierenden Ideen, Vorstellungen und Theorien in die Analyse mit ein. So wurde aus dem Werk nicht die Darstellung und Beschreibung einer zukünftigen Wirtschafts- und Gesellschaftsordnung, sondern vielmehr die Kritik von Vergangenheit, Gegenwart und Zukunft des kapitalistischen Wirtschaftssystems. Aus diesem Umstand erklärt sich auch, weshalb es keine Klarheit über die Interpretation der marxistischen Theorie gibt, sondern praktisch jede Auslegung sich zur Rechtfertigung auf die klassischen Schriften berufen kann. Grundsätzlich haben alle Richtungen des modernen Sozialismus folgende Merkmale:

1. Sie folgen der Tradition der Aufklärungsphilosophie.
2. Sie zielen auf eine völlige Umgestaltung der vorgefundenen sozialen, wirtschaftlichen und politischen Verhältnisse.
3. Sie basieren auf einer gesellschaftlichen Ausrichtung des Rentabilitätsprinzips mit mehr oder minder kollektivistischer Tendenz.

Das 1847 erschienene *Kommunistische Manifest* zeigte die Strukturgesetze auf, nach denen sich der Kapitalismus entwickelt. Die Ausbeutung des Lohnarbeiters trägt dem Besitzer von Produktionsmitteln einen Mehrwert (Profit) ein, der zur Akkumulation (Ansammlung) seines Kapitals führt und den technisch-industriellen Fortschritt ermöglicht. Dieser «Fortschritt» führt zu folgenden Ergebnissen:

1. Arbeiter werden freigesetzt, die die «industrielle Reservearmee» verstärken, den Lohndruck erhöhen und die allgemeine Verelendung fördern.
2. Durch den Konkurrenzkampf erfolgt eine Abnahme der Kapitalisten und eine Zunahme des Proletariats, das sich ständig aus den verarmenden Mittelschichten, der ländlichen Bevölkerung und dem Bevölkerungswachstum in den Städten ergänzt.

3. Durch die Kapitalkonzentration entfällt auf immer weniger Selbständige eine immer größere Kapitalmenge.
4. Durch die anarchistische und spekulative Produktionsplanung der Unternehmer kommt es zu Überproduktionskrisen, die noch durch die sinkende Kaufkraft der Arbeitnehmer verstärkt werden.

●●

Aus dem Kommunistischen Manifest von Karl Marx und Friedrich Engels (1847)

a) Die Geschichte aller bisherigen Gesellschaft ist die Geschichte von Klassenkämpfen ... Die ganze Gesellschaft spaltet sich ... in zwei große feindliche Lager, in zwei ... einander ... gegenüberstehende Klassen: Bourgeoisie und Proletariat ... Die Bourgeoisie hat ... kein anderes Band zwischen Mensch und Mensch übriggelassen, als das nackte Interesse ..., die «bare Zahlung» ... Sie hat die Bevölkerung [zusammengeballt], die Produktionsmittel zentralisiert und das Eigentum in wenigen Händen konzentriert ... Die Arbeiter, die sich stückweise verkaufen müssen, sind eine Ware ... und daher ... allen Schwankungen des Marktes ausgesetzt ... [Der] Arbeiter ... wird ein bloßer Zubehör der Maschine, von dem nur der einfachste, eintönigste, am leichtesten erlernbare Handgriff verlangt wird ... Die Arbeiter ... sind ... Knechte der Bourgeoisklasse ..., sie sind ... stündlich geknechtet von der Maschine ... Die bisherigen kleinen Mittelstände, die kleinen Industriellen, Kaufleute ..., Handwerker und Bauern ... fallen ins Proletariat hinab ...

Die ... Bedingung für die Existenz und für die Herrschaft der Bourgeoisklasse ist die Anhäufung des Reichtums in den Händen von Privaten, die Bildung und Mehrung des Kapitals; die Bedingung des Kapitals ist die Lohnarbeit. [Sie] beruht ausschließlich auf der Konkurrenz der Arbeiter unter sich. Der Fortschritt der Industrie ... setzt an die Stelle der Isolierung der Arbeiter durch die Konkurrenz ihre revolutionäre Vereinigung. [Der] Untergang [der Bourgeoisie] und der Sieg des Proletariats sind gleich unvermeidlich.

b) Bedarf es tiefer Einsicht, um zu begreifen, daß mit den Lebensverhältnissen der Menschen, mit ihren gesellschaftlichen Beziehungen, mit ihrem gesellschaftlichen Dasein, auch ihre Vorstellungen, Anschauungen und Begriffe, mit einem Worte auch ihr Bewußtsein sich ändert? Was beweist die Geschichte anders, als daß die geistige Produktion sich mit der materiellen umgestaltet? ...

Eure Ideen selbst sind Erzeugnisse der bürgerlichen Produktions- und Eigentumsverhältnisse, wie euer Recht nur der zum Gesetz erhobene Wille eurer Klasse ist, ein Wille, dessen Inhalt gegeben ist in den materiellen Lebensbedingungen eurer Klasse.

c) Der erste Schritt in der Arbeiterrevolution ist die Erhebung des Proletariats zur herrschenden Klasse ... Das Proletariat wird seine politische Herrschaft dazu benutzen, der Bourgeoisie ... alles Kapital zu entreißen, alle Produktionsinstrumente in den Händen des Staats ... zu zentralisieren [Diktatur des Proletariats] ... An die Stelle der bürgerlichen Gesellschaft mit ihren ... Klassengegensätzen tritt eine Assoziation [Vereinigung], worin die freie Entwicklung eines jeden [gesichert ist = Klassenlose Gesellschaft]! ...

Die Kommunisten unterstützen überall jede revolutionäre Bewegung gegen die bestehenden gesellschaftlichen und politischen Zustände. In allen diesen Bewegungen heben sie die Eigentumsfrage ... als die Grundfrage hervor ... Sie erklären offen, daß ihre Zwecke nur erreicht werden können durch gewaltsamen Umsturz aller bisherigen Gesellschaftsordnung ...

d) Die Kommunisten sind ... der entschiedenste, immer weiter treibende Teil der Arbeiterparteien aller Länder; sie haben theoretisch vor der übrigen Masse des Proletariats die Einsicht in die Bedingungen, den Gang und die allgemeinen Resultate der proletarischen Bewegung voraus ...

Zweck der Kommunisten ...: Bildung des Proletariats zur Klasse, Sturz der Bourgeoisieherrschaft, Eroberung der politischen Macht durch das Proletariat.

Das Programm der Kommunisten

e) 1. [Enteignung] des Grundeigentums und Verwendung zu Staatsausgaben. 2. Starke Progressivsteuer. 3. Abschaffung des Erbrechts. 4. [Einziehung] des Eigentums aller Emigranten und Rebellen. 5. Zentralisation des Kredits in den Händen des Staats durch eine Nationalbank mit Staatskapital. 6. Zentralisation des Transportwesens in den Händen des Staats. 7. Vermehrung der Nationalfabriken ... 8. Gleicher Arbeitszwang für alle. 9. Errichtung industrieller Armeen, besonders für den Ackerbau ... 10. Öffentliche und unentgeltliche Erziehung aller Kinder ... Vereinigung der Erziehung mit der materiellen Produktion usw. ... Die Proletarier haben nichts zu verlieren als ihre Ketten. Sie haben eine Welt zu gewinnen ...

Die Proletarier haben kein Vaterland ... Proletarier aller Länder vereinigt euch!

Karl Marx: Die Frühschriften. Hg. v. S. Landshut. Stuttgart 1953, S. 525 ff

Diese Aufeinanderfolge von allgemeiner Produktionssteigerung einerseits und Verelendung der Bevölkerung andererseits mußte nach der Tradition der Aufklärungsphilosophie notwendig auch zu einem entsprechenden Bewußtsein und Handeln der Betroffenen führen. So wie in den zurückliegenden Revolutionen das Bürgertum gegen den Adel und die Ideologie der Kirche gekämpft hatte, so mußte nun entsprechend der gesellschaftlichen Entwicklung die Arbeiterklasse ihre Interessen durchsetzen. Die Masse der Bevölkerung würde in Theorie und Praxis den Widerspruch zwischen der allgemeinen gesellschaftlichen Produktion und der privaten Aneignung des neuen Reichtums durch die Kapitalisten erkennen. Die zyklisch auftretenden Krisen, in deren Verlauf alle sozialen Folgeerscheinungen des Kapitalismus in potenziertem Ausmaß die Existenz der Menschen bedrohten, mußten dann die revolutionäre Aktion die «Expropriation der Expropriateure» («Enteignung der Enteigner») als Akt der Notwehr erzwingen. Vor die Wahl zwischen Verhungern und Systemveränderung gestellt, mußte sich die Mehrheit der Bevölkerung gegen die herrschenden Klassen wenden und für eine revolutionäre Veränderung eintreten. Diese Mehrheit sollte es dann auch sein, die im ersten Stadium der neuen Ordnung eine Konterrevolution des Besitzbürgertums durch die Diktatur des Proletariats verhindern würde.

●●

Marx über die Diktatur des Proletariats (1875)

Es fragt sich dann: welche Umwandlung wird das Staatswesen in einer kommunistischen Gesellschaft untergehen, in anderen Worten, welche gesellschaftlichen Funktionen bleiben dort übrig, die jetzigen Staatsfunktionen analog sind? Diese Frage ist nur wissenschaftlich zu beantworten, und man kommt dem Problem durch tausendfache Zusammensetzung des Worts Volk mit dem Wort Staat auch nicht um einen Flohsprung näher.

Zwischen der kapitalistischen und der kommunistischen Gesellschaft liegt die Periode der revolutionären Umwandlung der einen in die andere. Der entspricht auch eine politische Übergangsperiode, deren Staat nichts andres sein kann als die revolutionäre Diktatur des Proletariats.

Karl Marx/Friedrich Engels: Werke, Band 19. Berlin (DDR) 1967, S. 15ff

---

●●

Lenin über die Diktatur des Proletariats (1917)

Der Übergang von der kapitalistischen Gesellschaft ... zur kommunistischen Gesellschaft ist unmöglich ohne eine «politische Übergangsperiode», und der Staat dieser Periode kann nur die revolutionäre Diktatur des Proletariats sein. [...] Die Diktatur des Proletariats aber, d. h. die Organisierung der Avantgarde der Unterdrückten zur herrschenden Klasse zwecks Niederhaltung der Unterdrücker, kann nicht einfach nur eine Erweiterung der Demokratie ergeben. *Zugleich* mit der gewaltigen Erweiterung des Demokratismus, der *zum erstenmal* ein Demokratismus für die Armen, für das Volk wird und nicht ein Demokratismus für die Reichen, bringt die Diktatur des Proletariats eine Reihe von Freiheitsbeschränkungen für die Unterdrükker, die Ausbeuter, die Kapitalisten. Diese müssen wir niederhalten, um die Menschheit von der Lohnsklaverei zu befreien, ihr Widerstand muß mit Gewalt gebrochen werden – es ist klar, daß es dort, wo es Unterdrückung, wo es Gewalt gibt, keine Freiheit, keine Demokratie gibt. [...]

Erst in der kommunistischen Gesellschaft, wenn der Widerstand der Kapitalisten schon endgültig gebrochen ist, wenn die Kapitalisten verschwunden sind, wenn es keine Klassen (d. h. keinen Unterschied zwischen den Mitgliedern der Gesellschaft in ihrem Verhältnis zu den gesellschaftlichen Produktionsmitteln) mehr gibt – erst dann «hört der Staat auf zu bestehen» und «kann von Freiheit die Rede sein».

W. I. Lenin: Staat und Revolution. In: Ausgewählte Werke in zwei Bänden. Stuttgart 1947, Band II, S. 223ff

Die Anwendung von Gewalt entsprach in diesem Stadium dem bereits in früheren Jahrhunderten philosophisch legitimierten Widerstandsrecht des Volkes gegenüber einer ungerechten Herrschaft, vergleichbar dem Sturm auf die Bastille und den amerikanischen Befreiungskriegen gegen die Kolonialmacht England.

Und genau wie aus dem Kriegszustand zwischen England und seinen früheren Kolonien später eine «special relationship» zwischen den beiden Staaten geworden war, so sollte nach der marxistischen Theorie aus dem anfänglichen Gewaltverhältnis ebenfalls eine friedliche und klassenlose Gesellschaft entstehen. In einem späteren Stadium der Entwicklung würde demgemäß das Verhältnis zwischen der herrschenden Mehrheit der Arbeiter und der unterdrückten kapitalistischen Minderheit auf der Basis des gesellschaftlichen Eigentums an Produktionsmitteln endlich zu einem Miteinander in einer freien, gerechten und humanen Staatsordnung werden. Da sich aber die marxistische Theorie weitgehend mit der Analyse der kapitalistischen Wirtschaftsordnung und ihrer Auswirkungen auf die sozialen und politischen Verhältnisse der Gesellschaft begnügte, fanden sich dort weder über die Zeitdauer der angestrebten Veränderungen noch über die Strukturmerkmale der neuen Gesellschaftsordnung konkrete Hinweise. Festzuhalten ist lediglich, daß der Übergang von einer Wirtschaftsordnung zu einer anderen einerseits als evolutionärer ökonomischer Prozeß gedeutet, ihm andererseits aber in politischer Hinsicht unbedingt gewaltsamer Charakter attestiert wurde. Schließlich hatte gerade das Beispiel der bürgerlichen Revolution gezeigt, daß herrschende Klassen, wie überlebt sie in Ideologie und Praxis auch immer sein mögen, nicht bereit sind, freiwillig auf die Ausübung ihrer Herrschaft und damit auf ihre Privilegien zu verzichten.

Mit der grundsätzlich revolutionären Orientierung der marxistischen Theorie war die Gefahr der Untauglichkeit in der praktischen Politik verbunden. Gerade weil Marx die allgemeinen Strukturmerkmale des Kapitalismus und nicht irgendeines bestimmten kapitalistischen Staates herausarbeiten wollte, mußte seiner Analyse die Erfassung der jeweils sehr unterschiedlichen Charaktermerkmale dieser Wirtschaftsordnung in den verschiedenen europäischen Ländern fehlen. Vor allem aber fehlten Angaben über die zeitliche Dauer zur Realisierung der angestrebten Veränderungen. Dabei hatte ja schon der große zeitliche Abstand zwischen der englischen und der Französischen Revolution gezeigt, wie in sich gleichartig strukturierte politische Bewegungen entsprechend den nationalen Besonderheiten und den wirtschaftlichen Entwicklungsstufen der Länder in verschiedenen Jahrhunderten stattfinden können. Insofern war es für die Befürworter und die Gegner des klassischen Sozialismus einfach, aus der hier skizzierten Theorie die gegensätzlichsten Schlußfolgerungen zu ziehen. War für die Befürworter das revolutionäre Ziel möglichst schnell zu realisieren, wobei man sich weder um die materielle noch um die ideologische Basis sonderlich zu kümmern brauchte, so war es für die Gegner meist nicht schwer, nachzuweisen, daß die jeweilige Praxis des Kapitalismus nur zum geringsten Teil den von Marx festgestellten Merkmalen entsprach. Diese theoretische Ablehnung erhielt schließlich im 20. Jahrhundert noch eine wesentlich höhere Effektivität als man die politische Praxis der Länder des sogenannten «realen Sozialismus», besonders die Sowjetunion, an den Maßstäben der von Marx nur flüchtig skizzierten Zukunftsgesellschaft messen konnte. Hier schien dann der absolute Beweis erbracht, daß die Wirklichkeit mit der marxistischen Theorie nicht übereinstimmte. Was immer aber auch Befürworter und Gegner der theoretischen Analyse vorzubringen hatten, stets mußten sie es an der Realität der gesellschaftlichen Entwicklung messen lassen: einer Entwicklung, die einerseits einen bisher unbekannten materiellen Wohlstand, andererseits aber auch eine nie zuvor gekannte Perversion einer

Staatsordnung, den Faschismus, hervorgebracht hat. Insofern könnten sich beide Gruppen bestätigt fühlen. Selbst wenn allerdings die langfristige Entwicklung anscheinend sowohl der produktiven Kraft des Kapitalismus wie auch der Krisentheorie des Sozialismus recht gab, bleibt doch vor allem das Problem ungelöst, warum gerade die politischen Parteien der Arbeitnehmer sowohl in der Rezeption der marxistischen Theorie wie in der praktischen Realisierung weniger die agierenden als die reagierenden Kräfte waren. Und es bleibt offen, warum die Arbeitnehmer selbst weit eher für reformistische oder bürgerliche Theorien aufgeschlossen waren als für die revolutionäre Alternative. Zu untersuchen wäre schließlich, ob nicht die Propagierung der sozialistischen Revolution der Reorganisation und dem Erhalt der kapitalistischen Wirtschaftsordnung eher nützlich als abträglich war.

Da Bundesrepublik und Deutsche Demokratische Republik in ihrer Existenz die schließlichen Endpunkte der hier aufgezeigten Entwicklung waren, ist es notwendig, im folgenden die Bedingungen des deutschen Weges zur sozialen Marktwirtschaft und zum realen Sozialismus der DDR in Form der Planwirtschaft zu verfolgen. Erst daran kann der Stellenwert und die Orientierung der beiden Systeme für Gegenwart und Zukunft gedeutet werden. Ohne diese historischen Voraussetzungen müßten die heute bestehenden Wirtschaftssysteme willkürlich und unverständlich erscheinen.

Arbeitsvorschläge

1. Die sogenannte «soziale Frage» als Folge der kapitalistischen Entwicklung wurde von allen gesellschaftlichen Gruppen und Parteien als Herausforderung betrachtet. Nennen Sie verschiedene Vorschläge und Lösungsversuche, mit denen man dieses Problem zu entschärfen versuchte.
2. Auch der Sozialismus steht mit seiner analytischen Konzeption in der Tradition von Aufklärung und Humanismus des 18. Jahrhunderts. Nennen Sie traditionelle Elemente, in denen der gemeinsame Ursprung von Liberalismus und Sozialismus deutlich wird.
3. Liberalismus und Sozialismus beriefen sich zur Rechtfertigung ihrer Theorie auf den Produktionsfaktor Arbeit als Basis jeder gesellschaftlichen Entwicklung überhaupt. Während aber die bürgerliche Theorie das Privateigentum an Produktionsmitteln als Folge der unternehmerischen Leistung definierte, interpretierte der Sozialismus das Kapital als Ausbeutungsverhältnis gegenüber den besitzlosen Arbeitern. Die Auseinandersetzung ging also um die Einschätzung der Leistung von Unternehmertätigkeit und lohnabhängiger Arbeit. Welche Argumente lassen sich für und gegen diese Analyse der beiden Theorien einwenden?

Ist in diesem Sinne die Bundesrepublik heute eine Leistungsgesellschaft?

4. Zu jeder Zeit gab es innerhalb der sozialistischen Theorie verschiedene Richtungen mit unterschiedlichen Organisations- und Staatsvorstellungen. Welche Gruppierungen lassen sich hier im einzelnen unterscheiden und in welcher Beziehung grenzen sie sich inhaltlich voneinander ab?
An welchen sozialistischen Staaten lassen sich heute diese unterschiedlichen Theorien in der praktischen Politik nachweisen?
5. Der «wissenschaftliche Sozialismus» von Karl Marx und Friedrich Engels war vornehmlich eine Analyse der kapitalistischen Entwicklung am Beispiel Englands. Diese inhaltliche Orientierung am Kapitalismus eines bestimmten Landes führte bald zu Schwierigkeiten bei der Formulierung einer konkreten sozialistischen Politik. Nennen Sie einige Ursachen für diesen Tatbestand und verdeutlichen Sie die möglichen Folgen einer derartigen Situation für die späteren Arbeiterparteien.

V. Der deutsche Weg zum Kapitalismus

Anders als in England und Frankreich stand in Deutschland neben den Problemen der wirtschaftlichen Entwicklung vor allem die nationale Frage im Vordergrund des politischen Geschehens. Zu Beginn des 19. Jahrhunderts existierte Deutschland als Reich nur dem Namen nach und als Land in Form eines Konglomerats von Hunderten mehr oder weniger selbständiger Einzelstaaten und Herrschaftsgebieten. Die nationale Idee entstand als Massenbewegung vornehmlich unter dem Druck der französischen Besatzungsarmeen Napoleons und der vernichtenden Konkurrenz der englischen Industriewaren. Die nationale Einigung und der wirtschaftliche Aufbau Deutschlands mußten aus einer Position der Schwäche gegen wesentlich stärkere Konkurrenten durchgesetzt werden. Unter diesen Bedingungen war die nur langsam wachsende deutsche Bourgeoisie nicht in der Lage, ein wirkliches Gegengewicht gegenüber dem herrschenden Feudaladel zu entwickeln. Nach kurzem Aufbegehren in der erfolglosen Revolution von 1848/49 akzeptierte sie aus Angst vor den weitergehenden sozialen Forderungen des Kleinbürgertums und der Arbeiter die traditionelle Herrschaftsstruktur. Indem der Adel sich nun die wichtigsten wirtschaftlichen Forderungen des Bürgertums zu eigen macht, kam es zu einer Art Kompromiß zwischen den beiden Machtgruppen. Das Bürgertum verzichtete auf die Durchsetzung seiner liberalen politischen Ideen gegenüber den Feudalherren, und die Konservativen übernehmen dafür den Schutz vor der ausländischen Konkurrenz, den Ausbau der Verkehrswege und die Erweiterung des Binnenmarktes durch die nationale Einigung. Von allen deutschen Staaten war es schließlich Preußen, das auf Grund seiner ökonomischen Ressourcen und seines militärischen Potentials diese nationale Einheit gegen die Interessen der anderen Staaten durchsetzte. Durch diese am Modell Preußen orientierte, restaurative Standespolitik und liberale Wirtschaftspolitik entstand so eine staatlich regulierte kapitalistische Wirtschaftsordnung, die sich am treffendsten mit dem Stichwort der «industriellen Feudalgesellschaft» charakterisieren läßt.

Kapitalistische Entwicklung und konservative Ideologie durchdrangen sich zu einer Gesellschaftsform, die mit dem Liberalismus in England und Frankreich zwar das wirtschaftliche Wachstum, aber nicht die Organisationsform gemeinsam hatte. Vergleichbar war allerdings die soziale Umstrukturierung der Bevölkerung, die Freisetzung von Handwerkern und Bauern durch die Aufhebung der Leibeigenschaft und die Einführung der Gewerbefreiheit. Insofern wurden die liberalen Grundsätze eines freien Arbeits- und Kapitalmarktes verwirklicht und bewirkten auch hier die Entstehung eines Proletariats und wachsende Krisenanfälligkeit der Wirtschaft. Dieser Prozeß der industriellen Entwicklung war in Deutschland verspätet in Gang gekommen und fand jetzt unter der Aufsicht und politischen Reglementierung der konservativen Oberschicht seine Ausprägung. Eine entsprechende Schutzzollpolitik sorgte dafür, daß sich die deutsche Industrie weitgehend ungestört durch die ausländischen Konkurrenten entwickeln konnte, deren Warenproduktion im Jahre 1820 in England schon einen Wert von 290 Millionen Pfund, in Frankreich von 220 Millionen Pfund hatte, während das rückständige Deutschland erst auf 85 Millionen Pfund kam. Politisch war dieses Deutschland des Frühkapitalismus in keiner Beziehung vergleichbar mit seinen europäischen Konkurrenten. Die wirtschaftlich erfolgreiche Bourgeoisie stand unter der ideologischen und politischen Vormundschaft von Adel und Kirche. Freie Hand wurde der Kapitalistenklasse nur insofern gelassen, als für die herrschenden Schichten ein erkennbarer Nutzen nachweisbar war. Diese gegenseitige Abhängigkeit sollte sich besonders bei der Bewältigung eines Symptoms zeigen, das mit zunehmender Industrialisierung zum Hauptmerkmal der liberalen Wirtschaftsentwicklung wurde: die periodisch auftretenden Krisen oder die Konjunkturzyklen. Auch früher hatte es schon wirtschaftliche Krisenzeiten gegeben. Sie waren meist durch Mißernten, Naturkatastrophen oder eine ruinöse Kriegführung hervorgerufen worden und hatten in ihrem Gefolge Hungersnöte und Preissteigerungen bei den Nahrungsmitteln ausgelöst. Mit dem Übergang zum Industriestaat traten jetzt die Konjunkturkrisen auf, deren Verlauf durch die Vernichtung von Arbeitsplätzen, Arbeitslosigkeit und Gütermangel gekennzeichnet war. Die Ursachen dieser Krisen lagen in der durch die Konkurrenz bedingten, isolierten Einzelplanung der Betriebe. Die Profiterwartung veranlaßte den einzelnen Unternehmer, immer dort tätig zu werden, wo er sich den größten Gewinn durch den Absatz seiner Waren versprechen konnte. Stellte sich zum Beispiel heraus, daß in einer Branche die Nachfrage höher als das Angebot war und die dort tätigen Unternehmen hohe Gewinne erzielen konnten, versuchten andere Betriebe ebenfalls für diesen Markt zu produzieren. Dadurch erhöhte sich notwendigerweise das Angebot, und zwar so lange, bis es zu einer Überproduktion kam, die dann eine Absatzkrise auslöste. Gelang es in dieser Situation nicht, kurzfristig neue Absatzmärkte zu finden oder die Produktion schnell auf andere Güter umzustellen, mußten die schwächsten Unternehmen Konkurs anmelden, ihre Arbeiter entlassen und die Produktion einstellen. In einer Art wechselseitiger Beeinflussung konnte nun im ungünstigsten Fall diese Branchenkrise zu einer allgemeinen Krise der Volkswirtschaft führten. Diese Kettenreaktion begann mit der Pleite einzelner Unternehmen, setzte sich über die Arbeitslosigkeit der betroffenen Arbeitnehmer auf dem Konsummarkt in fehlender Nachfrage fort, erfaßte schließlich die nächstliegenden Produktionsbereiche und schaukelte sich so über abnehmende Nachfrage, zunehmende Arbeitslosigkeit und verringertes Angebot zu einer allgemeinen Krise hoch. Überlagert wurde dieser materielle Kreislauf noch durch die psychologischen Verstärker, deren Auswirkungen sich besonders in Angst- und Unsicherheitsreaktionen der von der Krise noch nicht betroffenen Konsumenten und Kapitalanleger bemerkbar machten. In einer praktischen Vorwegnahme möglicher negativer Tendenzen reagierten sie krisenverschärfend in einer Weise, als ob sie auch real schon zu den Betroffenen gehörten. Zu diesen Reaktionen zählten besonders das Angstsparen der Konsumenten und die aus Unsicherheit herrührende Investitionszurückhaltung der Unternehmer.

Da diese Marktbewegungen tendenziell durchaus der liberalen Theorie vom «homo oeconomicus» entsprachen, fehlte ihren Verfechtern anfangs jede Erklärung für die Ausweitung der Krise auf die gesamte Volkswirtschaft. Man gab sich schließlich mit der tröstlichen Gewißheit zufrieden, daß auf lange Sicht letztlich doch eine gleichmäßige Wirtschaftsentwicklung zu beobachten war. Erfahrungsgemäß wurden Krisen früher oder später durch ein Konjunkturhoch wieder ausgeglichen. Zudem ließen sich auch positive Folgen der Krise nachweisen, schieden doch in ihrem Verlauf schlecht geführte und finanzierte Unternehmen aus dem Wirtschaftskreislauf durch Bankrott aus. Diese Wirkungen verglich man daher mit dem Ablauf einer Krankheit, bei der in der ansteigenden Phase das Fieber ähnliche Aufgaben gegenüber den Krankheitskeimen zu erfüllen habe. Mit dieser Analogie auf den natürlichen Verlauf des menschlichen Lebens schien einmal mehr der Beweis für die prinzipielle Richtigkeit der liberalen Wirtschaftsordnung erbracht zu sein. So war denn auch vom Standpunkt der kapitalstarken Unternehmen das Ergebnis eines derartigen Konjunkturtiefs durchaus begrüßenswert. Einerseits verringerte sich periodisch die Zahl der Betriebe und damit der potentiellen Konkurrenz, andererseits festigte sich bei zunehmender Konzentration der Einfluß der Großbetriebe.

Die zunehmende Arbeitslosigkeit verbilligte außerdem die Lohnkosten, vergrößerte die Auswahl auf dem Arbeitsmarkt und steigerte schließlich durch sinkenden Krankenstand und wachsende Entlassungsangst die Arbeitsproduktivität. Insofern ließ sich durchaus eine Reihe von Argumenten anführen, welche die Krisenfolgen eher positiv als negativ interpretierten.

Vom Standpunkt der Arbeitnehmer und der bankrotten Betriebe bedeutete ein derartiger Konjunkturzyklus häufig eine Gratwanderung zwischen Leben und Tod. Die meist unterbezahlten Arbeitnehmer, Männer, Frauen, Kinder und Greise, hatten kaum Ersparnisse, um eine längere Arbeitslosigkeit durchzustehen. Sie mußten sich um jeden Preis anwerben lassen und drückten so auch in den noch weiter produzierenden Branchen die Löhne. Ausdehnung der Arbeitszeit, Erhöhung der Akkordzahlen, Hunger und Krankheit waren die Folgen dieser Depression, die im sozialen und politischen Bereich nicht selten zu lokalen Unruhen und zu einer gewissen Bedrohung des Systems durch die soziale Unsicherheit führten.

●●

Aufschrei der verelendeten Massen (um 1840)
Das ‹Weberlied› von G. Hauptmann

Hier im Ort ist ein Gericht,
noch schlimmer als die Vehmen,
wo man nicht erst ein Urteil spricht,
das Leben schnell zu nehmen.

Hier wird der Mensch langsam gequält,
hier ist die Folterkammer,
hier werden Seufzer viel gezählt
als Zeugen von dem Jammer.

Die Herren Dreißiger die Henker sind,
die Diener ihre Schergen,
davon ein jeder tapfer schind't,
anstatt was zu verbergen.

Ihr Schurken all, ihr Satansbrut,
ihr höllischen Kujone,
ihr freßt der Armen Hab und Gut,
und Fluch wird euch zum Lohne.

Hier hilft kein Bitten und kein Flehn,
umsonst ist alles Klagen.

«Gefällt's euch nicht, so könnt ihr gehn
am Hungertuche nagen.»

Nun denke man sich diese Not
und Elend dieser Armen,
zu Haus oft keinen Bissen Brot,
ist das nicht zum Erbarmen?

Erbarmen, ha! ein schön Gefühl,
euch Kannibalen fremde,
ein jedes kennt schon euer Ziel,
's ist der Armen Haut und Hemde.

Friedhelm Forwick (Hg.). Eigentum und Freiheit. dtv Dokumente. München 1972, S. 105

●●

Der auch literarisch durch Gerhart Hauptmann dokumentierte Weberaufstand des Jahres 1844 zeigte zudem die mögliche Verschärfung konjunktureller Krisen durch strukturelle Veränderungen. Der technische Fortschritt hatte häufig für die Arbeitnehmer bedrohliche Züge, da die neuen Maschinen ihre Arbeitsplätze wegrationalisierten. Unter dem Druck der Konkurrenz blieb anscheinend auch den Unternehmern keine andere Wahl, als durch die Einsparung von Lohnkosten den Absatz ihrer Produkte zu sichern. Die Logik des Systems ließ demnach alle Beteiligten mehr als Objekte eines autonomen Geschehens erscheinen, dessen Auswirkungen man sich blindlings zu unterwerfen hatte, denn als selbständig handelnde Wirtschaftssubjekte.

Daß es sich hierbei nicht um ein nationales Phänomen handelte, sondern um Vorgänge, die überall dort anzufinden waren, wo sich Industrialisierung, Konkurrenz- und Profitprinzipien durchsetzten, machte den Zusammenhang von Krise und liberaler Wirtschaftsordnung deutlich. Mit der steigenden wirtschaftlichen Verflechtung zwischen den einzelnen Ländern vergrößerte sich auch die gegenseitige Abhängigkeit, so daß die Folgen der Konjunkturschwankungen wellenartig alle Länder erfaßten.

Die politischen Gefahren der Krise blieben natürlich auch den Anhängern der Marktwirtschaft nicht verborgen. Je nach Durchsetzungsvermögen der nationalen Bourgeoisie, dem wirtschaftlichen Potential und den staatlichen Machtmitteln kamen verschiedene Methoden der Konjunktursteuerung in Frage. Im Falle Englands und Frankreichs waren über lange Zeit die Kolonien Puffer für fehlende Absatzgebiete, Investitionsunlust und überfüllte Arbeitsmärkte. In Deutschland war die Situation wesentlich anders. Hier war erst mit dem deutsch-französischen Krieg von 1870/71 das Problem der

Bis zum Auftreten der Sozialdemokratischen Partei bestimmten drei Grundströmungen das politische Kräftefeld, in dessen Rahmen die wichtigen staatlichen Entscheidungen getroffen wurden:

1. Die Konservativen, die sich vornehmlich aus den Reihen der preußischen Grundbesitzer und der Schwerindustrie rekrutierten.

2. Die Liberalen als Vertreter des Bürgertums und seiner wirtschaftlichen Interessen.

3. Die religiösen und nationalen Minderheiten des Reiches, die ihre politi-

Höhe- und Tiefpunkte der Konjunktur in Deutschland von 1880 bis zur Weltwirtschaftskrise

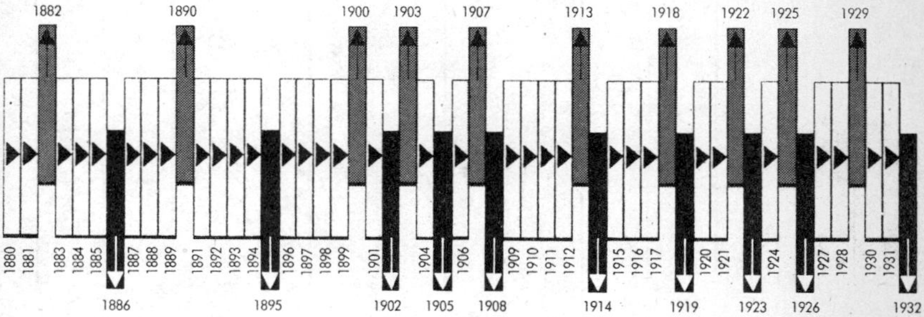

Quelle: F. W. Dörge: Die Ordnung in der Wirtschaft. Informationen zur politischen Bildung, Folge 114. Bonn 1965

nationalen Einigung gelöst worden, der Kolonialerwerb blieb zweitrangig. Hier reichten vorläufig auch die Reserven des vorhandenen nationalen Binnenmarktes. Der Schwerpunkt der Industrialisierung fiel folglich mit dem Wegfall der Zollgrenzen in den Jahren 1834–73 zusammen. In diesem Zeitraum wurde verspätet, aber mit um so schnellerem Tempo die kapitalistische Entwicklung nachgeholt, die in den europäischen Nachbarländern längst samt der politischen und sozialen Folgeerscheinungen abgelaufen war.

Kapitalakkumulation und Machtausweitung der Unternehmerklasse fanden, wie erwähnt, unter der argwöhnischen Aufsicht von Adel und Kirche statt. Zwar waren alle Parteien an einer Stärkung des wirtschaftlichen Potentials in Deutschland interessiert, noch wichtiger war ihnen allerdings, daß dies nicht zu einer Veränderung der Machtstrukturen führte. Daher ließen sie der liberalen Ideologie stets nur so viel Raum, wie es ihnen für die eigenen Ziele nützlich und zweckmäßig erschien. So konnten die Unternehmer einerseits mit massiver staatlicher Förderung im Bereich der Infrastruktur (Eisenbahnen, Verkehrswesen) und der für die Rüstung notwendigen Schwerindustrie rechnen, mußten sich aber im sozialpolitischen und wirtschaftspolitischen Bereich auch vom Staat Weisungen erteilen lassen.

Die Entwicklung der politischen Parteien in Deutschland

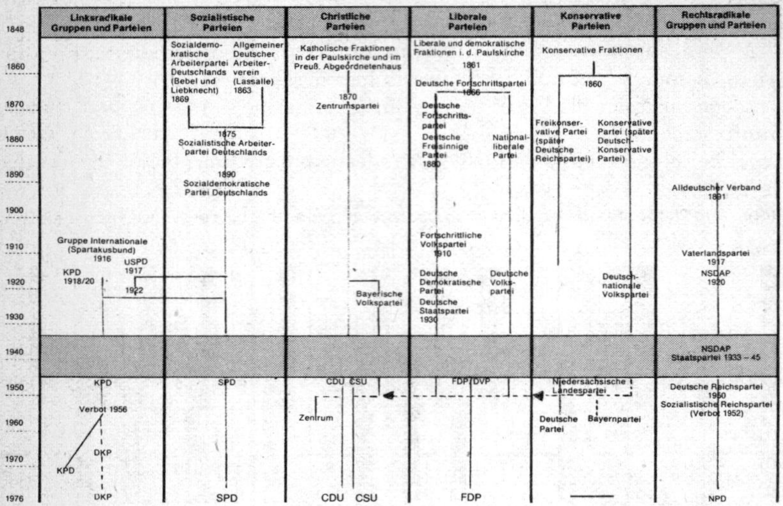

Quelle: Bundeszentrale für politische Bildung

sche Heimat in der katholischen Zentrumspartei fanden. Diese drei Parteigruppierungen traten allerdings nicht geschlossen auf, sondern zerfielen untereinander noch in verschiedenen Gruppen mit wechselnden Programmen und Bündnispartnern. Einig waren sich allerdings Konservative und der politisch organisierte Katholizismus in der Ablehnung des Liberalismus. In der Durchsetzung der Marktwirtschaft sahen sie vor allem eine Bedrohung der traditionellen Werte durch die einseitige Betonung materieller Ziele und die Gefahr einer zunehmenden Radikalisierung der sich selbst überlassenen Arbeitermassen. Wirtschaftspolitisch orientierten sich die Politiker der Konservativen und des Zentrums an ständestaatlichen Vorstellungen und nahmen daher gegen Liberalismus und Sozialismus Stellung. Nach ihren Vorstellungen sollte eine vom Staat regulierte und kontrollierte wirtschaftliche Entwicklung stattfinden, die den notwendigen sozialen Ausgleich zwischen den einzelnen gesellschaftlichen Gruppen garantierte. Zudem sollte der Staat eine aktive Wirtschafts- und Sozialpolitik betreiben, um extreme Mißstände zu verhindern und zugunsten gesamtgesellschaftlicher Interessen die bloße Profitmaximierung zurückzudrängen. Damit machten sich Zentrum und Konservative nach Ansicht der Liberalen des «Staatssozialismus» schuldig und verhinderten so den natürlichen Verlauf der Wirtschaft.

Selbst in den Krisen sahen sie letztlich den verderblichen Ausfluß staatlicher Eingriffe in die nach ihrer Ansicht ansonsten im steten Gleichgewicht verlaufende Wirtschaftsentwicklung.

Während so die konservativen und kirchlich ausgerichteten Parteigruppierungen ihr Wählerpotential auf eine staatliche Ordnung gesamtgesellschaftlicher Art verpflichteten, verhinderte die individualistische und egozentrische liberale Theorie die notwendige gedankliche Auseinandersetzung ihrer Wähler mit sozialen Problemen. Was immer aber konservative, liberale und kirchlich gebundene Politiker wirtschaftspolitisch trennen mochte, gemeinsam blieb ihnen doch das grundsätzliche Bekenntnis zu einem Wirtschaftssystem, dessen Basis das Privateigentum und die aus ihm resultierenden materiellen und politischen Privilegien waren. Insofern unterschieden sie sich zwar im methodischen Bereich, plädierten je nach Bindung für eine christliche Sozialpolitik, staatliche Fürsorge oder private Selbsthilfe, doch fanden sie sich alle wieder vereint, wenn es um die Abwehr systemverändernder Kräfte ging.

Die Herausbildung der sozialistischen Alternative ist gekennzeichnet durch die Entwicklung der deutschen Arbeiterbewegung und die Übernahme der marxistischen Theorie durch die Sozialdemokratische Partei. Die Etappen der theoretischen und politischen Eigenständigkeit der deutschen Arbeiterbewegung führten von den Selbsthilfeorganisationen der Arbeiter und Handwerker aus den fünfziger Jahren des 19. Jahrhunderts über die Gründung des Allgemeinen Deutschen Arbeitervereins durch Lassalle im Jahre 1863, die Sozialdemokratische Arbeiterpartei Bebels von 1865 bis hin zum Gothaer Einigungsprogramm der beiden Parteien im Jahre 1875. Je stärker sich das kapitalistische System in Deutschland durchsetzte, desto eindeutiger bezog die junge Partei unter dem Eindruck der verheerenden Krisen und der politischen Unterdrückung einen revolutionären Standpunkt. In Übernahme der Analyse des wissenschaftlichen Sozialismus, wie ihn Marx und Engels formuliert hatten, orientierte sich bald eine Mehrheit der Sozialdemokraten an der marxistischen Kapitalismusanalyse und sah das Hauptziel der Arbeiterbewegung in einer grundsätzlichen Veränderung der herrschenden Wirtschaftsordnung.

●●

Erfurter Parteiprogramm der SPD (1891)

Nur die Verwandlung des kapitalistischen Privateigentums an Produktionsmitteln ... in gesellschaftliches Eigentum und die Umwandlung der Warenproduktion in sozialistische, für und durch die Gesellschaft betriebene Produktion kann es bewirken, daß der Großbetrieb und die stets wachsende Ertragsfähigkeit der gesellschaftlichen Arbeit für die bisher ausgebeuteten

Klassen aus einer Quelle des Elends und der Unterdrückung zu einer Quelle der höchsten Wohlfahrt und allseitiger, harmonischer Vervollkommnung werde.

Diese gesellschaftliche Umwandlung ... kann nur das Werk der Arbeiterklasse sein, ... Sie kann den Übergang der Produktionsmittel in den Besitz der Gesamtheit nicht bewirken, ohne in den Besitz der politischen Macht gekommen zu sein ...

Die Befreiung der Arbeiterklasse ist ... ein Werk, an dem die Arbeiter aller Kulturländer gleichmäßig beteiligt sind. In dieser Erkenntnis fühlt und erklärt die Sozialdemokratische Partei Deutschlands sich eins mit den klassenbewußten Arbeitern aller übrigen Länder.

Programme der Deutschen Sozialdemokratie. Hannover 1963, S. 77f

---

●●

Das war ein inhaltliches Bekenntnis zu den Lehren von Marx und Engels. Allerdings blieb die Auseinandersetzung mit den Theorien des wissenschaftlichen Sozialismus beim größten Teil der Wähler und Mitglieder der SPD nur sehr oberflächlich. Das lag zum einen an der relativen Kompliziertheit der Analyse, zum andern aber an der fehlenden Schulung in wirtschaftstheoretischem Denken überhaupt. Für den interessierten Laien bot sich einzig das Selbststudium in seiner Freizeit als Möglichkeit zum Kennenlernen dieser Theorie an. Damit war aber die Mehrzahl der Arbeiter eindeutig überfordert, da der 12- bis 16stündige Arbeitstag kaum Zeit und Kraft für eine derartige Beschäftigung übrigließ. Unter diesen Bedingungen blieb die Beherrschung der Theorie letztlich einer kleinen Elite von Parteifunktionären überlassen, die willensstark oder asketisch genug war, sich der Mühsal eines Freizeitstudiums zu unterziehen. Diese Tatsache war so lange bedeutungslos, als die Praxis der täglichen Anschauung dem Gros der Arbeitnehmer die Realität des Kapitalismus mit seiner sozialen und materiellen, physischen und psychischen Verelendung vor Augen führte. Es änderte sich in dem Augenblick, als es dem System gelang, mit Hilfe nationaler Propaganda und staatlicher Maßnahmen zur Existenzsicherung dem Arbeiter Identifizierungsmöglichkeiten mit dem Staat zu bieten. Voraussetzung für das Gelingen einer derartigen Integrationspolitik war vor allem der praktische Nachweis, daß die Marktwirtschaft auch für die Masse der Arbeitnehmer reale Chancen der wirtschaftlichen Existenzsicherung und des beruflichen Aufstiegs bot. Auf der Grundlage dieses Tatbestandes war es dann relativ leicht, auch in theoretischer Hinsicht die Anhänger der Sozialdemokratie von der Fehlerhaftigkeit ihrer politischen Orientierung zu überzeugen. Da die meisten von ihnen ohnehin kaum über das Instrumentarium zur analytischen Untersuchung der Wirtschaftsentwicklung verfügten, genügte es, wenn die staatlichen Bildungsinstanzen zusammen mit der damals gerade aufkommenden Massenpresse die Propagierung des bestehenden Wirtschaftssystems übernahmen und sozialistisches Gedankengut zugleich einem Verbreitungsverbot unterlag. Genau in diese Richtung zielte das von Bismarck 1878 erlassene Sozialistengesetz, das die Weiterverbreitung sozialistischer Theorie zu unterbinden suchte und zugleich die soziale Absicherung der wichtigsten Arbeitsrisiken wie Unfall, Krankheit und Alter vorsah. Auf diese Weise wurden zwei wichtige Voraussetzungen der marxistischen Revolutionstheorie unterlaufen: zum einen die zunehmende soziale Verelendung und zum andern das daraus erwachsende politische Bewußtsein der Arbeiterklasse. Allerdings blieb das Kernstück der Theorie, die These von der Krisenanfälligkeit des Kapitalismus, erhalten. Wenn diese These durch die tatsächliche wirtschaftliche Entwicklung bestätigt worden wäre, dann hätten alle staatlichen Unterdrückungsmaßnahmen durch Polizei und Militär ebensowenig Erfolg gehabt wie die ideologische Gegenoffensive der bürgerlichen Parteien während des Sozialistengesetzes. Aber gerade in Verlauf und Einschätzung der zukünftigen kapitalistischen Entwicklung lag die Ursache für den Erfolg der staatlichen Integrationsbemühungen gegenüber der Arbeiterklasse, und für die Spaltung der Sozialdemokratischen Partei in einen reformistischen und einen revolutionären Flügel. Die Anhänger der gegenüber der Revolutionstheorie revisionistischen Parteirichtung gingen in ihrer Analyse von einer zwar insgesamt schwankenden, aber doch stetigen Entwicklung des wirtschaftlichen Wachstums aus, das neben den Gewinnen für die Kapitaleigner auch den steigenden Lebensstandard der Arbeiter garantieren konnte. Unter diesen Bedingungen waren ihrer Meinung nach die Arbeiter als Mehrheit der Bevölkerung in der Lage, mittels Selbsthilfe und Stimmzetteln das System evolutionär zum Sozialismus zu verändern. Mit dieser Position näherten sich die Revisionisten wieder den sozialen Utopisten einerseits und dem Ständekapitalismus der Konservativen andererseits. Im Unterschied dazu hielten die Marxisten in der Partei weiterhin an ihrer Einschätzung der krisenhaften Entwicklung des Systems fest. Sie erhofften sich demgemäß auch von staatlichen Maßnahmen keine grundsätzliche Veränderung der Situation, so lange der Mechanismus der kapitalistischen Produktionsweise erhalten blieb. Daher hielten sie an ihrer revolutionären Orientierung fest und weigerten sich, mit den bürgerlichen Parteien zusammenzuarbeiten. Damit eigneten sie sich für die Propaganda der politischen Gegner als abschreckendes Beispiel nationaler Destruktion und Bedrohung des bürgerlichen Eigentums.

Ein weiterer Nachteil des revolutionären Attentismus war die Beschränkung auf die Proklamation langfristiger Ziele, während man die praktische Politik den anderen Parteien und Interessengruppen überlassen mußte. Gerade die ungewisse zeitliche Perspektive war es dann schließlich, die zusammen mit dem wirtschaftlichen Aufschwung und der erfolgreichen

Gewerkschaftsarbeit immer größere Teile der sozialdemokratischen Wähler in das Lager der Reformisten und Nationalisten herübertrieb. Das langsame, aber stetige Wachstum des Bruttosozialprodukts und damit des Realeinkommens der Arbeiter bis zum Ausbruch des Ersten Weltkriegs ermöglichte es der Arbeiterklasse immer mehr, sich mit dem einst bekämpften System zu identifizieren. Zwar blieb die SPD offiziell noch ihren revolutionären Zielen verhaftet, zugleich aber formulierten die Revisionisten die theoretische Begründung für die Neuorientierung.

●●

Eduard Bernstein: Die Voraussetzungen des Sozialismus und die Aufgaben der Sozialdemokratie (1899)

Die Zuspitzung der gesellschaftlichen Verhältnisse hat sich nicht in der Weise vollzogen, wie sich das «Manifest» schildert. Es ist nicht nur nutzlos, es ist auch die größte Torheit, sich dies zu verheimlichen. Die Zahl der Besitzenden ist nicht kleiner, sondern größer geworden. Die enorme Vermehrung des gesellschaftlichen Reichtums wird nicht von einer zusammenschrumpfenden Zahl von Kapitalmagnaten, sondern von einer wachsenden Zahl von Kapitalisten aller Grade begleitet. Die Mittelschichten ändern ihren Charakter, aber sie verschwinden nicht aus der gesellschaftlichen Stufenleiter.

Kein Mensch hat die Notwendigkeit der Erkämpfung der Demokratie für die Arbeiterklasse in Frage gestellt. Worüber gestritten wurde, ist die Zusammenbruchstheorie und die Frage, ob bei der gegebenen wirtschaftlichen Entwicklung Deutschlands und dem Reifegrad seiner Arbeiterklasse in Stadt und Land der Sozialdemokratie an einer plötzlichen Katastrophe gelegen sein kann. Ich habe die Frage verneint und verneine sie noch, weil meines Erachtens im stetigen Vormarsch eine größere Gewähr für dauernden Erfolg liegt, wie in den Möglichkeiten, die eine Katastrophe bietet.

Und weil ich der festen Überzeugung bin, daß sich wichtige Epochen in der Entwicklung der Völker nicht überspringen lassen, darum lege ich auf die nächsten Aufgaben der Sozialdemokratie, auf den Kampf um das politische Recht der Arbeiter, auf die politische Betätigung der Arbeiter in Stadt und Gemeinde für die Interessen ihrer Klasse, sowie auf das Werk der wirtschaftlichen Organisation der Arbeiter den allergrößten Wert. In diesem Sinne habe ich seiner Zeit den Satz niedergeschrieben, daß mir die Bewegung Alles, – das was man *gemeinhin* Endziel des Sozialismus nenne, nichts sei, und in diesem Sinne unterschreibe ich ihn noch heute.

...

Die Eroberung der politischen Macht durch die Arbeiterklasse, die Expropriation der Kapitalisten sind an sich keine Endziele, sondern nur Mittel zur

Durchführung bestimmter Ziele und Bestrebungen. Als solche sind sie Forderungen des Programms der Sozialdemokratie und von Niemand bestritten. Über die Umstände ihrer Durchführung läßt sich nichts voraussagen, es läßt sich nur für ihre Verwirklichung kämpfen. Zur Eroberung der politischen Macht aber gehören politische Rechte, und die wichtigste Frage der Taktik, welche die deutsche Sozialdemokratie zur Zeit zu lösen hat, scheint mir die nach dem *besten Wege der Erweiterung der politischen und gewerblichen Rechte* der deutschen Arbeiter zu sein. Ohne daß auf diese Frage eine befriedigende Antwort gefunden wird, würde die Betonung der anderen schließlich nur Deklamation sein.

Zitiert nach Heinrich Potthoff: Die Sozialdemokratie von den Anfängen bis 1945. Bonn-Bad Godesberg 1974, S. 187

●●

Indem man die liberale Ideologie von den Gewinnen als Motor des Wohlstandes und als Voraussetzung steigender Löhne schließlich übernahm, kam man zwar aus dem Dilemma zwischen langfristiger Zielsetzung und tatsächlicher politischer Isolierung heraus, wurde aber zugleich zum integrativen Bestandteil einer Wirtschaftspolitik, die trotz sozialer Verbesserungen prinzipiell doch den kapitalistischen Spielregeln unterworfen blieb. Um den Wohlstandsmotor in Gang zu halten, mußten die staatlichen Maßnahmen den Unternehmern folgende Voraussetzungen erfüllen:

1. Anlagemöglichkeiten für Kapitalinvestitionen;
2. Garantie der Gewinne durch Sicherung der Absatzmärkte;
3. Beteiligung der Arbeitnehmer nur im Rahmen von Wachstumsüberschüssen, die nicht zu Lasten der Gewinne gehen dürfen;
4. Verbot der Propagierung systemverändernder Theorien;
5. Verbreitung einer staatlichen Ideologie, nach der die herrschende Wirtschaftsordnung national notwendig und gesellschaftlich absolut nützlich ist.

Mit der praktischen Übernahme dieser ideologischen Gedankenkette wurde zumindest ein Teil der Sozialdemokraten selber zum Verfechter liberaler Argumentation. Tatsächlich bedeutete das auch den teilweisen Verzicht auf die immerhin noch propagierte politische Aufklärung der Bevölkerung, die nun um so stärker der nationalen und großbürgerlichen Propaganda ausgesetzt war. Es bedeutete auch die Unterstützung von Maßnahmen, die nach Ansicht der herrschenden Wirtschaftskreise für den Absatz deutscher Waren und damit für die Sicherung der Arbeitsplätze notwendig waren. Dazu gehörte vor allem der Besitz von Kolonien und eine entsprechende Militärmacht zu Wasser und zu Lande. So stabilisierte sich im Sog der allgemeinen Aufrüstung mit Hilfe der staatlichen Nachfrage auch die wirtschaftliche

Entwicklung, und die Krisen fielen weniger heftig aus. Teile der sozialdemokratischen Wähler konnte man mit dem Hinweis auf die Sicherung der Arbeitsplätze durch Rüstung und Flottenbau über die fehlenden Sozialleistungen hinwegtrösten. Gerade die Gewerkschaftsfunktionäre, die auf ihre Erfolge in der praktischen Interessenvertretung angewiesen waren, identifizierten sich immer stärker mit den Ansprüchen des Systems. Dieses Verhalten, das immer weniger politisch reflektiert wurde, übersah allerdings, daß die Krisenanfälligkeit des Systems durch Rüstung und Kriegsvorbereitung als einer Art Krisenexport nur aufgeschoben, aber nicht aufgehoben war. Mit dem Ersten Weltkrieg hatte die Krise die Volkswirtschaft wieder eingeholt. Es zeigte sich, daß der Motor privater Gewinnmaximierung nur vorübergehend mit den sozialen Vorstellungen einer Arbeiterpartei in Einklang zu bringen war. Dabei hatte sich weniger das System als die Partei verändert, deren Zustimmung zu den Kriegskrediten ihre endgültige Unterwerfung unter das Diktat nationaler Gesinnung und materieller Orientierung dokumentierte. Mit ihrer Bindung an den wirtschaftlichen Erfolg der kapitalistischen Ordnung war die SPD von der revolutionären zur systemtolerierenden Partei geworden.

Während des Kriegsverlaufs standen der Konzentration, Rationalisierung und den steuerlich kaum zu erfassenden Gewinnen auf der Unternehmerseite eine ständige Verarmung der Arbeiterklasse und der Mittelschichten gegenüber. Diese soziale Polarisierung schlug sich je nach Bewußtseinslage der Betroffenen in einer stärker ausgeprägten Links- oder Rechtsorientierung nieder, die der Staat im Produktionsbereich durch die Errichtung kooperativer Organisationsstrukturen zu mildern suchte.

Mit der Niederlage von 1918 und der auf sie folgenden Tage der Novemberrevolution war zumindest auf der politischen Ebene ein vorläufiger Rückzug der bisherigen Machtgruppen verbunden. Die moralisch schwer angeschlagenen und politisch deklassierten Konservativen zogen sich aus der Öffentlichkeit zurück und überließen der reformistischen SPD das Feld. Die Mehrheitssozialdemokraten zeigten durch ihren Kampf nach rechts und links, daß sie sich in ihrer politischen Zielsetzung am Parlamentarismus und der liberalen Wirtschaftsordnung orientierten. So trat im Kampf gegen Räte und Kartelle unter der politischen Vormundschaft der Mehrheitssozialdemokraten die bürgerliche Demokratie erstmals wirklich ihre Herrschaft in Deutschland an. Die einst revolutionäre Sozialdemokratische Partei garantierte jetzt mit ihrem Wählerpotential die Realisierung des Liberalismus, weil sie für die sozialistische Alternative weder die politische Macht noch die theoretische Orientierung hatte. Bei der Fortsetzung ihrer reformistischen Politik übersah sie allerdings, daß die ökonomischen Bedingungen des Kaiserreichs in Form einer halbstaatlichen Regulierung des Produktionsfaktors Arbeitskraft und der Nachfrage (Rüstung), die das Ausbleiben größerer Krisen verhindert hatten, jetzt nicht mehr vorhanden waren.

Die sozialistischen Arbeiterparteien

Marx-Engels Das kommunistische Manifest, 1847	Allgemeiner Deutscher Arbeiterverein 1863 Lassalle	Sozialdemokratische Arbeiterpartei, 1869 (Eisenach) Bebel-Liebknecht	Gothaer Vereinigungsprogramm, 1875 Lassallianer und Sozialdemokraten	Sozialdemokratische Partei Deutschlands 1891 SPD (Erfurter Programm)	Richtung des „Revisionismus" Bernstein u. a. (SPD)	Abspaltung von der SPD Spartakus/Kommunisten KPD, 1916/1919	Godesberger Programm der SPD, 1959
Klassenkampf zwischen Kapitalisten und Proletariern Wachsende Verelendung Absinken des Mittelstandes ins Proletariat Die wirtschaftliche Entwicklung führt naturnotwendig zum Sieg des Sozialismus, zur Revolution, zur Diktatur des Proletariats und zur klassenlosen Gesellschaft	Klassenherrschaft im Kapitalismus Verelendung des Proletariats infolge des „ehernen Lohngesetzes"	Ausbeutung der Proletarier durch die Kapitalisten Wachsende Verelendung	Besitz der Produktionsmittel durch die Kapitalisten ist Ursache des Arbeiterelendes	Die wirtschaftliche Entwicklung führt naturnotwendig zum Sieg des Sozialismus und zur Vergesellschaftung der Produktionsmittel Ausbeutung und Klassenkampf verschärfen sich Kapitalismus wächst zum Monopolkapitalismus	Verelendung ist nicht eingetreten Schrittweise Verbesserung ist möglich Reformen statt Revolution	Verschärfung des Klassenkampfes führt naturnotwendig zur Revolution und zur klassenlosen Gesellschaft	Verzicht auf eine sozialistische Lagebeurteilung
Klassenkampf Enteignung der Kapitalisten Verstaatlichung der Produktionsmittel	Allgemeines gleiches Stimmrecht Verbesserung auf friedlichem und gesetzlichem Weg im Rahmen des bestehenden Staates Staatshilfe für Arbeiterproduktivgenossenschaften als Gegengewicht zum Kapitalismus	Allgemeines gleiches Stimmrecht Demokratisierung des Staates und der Gesellschaft mit den Mitteln der bürgerlichen Demokratie: Volksaufklärung, Eroberung der Parlamentsmehrheit durch demokratische Wahlen	Arbeiterproduktivgenossenschaften mit Staatshilfe Kampf für die sozialistische Gesellschaft mit gesetzlichen Mitteln im Rahmen des bestehenden Staates	Eintreten für Verbesserungen im Rahmen des bestehenden Staates: Allgemeines gleiches Wahlrecht Gleichstellung der Frau Arbeiterschutzgesetzgebung Koalitionsrecht	Soziale Reformen mit gesetzlichen Mitteln im bestehenden Staat	Diktatur des Proletariats Verstaatlichung der Produktionsmittel Bekämpfung der bürgerlichen parlamentarischen Demokratie	Volks- und Sammelpartei für alle Schichten Mehr Gerechtigkeit für alle im demokratischen Rechtsstaat Bekenntnis zur sozialen Marktwirtschaft Keine Verstaatlichung der Produktionsmittel Keine Wirtschaftslenkung Mehr Mitbestimmung am Arbeitsplatz
Internationaler Zusammenschluß der Proletarier aller Länder	National	International	National	International	International	International, nach Rußland orientiert	International, Ablehnung des Bolschewismus

Quelle: Heinz Dieter Schmid (Hg.): Fragen an die Geschichte. Band 3: Europäische Weltgeschichte. Frankfurt/Main o. J., S. 194f

Die einfache Fortführung dieser kaiserlichen Wirtschaftspolitik war zudem mit sozialdemokratischen Ministern nicht möglich. Jetzt standen sich die Interessen von Arbeiterschaft und Kapital unverbunden gegenüber. Bei diesem Neuanfang schienen alle Möglichkeiten der wirtschaftlichen, sozialen und politischen Entwicklung vorhanden zu sein. Je nach der theoretischen Analyse der Befürworter und Gegner der Marktwirtschaft erhofften sich die einen wirtschaftliches Wachstum und Reformen, prophezeiten die anderen Krise und Krieg. Dieses Experiment wollten aber die marxistisch orientierten Sozialdemokraten, der ehemals linke Flügel der SPD, nicht noch einmal mitmachen. Sie hatten sich seit 1916 im Spartacus, später in der USPD, dann KPD organisiert und propagierten erneut den revolutionären Kampf für die Einführung des Sozialismus und der Planwirtschaft.

●●

Rosa Luxemburg: Der Anfang *(18. 11. 1918)*

Die Revolution hat begonnen. Nicht Jubel über das Vollbrachte, nicht Triumph über den niedergeworfenen Feind ist am Platze, sondern strengste Selbstkritik und eiserne Zusammenhaltung der Energie, um das begonnene Werk weiterzuführen. Denn das Vollbrachte ist gering, und der Feind ist nicht niedergeworfen. Was ist erreicht! Die Monarchie ist hinweggefegt, die oberste Regierungsgewalt ist in den Händen der Arbeiter- und Soldatenvertreter übergegangen. Aber die Monarchie war nie der eigentliche Feind, sie war nur die Fassade, sie war das Aushängeschild des Imperialismus. Nicht der Hohenzoller hat den Weltkrieg entfacht, die Welt an allen Ecken in Brand gesteckt und Deutschland an den Rand des Abgrundes gebracht. Die Monarchie war wie jede bürgerliche Regierung die Geschäftsführerin der herrschenden Klassen. Die imperialistische Bourgeoisie, die kapitalistische Klassenherrschaft – das ist der Verbrecher, der für den Völkermord verantwortlich gemacht werden muß.

Die Abschaffung der Kapitalsherrschaft, die Verwirklichung der sozialistischen Gesellschaftsordnung: dies und nichts Geringeres ist das geschichtliche Thema der gegenwärtigen Revolution.

Hans Magnus Enzensberger (Hg.): Klassenbuch 2. Darmstadt/Neuwied 1972, S. 209f

---

●●

Dabei stand ihnen nicht nur die traditionelle Revolutionsfurcht der deutschen Mittelschichten und die Politik der nunmehr Staatspartei gewordenen Mehrheitssozialdemokraten im Wege, sondern vor allem die geistige Wahlverwandtschaft mit dem seit 1917 in Rußland existierenden Sowjetsystem.

Die Tatsache, daß entgegen der marxistischen Vorstellung die erste sozialistische Revolution statt in einem hochentwickelten Industrieland in dem unterentwickelten Rußland stattgefunden hatte, war für die Wirkung nach außen ebenso entscheidend wie für die Gestaltung des Systems nach innen.

Arbeitsvorschläge

1. Die kapitalistische Entwicklung in Deutschland und damit die Ausprägung der liberalen Wirtschaftsordnung wird, anders als in England, durch Faktoren beeinflußt, die eine Art «kapitalistische Feudalstruktur» entstehen lassen. Versuchen Sie diesen Begriff zu erklären.
2. Die Wirtschaftspolitik des 19. Jahrhunderts wird in Deutschland im Kräftefeld konservativer und liberaler Gruppierungen entschieden. Skizzieren Sie die Ziele und Durchsetzungsmöglichkeiten dieser Gruppen.
3. Die marxistische Analyse des Kapitalismus prognostizierte langfristig eine wachsende Verelendung der Bevölkerung, die unter dem Druck von Krisen und durch zunehmendes politisches Bewußtsein zu einer revolutionären Situation führen würde. Aus welchen Gründen war diese Prognose falsch, beziehungsweise was waren die Ursachen für die anders verlaufene Entwicklung in Deutschland?
4. Die Sozialdemokraten waren die politische Gruppierung, die sich in ihrer Theorie die marxistische Analyse des Kapitalismus weitgehend zu eigen gemacht hatten. Allerdings kam es Ende des 19. Jahrhunderts zu einer Spaltung der Partei und zu einer Revision der revolutionären Zielsetzung. Worauf ist diese Spaltung zurückzuführen und welche Folgen hatte die daraus resultierende praktische Politik für die SPD?
5. Konjunkturschwankungen in der wirtschaftlichen Entwicklung eines Staates lassen sich zumindest zeitweise und teilweise durch staatliche Regulierung überbrücken. Welche Hilfsmittel standen dem Staat des 19. Jahrhunderts für diese Art Konjunkturpolitik zur Verfügung, und was läßt sich über die langfristige Wirkung derartiger Methoden aussagen?

VI. Das sowjetische Modell des Sozialismus

Die Oktoberrevolution in Rußland war das Ergebnis eines verlorenen Krieges, in dessen Verlauf das zaristische Feudalsystem mit seinen scharfen sozialen Gegensätzen die Konturen einer asiatischen Despotie angenommen hatte. Die ökonomischen Widersprüche hatten sich, verschärft durch die andauernden Niederlagen, auch im politischen Bewußtsein der Bevölkerung derart vertieft, daß schließlich die Alternative Revolution, das heißt Krieg gegen die herrschenden Schichten, oder Fortsetzung des Kampfes gegen die Deutschen, das heißt nationaler Krieg gegen andere Völker, zugunsten des Bürgerkriegs entschieden wurde. Die unmittelbare physische Not des Hungers und der immer größer werdenden Todesgefahr in den verlustreichen Schlachten trieben die Bevölkerungsmassen auf die Seite der Bolschewiki, des linken Flügels der russischen Sozialdemokratie, die als einzige der miteinander konkurrierenden liberalen und sozialdemokratischen Parteien einen kurzfristigen Weg aus der Krise zu wissen schienen. Insofern war die bürgerliche Kerenski-Regierung nur ein lehrreiches Zwischenspiel. Sie blieb gerade lang genug an der Macht, um mit einem letzten Versuch der Fortführung des Krieges und der liberalen Reformen zu zeigen, daß dies nicht der Weg zu einer wirklichen Veränderung der Situation sein konnte. Die Losung der Bolschewiki: «Frieden, Brot und Land», war zumindest ein Versprechen, das der überwiegenden Mehrzahl der Bevölkerung, den Bauern und Arbeitern, mehr bedeutete, als die Hoffnung auf ein parlamentarisches Regierungssystem. Allerdings war die Zustimmung der Massen auch keineswegs ein klares Bekenntnis zu einem wie auch immer gearteten Sozialismus, schon allein deshalb nicht, weil dessen theoretische Konzeption den meisten unbekannt war. Der Anschluß an die Bolschewiki bedeutete in dieser Hinsicht lediglich die Bereitschaft, radikale Maßnahmen zur Veränderung der augenblicklichen Situation zu unterstützen. Allein schon die Durchsetzung ihrer revolutionären Ziele hätte die Bolschewiki überfordert. Hinzu kam noch der vierjährige Bürgerkrieg, der schließlich auch noch die Reste der bisher vorhandenen ökonomischen Infrastruktur zerstörte und die wirtschaftliche Zukunft dieses Landes auf der Basis von Trümmern und einer kaum ausformulierten Theorie ohne qualifizierte Leiter und Facharbeiter undenkbar erscheinen ließ. Diese Tatsache führte in den bürgerlichen Zeitungen des Westens immer wieder zu Mutmaßungen und Prognosen darüber, wann das Sowjetsystem endgültig zusammenbrechen werde. Die Übertragung der geistigen Struktur des klassischen Marxismus auf ein kriegsgeschädigtes industrielles Entwicklungsland mußte jedenfalls zu ganz anderen Ergebnissen führen, als sie in der Theorie vorgesehen waren.

●●

Lenin über die russische Revolution im fünften Jahr (1922)

Wir stehen jetzt vor der Aufgabe, das Fundament der sozialistischen Wirtschaft zu bauen. Ist das vollbracht? Nein, es ist nicht vollbracht. Wir haben noch kein sozialistisches Fundament. Die Kommunisten, die sich einbilden, das Fundament sei schon da – begehen einen ganz großen Fehler. Der Kernpunkt ist das, was bei uns das welthistorische Verdienst der russischen Revolution ausmacht, sicher, klar nüchtern von dem zu trennen, was wir im höchsten Grad schlecht ausführen, was noch nicht geschaffen ist und was wir noch viele Male umarbeiten müssen.

W. I. Lenin: Politischer Bericht des ZK auf dem XI. Parteitag der KPR (B). In: W. I. Lenin: Für und wider die Bürokratie, Schriften und Reden 1917–1923. Hg. v. Günter Hillmann. Reinbek 1970, S. 171

●●

Diese Aufgabenstellung in einem weitgehend agrarisch-feudal orientierten Land, in dem durch den langjährigen Bürgerkrieg die Fundamente der Industrie fast vollkommen zerstört worden waren und die Arbeiterklasse absolut in der Minderheit war, zwang die Sowjetunion zu einer Art «autoritär-progressiven Form» der Diktatur des Proletariats, einer Kopplung von Entwicklungs- und Erziehungsdiktatur unter Führung der Partei, die das ursprünglich demokratische Ziel des Sozialismus zwar noch als revolutionäre Parole, aber kaum noch als Inhalt umfaßte. Das wirtschaftlich rückständige Rußland mußte Organisationsformen finden, um die versäumte industrielle Entwicklung in möglichst kurzer Zeit nachzuholen. Nur auf diese Weise schien es möglich, der ständigen Bedrohung durch die kapitalistischen Staaten zu begegnen und zugleich im Land selbst die ökonomische Basis für den Aufbau des Sozialismus zu schaffen. Die Steigerung der Arbeitsproduktivität, der pro Kopf erzeugten Güter im Jahr, wurde daher zum Fetisch der kommunistischen Wirtschaftspolitik.

●●

Lenin über Kommunismus und Industrialisierung (1920)

Kommunismus – das ist Sowjetmacht plus Elektrifizierung des ganzen Landes. Sonst wird das Land ein kleinbäuerliches Land bleiben, und das müssen wir klar erkennen. Wir sind schwächer als der Kapitalismus, nicht nur im Weltmaßstab, sondern auch im Innern unseres Landes. Das ist allbekannt. Wir haben das erkannt, und wir werden es dahin bringen, daß die wirtschaftliche Grundlage aus einer kleinbäuerlichen zu einer großindustriellen wird. Erst dann, wenn das Land elektrifiziert ist, wenn die Industrie, die Landwirtschaft und das Verkehrswesen eine moderne großindustrielle technische Grundlage erhalten, erst dann werden wir endgültig gesiegt haben.

W. I. Lenin: Bericht über die Tätigkeit des Rats der Volkskommissare, gegeben auf dem 8. Gesamtrussischen Sowjetkongreß, 22.–29. Dezember 1920. Werke, Band 31. Berlin (DDR) 1950, S. 512–515

●●

Die in den ersten Jahren noch vorhandenen Ansätze einer basisdemokratischen Lenkung des Staates in Form der Räte wurde durch das bürokratische Prinzip des demokratischen Zentralismus abgelöst. Die Notwendigkeit zentraler Lenkung und Kompetenzverteilung degenerierte unter dem Aspekt der unkontrollierten Machtausübung zur Diktatur des Apparates und schließlich zur Herrschaft Stalins. Die im Prinzip des demokratischen Zentralismus noch geforderte demokratische Legitimation der leitenden Organe durch die Wahl der Funktionäre von unten nach oben wurde auf Grund des personellen Weisungsrechts der Leitungsebene gegenüber der jeweiligen Basis zum Manipulationsinstrument der Partei. Allerdings gab es bisher auch in der Geschichte kein Organisationsmodell, das in dieser Situation als Alternative zur Verfügung gestanden hätte. Das vielbeschworene Rätesystem der französischen Commune von 1871, dessen personelle Rotation und Daueröffentlichkeit die Entstehung neuer Machtstrukturen verhindern sollte, hatte ja in der Tat nur kurzfristig und nicht sonderlich effektiv funktioniert. Für die industrielle Entwicklungsdiktatur eines Agrarstaates hätte sich dieses Modell nur angeboten, wenn die Partei bzw. ihren führenden Vertreter sich für die Erreichung ihrer Zielsetzung kein zeitliches Limit gesetzt hätten. Die zeitliche Beschleunigung der Industrialisierung war aber gerade einer der Hauptgründe, die schon Lenin und später Stalin immer stärker zum Zwang und zur rigiden Durchsetzung bürokratischer Normen greifen ließen.

●●

Stalin über den Zwang zum beschleunigten Fortschritt

Rückständige werden geschlagen. Wir aber wollen nicht die Geschlagenen sein. Nein, das wollen wir nicht. Die Geschichte des alten Rußland bestand unter anderem darin, daß es wegen seiner Rückständigkeit fortwährend geschlagen wurde. Es wurde geschlagen von den mongolischen Khans. Es wurde geschlagen von den türkischen Beys. Es wurde geschlagen von den polnisch-litauischen Pans. Es wurde geschlagen von den englisch-französischen Kapitalisten. Es wurde geschlagen von den japanischen Baronen. Es wurde vor allem geschlagen wegen seiner Rückständigkeit. Wegen seiner militärischen Rückständigkeit, wegen seiner industriellen Rückständigkeit, seiner landwirtschaftlichen Rückständigkeit . . .

Wir sind hinter den fortgeschrittenen Ländern um fünfzig bis hundert

Jahre zurückgeblieben. Entweder bringen wir das zuwege, oder wir werden zermalmt.

Franz Marek: Was Stalin wirklich sagte. Wien 1970, S. 57

Stalin über die Ergebnisse des ersten Fünfjahrplanes (1933)

Die grundlegende Aufgabe des Fünfjahrplanes bestand darin, unser Land mit seiner rückständigen, mitunter mittelalterlichen Technik auf die Bahnen der neuen, der modernen Technik überzuleiten. Die grundlegende Aufgabe des Fünfjahrplanes bestand darin, die UdSSR aus einem Agrarland, einem machtlosen, von den Launen der kapitalistischen Länder abhängigen Land in ein Industrieland, in ein mächtiges, völlig selbständiges und von den Launen des internationalen Kapitalismus unabhängiges Land zu verwandeln ... Wir hatten keine Eisenhüttenindustrie, diese Grundlage der Industrialisierung des Landes. Jetzt haben wir sie. Wir hatten keine Traktorindustrie. Jetzt haben wir sie. Wir hatten keine Automobilindustrie. Jetzt haben wir sie. Wir hatten keinen Werkzeugmaschinenbau. Jetzt haben wir ihn. [...]

All das hat dazu geführt, daß unser Land aus einem Agrarland zu einem Industrieland geworden ist, denn der Anteil der Industrieproduktion an der Gesamtproduktion stieg im Verhältnis zur Produktion der Landwirtschaft von 48 Prozent zu Beginn des Fünfjahrplanes (1928) auf 70 Prozent am Ende des vierten Jahres des Fünfjahrplanes (1932).

[...]

Bei der Verwirklichung des Fünfjahrplanes und bei der Organisierung des Sieges auf dem Gebiet des industriellen Aufbaus hat die Partei die Politik des maximal beschleunigten Tempos der Entwicklung der Industrie durchgeführt. Die Partei hat das Land gleichsam angepeitscht, um seinen Vormarsch zu beschleunigen.

Franz Marek: Was Stalin wirklich sagte. Wien 1970, S. 58

●●

Insofern hatte die Kommunistische Partei in Rußland faktisch die Rolle des Kapitalismus übernommen und ihn, was das Entwicklungstempo anging, sogar noch übertrumpft.

Auch die sozialen Auswirkungen waren letztlich die gleichen, wie sie von Marx anläßlich der Industrialisierung Englands beschrieben worden sind: Zwang, Elend, gewaltsame Umstrukturierung der Bevölkerung, Verzicht auf Konsum zugunsten der industriellen Investitionen. Während sich aber die industrielle Revolution in den europäischen Staaten über mehrere Jahrzehnte erstreckte, so daß es neben absolutem sozialen Elend auch relative Ruhe und Beschaulichkeit gab, traf dies für die Entwicklung in Rußland nicht zu. Da der Staat die gesamte Wirtschaft plante und zudem seine revolutionäre Funktion umfassend verstand, lastete der Druck der gewaltsamen Umwälzung praktisch auf jedem Lebensbereich.

Dieser Staatskapitalismus russischer Prägung erzwang zwar unter der Diktatur der Partei die beabsichtigte Industrialisierung, verfehlte aber die meisten humanitären und sozialen Ziele der angestrebten sozialistischen Neuordnung. Unter der Herrschaft Stalins war die Sowjetunion faktisch eine Despotie mit einem umfassenden, aber unqualifizierten Apparat, der lediglich dazu taugte, die ersten Phasen der rohen Industrialisierung zu steuern, dem aber jede Fähigkeit und Erfahrung fehlte, um die ökonomischen und sozialen Bedingungen einer entwickelten Industrie- und Konsumwirtschaft zu berücksichtigen.

Die eindrucksvollen Erfolge dieses an den absolutistischen Staat erinnernden Systems schienen für seine Schöpfer noch im nachhinein die angewandten Methoden zu rechtfertigen.

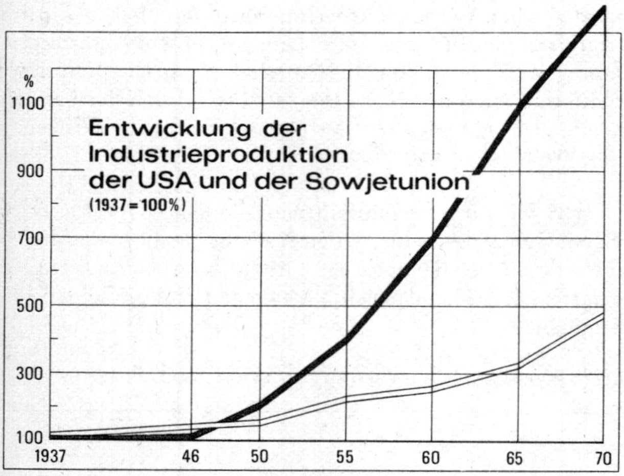

Entwicklung der Industrieproduktion der USA und der Sowjetunion.
Quelle: Lothar Buck (Hg.): Die Umwelt gestalten – Geographie. 9. und 10. Schuljahr. Stuttgart 1974, S. 203

So konnte sich die Sowjetunion nicht nur den Folgen der Weltwirtschaftskrise von 1929 entziehen und weiterhin steigende Produktionsziffern verbuchen, sondern verdankte der in wenigen Jahren geschaffenen Schwer- und Rüstungsindustrie letztlich auch den Sieg über den deutschen Angreifer im Zweiten Weltkrieg. Ein genügsamer Agrarstaat mit stagnierendem oder nur

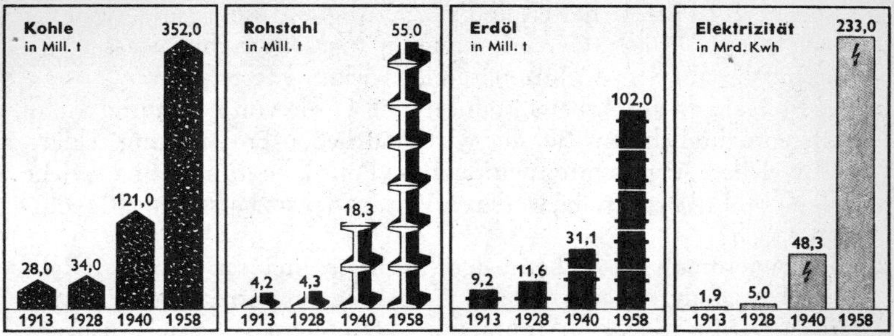

Entwicklung von Kohle, Stahl, Erdöl, Elektrizität in der Sowjetunion 1913–1958.
Quelle: R. H. Tenbrock (Hg.): Zeiten und Menschen. Geschichtliches Unterrichtswerk Band 4. Paderborn 1966, S. 61

langsam wachsendem Industrievolumen wäre zu einer derartigen Leistung kaum in der Lage gewesen. Diese wirtschaftlichen und militärischen Erfolge ließen das Modell exportfähig erscheinen. So wurde seit 1945 in die Länder des von der Roten Armee beherrschten Ostblocks im Namen des Sozialismus ein Wirtschaftsmodell importiert, das weder von seinen Bedingungen noch von seiner Orientierung her diesen Namen verdiente. Die folgenschwere Gleichsetzung dieses säkularisierten Staatskapitalismus mit dem Sozialismus sollte in Zukunft für die Länder Europas die positive geistige Auseinandersetzung mit den marxistischen Theorien wesentlich erschweren, wenn nicht sogar unmöglich machen. Indem man eine unzulängliche Praxis mit der Theorie gleichsetzte, schien die Auseinandersetzung mit der marxistischen Wirtschaftsanalyse überflüssig.

Dieser grundsätzliche Fehler lähmte letztlich schon die Politiker der Weimarer Republik. Das sich vor ihren Augen abspielende Schauspiel der russischen Revolution ließ ihnen die sozialistische Alternative der Wirtschaftslenkung als gänzlich ungeeignet erscheinen. Eingedenk der doch immerhin wirtschaftlich erfolgreichen Jahre des Kaiserreichs und der Vorbilder in USA und England klammerte man sich um so mehr an die bürgerliche Wirtschaftstheorie mit ihrem Marktsystem.

Arbeitsvorschläge

1. Das sowjetische Modell des Sozialismus entsprach nicht den marxistischen Kriterien einer sozialistischen Revolution. Warum konnte sich trotzdem gerade in dem industriell rückständigen Rußland die Revolution durchsetzen, während sie in den fortgeschrittenen europäischen Ländern ausblieb?
2. Überprüfen Sie, wo in den letzten dreißig Jahren sozialistische Revolu-

tionsversuche Erfolg hatten und vergleichen Sie diese Länder mit der Sowjetunion. Welche Gemeinsamkeiten und Unterschiede lassen sich hier im Verlauf der revolutionären Entwicklung feststellen?

3. Die Steigerung der Arbeitsproduktivität wurde von Lenin und Stalin zum vordringlichsten Ziel der wirtschaftlichen Entwicklung erklärt. Mit welchen Argumenten wurde diese Politik begründet und welche Folgen mußte das für den weiteren Verlauf der sozialistischen Revolution haben?
4. Die Sowjetunion erhebt heute den Anspruch, im internationalen Rahmen den einzig realen und originären Weg zum Sozialismus zu verkörpern. Mit welchen Argumenten könnte man diesen Anspruch belegen?
5. Mittlerweile gibt es verschiedene Modelle der industriellen Entwicklung, die sich zwar auch auf die Theorie der sozialistischen Klassiker berufen, sich aber bewußt von der Sowjetunion absetzen. Vergleichen Sie etwa das politische System Chinas und Jugoslawiens mit dem der Sowjetunion. In welchen Punkten kritisieren diese Länder die SU, und wo sehen Sie hier alternative Entwicklungsmöglichkeiten?

VII. Liberalismus und Faschismus: Von der bürgerlichen Republik zum autoritären Kapitalismus

Die Festlegung der Wirtschaftsordnung in der Weimarer Verfassung beruhte einerseits auf der grundsätzlichen Beibehaltung des Privateigentums an Produktionsmitteln, andererseits auf der Anerkennung eines Mitspracherechts der Arbeitnehmerorganisationen. Damit hatte sich zwar im Gegensatz zu der Zeit vor 1914 eine deutliche Verschiebung zugunsten der Gewerkschaften ergeben, aber die prinzipiellen Funktionsmechanismen der Marktwirtschaft blieben erhalten. Weggefallen war vor allem die bisherige staatliche Regulierung des Produktionsfaktors Arbeit zugunsten des Kapitals und die damit zusammenhängende enge Verbindung von ökonomischer und politischer Macht. Gerade die vorübergehende Übernahme der politischen Macht durch die Sozialdemokraten kappte die bisherigen Regulierungsmechanismen der Volkswirtschaft und ließ faktisch getreu dem liberalen Prinzip dem Staat nur noch indirekte Einwirkungsmöglichkeiten auf die Wirtschaftsentwicklung. Der jeweiligen Regierungspartei war somit die Basis ihrer Macht entzogen. In dieser Hinsicht hatte sich erst unter der Herrschaft der SPD und nach der sogenannten Revolution von 1918 die liberale Theorie der Wirtschaftsordnung in Deutschland wirklich durchgesetzt. Im Gegensatz aber zu England und den Vereinigten Staaten, den Hochburgen der Marktwirtschaft, fehlte in Deutschland der pragmatische Consensus politischen und wirtschaftlichen Handelns. Hier waren durch den verlorenen Krieg die Gegensätze der Vergangenheit noch wesentlich schärfer geworden und konnten durch nationale Erfolgserlebnisse auch kaum gemildert werden. Dies wurde besonders in der unterschiedlichen Zielsetzung der Parteien hinsichtlich der Regierungsform und Wirtschaftsordnung deutlich:

Die Neuordnung 1918 und die Ziele der Parteien

Partei	Politisches System	Wirtschaftsordnung
Deutsche Volkspartei (DVP) (Oktober 1919)	Monarchie	«... fordert für jeden Staatsbürger das Recht der freien Entfaltung seiner Kräfte. Das Streben nach Gewinn muß aber bei dem einzelnen seine sittlichen Schranken finden in der Rücksichtnahme auf das Wohl und die Bedürfnisse der übrigen Volksgenossen. Die Deutsche Volkspartei hält fest an dem Recht auf Privateigentum und dem gesetzlichen Erbrecht der engeren Familie ...»
Deutschnationale Volkspartei (DNVP) (1920)	Monarchie	«Jede lebensfähige Volkswirtschaft baut sich auf dem Privateigentum und der Eigenwirtschaft auf, Unternehmergeist und Erwerbssinn des einzelnen sind die Grundlagen unserer wirtschaftlichen Arbeit. Wir verlangen, daß sie sich in den Grenzen des Gemeinwohles halten, und werden sie gegen jeden offenen und versteckten Kommunismus verteidigen.»
Nationalsozialistische Deutsche Arbeiterpartei (NSDAP) (1920)	Führerstaat	«Abschaffung des arbeits- und mühelosen Einkommens, Brechung der Zinsknechtschaft. Im Hinblick auf die ungeheuren Opfer an Gut und Blut, die jeder Krieg vom Volke fordert, muß die persönliche Bereicherung durch den Krieg als Verbrechen bezeichnet werden. Wir fordern daher restlose Einziehung aller Kriegsgewinne. Wir fordern die Verstaatlichung aller (bisher) bereits vergesellschafteten (Trusts) Betriebe. Wir fordern Gewinnbeteiligung an Großbetrieben. Wir fordern die Schaffung eines gesunden Mittelstandes und seine Erhaltung, sofortige Kommunalisierung der Groß-Warenhäuser und ihre Vermietung zu billigen Preisen an kleine Gewerbetreibende, schärfste Berücksichtigung aller kleinen Gewerbetreibenden bei Lieferung an den Staat, Ländern und Gemeinden.»
Kommunistische Partei Deutschlands (KPD) (Oktober 1919)	Rätesystem	«Die Ersetzung des kapitalistischen Ausbeutungsverhältnisses durch die sozialistische Produktionsordnung hat zur Voraussetzung die Beseitigung der politi-

Partei	Politisches System	Wirtschaftsordnung
		schen Macht der Bourgeoisie und deren Ersetzung durch die Diktatur des Proletariats.»
Unabhängige Sozialdemokratische Partei Deutschlands (USPD) (Dezember 1919)	Rätesystem	«Umwandlung des Privateigentums an Produktionsmitteln in gesellschaftliches Eigentum.»
Sozialdemokratische Partei Deutschlands (SPD) (1921)	Parlamentarische Demokratie	«Grund und Boden, die Bodenschätze sowie die natürlichen Kraftquellen, die der Energieerzeugung dienen, sind der kapitalistischen Ausbeutung zu entziehen und in den Dienst der Volksgemeinschaft zu überführen ... Kontrolle des Reiches über den kapitalistischen Besitz an Produktionsmitteln, vor allem über die Interessengemeinschaft, Kartelle und Trusts.»
Deutsche Demokratische Partei (DDP) (Dezember 1919)	Parlamentarische Demokratie	«Die Vergesellschaftung der Produktionsmittel im Sinne allgemeiner Verstaatlichung wäre tödliche Bürokratisierung der Wirtschaft und verhängnisvolle Minderung ihres Ertrages. Wir lehnen sie ab und halten an der Privatwirtschaft als der regelmäßigen Betriebsform fest ...
Zentrum (Dezember 1918)	Parlamentarische Demokratie	«Grundsätzliche Erhaltung der auf persönlichem Eigentum beruhenden, nach dem Solidaritätsprinzip dem Gesamtwohl der Gesellschaft untergeordneten Privatwirtschaft.»
Bayerische Volkspartei (BVP) (November 1918)	Parlamentarische Demokratie	«Die Bayerische Volkspartei wird Eigentum und Erbrecht als Grundlage der heutigen Wirtschaftsordnung schützen und erhalten, unbeschadet weitgehend sozialer Einschränkungen und Schutzmaßnahmen gegen Auswüchse des Kapitalismus.»

Quelle: Zusammengestellt nach Wilhelm Mommsen (Hg.): Deutsche Parteiprogramme. München 1964

Die Kriegsfolgelasten zusammen mit den Rationalisierungswellen im Sog von Fließbandarbeit und Mechanisierung ließen die wirtschaftliche Entwicklung nie befriedigend erscheinen. Arbeitslosigkeit und starke Konjunkturschwankungen verbunden mit einer zunehmenden Auslandsverschuldung sorgten ständig für die soziale Verunsicherung der Bevölkerung.

Nach der strukturellen Umstellung von der Kriegs- auf die Friedensindustrie, der Inflation und der Ruhrbesetzung von 1922/23 schien es allerdings eine kurze Zeit, als ob Deutschland bei der Praktizierung des Liberalismus wirtschaftliche Erfolge aufweisen könnte. Die Jahre von 1923 bis 1929 brachten Produktionsrekorde und eine annähernde Vollbeschäftigung. Letztlich war gemäß liberalem Gedankengut auch die massive Anlage von amerikanischem Kapital auf dem ausgedörrten und gewinnträchtigen deutschen Markt durchaus richtig und erfolgversprechend. So flossen bis zum Sommer 1929 fast 21 Milliarden Mark ausländischer Kredite nach Deutschland. Bei negativer Handelsbilanz und zunehmender Auslandsverschuldung bedeutete dies eine dauernde Gefährdung der deutschen Wirtschaft, da die Kredite jederzeit von den Gläubigern abgerufen werden konnten. Das aber erschien undenkbar, war doch in den USA seit mehreren Jahrzehnten ein dauernder Aufwärtstrend zu verzeichnen, so daß der Welt reichste und größte Industriemacht sich mittlerweile dem Glauben hingab, das Zeitalter andauernden Reichtums für jedermann sei bereits angebrochen.

Um so überraschender kam der Kriseneinbruch von 1929, der für Deutschland vollkommen unerwartet die plötzliche Aufkündigung der amerikanischen Darlehen mit sich brachte.

Wieder einmal stellte sich die Frage, wie man die Reichsfinanzen und damit den wirtschaftlichen Kreislauf aufrechterhalten konnte. Die liberale Lösung hieß: Sanieren auf Kosten der Arbeitnehmer durch Einsparung an Löhnen, Gehältern und Arbeitsplätzen bei gleichzeitiger Sicherung der industriellen Gewinne und der vorhandenen Vermögensstruktur. Der Theorie gemäß mußten dann nach einer Zeit des Kursverfalls und der Konkurse die Selbstheilungskräfte des Marktes in Form einer Wiederbelebung der Konjunktur wirksam werden. Die sozialistische Lösung hätte vom Staat ein direktes Eingreifen durch Sicherung von Nachfrage und Arbeitsplätzen mit Hilfe staatlicher Aufträge oder direkter Investitionslenkung bedeutet. Während im Ausland, vor allem in den Vereinigten Staaten mit dem New Deal, der zwar von der Industrie abgelehnte, aber im ganzen recht

Arbeitslosenzahlen in Deutschland von 1919 bis 1938

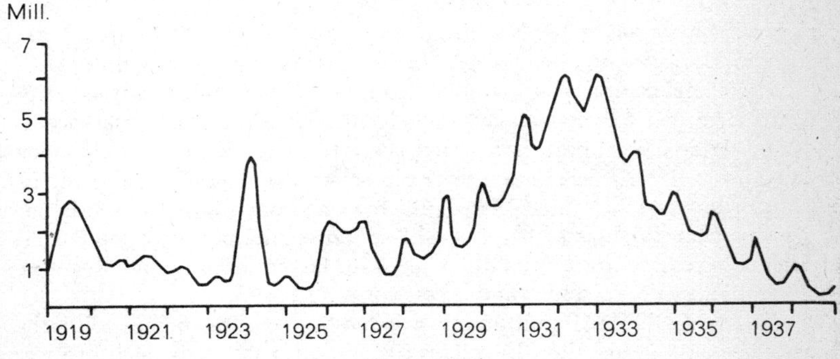

Quelle: F.-W. Henning: Das industrialisierte Deutschland. Ferdinand Schöningh, Paderborn 1974 (VTB 337), S. 96

Entwicklung der industriellen Produktions- und Verbrauchsgütererzeugung je Einwohner (1928 = 100) von 1920 bis 1945 in Deutschland (Produktionsgüter einschl. Rüstungsgüter)

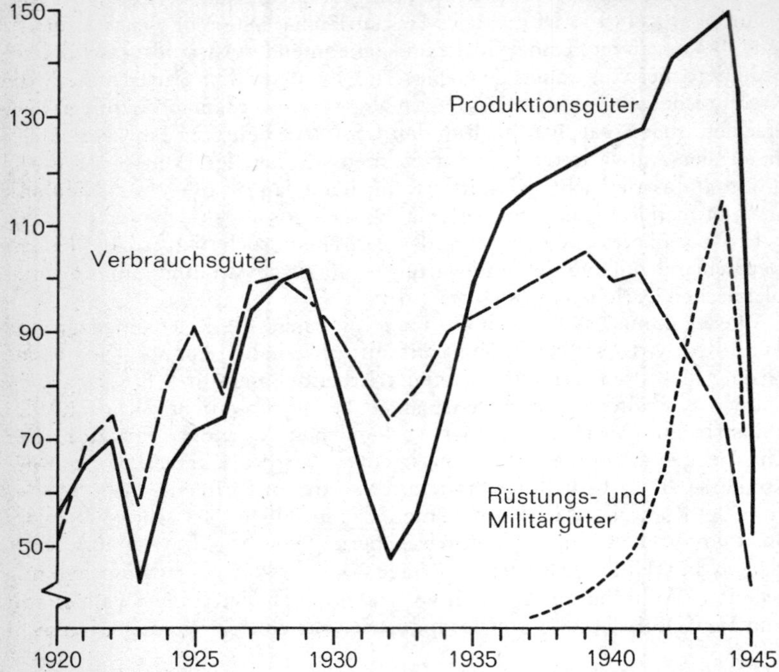

Quelle: F.-W. Henning: Das industrialisierte Deutschland. Ferdinand Schöningh, Paderborn 1974 (UTB 337), S. 104

erfolgreiche Weg staatlicher Nachfrageregulierung beschritten wurde, praktizierte in Deutschland eine bürgerliche Minderheitenregierung unter Brüning lehrbuchgetreu klassischen Liberalismus und verschärfte durch extreme Einsparungen Arbeitslosigkeit und Nachfrageausfall. Die Gewerkschaften und die Sozialdemokratische Partei verloren angesichts der steigenden Arbeitslosenzahlen jede Freiheit des politischen Handelns. Die allgemeine Krise wurde zusätzlich durch Strukturschwächen der Industrie und Landwirtschaft verschärft. Das liberale Wählerpotential der bürgerlichen Parteien rückte in seiner Angst und Hilflosigkeit ins Lager der extremen Rechten, die sich in ihrer Propaganda auf die Zeit vor 1914 berief.

So konnte die NSDAP im Bündnis mit den Konservativen eine politische Massenbewegung aus allen Bevölkerungsteilen schaffen, die sich in ihrer sozialen Existenz bedroht fühlten. Zu Verursachern der Krise wurden in der nationalen Propaganda Sozialdemokraten und Juden ernannt, deren traditionelle Isolierung in der bürgerlichen Gesellschaft Deutschlands sie für diese Rolle empfahlen.

Das System der Weimarer Republik war aber eben nicht durch sozialistische Ordnungsvorstellungen geprägt worden, sondern durch die Spielregeln der bürgerlichen Demokratie und der liberalen Marktwirtschaft. Für die Fehler dieses Systems, die Krise und die Konkurrenz, die Bankrotte und die Arbeitslosigkeit, die Furcht und die Not mußten aber jetzt Sozialdemokraten, Kommunisten und Juden büßen, da sich in der Feindschaft zu diesen Gruppen die theoretische Bewältigung der Krise in den Köpfen der liberalen Wähler erschöpfte.

Die Einschrumpfung der bürgerlichen Parteien 1928–1932

Reichstags-wahlen	Sozialistische Parteien (SPD + KPD)	NSDAP	Zentrum	Andere (»bürgerliche«) Parteien
20. 5. 1928	40,5%	2,6%	15,1%	41,8%
14. 9. 1930	37,6%	18,3%	14,8%	29,3%
31. 7. 1932	36,2%	37,4%	15,7%	10,7%

Quelle: Martin Broszat: Der Staat Hitlers. München 1973, S. 13

Gegenüber dieser Radikalisierung des Bürgertums war die SPD hilflos und ohne jede Alternative. Ihr Kampf gegen die Nationalsozialisten bedeutete ja jetzt zugleich die Verteidigung eines Systems, das ein wirtschaftliches Elend von solchen Ausmaßen hervorgebracht hatte.

Mit Zustimmung aller bürgerlichen und konservativen Parteien verabschiedete der Reichstag 1933 schließlich das Ermächtigungsgesetz, das zusammen mit den Notverordnungen dem nationalsozialistischen Staat die wirtschaftsregulierende Funktion vergangener Jahrhunderte zurückgab. Die Wirtschaftspolitik der NSDAP war gekennzeichnet durch eine konsequente staatliche Regulierung unter Beibehaltung der vorgefundenen kapitalistischen Strukturen. Das hieß im einzelnen:

1. Zerschlagung der Arbeiterbewegung und ihrer Organisationen;
2. Stärkung der Nachfrage durch Aufrüstung und öffentliche Aufträge;
3. Hierarchisierung der Wirtschaftsorganisation: Besitzgarantie für den Mittelstand und Förderung des Großkapitals.

Diese staatliche Auftragsbeschaffung mit Hilfe steigender Defizite war vor der Machtergreifung von der NSDAP als sozialistisch bekämpft worden;

jetzt wurde sie, da sie zu Lasten der Arbeitnehmer ging und das Privateigentum garantierte, zur nationalen Aufgabe erklärt. Der Sozialismus der Nationalsozialisten beschränkte sich also weitgehend auf eine staatliche Nachfrageregulierung. Über den Umweg von Rüstung und Verschuldung garantierte der Staat den Unternehmern den Absatz ihrer Produkte und konnte so den in der Krise zusammengebrochenen Wirtschaftskreislauf wiederherstellen. Neu war dabei nicht die Idee einer Konjunkturpolitik des «defizit spending», wie der spätere Ausdruck dafür lauten sollte, schließlich hatten die Amerikaner unter der Roosevelt-Administration eine ähnliche Wirtschaftspolitik durchgeführt; neu war lediglich die rücksichtslose Durchsetzung dieser Maßnahmen auf Kosten der Arbeitnehmer und ihrer Organisationen. Trotzdem war allein die Tatsache der Rückkehr zur wirtschaftlichen Stabilität und der damit verbundenen sozialen und psychischen Stabilisierung der Mittelschicht so eindrucksvoll, daß eine Mehrheit dafür die politische Entmündigung in Kauf nahm. Somit legitimierte die Unfähigkeit der liberalen Wirtschaftspolitik noch im nachhinein den Aufstieg des Nationalsozialismus.

Diese Erkenntnis vom Zusammenhang der Wirtschaftskrise mit dem Aufstieg des Faschismus setzte sich zuerst bei KPD und SPD durch und bestimmte deren politisches Verhalten. Indem Sozialisten und Kommunisten den Faschismus als Fortsetzung des Kapitalismus mit anderen Mitteln interpretierten, mußte ihr zukünftiges politisches Vorgehen von der Zielsetzung bestimmt sein, an die Stelle der offensichtlich gescheiterten liberalen Wirtschaftsordnung ein System zu setzen, das eine derartige Krisensituation in Zukunft verhinderte. Während sich die KPD dabei entsprechend ihrer ideologischen Ausrichtung mit der Sowjetunion identifizierte, proklamierte die SPD einen dritten Weg zwischen Kommunismus und Kapitalismus. Dieser «Freiheitliche Sozialismus» sollte einerseits die Hauptströme des volkswirtschaftlichen Kreislaufs staatlicher Kontrolle unterwerfen, andererseits der Privatinitiative aber doch einen so breiten Raum gewähren, daß sich das Individuum auch im wirtschaftlichen Bereich frei entfalten konnte.

Im Gegensatz dazu war das Verhalten der bürgerlichen Parteien zuerst durch eine zurückhaltende Identifizierung mit dem NS-System geprägt, die aber mit fortschreitendem Terror und zunehmender Militarisierung einem deutlichen Widerstand wich. Nur die Proklamierung des zuletzt totalen Kriegs als nationale Aufgabe zur Verteidigung der europäischen Kultur gegenüber dem asiatischen Bolschewismus schuf noch einmal eine lose Interessengemeinschaft im «Kampf ums Überleben».

Arbeitsvorschläge

1. Nach dem Ende des Ersten Weltkriegs übernahmen die Sozialdemokraten im Bündnis mit den bürgerlichen Parteien die politische Macht. Damit war Deutschland allerdings nicht auf dem Wege zum Sozialismus, sondern zum Liberalismus. Begründen Sie, warum man erst ab 1918 von einer liberalen Wirtschaftsordnung in Deutschland sprechen kann.
2. Vergleichen Sie die wirtschaftspolitischen Vorstellungen der einzelnen Parteien in Hinsicht auf eine mögliche politische Zusammenarbeit. Unter welchen Bedingungen war eine Koalition der unterschiedlichen Gruppierungen denkbar, und wo waren die Grenzen gemeinsamen Handelns bei der Gestaltung der Wirtschaftspolitik?
3. Wo lagen die Ursachen für die Weltwirtschaftskrise von 1929? Vergleichen Sie die unterschiedlichen Maßnahmen der amerikanischen und deutschen Regierung, um die Folgen der Krise zu beheben. Warum war die deutsche Regierung nicht bereit oder fähig, durch staatliche Maßnahmen die Krise zu bekämpfen?
4. Die Nationalsozialistische Partei konnte durch ihre Wahlpropaganda einen großen Teil der bürgerlichen Wähler für sich gewinnen. Wo sehen Sie die Ursachen für die Anfälligkeit der Mittelschichten für das politische Programm der NSDAP?
5. Auf welche Weise gelang es den Nationalsozialisten nach der Machtübernahme 1933, die Wirtschaftsentwicklung zu stabilisieren und die Arbeitslosigkeit abzubauen? Warum waren derartige Maßnahmen nicht schon bei Ausbruch der Krise möglich gewesen?

VIII. Soziale Marktwirtschaft oder Freiheitlicher Sozialismus: Die wirtschaftliche Grundsatzdebatte nach 1945

Die Darstellung der historischen Entwicklung von Theorie und Praxis der unterschiedlichen Gesellschafts- und Wirtschaftssysteme ließ deutlich werden, daß für die Qualität ihrer Realisierung die jeweiligen wirtschaftlichen Ausgangsbedingungen maßgebend waren. Das liberale System der Marktwirtschaft hatte sich als Folge der bürgerlichen Revolutionen in allen industriell hochentwickelten Staaten durchgesetzt und konnte somit auf eine lange Tradition von Freiheitsrechten und Wohlstand verweisen, während das System der sozialistischen Wirtschaftsplanung nur im Zerrbild der

Entwicklungsdiktatur eines noch dazu im Krieg ausgebluteten Landes vorhanden war.

In der nun im Nachkriegsdeutschland einsetzenden Diskussion um die Neuordnung von Wirtschaft und Gesellschaft ging es zwischen Liberalen und Sozialisten nur vordergründig um theoretische Probleme. Maßgeblich waren die Orientierung an Leitbildern, die Aufarbeitung der Erfahrungen unter dem Faschismus und schließlich die Interessen der Siegermächte. Die geistige Auseinandersetzung hatte schon während der noch andauernden Herrschaft der Nationalsozialisten begonnen. In Widerstandsgruppen, bürgerlichen Oppositionszirkeln und im Exil waren von allen Parteien Pläne für den Neuanfang entworfen worden. Grundsätzlich herrschte bei allen Gruppierungen die Überzeugung vor, daß die Machtergreifung der Nationalsozialisten ohne die Wirtschaftskrise nicht möglich gewesen wäre. Daher konnte man jetzt entsprechende Folgerungen hinsichtlich der Neuordnung von allen Parteien erwarten. Allerdings gab es im bürgerlichen Lager auch Stimmen, die schon während der Herrschaft des Faschismus erste Argumente zur Erhaltung der alten Produktions- und Wirtschaftsstrukturen vortrugen, indem sie den Nationalsozialismus als spezielle Form des Sozialismus und der Planwirtschaft interpretierten. Friedrich A. Hayek hatte 1944 in seinem Buch *Der Weg zur Knechtschaft* den Nationalsozialismus als Enkel des Sozialismus bezeichnet, und bereits 1942 äußerte sich Wilhelm Röpke, einer der späteren geistigen Väter der sozialen Marktwirtschaft, in ähnlichem Sinne.

●●

Wilhelm Röpke über die Einheit von Totalitarismus und Sozialismus (1942)

Die Rebellion gegen das abendländische Wirtschaftssystem hat zum Antikapitalismus in seinen mannigfachen und nach dem Radikalismus abgestuften Formen, zum Sozialismus und Kollektivismus geführt. Wie diese aber, weit entfernt, die Krisis der Demokratie zu überwinden, die Erkrankung des Staatssystems erst auf den Gipfel treibt, so ist auch der Sozialismus als Ausdruck der antikapitalistischen Massenrebellion nichts anderes als eine alles gefährdende und bestimmte Irrwege erst voll zur Geltung gehende Reaktion, aber nicht die Erlösung, als die er sich ausgibt. Diese Gegenüberstellung von Totalitarismus und Sozialismus ist mehr als ein bloßer Vergleich, vielmehr stehen beide Tendenzen untereinander in so engen Beziehungen, daß sie, wie eingehend bewiesen werden kann, letzten Endes eine Einheit darstellen!»

Wilhelm Röpke: Die Gesellschaftskrise der Gegenwart, Erlenbach–Zürich 1942. Zitiert nach der 5. Auflage 1948, S. 37

●●

1945 sollte sich bald zeigen, daß die konservativen Orientierungsmuster wesentlich zählebiger waren, als man angesichts der totalen Niederlage vermutet hätte. Die Karten waren praktisch schon verteilt, ehe das Spiel begann.

Die KPD war durch ihre Identifikation mit der Sowjetunion in den Augen der Bevölkerung diskreditiert. Die Gleichsetzung von sozialistischer Theorie und sowjetischer Praxis unter der Bezeichnung Bolschewismus sollte sich ähnlich wie 1918 wiederholen. Die SPD konnte sich zwar auf ihren Widerstand gegen die NSDAP berufen, doch war sie in ihrer Haltung zwischen dem Wiederanknüpfen an den Weimarer Reformismus und der sozialistischen Zielsetzung gespalten. Zudem befand sie sich in Konkurrenz zur KPD, mit deren Zielen sie bald von der bürgerlichen Öffentlichkeit gleichgesetzt wurde. Die liberalen Parteien waren zwar grundsätzlich zu einer Überprüfung ihrer Haltung vor 1933 bereit, doch das politische Bewußtsein von den Ursachen des Faschismus konkurrierte heftig mit den materiellen Interessen zur Erhaltung von Privateigentum und wirtschaftlichen Machtpositionen.

Mittlerweile war aber der Ausgang dieser innerdeutschen Auseinandersetzung nicht mehr entscheidend, entscheidend war vielmehr die Meinung der Siegermächte, die Deutschland besetzt hatten und entschlossen waren, von ihrem Einfluß weitreichenden Gebrauch zu machen. Dabei fanden die Vertreter beider Lager, die der Sowjetunion wie die der Vereinigten Staaten, unter den politischen Theoretikern der Parteien ihre entsprechenden Verbündeten. Bei den bürgerlichen Wirtschaftswissenschaftlern dominierten die sogenannten Ordoliberalen. Sie leiteten ihre Theorie aus der Kritik des Laissez-faire-Kapitalismus und des Nationalsozialismus ab, wobei sie ersterem die fehlende Kontrolle privater Verfügungsgewalt über die Produktionsmittel und letzterem den Mißbrauch staatlicher Macht vorwarfen. Nach Ansicht dieser Theorie hatte eine zukünftige Wirtschaftsordnung demgemäß folgende Aufgaben zu lösen, welche die Realität der freien Marktwirtschaft bisher offengelassen hatte:

1. Vermeidung von Krisen und Sicherung der wirtschaftlichen Stabilität;
2. Die Aufrechterhaltung der Konkurrenz als Grundlage des Marktmechanismus;
3. Durchsetzung übergeordneter sozialer Zielsetzungen.

Ein derart um das Attribut «sozial» bereicherter Kapitalismus konnte nach Ansicht seiner theoretischen Verfechter alle Vorteile des liberalen Systems auf sich vereinigen, ohne sich weiterhin dem Vorwurf sozialer Härte und Ungerechtigkeit auszusetzen. Im Unterschied zu den Sozialisten führte man zur Begründung dieser neuen Wirtschaftsordnung nicht mehr die Ursachen ins Feld, sondern seine Auswirkungen. Aus dem sichtbar gewordenen totalen Machtanspruch des Staates im Dritten Reich wurde jetzt eine Art Garantierecht auf Eigentum abgeleitet, die Sicherung privater Verfügungsgewalt über die Produktionsmittel als Freiheitsrecht gegenüber staatlichen Ansprüchen behauptet. Diese mittelständische Ideologie zielte in ihrer Ausrichtung gegen jedes Monopol staatlicher oder privater Wirtschaftsmacht und wiederholte damit letztlich die liberale Argumentation gegen den Absolutismus des 18. Jahrhunderts. Die Berufung auf die christliche Ethik, die freie Entfaltung von privatwirtschaftlicher Tätigkeit und persönlicher Unabhängigkeit machten es den bürgerlichen Parteien möglich, Faschismus und Sozialismus direkt miteinander in Bezug zu setzen und mit der gleichen Argumentation abzulehnen. In diesem Zusammenhang führte Konrad Adenauer die falsche Auffassung vom Staat und der Stellung der Einzelperson als eine der Hauptursachen für den Nationalsozialismus an. Für diese Einstellung wiederum machte er die materialistische Weltanschauung und damit den Marxismus verantwortlich.

●●

Konrad Adenauer über die Ursachen des Nationalsozialismus, Verstaatlichung und Kapitalismus (1946)

Die materialistische Weltauffassung des Marxismus hat zu dieser Entwicklung in sehr großem Umfang beigetragen. Wer eine Zentralisierung der politischen und wirtschaftlichen Macht beim Staate oder bei einer Klasse erstrebt, wer demzufolge das Prinzip des Klassenkampfes vertritt, ist ein Feind der Freiheit der Einzelperson, er bereitet zwangsläufig den Weg der Diktatur im Fühlen und Denken seiner Anhänger vor, wenn schließlich auch ein anderer den so vorbereiteten Weg der Diktatur beschreitet. Daß diese Entwicklung zwangsläufig ist, zeigt die Geschichte solcher Staaten, in denen Karl Marx der Messias und seine Lehre das Evangelium ist.

Der Nationalsozialismus war nichts anderes als eine bis ins Verbrecherische hinein vorgetriebene Konsequenz der sich aus der materialistischen Weltanschauung ergebenden Macht und Mißachtung, ja Verachtung des Wertes des Einzelmenschen.

[. . .]

Der Arbeiter verkauft seine Arbeit nicht als Ware, wie es der Anschauung des Hochkapitalismus und auch der des ökonomischen Materialismus entspricht. Er geht vielmehr mit dem Unternehmer ein Gemeinschaftsverhältnis ein.

Diese Auffassung steht in engem Zusammenhang mit unserer Ansicht über das Zustandekommen des wirtschaftlichen Ertrages. Das Kapital und der dahinterstehende unternehmerische Geist können nicht ohne das Kapital und die schöpferische Initiative des Unternehmers bestehen. Hierin liegen die sittlichen Grundlagen für eine gerechte Verteilung des Arbeitsertrages.

Unsere Auffassung von der Freiheit und Würde der Einzelperson verbietet eine die wirtschaftliche und die politische Freiheit gefährdende Zusammenballung wirtschaftlicher Macht an einzelnen Stellen, sei es an privaten oder an öffentlichen. Daß der Staat, der die politische Macht hat, ein grausamer Arbeitgeber sein kann, hat uns das nationalsozialistische Regime bewiesen. Verstaatlichung der Produktionsmittel ist in unseren Augen deshalb nicht unbedingt und immer mit sozialem Fortschritt gleichzusetzen. Solange die deutsche Wirtschaft nicht frei ist, kann im übrigen die Frage der Vergesellschaftung kaum praktisch werden.

Konrad Adenauer: Rede des ersten Vorsitzenden der Christlich-Demokratischen Union für die britische Zone Oberbürgermeister a. D. Konrad Adenauer in der Aula der Kölner Universität am 24. 3. 1946. Zitiert nach Ernst-Ulrich Huster (Hg.): Determinanten der westdeutschen Restauration 1945–1949. Frankfurt/Main 1973, S. 394ff

---

●●

Die Übertragung dieser Argumentation auf die Wirtschafts- und Sozialpolitik der CDU mußte notwendigerweise auf das Modell einer mittelständischen Wirtschaftsordnung hinauslaufen. Im Ahlener Wirtschaftsprogramm der CDU erfolgte denn auch gleichzeitig eine Verurteilung des Kapitalismus und des Sozialismus, denn als solchen interpretierte man faktisch den Faschismus:

●●

Ahlener Wirtschaftsprogramm der CDU für Nordrhein-Westfalen vom 3. Februar 1947

Das Verhältnis zwischen der deutschen industriellen Wirtschaft und dem Staate, der Gesamtheit des Volkes und dem einzelnen Arbeitnehmer zeigte in vieler Hinsicht schwere Mängel. Es darf auch hier nicht verkannt werden, daß in Deutschland, ehe es 1933 zum getarnten Staatssozialismus überging, erhebliche Teile der industriellen Wirtschaft in Gemeinbesitz waren [. . .]

Die Zeit vor 1933 hat große Zusammenballungen industrieller Unternehmungen gebracht. Diese bekamen dadurch einen monopolartigen Charakter. Sie wurden für die Öffentlichkeit undurchsichtig und unkontrollierbar.

[. . .]

Während der Jahre 1933 bis 1945 waren auch die größeren industriellen Unternehmungen der Sache nach, wenn auch nicht dem Namen nach, Staatsbetriebe.

II. Die neue Struktur der deutschen industriellen Wirtschaft

Die neue Struktur der deutschen Wirtschaft muß davon ausgehen, daß die Zeit der unumschränkten Herrschaft des privaten Kapitalismus vorbei ist. Es muß aber ebenso vermieden werden, daß der private Kapitalismus durch den

Staatskapitalismus ersetzt wird, der noch gefährlicher für die politische und wirtschaftliche Freiheit des einzelnen sein würde.

Günter Olzog/Arthur Herzig: Die politischen Parteien in der Bundesrepublik Deutschland. 7. Auflage, München 1972, S. 140

●●

Die christlich-konservativen Parteien sahen also eine mögliche Gefährdung von Wirtschaft und Gesellschaft nicht vornehmlich in neuen Konzentrationstendenzen der Industrie, sondern vor allem in der Ausweitung des staatlichen Sektors durch Sozialisierung und Enteignung. Die argumentative und ideologische Abwehr gegen die sozialdemokratischen Versuche zur Realisierung der sozialistischen Theorie erfolgte durch die Gleichsetzung von Faschismus und Sozialismus in der Totalitarismustheorie. Dieser Analyse schlossen sich die Liberalen weitgehend an.

●●

Gründungsaufruf der Liberalen von 1945

Die Erhaltung einer einheitlichen deutschen Volkswirtschaft, des Privateigentums und der freien Wirtschaft ist die Voraussetzung für die Initiative und erfolgreiche wirtschaftliche Betätigung. Die Unterstellung von Unternehmungen unter öffentliche Kontrolle ist nur gerechtfertigt, wenn die betreffenden Betriebe hierfür geeignet und reif sind und wenn ein überwiegendes Interesse des Gesamtwohls dies gebietet.

Ossip K. Flechtheim: Dokumente zur parteipolitischen Entwicklung, Bd. II, Berlin 1963–66, S. 269ff

---

●●

Ergebnis dieser Diskussion und Aufarbeitung der unmittelbaren Vergangenheit waren die Düsseldorfer Leitsätze der CDU, die den Versuch unternahmen, eine inhaltliche Beschreibung dessen zu leisten, was unter dem Schlagwort der «sozialen Marktwirtschaft» als dritter Weg zwischen Kapitalismus und Sozialismus realisiert werden sollte.

●●

Düsseldorfer Leitsätze der CDU vom 15. Juli 1949

Was versteht die CDU unter sozialer Marktwirtschaft?

Die «soziale Marktwirtschaft» ist die sozial gebundene Verfassung der gewerblichen Wirtschaft, in der die Leistung freier und tüchtiger Menschen in eine Ordnung gebracht wird, die ein Höchstmaß von wirtschaftlichem Nutzen und sozialer Gerechtigkeit für alle erbringt. Diese Ordnung wird geschaffen durch Freiheit und Bindung, die in der «sozialen Marktwirtschaft» durch echten Leistungswettbewerb und unabhängige Monopolkontrolle zum Ausdruck kommen. Echter Leistungswettbewerb liegt vor, wenn durch eine Wettbewerbsordnung sichergestellt ist, daß bei gleichen Chancen und fairen Wettkampfbedingungen in freier Konkurrenz die bessere Leistung belohnt wird. Das Zusammenwirken aller Beteiligten wird durch marktgerechte Preise gesteuert.

Marktgerechte Preise sind Motor und Steuerungsmittel der Marktwirtschaft. Marktgerechte Preise entstehen, indem Kaufkraft und angebotene Gütermenge auf den Märkten zum Ausgleich gebracht werden. Wichtigste Vorbedingung, um diesen Ausgleich herbeizuführen, ist ein geordnetes Geldwesen.

In einer solchen Wirtschaftsordnung ist jeder Betrieb und jeder Haushalt im Rahmen der für alle gleichen Gesetze an Stelle einer lenkenden Behörde Herr seiner wirtschaftlichen Entschlüsse. Die einzelnen Betriebe planen in eigener Verantwortung, was sie erzeugen, und bieten ihre Erzeugnisse dem Markt an. Auf dem Markt findet ein Wettkampf der Erzeuger um die Gunst der Verbraucher statt. Wenn die Erzeuger richtig geplant haben, bezahlen die Verbraucher gute Preise, wenn sie falsch planen, werden die Erzeugnisse von den Verbrauchern abgelehnt oder nur zu niedrigeren Preisen abgenommen. Im ersteren Falle werden die Erzeuger durch Gewinn belohnt und zu größerer Produktion angeregt, im letzteren Falle werden sie durch Verlust gestraft und zur Umstellung auf eine andere, dem Verbraucher genehmere Produktion angehalten. Auf diese Weise bestimmen die Verbraucher mittelbar, was produziert werden soll, und können gleichzeitig frei über ihr Einkommen verfügen.

Die «soziale Marktwirtschaft» steht im scharfen Gegensatz zum System der Planwirtschaft, die wir ablehnen, ganz gleich, ob in ihr die Lenkungsstellen zentral oder dezentral, staatlich oder selbstverwaltungsmäßig organisiert sind.

[. . .]

Die «soziale Marktwirtschaft» steht auch im Gegensatz zur sogenannten «freien Wirtschaft» liberalistischer Prägung. Um einen Rückfall in die «freie Wirtschaft» zu vermeiden, ist zur Sicherung des Leistungswettbewerbs die unabhängige Monopolkontrolle nötig. Denn sowenig der Staat oder halböffentliche Stellen die gewerbliche Wirtschaft und einzelne Märkte lenken sollen, sowenig dürfen Privatpersonen und private Verbände derartige Lenkungsaufgaben übernehmen. [. . .]

Weil wir die unsozialen Auswüchse einer solchen «freien» Wirtschaft vermeiden wollen, weil wir in ihr eine verfälschte Marktwirtschaft sehen, fordern wir neben dem Leistungswettbewerb die Monopolkontrolle. Erst eine wirksame Monopolkontrolle verhindert, daß Privatpersonen und private Verbände Lenkungsaufgaben in der Wirtschaft übernehmen können. Erst die Monopolkontrolle führt dazu, daß der Verbraucher mittelbar Art und Umfang der Produktion bestimmt und damit zum Herrn der Wirtschaft wird.

Ossip K. Flechtheim: Dokumente zur parteipolitischen Entwicklung. Band II. Berlin 1963–66, S. 59

●●

Im Unterschied zu den Liberalen und Konservativen orientierten sich die Vertreter der Sozialdemokraten und Antifaschisten vor allem an den Ursachen und Folgen der Wirtschaftskrise von 1929. Zugleich versuchte man sich allerdings von dem sowjetischen Modell der Planwirtschaft und von der Kommunistischen Partei abzugrenzen, was zu dem Sprachgebrauch vom «freiheitlichen Sozialismus» führte. Dessen Zielsetzung läßt sich in zwei Punkten zusammenfassen:

1. Ablösung privater Macht durch demokratisch legitimierte Entscheidungsträger, das hieß: Wirtschaftsdemokratie durch Sozialisierung.
2. Sicherung der wirtschaftlichen Stabilität der Volkswirtschaft durch gesellschaftliche Planung der wichtigsten Bereiche (Grundstoffindustrie usw.) bei gleichzeitiger Beibehaltung der privaten Initiative.

Dieses Konzept, das unter anderem auch als sozialistische Marktwirtschaft bezeichnet wurde, ging von der Auffassung aus, daß in einer Situation, in der ein Großteil der Bevölkerung fast alles verloren hatte, der Wiederaufbau nicht nach den Prinzipien einer kapitalistischen Wirtschaft erfolgen dürfe.

●●

Kurt Schumacher: Aufruf, Sommer 1945

Auf der Tagesordnung steht heute als der entscheidende Punkt die Abschaffung der kapitalistischen Ausbeutung und die Überführung der Produktionsmittel aus der Hand der großen Besitzenden in gesellschaftliches Eigentum, die Lenkung der gesamten Wirtschaft nicht nach privaten Profitinteressen, sondern nach den Grundsätzen volkswirtschaftlich notwendiger Planung. Das Durcheinander kapitalistischer Unternehmerwirtschaft, deren Träger keine größere Sorge kennen als die, morgen noch mehr Geld zu verdienen als heute, kann nicht ertragen werden. Deutschland ist zu arm, um sich den Luxus einer planlosen Gütererzeugung oder der Sondergewinne für den Monopolkapitalismus leisten zu können. Die Entprivatisierung der

Produktionsmittel des Großbesitzes und ihre Überführung in das Eigentum der Allgemeinheit ist nicht nur ein wirtschaftliches Problem, sondern eine entscheidende politische Frage. Das Monopolkapital hat Hitler zur Macht verholfen, und in seinem Auftrag hat es den großen Raubkrieg gegen Europa vorbereitet und geführt.

Solange es in Deutschland möglich ist, daß sich große Vermögen in der Hand verantwortungsloser Privater sammeln können, ist die Demokratie nicht gesichert. Die ungeheure Wirtschaftskraft der Konzerne muß in die Hände der Allgemeinheit gelegt werden. Sonst wirkt sie sich als politische Macht gegen den neuen Staat aus . . . Die Demokratie ist erst in einem sozialistischen Deutschland gesichert.

Arno Scholz/Walter Oschilewski: Turmwächter der Demokratie. Band 2. Berlin 1954, S. 37

Politische Leitsätze der SPD vom Mai 1946

Die Sozialisierung hat zu beginnen bei den Bodenschätzen und den Grundstoffindustrien. Alle Betriebe des Bergbaus, der Eisen- und Stahlerzeugung und -bearbeitung bis zum Halbzeug, der größte Teil der chemischen Industrie und die synthetischen Industrien, die Großbetriebe überhaupt, jede Form der Versorgungswirtschaft und alle Teile der verarbeitenden Industrie, die zur Großunternehmung drängen, sind in das Eigentum der Allgemeinheit zu überführen . . . Eine grundlegende Agrar- und Bodenreform ist unter Enteignung der Großgrundbesitzer sofort einzuleiten . . . Der Lastenausgleich zwischen den Besitzenden und den Nichtbesitzenden ist so vorzunehmen, daß ein soziales Niveau ohne Privilegierte und ohne Benachteiligte entsteht.

Ossip K. Flechtheim: Dokumente zur parteipolitischen Entwicklung. Band III. Berlin 1963–66, S. 18f

---

Letztlich ging es also bei der ganzen Debatte um Probleme der Eigentumsordnung und des Lenkungssystems der Volkswirtschaft. Die Schärfe des Grundsatzstreits wurde spätestens dann deutlich, als sich die Anhänger der Sozialisierungs- und Planungstheorie dem Totalitarismusvorwurf ausgesetzt sahen, als jetzt zu der Gleichsetzung mit dem Sowjetkommunismus noch die mit dem Faschismus hinzukam. Dabei waren gerade die Kommunisten bestrebt, durch Kompromißbereitschaft in ihren politischen Forderungen die bestehende traditionelle Ablehnung in der Bevölkerung zu überwinden. In ihrem Aufruf vom Juni 1945 forderte die KPD im Gegensatz zu den Sozialdemokraten nicht die Realisierung des Sozialismus, sondern den Aufbau einer parlamentarisch-demokratischen Republik.

●●

Aufruf der Kommunistischen Partei Deutschlands vom 11. Juni 1945

... Nicht nur der Schutt der zerstörten Städte, auch der reaktionäre Schutt aus der Vergangenheit muß gründlich hinweggeräumt werden. Möge der Neubau Deutschlands auf solider Grundlage erfolgen, damit eine dritte Wiederholung der imperialistischen Katastrophenpolitik unmöglich wird!

Mit der Vernichtung des Hitlerismus gilt es gleichzeitig, die Sache der Demokratisierung Deutschlands, die Sache der bürgerlich-demokratischen Umbildung, die 1848 begonnen wurde, zu Ende zu führen, die feudalen Überreste völlig zu beseitigen und den reaktionären altpreußischen Militarismus mit allen seinen ökonomischen und politischen Ablegern zu vernichten.

Wir sind der Auffassung, daß der Weg, Deutschland das Sowjetsystem aufzuzwingen, falsch wäre, denn dieser Weg entspricht nicht den gegenwärtigen Entwicklungsbedingungen in Deutschland.

Wir sind vielmehr der Auffassung, daß die entscheidenden Interessen des deutschen Volkes in der gegenwärtigen Lage für Deutschland einen anderen Weg vorschreiben, und zwar den Weg der Aufrichtung eines antifaschistischen, demokratischen Regimes, einer parlamentarisch-demokratischen Republik mit allen demokratischen Rechten und Freiheiten für das Volk ...

Die unmittelbarsten und dringendsten Aufgaben auf diesem Wege sind gegenwärtig vor allem:

1. Vollständige Liquidierung der Überreste des Hitlerregimes und der Hitlerpartei.

2. Kampf gegen Hunger, Arbeitslosigkeit und Obdachlosigkeit. Allseitige aktive Unterstützung der Selbstverwaltungsorgane in ihrem Bestreben, rasch ein normales Leben zu sichern und die Erzeugung wieder in Gang zu bringen. Völlig ungehinderte Entfaltung des freien Handels und der privaten Unternehmerinitiative auf der Grundlage des Privateigentums.

Ernst Deuerlein (Hg.): DDR. Geschichte und Bestandsaufnahme. dtv Dokumente. 2. Auflage. München 1966, S. 48

●●

Sozialdemokratische und kommunistische Arbeitnehmer versuchten sich in eigenen politischen Aktionsformen, freien Gewerkschaften oder antifaschistischen Widerstandsgruppen spontan zu artikulieren. Diese «Volkskomitees», «Wiederaufbau-Ausschüsse», «Antifaschistische Komitees» oder einfach «Antifa-Komitees» nahmen bei Kriegsende wichtige Funktionen wahr, die zuvor von der nationalsozialistischen Verwaltung ausgeübt worden waren und mit dem Einmarsch der Siegermächte zusammenbrachen. Zum Teil gingen diese Organisationen aus oppositionellen Gruppen hervor, die die Verfolgungen der Nazi-Zeit überstanden hatten, zum Teil schlossen sich ihnen auch Leute an, die der Meinung waren, daß man jetzt aktiv für eine politische Neuordnung eintreten müßte. Initiiert und ideologisch bestimmt wurden sie in den meisten Fällen von Angehörigen oder Funktionären der SPD oder KPD, darüber hinaus gehörten ihnen aber auch viele Personen des aktiven und antifaschistischen Bürgertums an. Die örtlichen Schwerpunkte ihrer Tätigkeit lagen in den Großstädten und industriellen Ballungszentren, wo sie in Zusammenarbeit mit den Militärbehörden die dringendsten Probleme der unmittelbaren Nachkriegszeit zu lösen versuchten und vor allem eine konsequente antifaschistische politische Neuorientierung forderten. In diesem Sinne waren sie Basisorganisationen aktiver Bürger, die ohne zentrale Leitung und in freier Selbstverwaltung auf die Politik Einfluß zu nehmen versuchten. In Zielsetzung und Organisationsform wäre hier wohl ein Ansatz für eine eigene deutsche politische Alternative gewesen, wenn das nicht gegen die Vorstellungen der Besatzungsmächte und der traditionellen Parteipolitiker verstoßen hätte.

So aber mußte der Versuch, auf der Basis spontaner Selbstverwaltungsorgane eine politische Alternative zu Faschismus und Kapitalismus zu entwikkeln, langfristig im Spannungsfeld traditioneller Machtstrukturen und Ansprüchen der Siegermächte scheitern. Den Antifa-Ausschüssen verblieb nur die kurze Zeitspanne zwischen dem Zusammenbruch der NS-Verwaltung und dem Beginn der Restauration, um in Ansätzen eine politische Einheitsfront aus allen Gegnern des Nationalsozialismus zu realisieren. So gelang es etwa in Hamburg ehemaligen SPD- und KPD-Mitgliedern schon wenige Tage nach dem Einmarsch der britischen Besatzungstruppen, von der Militärregierung die Erlaubnis zum Aufbau einer Sozialistischen Freien Gewerkschaft (SFG) zu erhalten. Sie war als eine gewerkschaftliche Einheitsorganisation konzipiert, in der die Trennung von politischem und ökonomischem Kampf aufgehoben werden sollte.

●●

Programm der Sozialistischen Freien Gewerkschaften

a. *Wirtschaft:* Vollbeschäftigung, Verstaatlichung der wirtschaftlichen Schlüsselstellungen, Überführung des Großgrundbesitzes und Baulandes in öffentliches Eigentum, Organisierung des Wohnungsbaues, Leitung des Arbeitsamtes durch die Gewerkschaften, Staatskontrolle des Außenhandels, Förderung des Genossenschaftswesens.

b). *Politik:* Ausrottung der Nazis, ihrer Ideologie und des Militarismus, Absetzung und Bestrafung aller Richter und Staatsanwälte, die Terrorurteile gefällt haben, Bestrafung aller Kriegsschuldigen und Kriegsverbrecher,

Bestrafung aller Generäle, die nach dem 20. Juli 44 den aussichtslosen Krieg fortgesetzt haben, Aufbau einer volksnahen Rechtspflege, Kontrolle der Sportorganisationen durch die Gewerkschaft, Staatliche Anerkennung der SFG, Friedenspolitik, Erziehung der Jugend zu den Idealen der Völkerverständigung, Menschenwürde und persönlicher Freiheit.

Albrecht Kaden: Einheit oder Freiheit: Hannover 1964, S. 54f

●●

Mit dem Beginn der politischen Reorganisation von Parteien und Gewerkschaften verloren die Antifa-Ausschüsse endgültig ihre Existenzgrundlage. Ohne langfristiges eigenes Programm und ausgebaute Organisation, behindert von Besatzungsmächten und bürgerlichen Verwaltungsbehörden, lösten sie sich entweder selber auf, wurden verboten oder zerfielen. Ein Teil wurde zum bloßen Anhängsel örtlicher Behörden, die politisch aktiven Kräfte schlossen sich wieder ihren traditionellen Verbänden und Parteien an. Das Modell einer Überwindung des Faschimus war mangels Masse und der fehlenden Unterstützung durch die Besatzungsmächte gescheitert.

Nach der Auflösung oder Integration der Antifa-Ausschüsse verblieb neben den Parteien noch die Gewerkschaftsorganisation als politisch mitbestimmende Kraft. Die Vorstellungen der Gewerkschaften nach 1945 lehnten sich eng an das in der Weimarer Republik entwickelte Konzept der «Wirtschaftsdemokratie» an, das heißt der Überwindung des Kapitalismus durch die evolutionäre Ausweitung der Mitbestimmung in den Betrieben. Die Mitbestimmung der Gewerkschaften und Arbeitnehmer sollte sich auf drei Ebenen erstrecken:

1. Mitwirkung der Gewerkschaften an der staatlichen Planung der Wirtschaft;
2. Mitwirkung in den Selbstverwaltungskörperschaften wie Industrie- und Handelskammern und ähnlichen Wirtschaftsspitzenkörperschaften;
3. auf betrieblicher Ebene: Beteiligung von Gewerkschaften und Betriebsvertretern «an der Leitung größerer Betriebe».

Die Schlüsselindustrien (Bergbau, Schwerindustrie, Großchemie) und die Großbanken sollten in öffentliches Eigentum überführt werden, um sie «der Willkürherrschaft der Privatmonopole zu entziehen». Die Realisierung dieses Konzepts war aber vornehmlich von der Zustimmung der Besatzungsmächte abhängig, die entweder zögerten oder es sogar durch direkte Eingriffe verhinderten, daß durch die Gewerkschaften eine Veränderung der Eigentumsverhältnisse durchgesetzt wurde. So verblieben die Vorstellungen der Arbeitnehmerorganisationen vornehmlich Programmpunkte eines langfristigen Konzepts.

●●

Wirtschaftspolitische Grundsatzforderungen des DGB von 1949

I. Eine Wirtschaftspolitik, die unter Wahrung der Würde freier Menschen die volle Beschäftigung aller Arbeitswilligen, den zweckmäßigsten Einsatz aller volkswirtschaftlichen Produktivkräfte und die Deckung des volkswirtschaftlich wichtigen Bedarfs sichert.

II. Mitbestimmung der organisierten Arbeitnehmer in allen personellen, wirtschaftlichen und sozialen Fragen der Wirtschaftsführung und Wirtschaftsgestaltung.

III. Überführung der Schlüsselindustrien in Gemeineigentum, insbesondere des Bergbaues, der Eisen- und Stahlindustrie, der Großchemie, der Energiewirtschaft, der wichtigen Verkehrseinrichtungen und Kreditinstitute.

IV. Soziale Gerechtigkeit durch angemessene Beteiligung aller Werktätigen am volkswirtschaftlichen Gesamtertrag und Gewährung eines ausreichenden Lebensunterhaltes für die infolge Alter, Invalidität oder Krankheit nicht Arbeitsfähigen.

Eine solche wirtschaftspolitische Willensbildung und Wirtschaftsführung verlangt eine zentrale volkswirtschaftliche Planung, damit nicht private Selbstsucht über die Notwendigkeiten der Gesamtwirtschaft triumphiert.

Volkswirtschaftliche Planung hat nichts gemein mit der Zwangswirtschaft der vergangenen Jahre. Die kriegswirtschaftliche Zielsetzung verhinderte nach dem Motto «Kanonen statt Butter» die Erzeugung wichtigster Konsumgüter und führte durch die Bevorzugung der unproduktiven Rüstungspolitik trotz Anspannung aller Kapazitäten zwangsläufig zur Bewirtschaftung aller knappen Wirtschaftsgüter. Die nach dem Kriege verbliebene Zwangswirtschaft vermochte an diesem Notstand zunächst nichts zu ändern, da alle produktiven Kräfte erschöpft, die staatlichen Zusammenhänge zerrissen waren und die deutsche Währung vernichtet war.

Die Zwangswirtschaft der vergangenen Jahre war nicht mehr als eine Notstandsmaßnahme zur Verteilung lebenswichtiger Güter, die zur Vollversorgung nicht ausreichten und ohne Zwangsbewirtschaftung zum Untergang der nicht zahlungsfähigen Bevölkerung geführt hätten. Wo der Gütermangel behoben ist, verlieren Bezugscheine und Rationierungskarten für Konsumgüter ihren Sinn.

Die ausreichende Güterversorgung wird um so schneller herbeigeführt und dauernd gespeichert, je besser durch volkswirtschaftliche Planung die Ausnutzung aller produktiven Kräfte erreicht wird.

Volkswirtschaftliche Planung steht aber auch im Gegensatz zu der chaotischen Marktwirtschaft, die in Deutschland seit der Währungsreform herrscht und zu ungeheurer Kapitalverschwendung durch Fehlinvestitionen und Erzeugung von Luxusgütern, zur Ausbeutung der Verbraucher durch ungerechtfertigt hohe Preise, zu Kurzarbeit und Arbeitslosigkeit und sozialer Unsicherheit sowie zu einem weitgehenden Verfall der Wirtschaftseinheit geführt hat. Derartige wirtschaftliche Zustände sind nicht unabwendbares Schicksal, sondern Folgen einer fehlerhaften Wirtschaftsordnung und einer falschen Wirtschaftsführung.

Als die Wirtschaftswissenchaft die Gesetze der freien Marktwirtschaft niederschrieb, rechnete sie nicht mit der immer stärkeren Entwicklung jener Großunternehmungen, Trusts, Konzerne und Kartelle, die die Gesetze der freien Marktwirtschaft aufhoben. Heute ist die Marktwirtschaft weder frei noch sozial. Heute verhindert sie die freie Entfaltung, sie verschärft die ohnehin schon großen Gegensätze zwischen reich und arm. Sie ist unsozial und durch ihre Planlosigkeit unfähig, den schwierigen Aufgaben des Wiederaufbaues in Deutschland gerecht zu werden.

Volkswirtschaftliche Planung ist durchaus vereinbar mit den Grundrechten der menschlichen Freiheit. Die für die Mehrzahl der Menschen wichtigste Freiheit, die von Not und der Furcht vor Not, wird durch sie erst erreicht werden. Volkswirtschaftliche Planung und die freie Konsumwahl, das Recht auf den Wechsel des Arbeitsplatzes und die Freiheit der Berufswahl sind keine Gegensätze. Der privaten Initiative und dem Leistungswettbewerb der Betriebsleitungen verbleibt im Rahmen der Lenkungsmaßnahmen ein weiterer Spielraum.

Die Gewerkschaften fordern, daß der Auflösung des deutschen Wirtschaftslebens mit allen zur Verfügung stehenden Kräften entgegengearbeitet wird. Nur eine einheitlich geplante deutsche Wirtschaftspolitik kann den Wiederaufbau und die Existenzsicherung des schaffenden Volkes gewährleisten.

E. Schmidt: Ordnungsfaktor oder Gegenmacht. Die politische Rolle der Gewerkschaften. Frankfurt/Main 1971, S. 388ff. Dort zitiert: Protokoll der 2. Gewerkschaftstagung der IG-Metall. Stuttgart 1952

●●

Arbeitsvorschläge

1. In der Formulierung politischer Ziele der Nachkriegszeit ging es im wesentlichen um die Analyse von Wirtschaftskrise und Faschismus sowie die daraus zu ziehenden Folgerungen. Dabei kam es zu sehr unterschiedlichen Erklärungsversuchen des Nationalsozialismus. Welche Folgen hatte das für die zukünftige Gestaltung der Politik in Deutschland?

2. Die Faschismusdiskussion der Nachkriegszeit erlebt heute im Zeichen der Krise und des internationalen Terrorismus eine Neuauflage. Informieren Sie sich über den Stand und Stellenwert der Diskussion. Scheint Ihnen der häufig vom Ausland und im Ostblock geäußerte Vorwurf gegenüber der Bundesrepublik, sie ignoriere neofaschistische Tendenzen, berechtigt?
3. Welche Parteienstrukturen und politische Gruppierungen beherrschten nach der Niederlage von 1945 die Szene in Deutschland? Was war an Inhalt und Struktur der beabsichtigen Neuordnung traditionell und was neuartig?
4. In der inhaltlichen Auseinandersetzung um die Sozial- und Wirtschaftsordnung formulierten die bürgerlichen Parteien gegenüber den Vertretern sozialistischen Gedankenguts die These vom «Totalitarismus». Welche Zielsetzung stand hinter dieser Theorie, und welche Folgen mußte sie für die innenpolitische Auseinandersetzung haben? Vergleichen Sie die Materialien der heutigen Wahlkämpfe mit der damaligen Auseinandersetzung: Wo liegen Ähnlichkeiten und Unterschiede?
5. In der ersten Nachkriegsphase gab es an einigen Orten den spontanen Versuch, aus eigener Kraft zu einer Neuordnung in Deutschland zu gelangen. Welche Ziele verfolgten diese Gruppen, und warum blieb ihre Tätigkeit zeitlich eng begrenzt und letztlich erfolglos?

IX. Die Amerikanisierung der Westzonen

Insgesamt wurde der Verlauf der innerdeutschen Diskussion um die Neugestaltung von Wirtschaft und Gesellschaft nach Kriegsende nicht durch die Parteien oder die Wähler bestimmt, sondern durch die Siegermächte.

Die Politik der Alliierten gegenüber dem in Besatzungszonen aufgeteilten Deutschland war durch folgende Faktoren beeinflußt:

1. Die eigene wirtschaftliche und innenpolitische Situation.
2. Die Kriegsverluste und die daraus von Deutschland geforderte materielle und finanzielle Wiedergutmachung.
3. Die Interpretation des Faschismus, seiner Ursachen und Folgen.
4. Das Verhältnis der Siegermächte unter- und gegeneinander.

Solange der Krieg gedauert hatte, war die ungleiche Koalition der Verbündeten durch den gemeinsamen Gegner Deutschland zusammengehalten worden. Sofort nach dem Sieg traten aber die alten Gegensätze wieder auf. Praktisch waren alle am Krieg beteiligten europäischen Staaten wirtschaftlich so geschwächt, daß sie ihren Lebensstandard kaum halten konnten.

Lediglich die Amerikaner standen mit Vollbeschäftigung, hohem Produktionsvolumen und fester Währung, gesichert durch den größten jemals in einem Land angehäuften Goldschatz, stabiler als vor dem Krieg da. Allein ihr ökonomisches Gewicht sicherte ihnen eindeutig die Führungsposition gegenüber England und Frankreich, die auf die wirtschaftliche Unterstützung durch die USA angewiesen waren. Während vor allem die Haltung Frankreichs, wie schon nach dem Ersten Weltkrieg, durch die Forderung nach materieller Wiedergutmachung und Zerstückelung Deutschlands gekennzeichnet war, beschränkte sich England auf ein durch innenpolitische Spannungen hervorgerufenes Taktieren zwischen halbherziger Unterstützung der deutschen Sozialisierungsversuche und Demontagen. Die Außenpolitik der USA war bald durch Mißtrauen gegenüber dem ehemaligen Verbündeten Sowjetunion und Furcht vor der kommunistischen Expansion gekennzeichnet, während die Deutschlandpolitik durch widersprüchliche Ziele bestimmt war. Einerseits sah man im Faschismus ein Phänomen des deutschen Untertanengeists und der militärischen Gesinnung, dem man mit Umerziehung und Vernichtung der wirtschaftlichen Basis beikommen wollte (Morgenthau-Plan), andererseits bot sich das Land nach Ausschaltung der wirtschaftlichen Konkurrenz als ökonomischer Partner und politischer Verbündeter gegen die Sowjetunion an. Grundlage aller Differenzen zwischen den USA und der SU war die systemnotwendige unterschiedliche Interpretation des Faschismus und seiner Ursachen. Während die Sowjetunion den Nationalsozialismus aus den materiellen Bedingungen des Kapitalismus ableitete und daher auf eine grundsätzliche Veränderung der Wirtschaftsordnung drängte, interpretierten die USA den Faschismus als personelles und geschichtliches Problem der deutschen Staatsordnung.

●●

Walter Lippmann über die Bedeutung gemeinsamer Erklärungen der Westmächte und der Sowjetunion (1944)

Die Ursachen zukünftiger Störungen liegen in der Schwierigkeit, wie man sich über dasjenige einigen soll, was notwendig ist, um den Faschismus zu zerstören. Maßnahmen, die der Sowjetunion notwendig erscheinen, um den Faschismus zu zerstören, mögen anderswo als Maßnahmen gedeutet werden, die den Kommunismus begünstigen; Maßnahmen, die nicht-sowjetische Staaten als eine angebrachte Verteidigung gegen den Kommunismus betrachten, mögen in Rußland als Unterstützung des Faschismus angesehen weden ... Im Lebensinteresse sowohl des russischen Volkes als auch in unserem eigenen müssen wir diesen Teufelskreis durchbrechen. Sonst ist es möglich, daß die Russen, indem sie den Faschismus (wie sie ihn definieren) bekämpfen – und die Abendländer, indem sie den Kommunismus (wie sie ihn definieren) bekämpfen – als Todfeinde in einem Weltkrieg enden.

Walter Lippmann: U. S. War Aims. Englische Ausgabe. London, Juli 1944, S. 58

●●

Auf dieser Grundlage betrieben die Amerikaner in der ersten Phase ihrer Besatzungszeit eine Politik der kollektiven Vergeltung und Schwächung des besiegten Deutschlands. Alle Deutschen wurden für den Krieg und seine Folgen verantwortlich gemacht. Erst nach einer generellen Umerziehung und Entnazifizierung sowie der Vernichtung eines Teils des als bedrohlich geltenden Wirtschaftspotentials sollte sich dieser Phase eine Politik des konstruktiven Aufbaus anschließen.

●●

Ziele der Militärregierung: Direktive JCS 1067 vom 26. April 1945

2. Die Grundlage der Militärregierung:

a) Die Rechte, die Machtbefugnisse und die Rechtsstellung der Militärregierung in Deutschland gründen sich auf der bedingungslosen Übergabe oder der vollständigen Niederlage Deutschlands.

4. Grundlegende Ziele der Militärregierung in Deutschland:

a) Es muß den Deutschen klargemacht werden, daß Deutschlands rücksichtslose Kriegführung und der fanatische Widerstand der Nazis die deutsche Wirtschaft zerstört und Chaos und Leiden unvermeidlich gemacht haben und daß sie nicht der Verantwortung für das entgehen können, was sie selbst auf sich geladen haben.

b) Deutschland wird nicht besetzt zum Zwecke seiner Befreiung, sondern als ein besiegter Feindstaat. Ihr Ziel ist nicht die Unterdrückung, sondern die Besetzung Deutschlands, um gewisse wichtige alliierte Absichten zu verwirklichen. Bei der Durchführung der Besetzung und Verwaltung müssen Sie gerecht, aber fest und unnahbar sein. Die Verbrüderung mit deutschen Beamten und der Bevölkerung werden Sie streng unterbinden.

c) Das Hauptziel der Alliierten ist es, Deutschland daran zu hindern, je wieder eine Bedrohung des Weltfriedens zu werden ...

5. Wirtschaftskontrollen:

... Sie [werden] sich von dem Grundsatz leiten lassen, daß der deutschen Wirtschaft in dem Maße Kontrollen auferlegt werden können, als erforderlich ist, ... um Hungersnot oder Krankheiten und Unruhen, die eine Gefährdung dieser Streitkräfte darstellen würden, vorzubeugen. Sie werden bei der Durchführung des Reparationsprogramms oder anderweitig nichts unternehmen, was geeignet wäre, die grundlegenden Lebensbedingungen in Deutschland oder in Ihrer Zone auf einem höheren Stand zu halten als in irgendeinem benachbarten Mitgliedstaat der Vereinten Nationen.

Peter Hüttenberger: Die Entstehung der Bundesrepublik Deutschland. Informationen zur politischen Bildung Nr. 157. Bonn 1974, S. 3

●●

Entsprechend dieser Zielsetzung beschränkten sich die Amerikaner in Deutschland vorläufig auf eine Politik der Bestrafung und Demontagen, während sie den Wiederaufbau politischer Organisationen und Verbände mehr behinderten als förderten. Eine aktive Mitwirkung von Deutschen, aus welcher politischen Richtung auch immer, war in diesem Konzept nicht vorgesehen.

Die zunehmenden Spannungen zur Sowjetunion ließen aber schließlich das Pendel für eine positive Deutschlandpolitik im Sinne des potentiellen Bündnispartners eher als erwartet umschlagen. Gefördert wurden jetzt, ungeachtet der vorherigen Maßnahmen, jene politischen Kräfte und Gruppen, die am ehesten im Sinne der Vereinigten Staaten in Deutschland einen leistungsfähigen Wirtschafts- und Verwaltungsapparat aufbauen konnten. Auf diese Weise wurden auch schließlich die systematisch durchgeführten Entnazifizierungsverfahren immer mehr zu einer Farce, die vor allem die kleinen Mitläufer traf, während die Fachleute und Spezialisten auf Grund ihrer Qualifikation häufig unbeschadet die Verfahren übestanden. Insgesamt wurden in einer gigantischen Aktion in den drei Westzonen mehr als 12 Millionen Fragebogen ausgegeben und 6 Millionen Fälle erörtert. Da man zu Beginn der Verfahren vornehmlich die leichten Fälle behandelt hatte, um später für die Untersuchung der Hauptverantwortlichen mehr Zeit zu haben, ergab sich im Endeffekt eine Bestrafung der Mitläufer und die Entlastung der Schuldigen. Die Millionenschar der kleinen Parteigenossen bekam zu Beginn der Verfahren die ganze Härte der amerikanischen Strafpolitik zu verspüren, während einige Jahre später die schweren Fälle von der lautlosen Einstellung der Kampagne im Zeichen des kalten Krieges profitierten. Diese Erfahrung ließ viele Deutsche an der Gerechtigkeit der Besatzungspolitik zweifeln und bestärkte die Mehrzahl der Bevölkerung in ihrer Ablehnung jeglichen politischen Engagements.

●●

Wirkung der Entnazifizierung

Der vom Office of Military Government for Germany (US) (OMGUS) herausgegebene «Bericht über die Auswirkung des Entnazifizierungs- und Entmilitarisierungsgesetzes bei Behörden und in Privatunternehmen» vom September 1947 ergab, daß der Anteil der auf Grund politischer Vorbelastung Entlassenen . . . bei Behörden selbst in den höheren Beamtenrängen kaum über 0,5% und im Durchschnitt bei 0,24% lag. Auf Privatbetriebe wirkte sich die Entnazifizierung noch weniger aus: Der Anteil der aus politischen Gründen Entlassenen war hier mit 0,32% bei den Eigentümern am höchsten und pendelte sich – nach der Einkommenshöhe gestaffelt – auf einen Durchschnitt von 0,04% ein. Der Bericht stufte die wirtschaftlichen Entnazifizierungsfolgen daher unverhüllt als ‹quantité negligeable› ein und schloß mit der Erkenntnis, daß der Entnazifizierungsprozeß den wirtschaftlichen Wiederaufstieg in der US-Zone nicht hinauszögert.

Werner Abelshauser: Wirtschaft in Westdeutschland 1945–1949. Schriften der Vierteljahreshefte für Zeitgeschichte, Nr. 30. Stuttgart 1975, S. 99

●●

Kontinuierlicher in Theorie und Praxis war dagegen die amerikanische Wirtschaftspolitik. In der ersten Phase zielte sie auf eine Schwächung und Minderung des deutschen Industriepotentials, in der zweiten Phase begünstigte sie die Wiederherstellung der liberalen Wirtschaftsordnung, weil allein dieses System ihrer Ansicht nach Effizienz und Bündnisfähigkeit des neuen Partners garantierte. Diese Politik stützte sich einerseits auf die Bestimmungen des Potsdamer Abkommens und andererseits auf die Interpretation des deutschen Faschismus als extreme Zusammenballung staatlicher und wirtschaftlicher Macht mit militärischer Zielsetzung.

●●

Wirtschaftliche Grundsätze des Potsdamer Abkommens von 1945

11. Mit dem Ziel der Vernichtung des deutschen Kriegspotentials ist die Produktion von Waffen, Kriegsausrüstung und Kriegsmitteln, ebenso die Herstellung aller Typen von Flugzeugen und Seeschiffen zu verbieten und zu unterbinden. Die Herstellung von Metallen und Chemikalien, der Maschinenbau und die Herstellung anderer Gegenstände, die unmittelbar für die Kriegswirtschaft notwendig sind, ist streng zu überwachen und zu beschränken, entsprechend dem genehmigten Stand der friedlichen Nachkriegsbedürfnisse Deutschlands, um die in dem Punkt 15 angeführten Ziele zu befriedigen. Die Produktionskapazität, entbehrlich für die Industrie, welche erlaubt sein wird, ist entsprechend dem Reparationsplan, empfohlen durch die interalliierte Reparationskommission und bestätigt durch die beteiligten Regierungen, entweder zu entfernen oder, falls sie nicht entfernt werden kann, zu vernichten.

12. In praktisch kürzester Frist ist das deutsche Wirtschaftsleben zu dezentralisieren mit dem Ziel der Vernichtung der bestehenden übermäßigen Konzentration der Wirtschaftskraft, dargestellt insbesondere durch Kartelle, Syndikate, Trusts und andere Monopolvereinigungen.

13. Bei der Organisation des deutschen Wirtschaftslebens ist das Hauptgewicht auf die Entwicklung der Landwirtschaft und der Friedensindustrie für den inneren Bedarf (Verbrauch) zu legen.

Heinrich v. Siegler (Hg.): Dokumentation zur Deutschlandfrage. Hauptband I. Bonn/Zürich/Wien 1961, S. 36f

---

●●

Entsprechend der amerikanischen Faschismusanalyse mußte also das neue deutsche Staatswesen auf föderativer und liberaler Grundlage aufgebaut werden. Jede Zentralisierung in Form von Sozialisierung oder Betonung staatlicher Macht widersprach dem politischen Denken der US-Verantwortlichen. So verhielten sich zwar die Besatzungsoffiziere gegenüber den Zielen und Vorstellungen der deutschen Parteien und Gewerkschaften offiziell neutral, förderten aber indirekt das Konzept der bürgerlichen Gruppen, das mit seiner Betonung von Privatbesitz, Mittelstandsideologie und Marktwirtschaft ihrem Denken am nächsten kam.

●●

Delegation der American Federation of Labor (AFL) über Personalpolitik der Alliierten (1946)

Die offenkundige Abneigung der Alliierten, zuverlässigen deutschen Gewerkschaften, die an die Demokratie glauben, Regierungsposten anzuvertrauen, ist ein Faktor, der die politische Wiedergeburt Deutschlands verzögert.

Infolgedessen besteht ein steigendes Bedürfnis nach der Anerkennung des Mitbestimmungsrechtes der Gewerkschaften in Fragen der Produktion, der Verteilung und der wirtschaftlichen Stabilisierung. Obwohl sie militärisch völlig auf der Höhe und ihre Absichten völlig aufrichtig sind, scheinen die Beamten der amerikanischen Militärregierung abgeneigt zu sein, den Vertretern der werktätigen Klassen das Recht auf verantwortliche Mitarbeit zuzuerkennen und ziehen es statt dessen vor, die deutschen Zivilbehörden mit Vertretern des höheren Mittelstandes zu besetzen, die meistens Kaufleute sind und das Unternehmertum im Gegensatz zu den Lohnempfängern vertreten.

[. . .]

Bisher hat die Militärregierung der amerikanischen Zone fast den gesamten Einfluß in der Zivilverwaltung den traditionellen konservativen Gruppen überlassen, von denen nur wenige als Lohnempfänger bezeichnet werden können.

Internationale Freigewerkschaftliche Nachrichten, März 1947. Zitiert nach Dieter Schneider/Rudolf F. Kuda: Mitbestimmung – Weg zur industriellen Demokratie? München 1969, S. 179f

---

●●

Trotz des Widerstandes der Gewerkschaften und der Sozialdemokratischen Partei setzten die Amerikaner aber ihren Kurs fort. Je stärker die Spannung zwischen den USA und der Sowjetunion wurde, desto eindeutiger nahmen die USA durch ihre Politik Einfluß auf die restaurative Neuordnung der Wirtschaftsverhältnisse in Deutschland. Einzig die Dezentralisierung und Entflechtung wurde den Vertretern der Arbeitnehmer als Ersatz für ihre weitergehenden Forderungen angeboten. Alle anderen Maßnahmen lehnte der amerikanische Militärgouverneur mit dem Hinweis ab, daß derart weitreichende Änderungen nicht ohne die Zustimmung der zukünftigen deutschen Regierung entschieden werden können. Mit diesem Argument wurden auch die Verstaatlichungsgebote deutscher Länderverfassungen auf alliierte Weisung außer Kraft gesetzt.

●●

Der amerikanische Militärgouverneur Lucius D. Clay über Sozialisierung und US-Politik (1947)

Die gegenwärtigen Schwierigkeiten (in Deutschland) seien so groß, daß Experimente wie die Sozialisierung nicht vor einer Besserung der allgemeinen Lage vorgenommen werden sollten. Es wäre ein Fehler, wenn sich die Parteien jetzt mit politischen anstatt mit wirtschaftlichen Fragen beschäftigen wollten. Besonders die Industriezweige eines Landes, die für das ganze Volk von Bedeutung seien, könnten nicht sozialisiert werden, selbst wenn dies in der Verfassung eines Landes vorgesehen sei, ehe ein Entscheid des gesamten Volkes vorliege. In einer Zeit aber, in der die Vereinigten Staaten aus ihrer eigenen Tasche so viel Geld für die deutsche Wirtschaft ausgäben, müßten sie sich auch das Recht der Entscheidung in wirtschaftlichen Fragen vorbehalten.

Dieter Schneider/Rudolf F. Kuda: Mitbestimmung – Weg zur industriellen Demokratie? München 1969, S. 180

●●

Hinter diesem Aufschub der Entscheidung mit Rücksicht auf die gesamtdeutschen Belange verbarg sich in Wahrheit aber die bewußte Strategie, durch die Schaffung von Realitäten jede Alternative zu verhindern:

●●

Im Oktober 1947 fragten Royall und Forrestal Clay, ob er zur Frage der Sozialisierung weitere Direktiven brauche. Clay sagte, im Augenblick brauche er sie nicht, weil er seine Instruktionen so auslege, daß «in Deutschland die wirtschaftliche und politische Stabilität hergestellt sein muß, ehe das deutsche Volk seine Meinung frei äußern kann». Die Briten hätten sich stillschweigend mit dieser Interpretation einverstanden erklärt. «Die Zeit ist auf unserer Seite», fuhr Clay fort. «Wenn wir daher die Angelegenheit hinauszögern können, während die freie Unternehmerwirtschaft fortfährt zu arbeiten und wirtschaftliche Verbesserungen sich einstellen, dann wird sich die Frage dem deutschen Volk vielleicht gar nicht mehr stellen.»

John Gimbel: Amerikanische Besatzungspolitik in Deutschland 1945–1949. Frankfurt/Main 1971, S. 225

●●

Mittlerweile war aber an die Stelle der rein negativen Politik der USA längst die konstruktive Beeinflussung des neuen Verbündeten gekommen. Zu diesen Maßnahmen des Wiederaufbaus zählten in erster Linie die Gelder des Marshall-Planes, mit denen die europäische Wirtschaft einschließlich der Westdeutschlands wieder saniert und arbeitsfähig gemacht werden sollten. In einer Kongreßbotschaft hatte der amerikanische Präsident die Motive seiner Politik der wirtschaftlichen Hilfe folgendermaßen erläutert:

●●

Trumann-Doktrin vom 12. März 1947

Eines der ersten Ziele der Außenpolitik der Vereinigten Staaten ist es, Bedingungen zu schaffen, unter denen wir und andere Nationen uns ein Leben aufbauen können, das frei von Zwang ist. Das war ein grundlegender Faktor im Krieg gegen Deutschland und Japan. Wir überwanden mit unserem Sieg Länder, die anderen Ländern ihren Willen und ihre Lebensweise aufzwingen wollten.

Um die friedliche, ungezwungene Entwicklung der Nationen sicherzustellen, haben die Vereinigten Staaten sich an führender Stelle an der Errichtung der Vereinten Nationen beteiligt. Die Vereinten Nationen sollen dauernde Freiheit und Unabhängigkeit für alle Mitgliedstaaten ermöglichen. Wir werden unser Ziel jedoch nicht verwirklichen, wenn wir nicht bereit sind, den freien Völkern zu helfen, ihre freien Einrichtungen und ihre nationale Integrität gegenüber aggressiven Bewegungen zu erhalten, die ihnen totalitäre Regimes aufzwingen wollen. Das ist nichts weiter als ein offenes Zugeständnis der Ansicht, daß totalitäre Regimes, die freien Völkern durch direkte oder indirekte Aggressionen aufgezwungen werden, die Grundlagen des internationalen Friedens und damit die Sicherheit der Vereinigten Staaten untergraben.

In einer Anzahl von Ländern waren den Völkern kürzlich gegen ihren Willen totalitäre Regimes aufgezwungen worden. Die Regierung der Vereinigten Staaten hat mehrfach gegen Zwang und Einschüchterung bei der Verletzung des Jalta-Abkommens in Polen, Rumänien und Bulgarien protestiert. Und weiter muß ich feststellen, daß in einer Anzahl anderer Staaten ähnliche Entwicklungen stattgefunden haben.

Im gegenwärtigen Abschnitt der Weltgeschichte muß fast jede Nation ihre Wahl in bezug auf ihre Lebensweise treffen. Nur allzu oft ist es keine freie Wahl.

Die eine Lebensweise gründet sich auf den Willen der Mehrheit und zeichnet sich durch freie Einrichtungen, freie Wahlen, Garantie der individuellen Freiheit, Rede- und Religionsfreiheit und Freiheit vor politischer Unterdrückung aus.

Die zweite Lebensweise gründet sich auf den Willen einer Minderheit, die der Mehrheit aufgezwungen wird. Terror und Unterdrückung, kontrollierte Presse und Rundfunk, fingierte Wahlen und Unterdrückung der persönlichen Freiheit sind ihre Kennzeichen.

Ich bin der Ansicht, daß es die Politik der Vereinigten Staaten sein muß, die freien Völker zu unterstützen, die sich der Unterwerfung durch bewaffnete Minderheiten oder durch Druck von außen widersetzen.

Ich glaube, daß wir den freien Völkern helfen müssen, sich ihr eigenes Geschick nach ihrer eigenen Art zu gestalten.

Ich bin der Ansicht, daß unsere Hilfe in erster Linie in Form wirtschaftlicher und finanzieller Unterstützung gegeben werden sollte, die für eine wirtschaftliche Stabilität und geordnete politische Vorgänge wesentlich ist.

Europa-Archiv, 2. Jahrgang (Juli 1947–Dezember 1947), S. 820

●●

Auf der Basis wirtschaftlicher Sicherheit, die durch die amerikanischen Dollarkredite erreicht wurde, sollten die europäischen Länder dem weiteren Vordringen des Kommunismus Einhalt gebieten. Im Rahmen dieses European Recovery Program flossen nun im Laufe der Jahre in Form von Rohstoffen, Waren, Krediten oder Zuschüssen mehr als 14 Milliarden Dollar nach Europa. Davon entfielen bis zum Jahre 1952 auf das Gebiet der späteren Bundesrepublik über 1,5 Milliarden. Diese Mittel wurden im wesentlichen für den raschen Wiederaufbau der demontierten und zerstörten deutschen Industrie benutzt, die ohne Kapitalversorgung nur schwer in Gang gekommen wäre.

Das Bündnis von Ordo-Liberalen und amerikanischen Kapitalgebern setzte sich bald in Reprivatisierung und Restauration der liberalen Wirtschaftsordnung um. Die Chance der Neuordnung in Deutschland verschwand ebenso wie das kurzlebige Bemühen der Antifa-Gruppen, die aus Betrieben und Verwaltungen heraus eine grundlegende Veränderung des politischen Systems schaffen wollten. Diese Suche nach einer Alternative zu dem System des Ostens wie des Westens endete in dem Augenblick, als die Vereinigten Staaten Deutschland als zukünftigen Bündnispartner aufzubauen begannen. Reste der damaligen Diskussion zwischen Parteien und Organisationen haben sich aber noch im Grundgesetz erhalten: *Artikel 14 und 15 des Grundgesetzes* könnten ebenso die Basis für die Marktwirtschaft wie für den demokratischen Sozialismus abgeben.

●●

Art. 14 (Eigentum, Erbrecht und Enteignung)

(1) Das Eigentum und das Erbrecht werden gewährleistet, Inhalt und Schranken werden durch die Gesetze beschränkt.

(2) Eigentum verpflichtet. Sein Gebrauch soll zugleich dem Wohle der Allgemeinheit dienen.

(3) Eine Enteignung ist nur zum Wohle der Allgemeinheit zulässig. Sie darf nur durch Gesetz oder auf Grund eines Gesetzes erfolgen, das Art und Ausmaß der Entschädigung regelt. Die Entschädigung ist unter gerechter Abwägung der Interessen der Allgemeinheit und der Beteiligten zu bestimmen. Wegen der Höhe der Entschädigung steht im Streitfall der Rechtsweg vor den ordentlichen Gerichten offen.

Art. 15 (Sozialisierung)

Grund und Boden, Naturschätze und Produktionsmittel können zum Zwecke der Vergesellschaftung durch ein Gesetz, das Art und Ausmaß der Entschädigung regelt, in Gemeineigentum oder in anderen Formen der Gemeinwirtschaft überführt werden. Für ihre Entschädigung gilt Art. 14 Abs. 3 Satz 3 und 4 entsprechend.

●●

Diese bewuße Offenheit der Verfassung hinsichtlich des Wirtschaftssystems war Ausdruck des Kompromißcharakters des Grundgesetzes, das inhaltlich über das hinausging, was in der damaligen Zeit tatsächlich möglich war.

Die Opposition von Sozialdemokraten, Gewerkschaftlern und Teilen der Christlichen Demokraten wurde mit dem Erfolg des Systems immer schwächer. Insofern war die Politik der Vereinigten Staaten genau aufgegangen. Nach einer langen Periode des inhaltlichen Widerstandes gegen die Restauration der marktwirtschaftlichen Ordnung übernahm die SPD 1959 im Godesberger Programm faktisch die wesentlichen Punkte der liberalen Theorie als eigenes Konzept.

●●

Grundsatzprogramm der SPD, 1959 (Godesberger Programm)

Freie Konsumwahl und freie Arbeitsplatzwahl sind entscheidende Grundlagen, freier Wettbewerb und freie Unternehmerinitiative sind wichtige Elemente sozialdemokratischer Wirtschaftspolitik. Die Autonomie der Arbeitnehmer- und Arbeitgeberverbände beim Abschluß von Tarifverträgen ist ein wesentlicher Bestandteil freiheitlicher Ordnung. Totalitäre Zwangswirtschaft zerstört die Freiheit. Deshalb bejaht die Sozialdemokratische Partei den freien Markt, wo immer wirklich Wettbewerb herrscht. Wo aber Märkte unter die Vorherrschaft von einzelnen oder von Gruppen geraten, bedarf es vielfältiger Maßnahmen, um die Freiheit in der Wirtschaft zu erhalten. Wettbewerb soweit wie möglich – Planung soweit wie nötig! . . .

Wo das Großunternehmen vorherrscht, gibt es keinen freien Wettbewerb . . . Mit ihrer durch Kartelle und Verbände noch gesteigerten Macht gewinnen die führenden Männer der Großwirtschaft einen Einfluß auf Staat und Politik, der mit demokratischen Grundsätzen nicht vereinbar ist. Sie usurpieren Staatsgewalt. Wirtschaftliche Macht wird zu politischer Macht . . . Die Bändigung der Macht der Großwirtschaft ist darum zentrale Aufgabe einer freiheitlichen Wirtschaftspolitik . . .

Das private Eigentum an Produktionsmitteln hat Anspruch auf Schutz und Förderung, soweit es nicht den Aufbau einer gerechten Sozialordnung hindert. Leistungsfähige mittlere und kleine Unternehmen sind zu stärken, damit sie die wirtschaftliche Auseinandersetzung mit den Großunternehmern bestehen können . . .

Jede Zusammenballung wirtschaftlicher Macht, auch die in Staatshand, birgt Gefahren in sich. Deshalb soll das Gemeineigentum nach den Grundsätzen der Selbstverwaltung und der Dezentralisierung geordnet werden.

Programme der Deutschen Sozialdemokratie. Hannover 1963, S. 194f

---

●●

Dies war praktisch die Kapitulation vor dem realen Erfolg des sogenannten Wirtschaftswunders, dessen Grundlage durch die massive Wirtschaftshilfe der Vereinigten Staaten gelegt wurde.

Der Entschluß der Amerikaner, durch das European Recovery Program Europa wirtschaftlich zu stabilisieren und Deutschland wieder in den weltwirtschaftlichen Prozeß zu integrieren, sollte vor allem die europäischen

Die amerikanische Hilfe (Marshallplan) beim Wiederaufbau der westdeutschen Wirtschaft

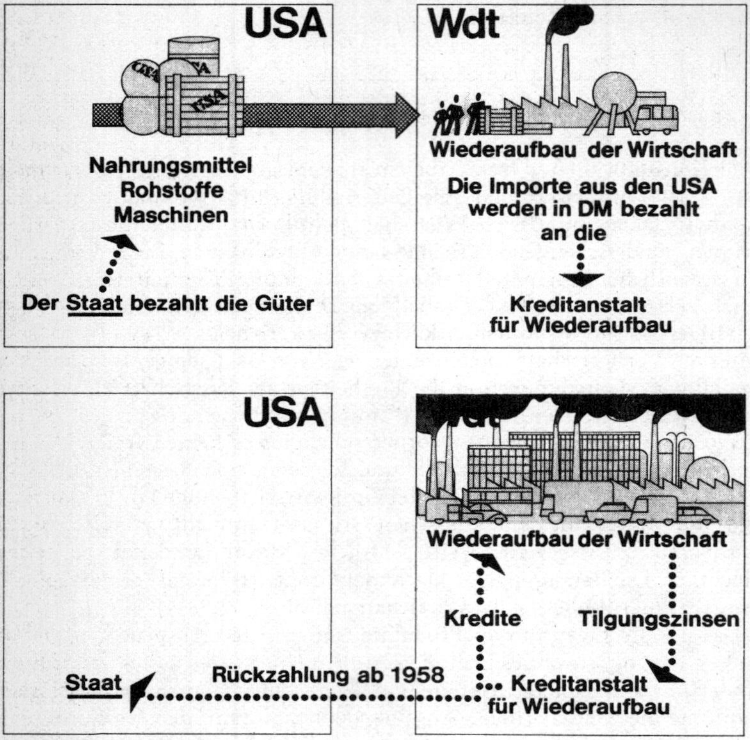

Quelle: K. G. Fischer/E. Heide/D. Zitzlaff: Vergleich der Wirtschaftssysteme in beiden deutschen Staaten – ein Unterrichtsmodell. J. B. Metzler, Stuttgart 1974, S. 70

Nationen vor einem Abgleiten in sozialistische Ordnungsvorstellungen bewahren und den eigenen Produzenten während der Umstellung von der Rüstungs- auf die Friedensindustrie einen geeigneten Absatzmarkt schaffen.

Am 20. Juni 1948 wurde im Auftrag der Besatzungsmächte in den Westzonen die zurückgestaute Inflation der Kriegszeit durch die Währungsreform beendigt. Die Schulden des Dritten Reiches bezahlten vornehmlich die Sparer und Besitzer von Geldvermögen, während die Produzenten und Inhaber von Sachwerten relativ unbehelligt gelassen wurden.

Westdeutsche Währungsreform (1948)

Natürlich war die Behandlung der kleinen Leute, die die Masse der Geldsparer stellten – ob sie nun ihre Reichsmark im Strickstrumpf verborgen oder sie bei Banken, Sparkassen oder Genossenschaften angelegt hatten –, so ungerecht wie nur möglich. Danach fragten die Militärgouverneure nicht. Sie hatten eine harte Währungsreform gemacht, um die alte Ordnung der Dinge, die freie Marktwirtschaft, die der Vorstellungswelt der westlichen Welt entsprechende kapitalistische Wirtschaft wiederherzustellen. Deshalb waren die Sachwertbesitzer, die Produzenten industrieller und landwirtschaftlicher Güter, im Übermaß begünstigt worden: sie waren ungeschmälert im Besitz ihres Sachkapitals geblieben – der Lastenausgleich sollte Sache der Deutschen bleiben –, der ganzen Fülle der produktiven Besitztümer, die durch Kriegs- und Kriegsfolgeschäden viel weniger gelitten hatten, als man damals noch ahnte; sie würden es bald erleben, daß der Wert ihrer Fabriken und Horte wesentlich anstieg; sie waren von 90% ihrer Verbindlichkeiten befreit worden – und das alles, weil sie als die Garanten der Zukunft galten. Erst später würde man übersehen können, mit welchen Gewinnen die Herren und Hüter der Sachwertwelt aus der Währungsreform hervorgegangen waren,und gleichzeitig feststellen, daß die Sparer, die es einfach nicht lassen können, aufs neue begonnen hatten, Groschen für Groschen auf die hohe Kante zu legen.

Das war genau der gewollte Effekt der alliierten Maßnahmen: harte Reform für die Sparer, Erleichterung jeder Art für die Produzenten.

K. Pritzkoleit: Gott erhält die Mächtigen. Rück- und Rundblick auf den deutschen Wohlstand. Düsseldorf 1963, S. 169

Der bald erfolgte endgültige Zusammenschluß der drei westlichen Besatzungszonen zu einem gemeinsamen Wirtschaftsgebiet war die letzte Voraussetzung zur Reaktivierung der Marktwirtschaft. Vergleicht man die Voraussetzungen dieses Neuanfangs mit den Bedingungen, die der Theorie nach für das Funktionieren einer liberalen Wirtschaftsordnung bestehen müssen, so läßt sich unter Ausklammerung der sozialen Effekte sagen, daß die Basis für einen derartigen Versuch ausgesprochen gut war. Das lag an folgenden Ursachen:

1. Das Arbeitskräftepotential war durch Flüchtlinge, entlassene Soldaten und Umsiedler aus den Ostgebieten ständig gewachsen. Allein in der britisch-amerikanischen Besatzungszone hatte es sich bis 1948 um 18 Prozent

erhöht. Die Qualifikation war entsprechend dem hohen technologischen Niveau Deutschlands sehr gut und die Leistungsbereitschaft nach dem Elend der Kriegsjahre besonders ausgeprägt.

2. Der Binnenmarkt war unbegrenzt aufnahmefähig. Da große Teile der Bevölkerung durch die Bombardierungen und nachfolgenden Kriegszerstörungen mittellos geworden waren, mußten Jahrzehnte vergehen, bis etwa in der Bauindustrie eine Sättigung des Bedarfs erreicht würde.

3. Das industrielle Potential war durch Demontagen und Kriegsfolgen weniger beeinträchtigt worden, als man ursprünglich vermutet hatte. Zudem erlaubte die Kapitalhilfe des Auslandes die Ergänzung und Modernisierung der Anlagen.

4. Der Staat begünstigte durch eine entsprechende Gesetzgebung die Selbstfinanzierung der Unternehmer über die Preise. Die Gewinne wurden kaum besteuert, wenn sie zum Kauf neuer Investitionsgüter dienten. Auf diese Weise wurde mit indirekter und direkter staatlicher Hilfe im Wege des Zwangssparens die Kapitalbildung bei den Unternehmern begünstigt.

5. Im Gefolge niedriger Löhne, hoher Arbeitsproduktivität und günstiger Wechselkurse gegenüber dem überbewerteten Dollar konnte die deutsche Wirtschaft bald wieder auf den Auslandsmärkten Fuß fassen. Nach einer kurzen Krisenperiode zu Beginn der fünfziger Jahre wuchs mit den nun einsetzenden Stellvertreterkriegen der Großmächte in China, Korea, Vietnam die Nachfrage erheblich und führte wieder zu einer vollen Auslastung der Produktionskapazitäten. Die nun folgende Zeit der andauernden Hochkonjunktur, des steigenden Lebensstandards und der Entwicklung der Bundesrepublik zum Juniorpartner der USA sollte erst zwanzig Jahre später mit der Krise von 1966/67 ihren ersten Bruch erhalten. Bis zu diesem Zeitpunkt verstummte vor den Erfolgen der sozialen Marktwirtschaft, dem Abbau der Arbeitslosigkeit bei andauerndem Wachstum und geringen Inflationsraten fast jede Kritik.

Die Vokabeln Arbeitslosigkeit und Krise verloren angesichts von dauernder Vollbeschäftigung und regelmäßigen Lohnsteigerungen ihren realen Hintergrund. Die fehlende Resonanz jeder kritischen Problematisierung war allerdings nicht nur Ausdruck des eigenen Erfolges, sondern zugleich Reaktion auf die Realisierung des alternativen Systems in der sowjetisch besetzten Zone, der späteren DDR. Indem man von der fälschlichen Annahme ausging, daß Ost- und Westdeutschland nach dem Krieg die gleichen Chancen und Möglichkeiten der wirtschaftlichen Entwicklung vorgefunden hätten, ließ sich die Höhe des Bruttosozialprodukts pro Kopf als anscheinend objektiver Maßstab für Erfolg und Mißerfolg des jeweiligen Systems interpretieren. Schließlich propagierten beide Seiten offen eine Systemkonkurrenz. Das änderte aber nichts an der Tatsache, daß die politischen, sozialen und wirtschaftlichen Voraussetzungen in den beiden deutschen Staaten nicht miteinander zu vergleichen waren und daß sich vor allem die Sowjetunion als verantwortliche Siegermacht nicht mit den USA vergleichen ließ.

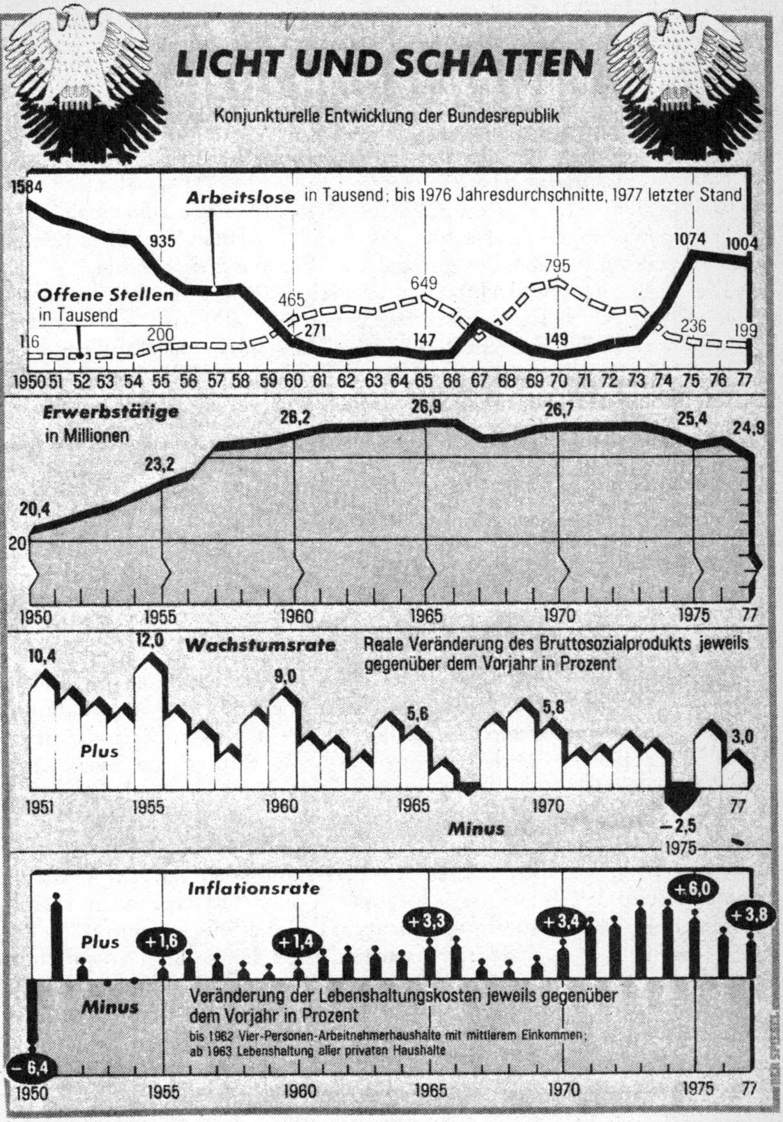

Quelle: Der Spiegel 53/77

Arbeitsvorschläge

1. Die Politik der amerikanischen Besatzungsmacht ist im wesentlichen durch ihre Faschismusanalyse und ihr Verhältnis zur Sowjetunion geprägt. Vergleichen Sie die Zielsetzung dieser Politik mit der innerdeutschen Diskussion um die Neuordnung. Welche Gegensätze und Gemeinsamkeiten sind erkennbar?
2. Vergleichen Sie die Haltung der Vereinigten Staaten zu den Sozialisierungsforderungen der Nachkriegszeit in Deutschland mit ihrer heutigen Politik gegenüber den europäischen Staaten und Parteien.
3. Die Nachkriegsentwicklung der Wirtschaft in Westdeutschland wird häufig als Wirtschaftswunder bezeichnet. Wie läßt sich dieses Wunder erklären? Vergleichen Sie diese Entwicklung mit dem Konjunkturverlauf in der Weimarer Republik, wo liegen die Unterschiede und wo die Gemeinsamkeiten?
4. Man spricht im Zusammenhang mit der Nachkriegskonjunktur häufig von der Selbstfinanzierung der deutschen Wirtschaft. Was ist darunter zu verstehen? Welche Folgen muß eine derartige Finanzierungsweise auf die Wirtschaftspolitik eines Landes haben?

X. Die Sowjetisierung der Ostzone

Mit dem Ende des Zweiten Weltkriegs war die Sowjetunion unter Stalin neben den Vereinigten Staaten zu der beherrschenden Großmacht in Europa geworden. Neben eroberten Territorien, die direkt in das sowjetische Staatsgebiet eingegliedert wurden, kontrollierte die Rote Armee weite Teile Osteuropas und Deutschlands. Diese nach außen imponierende Machtfülle stand allerdings wirtschaftlich und innenpolitisch auf schwachen Füßen, so daß die außenpolitische Orientierung der Sowjetunion zwischen revolutionärer Zielsetzung, mißtrauischem Taktieren und kooperativem Verhalten gegenüber den Westmächten schwankte. Dabei herrschte auch bei den Westmächten Übereinstimmung darüber, daß die Sowjetunion unter den Kriegsfolgen am meisten gelitten hatte und daher den größten Anspruch auf deutsche Reparationen hatte. Auf zwanzig Millionen Tote und ein Drittel der Industrieproduktion bezifferte die Sowjetunion ihre Verluste.

Vorrangig waren daher in der Politik Stalins die Aspekte der Sicherheit und Wiedergutmachung. Diese Ziele überlagerten alle anderen Orientierungspunkte der Außenpolitik. In den Augen der Bevölkerung stellte sich die Sowjetunion als beutegieriger Siegerstaat dar, dessen disziplinlose Armee im wesentlichen Rachegefühle gegenüber den Besiegten befriedigte und so noch im nachhinein die antibolschewistische Propaganda der Nationalsozialisten bestätigte. Die Unberechenbarkeit der sowjetischen Maßnahmen stand im offenen Gegensatz zu ihrer theoretisch eindeutigen Position gegenüber dem Faschismus und seinen Förderern.

●●

Stalin über den Nationalsozialismus 1934

In diesem Zusammenhang darf man den Sieg des Faschismus in Deutschland nicht nur als ein Zeichen der Schwäche der Arbeiterklasse und als Ergebnis der Verrätereien an der Arbeiterklasse seitens der Sozialdemokratie betrachten, die dem Faschismus den Weg ebnete. Man muß ihn auch als ein Zeichen der Schwäche der Bourgeoisie betrachten, als Zeichen dafür, daß die Bourgeoisie nicht imstande ist, mit den Methoden des Parlamentarismus und der bürgerlichen Demokratie zu herrschen, und in Anbetracht dessen gezwungen ist, in der Innenpolitik zu terroristischen Regierungsmethoden zu greifen – als Zeichen dafür, daß sie nicht mehr imstande ist, einen Ausweg zu finden, weshalb sie gezwungen ist, zur Politik des Krieges zu greifen.

Franz Marek: Was Stalin wirklich sagte, Wien 1970, S. 130f

●●

In der marxistischen Faschismustheorie fungiert der Nationalsozialismus eindeutig als Herrschaftsmethode des Kapitalismus, um in Krisenzeiten durch Terror die Mehrheit der Bevölkerung zu unterdrücken und von einer Systemveränderung abzuhalten. Den Faschismus bekämpfen hieß also auch die Wirtschaftsordnung ändern. Auf diese Weise war die sowjetische Deutschlandpolitik eine Mischung aus zielgerichteter Systemveränderung, wirtschaftlicher Ausplünderung und politischer Unterdrückung von Konservativen und Liberalen – ein Programm, das trotz Entnazifizierung und Förderung aller antifaschistischen Gruppen bei der Bevölkerung auf wenig Sympathie stieß. Auf Grund wirtschaftlicher Mangelerscheinungen und der rigiden Plünderungsmaßnahmen wirkte die Sowjetunion eher abstoßend denn als politisches Vorbild und ökonomisches Modell. Daher fiel es auch den deutschen Parteien, einschließlich der Kommunisten, schwer, ein gutes Verhältnis zu der Besatzungsmacht zu entwickeln. Fast unmöglich mußte es allerdings erscheinen, diese Sieger zu Vorbildern für die eigene Bevölkerung aufzubauen. Daher proklamierte auch die KPD in ihrem ersten Aufruf vom 11. Juni 1945 die parlamentarisch-demokratische Republik als Ziel ihrer Politik, wobei sie das Sowjetsystem ausdrücklich als Alternative ausschloß. Und noch 1946 war in der Theoriezeitschrift der späteren Sozialistischen Einheitspartei von dem «besonderen deutschen Weg zum Sozialismus» die Rede.

●●

Anton Ackermann über den «deutschen Weg zum Sozialismus» (1946)

... Für Deutschland wie jedes andere Land gilt, daß es ohne die Aufrichtung der ganzen Macht der Arbeiterklasse keinen Aufbau des Sozialismus geben kann. Ob die Arbeiterklasse vom gegenwärtigen Ausgangspunkt auf friedlichem Wege und unter Beschränkung auf rein gesetzliche Mittel in den Besitz der ganzen Macht kommen kann, darüber entscheiden die nächsten Wochen und Monate. Und dies in dem Sinne, daß in dieser kurzen Zeitspanne die Entscheidung fallen wird, ob die demokratische Republik von neuem Gewaltinstrument in den Händen reaktionärer Kräfte wird, oder ein fortschrittlicher Staat, der für eine spätere Entwicklung zum Sozialismus kein unüberwindliches Hindernis bilden wird. Niemand wünscht sehnlicher als wir, daß neue offene Kämpfe, ein neues Blutvergießen vermieden werden kann.

In allen Dingen, die nicht die oben bezeichneten Grundfragen der Umwälzung zum Sozialismus betreffen, wird in diesem oder jenem Falle die Entwicklung in Deutschland zweifellos einen weitgehend spezifischen Charakter tragen. Oder mit anderen Worten: Im einzelnen werden sich die starken Besonderheiten der historischen Entwicklung unseres Volkes, seine politischen und nationalen Eigenheiten, die besonderen Züge seiner Wirtschaft und seiner Kultur außerordentlich stark ausprägen. Die in der gemeinsamen Entschließung vom 21. Dezember 1945 dargelegte Auffassung ist also durchaus begründet:

«Die Einheitspartei soll selbständig und unabhängig sein. Es ist ihre Aufgabe, ihre Politik und Taktik entsprechend den Interessen der deutschen Werktätigen und den speziellen Bedingungen in Deutschland zu entwickeln. Sowohl bei der Verwirklichung des Programm-Minimums als auch des Programm-Maximums soll sie, von den Besonderheiten der Entwicklung unseres Volkes ausgehend, einen eigenen Weg einschlagen.»

Kein anderer als Lenin hat betont, daß es der größte Fehler wäre, die Wahrheit über die Allgemeingültigkeit der russischen Erfahrungen zu übertreiben und «sie auf mehr als einige Grundzüge unserer (d. h. der russischen) Revolution auszudehnen» (siehe Lenin: «Der Radikalismus, die Kinderkrankheit des Kommunismus»; Kapitel I: «In welchem Sinne kann man von einer internationalen Bedeutung der russischen Revolution sprechen?»).

Im Oktober 1916 brachte Lenin in dem Artikel *Eine Karikatur auf den Marxismus* außerordentlich tiefe Gedanken über die Besonderheit der Entwicklung in jedem Lande zum Ausdruck:

«Alle Völker werden zum Sozialismus gelangen, das ist unausbleiblich, aber sie werden dahin nicht auf ganz dem gleichen Wege gelangen, jedes wird dieser oder jener Form der Demokratie, dieser oder jener Abart der Diktatur des Proletariats, diesem oder jenem Tempo der sozialistischen Umgestaltung der verschiedenen Seiten des gesellschaftlichen Lebens seine Eigenart verleihen. Nichts wäre theoretisch kläglicher als ‹im Namen des historischen Materialismus› in dieser Hinsicht ein Zukunftsbild in monotonem Grau zu malen.» (Lenin: Sämtliche Werke, Bd. XIX, S. 281.)

In diesem Sinne müssen wir einen besonderen deutschen Weg zum Sozialismus unbedingt bejahen . . .

Alles andere hängt von den subjektiven Faktoren, d. h. in erster Linie von dem Grad der Reife, der Entschlossenheit und der Einheit der deutschen Arbeiterklasse und Werktätigen ab. Möge uns hier die Zeit auf der Höhe der Aufgaben finden!

Dann wird der besondere deutsche Weg zum Sozialismus ein relativ leichter und friedlicher sein können.

Einheit. Monatsschrift zur Vorbereitung der Sozialistischen Einheitspartei, Heft 1, Februar 1946, S. 22/23, 30–32

●●

Warum die deutschen Kommunisten sich später trotzdem so weitgehend mit dem sowjetischen Modell des Sozialismus identifizierten und die UdSSR als Vorbild für den Aufbau dieses Systems in einem Teil Deutschlands proklamierten, beruht auf folgenden Ursachen:

1. Die industrielle Eigenständigkeit mußte in einem Territorium sichergestellt werden, dessen Wirtschaft durch die Teilung des Landes völlig aus dem Gleichgewicht gekommen war.

Die ursprüngliche Arbeitsteilung zwischen der Schwerindustrie im Westen und der Leichtindustrie in Mitteldeutschland war durch die neuen Grenzen zerstört worden.

2. Auf der Basis dieser unausgewogenen Wirtschaftsstruktur und fast völlig ohne eigene Rohstoffversorgung mußte dieser staatliche Torso aus der laufenden Produktion Reparationen in Höhe von fast 40 Milliarden Mark an die UdSSR leisten.

3. Gleichzeitig mit dem Aufbau der Wirtschaft wurde sowohl die Leitungsstruktur als auch die personelle Führungsspitze ausgewechselt. In einem umfassenden Entnazifizierungsverfahren hatte man fast die gesamte wirtschaftliche Führungsschicht ihrer ehemaligen Positionen beraubt und deren Plätze mit zwar politisch zuverlässigen, aber häufig fachlich kaum qualifizierten Personen besetzt. 1977 waren als Betriebsleiter durchschnittlich tätig: frühere Arbeiter 21,7%, frühere Angestellte 30,7%, frühere Ingenieure 17,8%, frühere Kaufleute 23,6%, frühere Direktoren 6,2%. Das Defizit an Führungskräften auf allen Ebenen wurde durch die weitere Entwicklung im Verlauf des Klassenkampfes von oben, das heißt der staatlichen

Die Verteilung der Industrie 1945

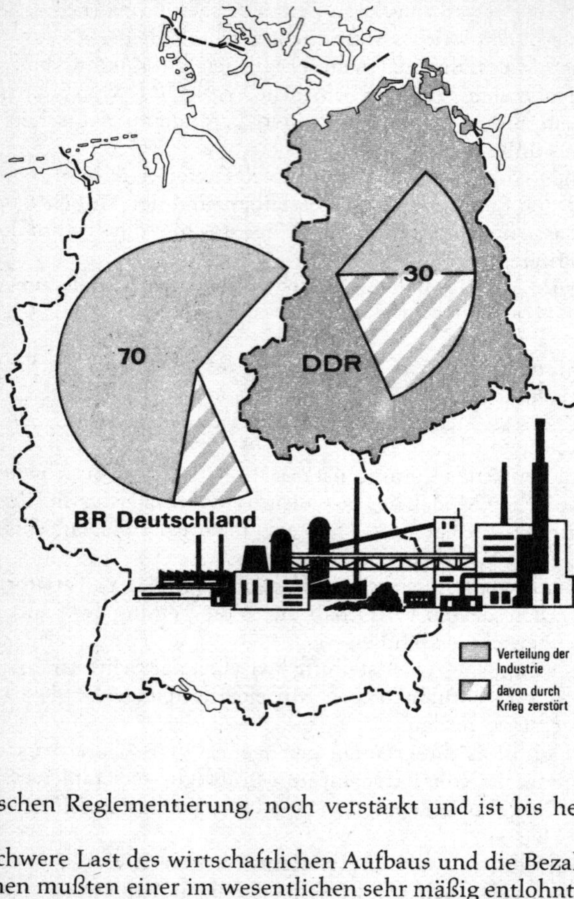

und politischen Reglementierung, noch verstärkt und ist bis heute nicht behoben.

4. Die schwere Last des wirtschaftlichen Aufbaus und die Bezahlung der Reparationen mußten einer im wesentlichen sehr mäßig entlohnten Arbeiterschaft aufgebürdet werden, die man aber gerade durch materielle Versprechung für den Sozialismus zu gewinnen versuchte; einer Arbeiterschaft, die zudem mit dem raschen wirtschaftlichen Aufschwung in den Westzonen konfrontiert war und dort ihre Maßstäbe für die eigenen Konsumerwartungen entlehnte.

5. Das unklare Verhältnis zur Sowjetunion, der wechselnde Status der DDR als «Beuteteil», «Geißel» oder «Juniorpartner», verunsicherte die SED ständig neu. Da die Besatzungsmacht weitgehend Tempo und Termin der

Ausgewählte Industrien 1936, verteilt auf die Gebiete der heutigen Bundesrepublik Deutschland und der DDR

Industriezweige in Prozent:

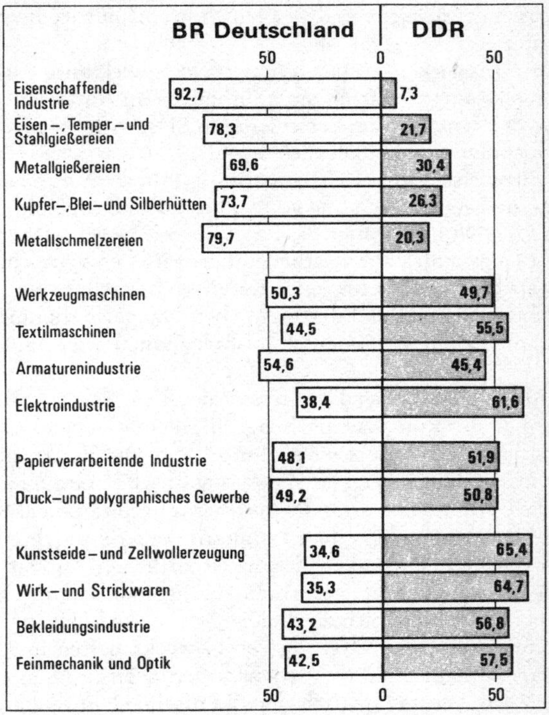

Quelle: Lothar Buck (Hg.): Die Umwelt gestalten. Geographie 9. und 10. Schuljahr. Stuttgart 1974, S. 207

jeweiligen Maßnahmen bestimmte, mußte die Partei trotz zweifellos weitgehender Übereinstimmung mit dem ideologisch Verbündeten oft wie ein bloßer Erfüllungsgehilfe der Besatzungsmacht wirken. Die planlose Politik der UdSSR verstärkte diese Orientierungslosigkeit noch. Statt aus der hochentwickelten DDR ein sozialistisches Schaufenster zu machen, wurde sie durch die Reparationen ausgequetscht und damit für andere Länder geradezu ein abschreckendes Beispiel.

6. Die nationale Frage, das Problem der Wiedervereinigung oder des Zusammenbleibens mit dem anderen Teil Deutschlands prägte die Politik der SED mit der Vorstellung, eine Art Modell für das übrige Deutschland

abgeben zu müssen. Somit wurde der Handlungsspielraum der Partei durch drei Faktoren bestimmt:

- die Anforderungen der Sowjetunion,
- die Entwicklung in den Westzonen,
- das historisch gewachsene und von außen beeinflußbare Bewußtsein der Bevölkerung.

Dieses Auseinanderklaffen von Wirtschaftsentwicklung, Parteimaßnahmen und Bevölkerungserwartungen kulminierte im Aufstand vom 17. Juni 1953, der die Entfremdung der Partei von den Massen der sich getäuscht und betrogen fühlenden Arbeiter deutlich machte.

7. Durch die wirtschaftliche Umorientierung auf die Agrarstaaten der von der Sowjetunion beeinflußten und kontrollierten Volksdemokratien Osteuropas nahm die DDR im Rahmen des Rates für gegenseitige Wirtschaftshilfe (RGW), dem Gegenstück zur westlichen Europäischen Wirtschaftsgemeinschaft (EWG), bald den Status eines Entwicklungshelfers ein. Dank ihres technologischen Wissens und der westlichen Handelsbeziehungen fiel ihr die Rolle zu, die neuen Verbündeten in ihrer industriellen Entwicklung zu fördern.

Wie die Aufzählung dieser Faktoren verdeutlicht, lagen praktisch außer der Anwesenheit der Roten Armee in der SBZ keinerlei objektive Gegebenheiten für eine «sozialistische» Revolution vor. Die Partei blieb in ihrer Gesamtheit im Verhältnis zu den anderen politischen Gruppierungen eine Minderheit; sie konnte eigenständig zwar einige größere Reformen initiieren, wie die Abstimmung über die Enteignung der Kriegsverbrecher bewies, hätte aber ansonsten den tradierten gesellschaftlichen Aufbau, seine Normen und Werte unangetastet lassen müssen. Insbesondere die Orientierung auf ein kollektives System mit zentraler Planung und Leitung, in dem für eine autonome Interessenvertretung von Gewerkschaften und Verbänden kein Platz war, wäre im Bündnis mit den bürgerlichen Parteien, wie es in der ersten Periode der «antifaschistisch-demokratischen Umwälzung» noch bestand, kaum zu verwirklichen gewesen.

Da die Partei trotzdem an der Zielsetzung einer revolutionären Systemveränderung festhielt, konnte das schließlich nur die Erziehungsdiktatur einer Minderheit bedeuten, die ihre wesentliche Stütze in den Waffen der Besatzer hatte und sich zugleich in ökonomischer und ideologischer Hinsicht einem absoluten Wettkampf mit der wesentlich begünstigteren Bundesrepublik gegenübersah. Diese Position verringerte schließlich die Grundlage zu eigenständigem Handeln immer mehr und ließ die SED nach einem kurzen Zeitraum theoretischer Eigenständigkeit zu einem bloßen Anhängsel der sowjetischen Führungsmacht werden. Wenn aber trotzdem bei vielen Parteimitgliedern der SED das Gefühl der Überlegenheit und der Richtigkeit ihres Handelns gegenüber der eigenen Bevölkerung und dem Westen vorhanden war, so basierte das auf zwei Überlegungen:

1. In Anbetracht von Entwicklung und Folgen des Nationalsozialismus in Deutschland, der ja immerhin von großen Teilen der Bevölkerung unterstützt worden war, schien die jetzige Unterdrückung durch eine erwiesenermaßen antifaschistische Partei berechtigt und erträglich, wenn auch nicht erfreulich. Sie wurde für notwendig erklärt, solange sich das Bewußtsein der Bevölkerung noch nicht von bürgerlichem und nationalsozialistischem Gedankengut befreit habe.

2. Wie die jahrhundertlange historische Erfahrung seit Beginn des Liberalismus zeigte, wurden die kapitalistischen Staaten regelmäßig das Opfer von Krisen, die dann zu Kriegen oder brutaler Unterdrückung der arbeitenden Massen führten. Sozialisten und Kommunisten hatten von Anbeginn gegen die Beseitigung dieses Systems gekämpft. Daher war es gerade unter Berufung auf die revolutionären Erfahrungen notwendig, wenigstens in einem Teil Deutschlands eine sozialistische Wirtschaftsordnung zu errichten, die spätestens bei der nächsten Krise des Kapitalismus auch in Westdeutschland als überlegen anerkannt werden würde.

Dieser Gedankengang war historisch gesehen logisch, beinhaltete aber zugleich Unterdrückung nach innen und ökonomischen Wettkampf nach außen, solange man die Mehrheit der Bevölkerung nicht durch materielle Erfolge von dem neuen System überzeugen konnte. Insofern war man auf die Krise des kapitalistischen Systems als Bestätigung geradezu angewiesen, da die nun praktizierte Wirtschaftsordnung mit ihren Funktionsmechanismen kaum weniger Unterdrückung produzierte als das zuvor bekämpfte System der Marktwirtschaft.

●●

Der ehemalige Reichstagsabgeordnete der SPD, Otto Buchwitz, auf der II. Parteikonferenz der SED (1952)

Genossinnen und Genossen! Ich dachte vor allen Dingen an die Alten draußen im Lande, die 30, 40, 50 und mehr Jahre in der deutschen Arbeiterbewegung stehen. Wir haben es immer gewollt! Wir haben es ersehnt! Wir haben es in uns getragen wie einen heiligen Schatz! Wir haben gekämpft! Wir haben gelitten und Opfer gebracht, wie sie ein einzelner für diese große, schönste und herrlichste Idee nur bringen kann.

Nun eröffnet sich für uns, die wir am Ausgang des Lebens stehen, eine Perspektive. Eine Perspektive, die wir ersehnt, die wir erträumt haben, die für uns in den dunklen Jahren unseres Lebens, im Zuchthaus oder im KZ, der innere Fundus war, an den wir uns klammerten, an deren Sieg wir glaubten, was uns hinwegbrachte über die Jahre der Not und der Finsternis ...

Ich fragte mich nur gestern und frage mich heute mit dem Blick nach dem Westen unseres Vaterlandes: Auch drüben gibt es doch in der Sozialdemokratischen Partei eine Menge führender Funktionäre, von denen ich viele,

viele kenne, die in der Arbeiterbewegung ergraut sind, weißes Haar bekommen haben. Sind sie alle Verräter? frage ich mich oft. Sehen sie nicht endlich den Irrweg ein, den wir in der Vergangenheit gingen und den Schumacher weitergegangen ist? Steigt nicht wenigstens einem Teil von ihnen der Gedanke auf, daß es ein unsagbares politisches Verbrechen war, daß Schumacher 1946 die Vereinigung der Arbeiterklasse in ganz Deutschland verhinderte? Sagen sich nicht viele dieser alten, ergrauten Sozialdemokraten im Westen Deutschlands: Es gäbe heute kein ungelöstes deutsches Problem mehr, wenn wir damals die Einheit der Arbeiterklasse in ganz Deutschland geschaffen hätten! Wenn sie jetzt die Nachricht von unserer Proklamation des Aufbaus des Sozialismus ereilt, muß ihnen doch noch die Vorstellung von Sozialismus aufsteigen: Vergesellschaftung, Überwindung der Krisen, Überwindung der Arbeitslosigkeit, Aufbau einer neuen Kultur für unsere werktätigen Menschen, Beseitigung des Wohnungselends . . . Dann muß ihnen – so glaube ich – in diesen Tagen der Gedanke kommen, daß sie einen Irrweg gegangen sind.

Otto Buchwitz: Brüder, in eins nun die Hände. Berlin (DDR) 1956, S. 275f

---

●●

Die Hoffnung auf die ökonomische Effizienz des Sozialismus basierte einerseits im Glauben an die Überlegenheit volkswirtschaftlicher Planung und gesamtgesellschaftlicher Produktion, andererseits in der Gewißheit von der Krisenanfälligkeit der kapitalistischen Wirtschaft. Beides traf nicht zu. Die Qualität der «Zentral-Administrativen-Wirtschaftsführung», deren Funktionsmechanismen man weitgehend von der Sowjetunion übernommen hatte, wurde schon Mitte der fünfziger Jahre auch von einigen Wirtschaftswissenschaftlern der SED bezweifelt. Und im Westen blieb die Krise aus, so daß auch die auf dem V. Parteitag 1958 verkündete ökonomische Hauptaufgabe «Überholung Westdeutschlands im Pro-Kopf-Verbrauch an allen wichtigen Lebensmitteln und Konsumgütern» in Enttäuschung endete.

Wenn auch die einseitige Betonung der ökonomischen Effizienz in der akuten Mangelsituation verständlich war, so mußte doch die damit verbundene Mißachtung der subjektiven Interessen der Arbeiter, die mangelnde Berücksichtigung ihres angeblich noch nicht «ausgereiften» Bewußtseins, verbunden mit der Entnazifizierung und der Umwälzung der Eigentumsverhältnisse ohne die Zustimmung der Bevölkerung insgesamt zur weitgehenden Ablehnung eines Sozialismus führen, der in der Praxis zu politischer Unterdrückung bei gleichzeitigem wirtschaftlichem Mangel führte. Unter diesen Bedingungen war zwar unter Anwendung von Gewalt ein juristischer und formaler Umbau der Gesellschaft möglich, jedoch nicht der angestrebte soziale Wandel, die tatsächliche Vergesellschaftung der Produktionsmittel. Die der Theorie nach wichtigste Kraft des Sozialismus, die interessierte Mitarbeit aller Werktätigen in Übereinstimmung mit der wirtschaftlichen Zielsetzung, blieb ausgespart. Unter diesen Verhältnissen mußten auch die Fehler der Partei und des Apparates, da ihnen keine korrigierende Kraft zur Seite stand, größere Schäden verursachen, als es normalerweise nötig gewesen wäre. Ohne die regulierende Mitarbeit der Beteiligten ist eine Planwirtschaft nicht in der Lage, ihre tatsächliche Effizienz zu entfalten, sondern neigt dazu, durch Bürokratismus und starres Administrieren die in ihr ruhenden Fehlerquellen noch zu vergrößern.

Der gegenwärtig erreichte Zustand des sogenannten «realen Sozialismus» in der DDR ist jedenfalls nur als Ergebnis der hier angeführten Bedingungen und Voraussetzungen zu verstehen. Auch im Eigenverständnis der herrschenden Machtgruppen geht es um die Weiterentwicklung eines Zustandes, der häufig noch als sehr unbefriedigend empfunden wird. Und trotz dauernder Berufung auf die Begründer des klassischen Sozialismus weigert man sich doch entschieden, am Ideal der anvisierten Zukunftsgesellschaft gemessen und nach jenen Kriterien beurteilt zu werden, die irgendwann einmal für die kommunistische Epoche gelten sollen. Man sieht sich vielmehr eingebettet in eine historische Entwicklung, zu deren Beschleunigung einerseits gewisse Grundlagen geschaffen sind, zu deren Vervollkommnung andererseits ein Zeitraum von historischer Dimension nötig ist.

●●

Sozialismuskritik und objektive Entwicklung

Wenn jede konkrete Struktur, die wir in der sozialistischen Gesellschaft vorfinden, nur und ausschließlich dahingehend überprüft wird, wie weit sie von Strukturen entfernt ist, die in der kommunistischen Gesellschaft existieren werden, verwandelt sich die Strukturanalyse unter der Hand in Sozialismuskritik [. . .] Es entsteht, zugespitzt gesagt, eine Darstellung des Sozialismus aus der Sicht seiner Unvollkommenheiten.

[. . .]

Folglich ist immer zugleich – ohne die umfassendere historische Dimension je aus den Augen zu verlieren – von den Kriterien auszugehen, die die objektiven Erfordernisse und realen Möglichkeiten der sozialistischen Gesellschaft widerspiegeln.

Manfred Lötsch: Über die Entwicklung der Klassenstruktur und der Struktur der Arbeiterklasse beim Aufbau der entwickelten sozialistischen Gesellschaft. In: Wissenschaftlicher Rat für soziologische Forschung in der DDR

(Hg.): Zur Sozialstruktur der sozialistischen Gesellschaft. Berlin (DDR) 1974, S. 46

●●

Festzuhalten bleibt: Die DDR sieht sich nach ihrem theoretischen Selbstverständnis in der Rolle eines Staates, der in der Tradition der Arbeiterbewegung den Kapitalismus abgeschafft und an seine Stelle eine nach gesellschaftlichen Kriterien geplante und gelenkte Wirtschaftsordnung gesetzt hat. Dabei orientierte sie sich aus machtpolitischen Gründen am Beispiel der Sowjetunion, eine Bindung, für deren Aufhebung die bisher herrschenden Parteigruppierungen keine Alternative sehen. Diese durch gewaltsame Unterdrückung erreichte revolutionäre Umwälzung in der DDR hat zu einem Bruch zwischen Bevölkerungsmehrheit und Politikern geführt, der bis heute nicht behoben ist. Im Gegensatz dazu konnte die Bundessrepublik nach 1945 an die bürgerliche Tradition der Weimarer Republik anknüpfen und mit Unterstützung der Amerikaner ein Wirtschaftssystem aufbauen, dessen Strukturen historisch gewachsen und von der Mehrheit der Bevölkerung als natürliche Norm verinnerlicht worden sind. Der für alle Beteiligten überraschende materielle Erfolg der liberalen Wirtschaftsordnung war derart überzeugend, daß selbst die oppositionellen Kräfte langfristig auf eine inhaltliche Alternative zur Marktwirtschaft verzichteten und lediglich noch Verbesserungsvorschläge unterbreiteten. Die sozialen Mißstände und politischen Krisen des Liberalismus – einschließlich des Faschismus – verblaßten angesichts des andauernden Erfolgs zu historischen Unglücksfällen, deren man mit verbessertem Instrumentarium endgültig Herr geworden zu sein glaubte. So stellt sich heute die soziale Marktwirtschaft der Ära Erhard als fast optimales Modell einer Wirtschaftsordnung dar, an der sich in Vergangenheit und Zukunft alle weiteren Entwicklungen messen lassen müssen.

Eine Analyse von Wirtschaftssystemen kann aber nicht von einem feststehenden Modell ausgehen, sondern muß die zeitliche Dimension ebenso berücksichtigen wie die wirtschaftlichen Bedingungen. Da letztere sich fortwährend verändern, muß diese Veränderung der Produktivkräfte in ihrer Wirkung auf die tragenden Funktionsmechanismen der Systeme einbezogen werden. Auf diese Weise geben Vergangenheit, Gegenwart und Zukunft das Koordinatensystem ab, innerhalb dessen das Funktionieren einer Wirtschaftsordnung zu beurteilen ist. Das soll in den Teilen 2 und 3 an einigen der wichtigsten Merkmale der beiden Systeme geschehen.

Arbeitsvorschläge

1. Die Sowjetunion zeigte ebenso wie die Vereinigten Staaten in der Durchsetzung ihrer Politik gegenüber dem besiegten Deutschland und ihrer Besatzungszone anfangs Unschlüssigkeit und ein widersprüchliches Verhalten. Auf welche Ursachen läßt sich diese ambivalente Politik zurückführen?
   Überprüfen Sie die sowjetische Deutschlandpolitik auf Anzeichen, wo die Zielsetzung der Systemveränderung durch andere Motive überlagert wird.
2. Setzen Sie sich mit der These auseinander, daß die Teilung Deutschlands zwei Staaten geschaffen habe, die auf der gleichen Basis von Industrialisierung und Qualifikation die Effektivität unterschiedlicher Systeme bewiesen hätten.
3. Nach einer Phase des Zögerns übernahm die KPD/SED immer stärker das sowjetische Modell des Sozialismus als Vorbild für die neue Wirtschaftsordnung der DDR. Welche Ursachen führten zu diesem Verhalten, und weshalb glaubte die Partei, mit der Nachahmung eines fremden Systems langfristig Erfolg zu haben?
4. Das politische Verhalten der DDR-Bewohner wurde im wesentlichen durch Vergleiche mit der Bundesrepublik bestimmt. Inwiefern ist dieser westdeutsche Einfluß durch die Politik der SED unterstützt worden?
5. Wenn die DDR von ihrer «revolutionären Tradition» spricht und die Bundesrepublik auf die «historische Kontinuität» verweist, so lassen sich daraus für die Orientierung der beiden Systeme bestimmte Schlußfolgerungen ableiten. Welchen Stellenwert hat demgemäß die gegenwärtige Phase in der jeweiligen systemgemäßen Interpretation?

Zweiter Teil
Funktionsprobleme der Marktwirtschaft

Da die sozialistische Wirtschaftsordnung von ihrer Entstehungsgeschichte her die Kritik des liberalen Systems als inhaltliche Voraussetzung hat, muß ein Vergleich notwendigerweise auch heute noch mit der Darstellung und Problematisierung grundlegender Merkmale des marktwirtschaftlichen Systems beginnen. Analog dieser Analyse marktwirtschaftlicher Elemente wird dann mit Kriterien der Planwirtschaft verfahren. Die ökonomische Theorie und Praxis der DDR beruft sich immer wieder auf ihre Absicherung und Orientierung am Marxismus. Ihre praktische Ausgestaltung ist allerdings an der Realität einer Planwirtschaft orientiert, die man ihres Ursprungs halber als «Planwirtschaft sowjetischen Typs» bezeichnet. Diese Formulierung weist zum einen darauf hin, daß es durchaus verschiedene Formen sozialistischer Wirtschaftsordnungen geben kann, wie die Planwirtschaft der Volksrepublik China oder die «Sozialistische Marktwirtschaft» Jugoslawiens, macht zum anderen aber auch kenntlich, daß in dieses Modell alle negativen Voraussetzungen einer improvisierten Entwicklungsdiktatur eingegangen sind.

Im einzelnen umfaßt die Darstellung folglich die Analyse charakteristischer Merkmale der alternativen Wirtschaftsordnungen, die sich in Funktion und Wirkung aus der jeweiligen Modellvorstellung ableiten lassen.

Neben den ökonomischen Funktionsmechanismen soll zugleich die soziale Dimension untersucht werden. Die Auswirkung der staatlichen und wirtschaftlichen Ordnung auf die Einzelpersönlichkeit wird nach folgenden Kriterien problematisiert:

- Chancengleichheit und Gerechtigkeit,
- Sicherheit und Solidarität,
- Freiheit und Persönlichkeitsentfaltung,
- Mitbestimmung und Entscheidungsmöglichkeiten.

Diese Aspekte des Systemvergleichs unterliegen zwar ebenso wie die Einschätzung der ökonomischen Kennziffern einer subjektiven Wertung, sie lassen sich jedoch von einer Systemanalyse nicht trennen.

I. Privateigentum und soziale Ordnung

Produzenten, die selbständig planen wollen, müssen dazu Sachgüter und Dienste aller Art in Anspruch nehmen und auch über die Produktionsfaktoren Natur und Kapital verfügen können. Somit ist das Privateigentum an Produktionsmitteln das bestimmende Element der Marktwirtschaft und der auf ihr beruhenden sozialen Ordnung. Das liberale Bürgertum hatte einst mit der freien Verfügung über sein Eigentum seine Legitimation gegenüber dem absoluten Herrschaftsanspruch des Adels erkämpft und sah daher im Besitz als solchem oder im Streben nach Besitz die Realisierung eines Naturrechts und die Erfüllung eines natürlichen Bedürfnisses aller Menschen. Die auf dem Privateigentum an Produktionsmitteln beruhende Marktwirtschaft erklärt diesen Tatbestand zur natürlichen Voraussetzung für jede effiziente Wirtschaftsordnung. Das Privateigentum soll demnach die Verantwortungsbereitschaft und Einsatzfreude der Persönlichkeit fördern, wirtschaftliche Unabhängigkeit verschaffen und die Möglichkeit zur persönlichen Entfaltung des Menschen bieten. Ebenso verhilft es dieser Ideologie nach zu gesellschaftlichem Ansehen, dient als Anreiz zur Leistungssteigerung, erzwingt das volkswirtschaftlich notwendige Sparen und die Risikobereitschaft des Unternehmers.

Diese Modellvorstellung vom einzelnen Besitzbürger als Motor der wirtschaftlichen Entwicklung soll ihre Absicherung in der allgemeinen Eigentumsordnung finden. Der Status des Besitzbürgers wird zum Leitbild der angestrebten Zukunftsgesellschaft. Unter dem Schirm einer staatlich kontrollierten Wettbewerbsordnung erfolgt demgemäß auf der Basis wirtschaftlicher Tätigkeit die Besitzverteilung nach den Kriterien von Leistung, Verantwortung und Gerechtigkeit.

Insgesamt also standen bei der positiven Begründung des Eigentumsprinzips innerhalb der liberalen Wirtschaftsordnung zwei Hauptaspekte im Vordergrund:

1. Das Eigentum als Garant ökonomischer und politischer Freiheit gegenüber dem Zugriff des Staates.
2. Das Eigentum als Motor der wirtschaftlichen Entwicklung, als Leistungsanreiz in Form materieller Belohnung und Bestrafung, je nach Fähigkeit des Besitzers.

Eine staatliche Ordnung, die diesen Prinzipien nicht entspricht, muß nach der liberalen Argumentation automatisch zu Diktatur und wirtschaftlichem Niedergang führen. In der Gleichstellung von Nationalsozialismus und Sozialismus als totalitäre Staatsformen, deren Ursprung in der Verneinung von Privateigentum und freier Verfügungsgewalt über die Produktionsmittel gelegen habe, erhob die Eigentumsideologie einen Monopolanspruch auf Freiheit und Effizienz. Allerdings war die historische Erfahrung dieser Feststellung gegenüber zu konträr, als daß die Masse der Besitzlosen sich ihr so einfach untergeordnet hätte. In dieser Hinsicht leistete die Theorie der sozialen Marktwirtschaft nun eine tatsächliche Weiterführung des Liberalismus, indem sie das ganze System sozial abzusichern versprach. Zumindest dem Anspruch nach sollte in Zukunft das Eigentum und sein Gebrauch auch an sozialen Maßstäben orientiert sein. Zudem wurde der Staat verpflichtet, gemäß dem Sozialstaatsprinzip mit Hilfe öffentlicher Gelder keinen seiner Bürger unter das Existenzminimum abgleiten zu lassen, also für die Sicherstellung seiner Grundbedürfnisse zu sorgen. Diese Orientierung hat im Grundgesetz ihren Ausdruck gefunden.

●●

Das Sozialstaatspostulat des Grundgesetzes

Art. 14

1) Das Eigentum und das Erbrecht werden gewährleistet. Inhalt und Schranken werden durch das Gesetz bestimmt.
2) Eigentum verpflichtet. Sein Gebrauch soll zugleich dem Wohle der Allgemeinheit dienen.

Art. 20

1) Die Bundesrepublik Deutschland ist ein demokratischer und sozialer Bundesstaat.

Art. 28

1) Die verfassungsmäßige Ordnung in den Ländern muß den Grundsätzen des republikanischen, demokratischen und sozialen Rechtsstaates im Sinne dieses Grundgesetzes entsprechen.

●●

Eine derartige Sozialklausel reichte natürlich als tragende Ideologie noch nicht aus, um die Erwartungen der Bürger an ihre wirtschaftliche Zukunft zu befriedigen. Dazu diente nun zum einen die Forderung nach Kontrolle privater wirtschaftlicher Macht durch eine entsprechende Wettbewerbsordnung und zum anderen die Philosophie der Start- und Chancengleichheit. Theoretisch schien immerhin denkbar, daß in einer Wirtschaftsordnung mit lauter gleichgestellten Konkurrenten für jeden Bürger die Möglichkeit bestand, durch Fleiß und Risikobereitschaft zu Selbständigkeit und Eigentum zu kommen. In der Praxis war allerdings dieser Glaube durch die Entwicklung der Beschäftigungsstruktur längst widerlegt.

Daß diese Zukunftsvision trotzdem in Deutschland auf fruchtbaren Boden fallen konnte, lag vor allem an dem allgemein verbreiteten Gefühl von der Stunde Null des Jahres 1945. Die Einstellung der Menschen in der deutschen Trümmerlandschaft war unmittelbar nach Kriegsende durch drei Tatsachen geprägt:

Quelle: Globus-Kartendienst, Hamburg

1. der Chance des Neuanfangs nach der fast tödlichen Katastrophe;
2. der Gleichheit im Untergang und Aufbau;
3. dem Leistungswillen der Beteiligten.

Der Eindruck der Chancengleichheit wurde noch durch die Währungsreform verstärkt, bei der jeder ein Startgeld von 40 DM erhielt, während das bisherige Geldvermögen faktisch wertlos wurde. Daß diese Gleichheit eine Täuschung war, bewies schon der nächste Tag. Da stapelte sich in den Läden ein Warenangebot, von dessen Existenz die Mehrzahl der Menschen keine Ahnung gehabt hatte, das aber jetzt aus Kellern und Verstecken geholt wurde, als es wieder ans Verdienen ging.

Trotzdem blieb aber die Forderung der Chancengleichheit unverzichtbar, da auf ihr das gesamte Wertsystem der Marktwirtschaft beruht. Denn nur, wenn zumindest theoretisch eine Mehrheit der Bürger zu Besitz kommen kann, ist es möglich, die positiven Eigenschaften des Eigentums hinsichtlich der Persönlichkeitsentfaltung offiziell zu propagieren.

Unter diesen Voraussetzungen theoretischer und praktischer Art begann 1949 der Aufstieg der deutschen Wirtschaft. Lange Zeit verschleierte die Möglichkeit steigender Löhne und Gewinne die reale Vermögensentwicklung. Da alle einen Teil des wachsenden Sozialprodukts bekamen, stellte sich die Frage nach dem Verteilungsschlüssel nicht so dringend. Zudem haben konservative und liberale Befürworter dieses Konzepts eine statistische

Die Entwicklung der Beschäftigungsstruktur (1800–1914)

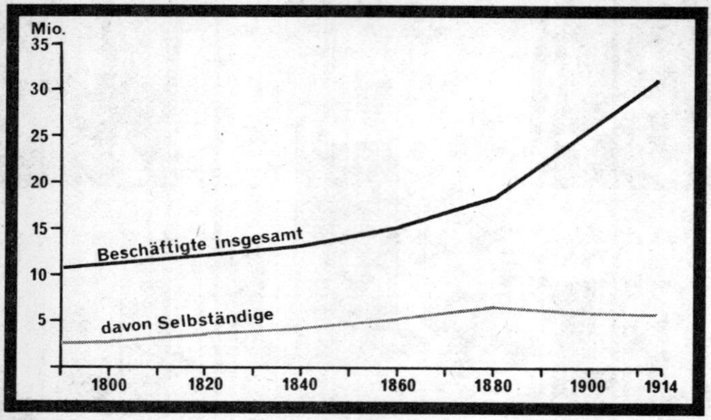

Quelle: Heinz Dieter Schmid (Hg.): Fragen an die Geschichte. Band 3: Europäische Weltgeschichte, Frankfurt/Main o. J., S. 180

Erfassung der Besitz- und Vermögensverhältnisse in der Bundesrepublik lange Zeit verhindert. So kannte man zwar im statistischen Bundesamt die Anzahl der Hunde und Obstbäume, nicht aber die der verdienten oder investierten Millionen. Als sich in den sechziger Jahren die Begeisterung über das jähe Wirtschaftswachstum, den Aufstieg aus dem «Nichts» zum Wirtschaftswunderland gelegt hatte, zeigte sich allerdings ein Ergebnis, das allen Theorien von Chancengleichheit und Vermögensausgleich Hohn sprach. Das neu gebildete Vermögen war in seiner Form als Kapital, als Produktivvermögen hauptsächlich den Unternehmern zugeflossen.

●●

Geldadel und Verbraucherplebs

Und doch, eines ist wahr: im vollen Genuß des Konsumrausches, geblendet von der Zahl der Autos, Waschmaschinen und Fernsehgeräte, dem ganzen «Glitzerkram» der Wohlstandsgesellschaft, hat die Masse der Verbraucher den Blick für die Entwicklung der gesellschaftlichen Wirklichkeit verloren.

Den meisten Bürgern der Bundesrepublik ist gar nicht bewußt, daß sich im westlichen Nachkriegsdeutschland neben der freudig die Gegenwart genießenden Verbraucherplebs ein Geldadel herausgebildet hat, in dessen Händen sich eine ungeheure Vermögenskonzentration vollzogen hat:

Rückzug der Selbständigen

Jahr	Selbständige	Arbeitnehmer	Selbständige in Prozent der abhängig Beschäftigten
	in Millionen		
1882	4,851	12,375	39,2
1925	5,129	21,724	23,6
1939	4,804	25,276	19,0
1950	3,258	16,824	20,9
1962	3,163	26,690	11,8
1974	2,582	26,231	9,8

Quelle: Die Zeit, Nr. 24, vom 4. Juni 1976

- Während die Masse der Westdeutschen das Wirtschaftswunder freudig bestaunte und sich eine ansehnliche Sammlung dauerhafter Konsumgüter zulegte, häufte eine an der Gesamtzahl der Bevölkerung gemessen verschwindend kleine Zahl von Kapitalbesitzern eine noch ansehnlichere Sammlung von Besitztiteln am Produktivkapital dieses Staates an.
- Während die große Masse der Arbeitnehmer bescheidene Summen auf ihren Sparkonten ansammelte, die vor allem dazu dienten, die etwas kostspieligeren Statussymbole wie Auto, Fernsehgerät und Waschmaschine anzusparen, teilten einige wenige Reiche die deutsche Wirtschaft unter sich auf.
- Während Millionen Familien glücklich darüber waren, endlich eine bequeme, moderne Wohnung gefunden zu haben, machten einige Leute, die zufällig ein paar günstig gelegene Grundstücke besaßen oder denen eine Bodenspekulation geglückt war, Millionengeschäfte auf Kosten des Steuerzahlers oder privater Bauherren.
- Während in der Bundesrepublik mit mehr oder weniger Erfolg darum gerungen wurde, im politischen Bereich endlich ein Gefühl für demokratische Spielregeln zu entwickeln und das parlamentarische System im Bewußtsein der Bevölkerung zu verankern, entstand in der Wirtschaft eine Oligarchie des Reichtums.
- Während im politischen Bereich die monarchistische Regierungsform längst in Vergessenheit geriet, wird die Wirtschaft weiterhin nach einem System regiert, das Alleinherrscher, Erbprinzen und Lehnsfürsten kennt.
- Während bescheidene Versuche, die Vermögensbildung in Arbeitnehmerhand zu fördern, von Interessenten als Marsch in den Kollektivismus und Kommunismus diffamiert wurden, machte der Staat den Unterneh-

mern Milliardengeschenke und ermöglichte über eine trickreiche Steuerpolitik den Aufbau riesiger Industrieimperien.

Bei all dem bleiben die alten und neuen Reichen im Land weitgehend unbekannt. Bei Umfragen nach den wohlhabendsten Männern in der Bundesrepublik wurden von der Mehrzahl der Befragten Namen wie Konrad Adenauer, Ludwig Erhard oder Hermann Josef Abs genannt. Männer wie Friedrich Flick, Herbert Quandt oder Helmut Horten sind weitgehend unbekannt, obwohl sie riesige Konzerne beherrschen. Rudolf August Oetker, den Herrn über Versicherungen, Banken, Reedereien, Nahrungsmittelfabriken, Brauereien und einen bunten Kranz anderer Firmen, stellen sich die meisten derjenigen, die seinen Namen überhaupt kennen, als einen Mann mit roten runden Bäckchen vor, der häufig eine Schürze trägt und gern Pudding kocht. Sie können sich gar nicht vorstellen, daß er etwas anderes produziert als Schokoladenpulver, Himbeerpudding und Vanillesoßen.

Michael Jungblut: Die Reichen und die Superreichen in Deutschland. Hamburg 1971, S. 21f

---

●●

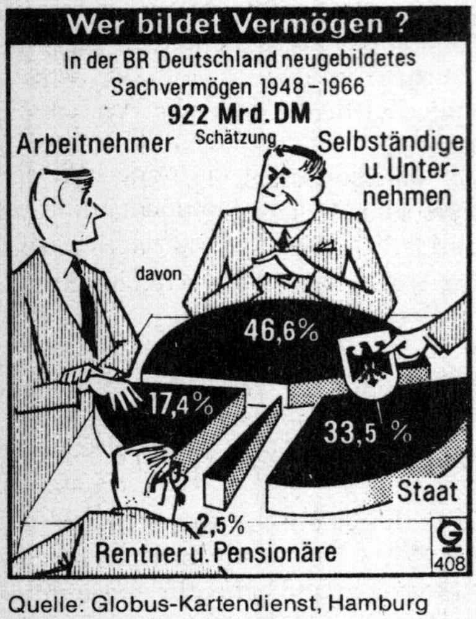

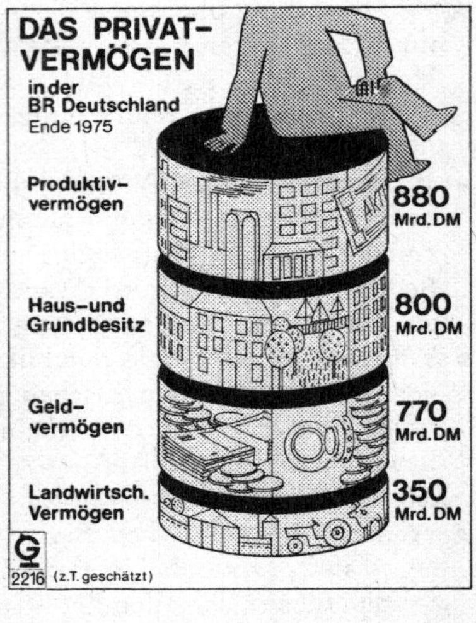

Quelle: Globus-Kartendienst, Hamburg

Der Bundesminister für Arbeit und Sozialordnung äußerte sich 1965 recht offen zum Stand der Vermögensbildung:

●●

Fest steht aber, daß die Vermögensbildung in der Nachkriegszeit einseitig war. Denn auch innerhalb der Gruppe der Selbständigen bestehen starke Unterschiede: Auch hier ist der Großteil der Vermögensbildung einer verhältnismäßig kleinen Schicht zugewachsen. Die Einkommen der Arbeitnehmer haben sich zwar in der Nachkriegszeit kräftig erhöht. Bei der Eigentums- und Vermögensbildung sind die Arbeitnehmer aber bisher weniger gut weggekommen. Jetzt ist der Zeitpunkt erreicht, auch für die Eigentums- und Vermögensbildung der Arbeitnehmer zu sorgen.

Bundesminister für Arbeit und Sozialordnung: Eigentum für alle. Bonn 1965, S. 4/5

●●

Trotz dieser offiziellen Zielsetzung hat sich bis heute an der Vermögensstruktur praktisch nichts geändert. Im Gegenteil: die jetzt seit drei Jahren andauernde Wirtschaftskrise läßt sogar den Reallohn der Arbeitnehmer stagnieren, während gleichzeitig Wissenschaftler ein erhöhtes Wachstum der Gewinne fordern und die Bundesregierung über die Senkung der Vermögenssteuern die Kapitalbesitzer zum Investieren anregen will.

●●

Der SPD-Bundestagsabgeordnete Ernst Meinike in einer Stellungnahme zu den Steuergesetzen der Bundesregierung (1977)

In Anlehnung an das Godesberger Grundsatzprogramm der SPD stellt der «OR 85» fest, daß «die Verteilung von Einkommen und Vermögen wie die teilweise damit verbundene Verteilung von Lebenschancen» noch immer zu krassen Ungerechtigkeiten führt. Die außerordentlich unterschiedliche Bewertung von Arbeit in unserer Gesellschaft schafft ständig neue Komplikationen, beeinträchtigt Verantwortungsbereitschaft und fördert den Einzel- und Gruppenegoismus.

Auch wenn heute die existentielle Not der breiten, insbesondere der arbeitenden Schichten weitgehend überwunden ist, so bedarf das eigentliche Verteilungsproblem immer noch einer Lösung. Allerdings, ohne die Korrekturen durch die öffentliche Hand, ohne die Vielzahl staatlicher Leistungen kollektiver und individueller Art, wären die Lebensbedingungen vieler Millionen Bürger unerträglich.

Neben den öffentlichen Einrichtungen – Schulen, Krankenhäuser, Sportstätten, öffentliche Verkehrseinrichtungen – haben insbesondere die direkten öffentlichen Leistungen für den einzelnen – Kindergeld, Wohngeld, BAFÖG usw. – in den letzten Jahren zugenommen. Mit dieser Politik will der Staat die Einkommenssituation vieler Bürger verbessern, er will damit die ungerechte «Primäreinkommensverteilung» vermindern.

Schon die Erhöhung der Sonderausgabenhöchstbeträge, die völlig undifferenziert als Entlastung der Arbeitnehmer ausgegeben wird, ist umstritten. Zum einen ist sie eher für Besserverdienende und Beidverdiener von praktischer Bedeutung und zum anderen enthält sie das bislang nicht zu beseitigende Übel, daß der steuerliche Vorteil mit steigendem Einkommen zunimmt (Kostenpunkt 2,5 Milliarden DM). Mit ca. 2,5 Milliarden DM stellen die Steuerbelastungen im Bereich der ertragsunabhängigen Steuern – Gewerbesteuer und Vermögensteuer – einen nicht unwesentlichen Anteil der Entlastungen dar.

Der besondere Streitpunkt war dabei die Senkung der Vermögensteuer mit 1,5 Milliarden DM. Die Senkung der Vermögensteuer ist verteilungspolitisch unverantwortlich, sozialpolitisch unausgewogen, fiskalisch nicht zu vertreten und konjunkturpolitisch sinnlos.

Es gibt in der Bundesrepublik bei 60 Millionen Bürgern 540000 Vermögensteuerpflichtige; das sind 0,9 % der Gesamtbevölkerung. Diese Gruppe versteuert nach der letzten Statistik 135 Milliarden DM, dabei befinden sich allein 106 Milliarden DM der vermögensteuerpflichtigen Vermögensmassen – das sind 78 % – in der Hand von ganzen 1570 Unternehmern; diese und die 22000 Vermögensteuermillionäre sind die großen Nutznießer der Vermögensteuersenkung.

Es ist unvertretbar, diesen 0,9 % der Bevölkerung auf Kosten der restlichen 99 % der Bürger ein Steuergeschenk in Höhe von 1,5 Milliarden zu machen, insbesondere deshalb, weil dieses Geschenk über die Mehrwertsteuererhöhung finanziert werden soll.

Die Erhöhung der Mehrwertsteuer sollte ursprünglich der Haushaltssanierung dienen. Dieses Ziel wird durch das Steueränderungsgesetz 1977 nicht nur nicht erreicht, sondern geradezu verhindert.

Sowohl die Deutsche Bundesbank als auch andere wirtschaftswissenschaftliche Institute und viele Sachkenner haben eindeutig festgestellt, daß Steuererleichterungen schlechthin keinen Investitionsanreiz darstellen. Diese Steuerentlastung ist beschäftigungspolitisch schädlich und unter dem Gesichtspunkt der Steuer- und Verteilungsgerechtigkeit gegenüber den Arbeitnehmern nicht zu rechtfertigen.

Ernst Meinike: Sorge um die Identität. In: Berliner Stimme vom 9. Juli 1977, S. 8

●●

Letztlich hat sich der Trend der liberalen Wirtschaftsordnung zur Akkumulation des Kapitals in immer weniger Händen auch innerhalb der sozialen

Marktwirtschaft voll durchgesetzt. Die ständig steigende Anzahl der Arbeitnehmer konnte zwar ihren Konsum und ihre Spareinlagen vergrößern, aber es ist fraglich, ob sich damit an der allgemeinen Tendenz etwas ändert. So zählt die Bundesrepublik nach neueren Untersuchungen jetzt zu den größten Aktionärsnationen der Welt. Hinter den USA und Japan nimmt sie mit fünf Millionen Aktiensparern den dritten Platz ein. Doch ist die zunehmende Beteiligung am Produktivvermögen über Belegschafts- und Volksaktien prozentual gesehen so gering, daß sie insgesamt von der Kapitalseite her nicht ins Gewicht fällt. Die tatsächliche Verfügungsgewalt bleibt faktisch um so sicherer in den Händen der Mehrheitsaktionäre, je breiter der übrige Aktienbesitz gestreut ist. Diese von den Arbeitgebern favorisierte individuelle Vermögensbeteiligung ändert daher nichts an den bisherigen Funktionsmechanismen, aber sie schiebt den neuen Aktienbesitzer bewußtseinsmäßig in eine Position, in der er sich eher mit dem Arbeitgeber als mit dem Arbeitnehmer identifiziert.

So ergibt sich nach dreißig Jahren sozialer Marktwirtschaft, daß weder die Eigentumsordnung noch die Eigentumsideologie im Sinne der Verteilungsgerechtigkeit erfolgreich waren. Die Vermögenskonzentration ist wesentlich gestiegen, wenn sie auch einen breiten Unterbau durch den Minibesitz der Arbeitnehmer an langlebigen Konsumgütern und Sparvermögen erhalten hat. Wenn trotzdem bisher über diesen Tatbestand wenig Unmut in der veröffentlichten Meinung und innerhalb der Bevölkerung entstanden ist, so lag das vor allem an den günstigen Konsummöglichkeiten und der auf Grund des allgemein gestiegenen Wohlstandes nicht mehr direkt drückenden sozialen Ungerechtigkeit. Auch verbarg sich der neue und alte Reichtum immer besser hinter der Anonymität von Aktiengesellschaften und Kapitalstreuung, so daß von außen die tatsächlich erfolgte Vermögenskonzentration immer weniger erkennbar war. Die Stabilität der in zunehmendem Maße ungleichen Vermögens- und Besitzverteilung beruht also vor allem darauf, daß sich die materielle Situation für Kapital und Arbeit kontinuierlich verbessert. Sie muß spätestens dann gefährdet sein, wenn ein stagnierendes oder schrumpfendes Sozialprodukt für einen der beiden Partner keine Verteilungsmöglichkeiten mehr bietet, nach Lage der Dinge also die Gewerkschaften folglich mit leeren Händen vor ihre Mitglieder treten müssen, während die Unternehmergewinne steigen. Dann muß auch deutlich werden, daß sich zwar insgesamt der Lebensstandard für alle Bevölkerungsschichten gehoben hat, daß sich aber der absolute Abstand zwischen den Vermögensbesitzern einerseits und den Gehaltsempfängern andererseits vergrößert hat. Auch die staatliche Wirtschaftspolitik gerät in immer größere Abhängigkeit von den Kapitalbesitzern, deren ständig wachsende Vermögen auf den heimischen Märkten zunehmend weniger profitable Anlagemöglichkeiten finden.

Arbeitsvorschläge

1. Nach der liberalen Theorie ist der Besitz für den einzelnen Menschen ein Naturrecht, auf dessen Basis allein Freiheit und Persönlichkeitsentfaltung möglich sind. Wie kommt es zu einer derartigen Einschätzung des Eigentums, und welche Rückschlüsse lassen sich aus dieser Festlegung für die Persönlichkeit der Besitzlosen ziehen?
2. Die soziale Marktwirtschaft ist eine Weiterführung der liberalen Wirtschaftstheorie vom 19. in das 20. Jahrhundert. An welchen Veränderungen und Ergänzungen läßt sich diese Modernisierung festmachen?
3. Warum konnte sich nach 1945 die Theorie der sozialen Marktwirtschaft in Westdeutschland durchsetzen und warauf beruhte ihre lange Zeit unangefochtene Stellung?

II. Wettbewerb und Freiheit

Die Konzeption der freien Marktwirtschaft geht von der grundsätzlichen Annahme aus, daß jeder Mensch in der Verfolgung seiner eigenen wirtschaftlichen und persönlichen Interessen über das Wirtschaftsleben mitbestimmen kann. Somit wird der Egoismus als tragende Kraft und Motor der wirtschaftlichen Entwicklung eingesetzt. Das steht zwar im Gegensatz zur offiziellen Moral, die stets gemeinsame, gesellschaftliche Interessen von Nation und Volk vorgibt, erscheint aber nur realistisch und nüchtern. Aus der vorhandenen Knappheit aller Güter folgt, daß jeder die selbstgesetzten wirtschaftlichen Ziele nur im Wettstreit mit den entsprechenden Zielen anderer verfolgen kann. Volkswirtschaftlich gesehen stehen so alle Anbieter von Gütern und Dienstleistungen im Wettbewerb um die Kaufkraft des Kunden, Arbeitnehmer konkurrieren um einen vorteilhaften Arbeitsplatz, Arbeitgeber jagen sich gegenseitig die besten Arbeitskräfte ab. Jeder steht mit jedem im Wettbewerb, über die volkswirtschaftlichen Grenzen hinaus setzt sich die Konkurrenz mittels Ex- und Import von Waren auf den ausländischen Märkten fort.

Die Exportabhängigkeit der Bundesrepublik hat sich in den letzten Jahren ständig erhöht. Betrug der Anteil des Bruttosozialprodukts, der durch Absatz im Ausland erwirtschaftet wurde, 1950 noch 11 Prozent, so waren es 1965 schon 19 Prozent und 1977 27 Prozent. Praktisch arbeitet also fast jeder vierte Beschäftigte in Westdeutschland für den Export. Entsprechend hoch ist auch der Import, der 1977 eine Summe von 236 Milliarden Mark ausmachte. Die Rolle der Bundesrepublik als einer der Motoren der Weltkonjunktur bedingt zugleich ihre enorme Abhängigkeit von allen Schwankun-

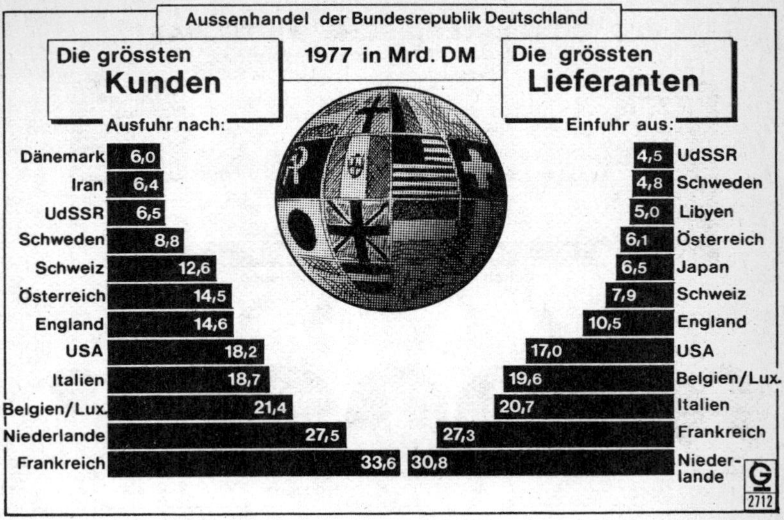

Quelle: Globus-Kartendienst, Hamburg

gen und Veränderungen der Auslandsmärkte. In dieser Hinsicht wird eine nationale Wirtschaftspolitik immer mehr zu einem Balanceakt zwischen volkswirtschaftlichen Notwendigkeiten und internationalen Bedingungen.

In der Bundesrepublik selbst sind es fast 2 Millionen Betriebe, zum allergrößten Teil kleinere und mittlere Unternehmen, die als Arbeitgeber und Produzenten auf den Märkten miteinander konkurrieren.

Den 3,6 Millionen Selbständigen standen 1977 21,3 Millionen abhängige Beschäftigte gegenüber und ca. 1 Million Arbeitslose. Nach den Berechnungen des Sachverständigenrates zur Begutachtung der gesamtwirtschaftlichen Entwicklung (Jahresgutachten 1977/78) ist diese Arbeitslosenzahl allerdings nicht vollständig, sondern sie müßte um rund eine halbe Million Arbeitssuchender ergänzt werden, die ebenfalls auf Stellensuche sind, aber nicht als Arbeitslose registriert werden. Diese sogenannte stille Reserve ergibt sich als Differenz zwischen den statistisch erfaßten Erwerbstätigen und Arbeitslosen auf der einen Seite und dem geschätzten Erwerbspotential andererseits. Angesichts der andauernden Arbeitslosigkeit hat sich der Wettbewerb unter den Arbeitnehmern in den letzten Jahren verschärft.

Auf diese Weise wirkt der Wettbewerb als dauernder Leistungsimpuls und materieller Ansporn für die wirtschaftliche Tätigkeit. Die Einzelpersönlichkeit, der Betrieb ebenso wie die Volkswirtschaft, stehen unter dem Druck

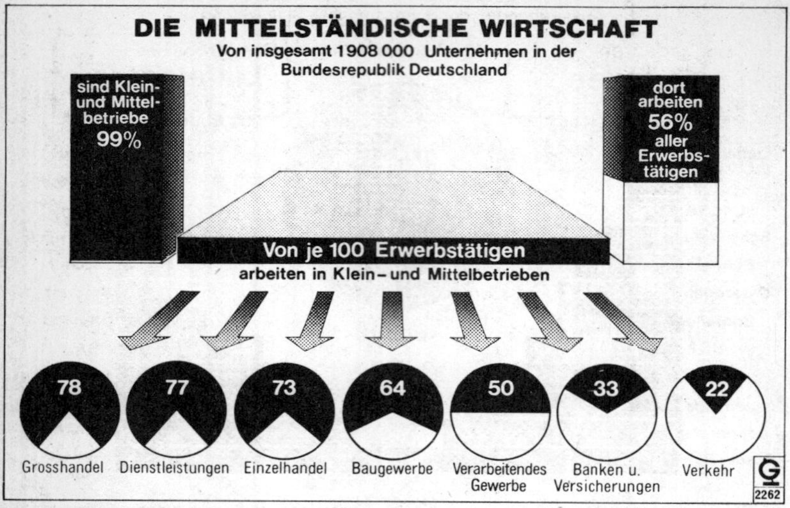

Quelle: Globus-Kartendienst, Hamburg

einer sich ständig verändernden Umwelt. Jede Nachlässigkeit führt zum Verlust von Märkten und Positionen, Arbeitsplätzen und Berufschancen. Nicht der einzelne bestimmt schließlich sein wirtschaftliches Verhalten, sondern er wird unter Androhung materieller Sanktionen zu einem bestimmten Handeln gezwungen. Wer nicht mithalten kann, wird vom Markt verdrängt und muß schließlich in letzter Konsequenz aufgeben oder Konkurs anmelden. Was für den Unternehmer gilt, trifft auch für die Bewerber um Arbeitsplätze zu. Je nach Marktlage, das heißt nach den Gesetzen von Angebot und Nachfrage, führen nicht die eigenen Qualitäten und Bemühungen zum Erfolg, sondern die Leistung der Konkurrenten. Die notwendige Vernichtung leistungsschwacher Unternehmen und die Verdrängung nicht entsprechend fähiger Arbeitnehmer vom Arbeitsplatz ist bewußtes Ziel der Marktwirtschaft und geradezu Voraussetzung für den kostengünstigsten Einsatz knapper Mittel.

Freiheit innerhalb dieser mit- und gegeneinander konkurrierenden Interessen ist demnach in erster Linie die Freiheit zur Entfaltung der eigenen Fähigkeit und Durchsetzung eigener Interessen. Sie besteht im einzelnen in der Freiheit der Verbraucher, Güter nach beliebiger Wahl aus dem Sozialprodukt zu kaufen (Konsumfreiheit), in der Freiheit der Eigentümer von Produktionsmitteln, ihre Arbeitskraft, ihr Geld, ihre Sachgüter und unter-

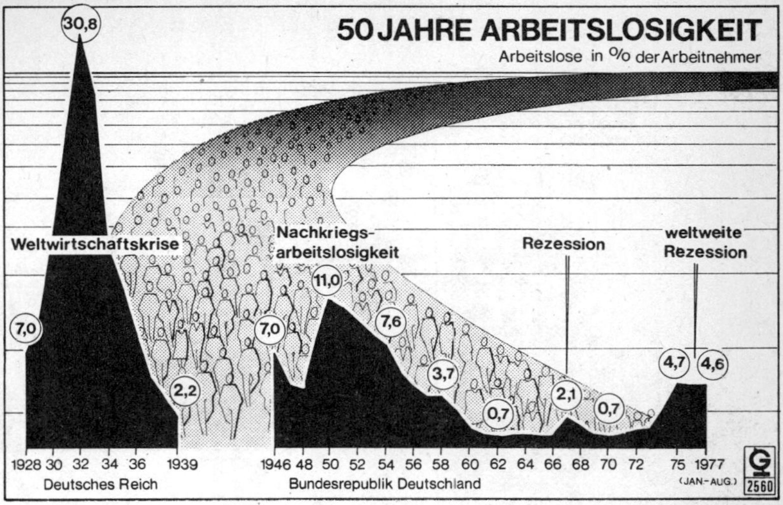

Quelle: Globus-Kartendienst, Hamburg

nehmerischen Fähigkeiten nach eigener Wahl einzusetzen sowie in der Freiheit der Unternehmer, Güter eigener Wahl zu produzieren und abzusetzen (Produktions- und Handelsfreiheit). Diese wirtschaftlichen Freiheitsrechte beziehen sich faktisch alle auf das Idealbild einer anpassungsbereiten und leistungsstarken Unternehmerpersönlichkeit, die im Zweifelsfall die eigenen Fähigkeiten genausogut einzusetzen weiß wie die Produktionsmittel. Dies ist Teil der Ideologie der Erfolgreichen, der jeweils wirtschaftlich stärksten Nationen oder der leistungsfähigsten Bevölkerungsgruppen, die es geschafft haben oder noch zu schaffen glauben.

Der Kampf um den jeweils besten Platz ist praktisch nur bei Vollbeschäftigung allen Teilnehmern der Volkswirtschaft möglich. In Krisenzeiten steigt der Anteil jener Arbeitnehmer und Unternehmer rasch an, deren materielle Basis und persönliche Fähigkeiten nicht ausreichend waren, um in dem Konkurrenzkampf mitzuhalten. Ihr Scheitern wird von der liberalen Theorie dadurch gerechtfertigt, daß nur so der Wettbewerb den Charakter des Ausleseverfahrens und Stimulationsfaktors behalte. Die steigende Arbeitsproduktivität bei zunehmender Arbeitslosigkeit, die Verringerung von krankheitsbedingten Fehlzeiten und Kuren, die willige Unterordnung der Belegschaften in Krisenzeiten zeigen deutlich, daß das Vorhandensein einer bestimmten Arbeitslosenquote tatsächlich wirksamer ist als alle anderen Mittel der Leistungssteigerung. Nachweisen läßt sich auch, daß tatsächlich

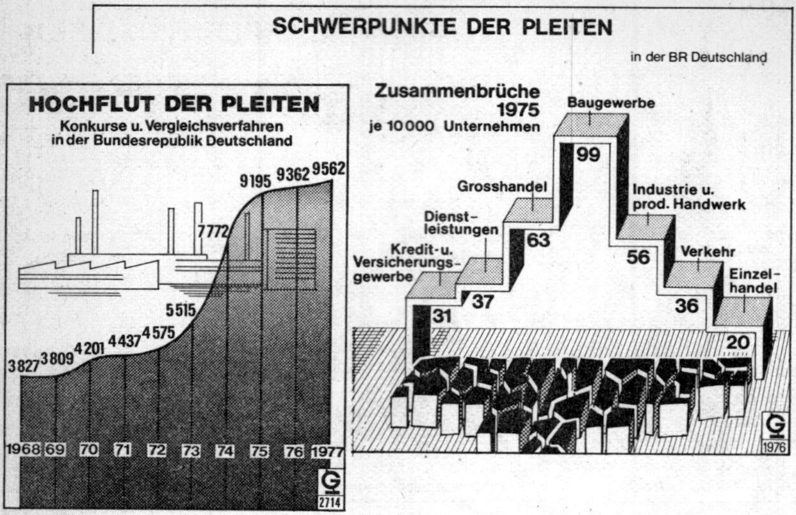

Quelle: Globus-Kartendienst, Hamburg

ein großer Teil der Arbeitslosen zu den unbequemen, durch Krankheit oder persönliche Eigenschaften für den Arbeitgeber auffällig gewordenen Arbeitnehmern gehört, deren Wiedervermittlung entsprechende Schwierigkeiten macht. Aber gerade in diesen Fällen handelt es sich häufig um Personen, die einer besonderen sozialen Förderung bedürften, statt mit dem Stigma der Leistungsunfähigkeit behaftet zu werden.

Konkurse und Bankrotte, Arbeitslosigkeit, Existenzangst und dauernde Unsicherheit sind der Preis, den die Marktwirtschaft für den leistungsstimulierenden Funktionsmechanismus Konkurrenz zahlen muß. Durch die internationalen Handelsströme und die weltweite Arbeitsteilung bleiben die Folgen dieses Wettbewerbs auch nicht auf ein Land beschränkt, sondern ziehen viele nationale Volkswirtschaften in den Strudel der Krisenzyklen mit ein. Die Ausbeutung und Unterdrückung der Entwicklungsländer nimmt zu, wobei das jeweils handelnde wirtschaftliche Subjekt in den Industriestaaten nur als Objekt eines autonomen, nicht steuerbaren Konkurrenzmechanismus erscheint.

Der Zusammenhang zwischen Konkurrenz und Hochkonjunktur, Krise und Konzentration läßt sich exemplarisch am Beispiel der Bauindustrie in der Bundesrepublik nachweisen. In der Entwicklung dieser Branche spiegelt sich zugleich der gesamte wirtschaftliche Werdegang der Bundesrepublik, samt seiner Abhängigkeit von Spekulation, Bedarfsstrukturen und Politik.

●●

Ernst Willenbrock: Baupleiten: Das Millionenspiel

Mit 950 Millionen Mark will die Bundesregierung im Herbst und Winter eine Branche stützen, für die im Sommer 1973 schon Herbst geworden war: die Bauindustrie, ein Vierteljahrhundert lang Ziehkind von Wiederaufbau, Steuerprivilegien und höchster Konjunktur. Doch 950 Millionen Mark sind nicht mehr als die Pleitesumme von zwei stilvollen Zusammenbrüchen am Bau.

Anfang Oktober dieses Jahres, am Ende einer nur dem Scheine nach guten Saison, endete das Inferno der Baupleiten in einer Art Schlußapokalypse. Nahezu jeden Tag meldete ein Großer Konkurs an: in Hannover die Engelhardt-Gruppe (562 unverkaufte Wohnungen), in Nürnberg die Winkler-Gruppe, in Ahrensburg und Mainz eine der größten, die Koppe-Gruppe, bis vor kurzem vertreten von einem, den seine Partei dermaleinst als Bundespräsidenten-Kandidaten aufgestellt hatte: Ewald Bucher von der FDP.

Mit der Rekordsumme von rund tausend Baupleiten rechnen Fachleute in diesem Jahr. Investitionsruinen, also unvollendete Großbauten wie etwa in Berlin der Steglitzer Kreisel, in Schleswig der Hisam-Turm oder in Frankfurt der Sonnenring, ragen als Menetekel gen Himmel. Viele dieser Bauten sind weder zu verkaufen noch zu vermieten. Sie stehen entweder am falschen Platz, dort wo sich Urbanität nie entwickeln wird, oder sie sind schlicht zu teuer.

Rund 200000 Wohnungen der gehobenen Klasse, zum Jahresende sogar 300000, stehen leer. Mit über 700000 Wohnungen wurde 1974, das Krisenjahr der Branche, gleichzeitig zum Rekordjahr. 400000 Wohnungen jedoch, so sagen es Experten, wurden am Markt vorbeigebaut, sind überflüssig, unnötig und sinnlos. Am Markt der schlimmsten Kunstkonjunktur, in Berlin, weiß sich inzwischen niemand mehr Rat, was mit den Geisterburgen wie dem Steglitzer Kreisel zu geschehen habe: Einziehen will niemand, weil niemand über Jahre in einer verkommenden Baustelle wohnen will. Behörden oder Institutionen wie etwa Büchereien können nicht hinein, weil die Decken der Gebäude zu dünn sind. Abbrechen ist die einzige und letzte Lösung.

Wie es um die Bauindustrie stand, die fünfundzwanzig Jahre praktisch ohne Risiko, ohne Marketing und zumeist auch ohne Phantasie ihre Wohntürme und Wohnungszeilen in die Gegend stellte, wurde vergangenes Jahr deutlich, als die Banken erstens ihre Kreditzusagen um 23 Prozent kürzten und zweitens den Kapitalzins auf durchschnittlich 14 Prozent hochklotzten. Von diesem Augenblick an war das Gewerbe praktisch tot. Bauunternehmer Mosch, sonst der Eifrigste im Aufreißen neuer Erschließungsgebiete, faßt seit zwei Jahren kein neues Projekt mehr an und hat die Hälfte seiner Bediensteten entlassen.

Eigentumswohnungen, die noch 1972 für fast jeden Preis loszuschlagen waren, gehen heute überhaupt nicht mehr weg: Mancher private Eigner einer solchen Wohnstatt sitzt darin ohne Chance des Weiterverkaufs, letztlich also ohne realisierbare Kapitalanlage. Die Klemme der hohen Zinsen, Folge der Stabilitätspolitik, trifft die Bauwirtschaft gleich von drei Seiten her: Bauherren können die Zinsen nicht zahlen, weil sie ihre verfügbaren Einkommen ganz fressen, Bauträger müssen ihre Wohnungen um jeweils acht Prozent verteuern, wenn der Kapitalzins um ein Prozent steigt, Bauunternehmen, die Wohnungen leerstehen haben, müssen für die Leer-Objekte Unsummen an die Banken zahlen und können sich den Zeitpunkt ihres Zusammenburchs ohne Rechenschieber auskalkulieren. Das Angebot mithin ist entweder zu teuer oder liegt unterhalb der Herstellungskosten, die Nachfrage umgekehrt ist nicht da, der Markt ist tot.

Der Markt bleibt auch für das nächste Jahr ohne Hoffnung. Wenn auch Banken neuerdings zum Kauf von Bauaktien als spekulative Anlage raten – man muß vor solchen Empfehlungen warnen –, kommt niemand an dem vorbei, was als kleines Einmaleins bekannt ist. Seit zehn Jahren sind etwa die Kosten einer Sozialwohnung von rund 37000 auf 81000 Mark geklettert. Komfortable Wohnungen, die frei finanziert sind, kosten um die 3000 Mark je Quadratmeter Wohnfläche. Die Kostenmieten kletterten auf 16 Mark je Quadratmeter.

Auf den bürgerlichen Haushalt übersetzt bedeutet dies, daß eine 100-Quadratmeter-Wohnung mit 300000 Mark bezahlt werden muß, was bei günstiger Finanzierung gegenwärtig eine Monatsbelastung von weit über 2000 Mark bedeutet. Wer will sich mit solchen Beträgen langfristig festlegen? Die Kostenmiete von 16 Mark würde dem Mieter einer 100-Quadratmeter-Wohnung einen monatlichen Aufwand von 1000 Mark abverlangen. Das durchschnittliche Haushaltseinkommen der Deutschen liegt darunter. Mit Milliardensummen muß der Staat die Mieten auf ein erträgliches Maß herunterdrücken. Bis in alle Ewigkeit wird er dies nicht können.

Unter dem Eindruck solcher Tatbestände wird sich das Bild des Baugewerbes radikal ändern müssen. Die Zeit der Pleiten ist noch längst nicht vorbei.

Deutsches Allgemeines Sonntagsblatt vom 20. Oktober 1974

●●

Den Folgen der Konkurrenz versuchte sich die Kapitalseite durch Kartelle, Unternehmenszusammenschlüsse, Absprachen und Monopole zu entziehen.

Zusammenschlüsse oder Absprachen zwischen den Produzenten gehen allerdings meist zu Lasten der Verbraucher, die über höhere Preise die privaten Gewinne bezahlen müssen. Daraus ergibt sich die Notwendigkeit einer staatlich kontrollierten Wettbewerbsordnung. Nach langwierigen und zähen Diskussionen wurde 1957 das Gesetz gegen Wettbewerbsbeschränkungen erlassen, das häufig auch «Grundgesetz der sozialen Marktwirtschaft» genannt wird. Es sollte die Funktion des Wettbewerbs als Lenkungsinstrument der Marktwirtschaft sicherstellen.

Ähnlich wie schon in der Begründung für das Eigentum an Produktionsmitteln soll die Wettbewerbsordnung als leistungsstimulierender Mechanismus eine dynamische Wirtschaftsentwicklung bei gleichzeitiger ökonomischer und sozialer Stabilität gewährleisten. Das Wirtschaftssystem wird als ein Ordnungsmodell interpretiert, das sich durch den Wettbewerb selbst steuert. Eine Reihe von Gesetzen und Regelungen für jeden Markt und für jede Wirtschaftsart soll dabei einen Mißbrauch des Wettbewerbs durch Aufrechterhaltung der Konkurrenz verhindern und dafür sorgen, daß den entsprechenden nationalen, volkswirtschaftlichen und sozialen Belangen der Bundesrepublik Rechnung getragen wird. Durch Institutionen wie das Kartellamt sollen Unternehmensabsprachen, die die Funktion des Marktes außer Kraft setzen könnten, verhindert werden.

Die Sicherung des Wettbewerbs gelang jedoch nie in befriedigendem Maße. Die Gesetze und institutionellen Befugnisse kamen entweder zu spät oder konnten mit ihren der Theorie entlehnten Maßstäben die Entwicklung der Wirtschaft nicht erfassen. So wurde bis heute nicht eindeutig definiert, was denn unter «wirksamer Konkurrenz» überhaupt zu verstehen ist und auf welchen Markt die geltenden Bestimmungen gegen «marktbeherrschende Unternehmen» anzuwenden sind. Die ständige Ausweitung der Wirtschaftsbereiche über nationale und europäische Grenzen hinaus und schließlich die Konkurrenz auf Welthandelsebene brachten es mit sich, daß die Bedingungen von Konkurrenz und Wettbewerb immer neu definiert werden mußten. Ein Unternehmen zum Beispiel, das in der Bundesrepublik eine marktbeherrschende Stellung einnahm, war doch gegen einen Betrieb der gleichen Branche aus den Vereinigten Staaten nicht konkurrenzfähig. Für die europäische und internationale Wettbewerbsfähigkeit mußten folglich ganz andere Maßstäbe als die des nationalen Marktes gelten. So blieb zwar einerseits beim Gesetzgeber das abstrakte Modell der vollkommenen Konkurrenz als Orientierungsmuster erhalten, doch machte man andererseits angesichts der Realität laufend Abstriche an den eigenen Maßstäben: Die staatliche Wettbewerbspolitik mußte sich ständig von der Wirklichkeit korrigieren lassen.

Der Modellvorstellung des vollkommenen Wettbewerbs hat die Realität nie entsprochen. Vollkommener Wettbewerb setzt ja nicht nur eine Vielzahl von Anbietern und Nachfragern, sondern auch ein gleichartiges Produkt voraus, das von jedem Hersteller dieser Branche produziert wird. Kein Anbieter kann den Preis beeinflussen, da allein der Markt nach Angebot und

Nachfrage den Preis bestimmt. Der Zugang zum Markt selbst ist weder durch besondere Vorbedingungen noch durch übermäßige Höhe des erforderlichen Kapitals eingeschränkt. Die neoliberale Wirtschaftstheorie hatte diese Modellbedingungen für die soziale Marktwirtschaft als bestimmend ausgegeben, die amerikanische Besatzungsmacht sie durch ihre Maßnahmen der Dekartellisierung und Entflechtung der deutschen Konzerne schaffen wollen. Im Zuge des Wiederaufbaus und der sprunghaften wirtschaftlichen Entwicklung Westdeutschlands stellte sich bald heraus, daß der Trend zur Konzentration und damit zur Einschränkung des Wettbewerbs nicht aufzuhalten war. Heute gleicht die Bundesrepublik in ihrer wirtschaftlichen Struktur eher dem Bild mittelalterlicher Feudalstaaten als dem Modell der angestrebten Wettbewerbsordnung. Entgegen der zahlenmäßig ausgewiesenen mittelständischen Struktur bestimmen die Großunternehmen die Richtung der wirtschaftlichen Entwicklung.

Arbeitsvorschläge

1. Nach der liberalen Wirtschaftstheorie erfolgt durch die Konkurrenz die optimale Lenkung und Leistungsstimulierung aller Wirtschaftssubjekte. Auf welche Weise erfolgt die Realisierung dieser Theorie? Gibt es auch andere Möglichkeiten der Leistungssteigerung?
2. Setzen Sie sich mit der These auseinander, daß Konkurrenz und Freiheit der Wirtschaftssubjekte miteinander identisch seien. Versuchen Sie diesen Freiheitsbegriff inhaltlich zu definieren.
3. Kritiker der Konkurrenz verweisen darauf, daß trotz der offensichtlichen materiellen Erfolge die gesellschaftlichen Schäden möglicherweise größer sind als die ausgewiesene Leistung. An welchen Kriterien läßt sich eine derart negative Einschätzung festmachen?
4. Die vom Gesetzgeber gewollte Wettbewerbsordnung orientiert sich am Modell der vollkommenen Konkurrenz. Vergleichen Sie dieses Modell mit der Realität der Wirtschaftsentwicklung im nationalen und internationalen Rahmen! Welche Bedingungen setzt die Realisierung dieser Theorie offensichtlich voraus?
5. Historisch gesehen ist der Konkurrenzmechanismus ein relativ neues Prinzip der Wirtschaftslenkung. Welche Regelungsmechanismen hatte man vorher angewandt, und weshalb konnte sich die neue Ordnung schließlich durchsetzen?

III. Die Folgen der Konkurrenz: Konzentration, Kartelle und Monopole

Obwohl die liberale Wirtschaftsordnung immer wieder als den Grundgedanken ihrer theoretischen Konzeption die Konkurrenz gleichberechtigter und leistungsfähiger Einzelbetriebe postulierte, läßt sich bis heute in allen Bereichen der Trend zu einer vermehrten Konzentration und Zusammenballung wirtschaftlicher Macht feststellen. 1960 gab es in der Bundesrepublik noch 3327000 selbständige Unternehmer, 1974 nur noch 2582000. Die Zahl der landwirtschaftlichen Betriebe ging in diesem Zeitraum um 41 Prozent zurück, die Handelsbetriebe haben eine Schrumpfung von 783000 auf 575000 hinnehmen müssen. Bei den Industrie- und Bauunternehmen waren es 16 Prozent und bei den Handwerksbetrieben 18 Prozent, die keine ausreichenden Erträge mehr erwirtschaften konnten, um weiter selbständig zu bleiben. Lediglich bei den Dienstleistungsbetrieben gab es eine Zunahme von 7 Prozent, was der allgemeinen Ausweitung dieses Sektors entspricht. Somit hat in diesem Zeitraum jeder fünfte selbständige Unternehmer seinen Betrieb geschlossen. Und in der krisenhaften Situation der letzten Jahre setzt sich dieser Trend ungebrochen fort. Auf der einen Seite die Pleiten der Kleinbetriebe und auf der anderen Seite die Konzentration der Großunternehmen. Die gleichen Unternehmen, die in der Öffentlichkeit nicht müde werden, ihre Gewinne und das wachsende Kapital als Lohn für Risiko und unternehmerischen Wagemut auszugeben, tun andererseits alles, um sich eben diesem Risiko durch Ausschaltung der Konkurrenz zu entziehen. Die Zahl der meldepflichtigen Fusionen stieg von 15 im Jahre 1958 auf 453 im Jahre 1976. Besonders aktiv waren dabei die Großunternehmen, wie aus den Untersuchungen des Bundeskartellamts hervorgeht.

●●

Rudolf Herlt: Inzucht der Giganten. Bei Großunternehmen geht die Konzentration weiter

[...] Die deutsche Monopolkommission hat bei ihrer Untersuchung der Eigentumsverhältnisse in der deutschen Wirtschaft nichts Überraschendes zutage gefördert: Die Vermutung, daß sich die wirtschaftliche Macht in immer weniger Händen zusammenballt, so daß sich oft nicht mehr der Leistungsfähigere, sondern der Stärkere durchsetzt, ist bestätigt und statistisch untermauert worden.

Dabei sind allerdings aufschlußreiche Einzelheiten aufgedeckt worden. Wer hat schon gewußt, daß die hundert umsatzstärksten deutschen Unternehmen in erster Linie Anteilseignern gehören, die aus dem Kreis dieser hundert Unternehmen selbst kommen? Wer hatte die Tatsache parat, daß die Banken unter den Eigentümern der hundert größten Unternehmen erst an vierter Stelle kommen? Wem war bewußt, daß die Auslandsbeteiligungen eine viel wichtigere Rolle spielen als der Bankenbesitz? Die Monopolkommission hat in ihrem ersten Zweijahresbericht die Belege dafür geliefert.

Sie hat die hundert umsatzstärksten deutschen Unternehmen für die Jahre 1972 und 1974 ermittelt und hat dabei folgende Erkenntnisse gewonnen:

- Diese «hundert Größten» erzielten zusammen 1972 Umsätze von rund 327 Milliarden Mark; zwei Jahre später waren es 456 Milliarden Mark.
- Ihr Anteil am Umsatz der Gesamtwirtschaft wuchs in diesen zwei Jahren von 22 auf 25 Prozent.
- In der Weltwirtschaft rangieren die deutschen «hundert Größten» auf den Plätzen 20 bis 560, im europäischen Vergleich auf den Plätzen sechs bis 250.
- Das größte Unternehmen der Weltrangliste, der amerikanische Automobilkonzern General Motors, hat einen fünf- bis sechsmal höheren Umsatz erzielt als das größte deutsche Unternehmen des Jahres 1974, die August Thyssen Hütte AG.
- Die hundert größten deutschen Unternehmen werden überwiegend als Kapitalgesellschaften geführt, zumeist als Aktiengesellschaften.

Folge der Elefantenhochzeiten

Die hundert untersuchten Unternehmen repräsentieren mit einem Viertel des Gesamtumsatzes der deutschen Wirtschaft also einen gewichtigen Anteil. Professor Mestmäcker, der Vorsitzende der Monopolkommission, und seine Mannschaft haben herausgefunden, daß die größte Gruppe unter den Eigentümern der «hundert Größten» Anteilseigner aus dem Kreis der «hundert Größten» selbst sind. Auffallend ist dabei, daß die Fälle der Mehrheitsbeteiligungen aus dem Kreis der «hundert Größten» seit 1972 stark zugenommen haben. Darin spiegeln sich die Großfusionen wider, die in dieser Zeit vollzogen wurden: Thyssen übernahm die Rheinstahl-Mehrheit, die Veba erwarb die Gelsenberg-Mehrheit und damit zugleich eine Mehrheit an der Aral, Mannesmann erhöhte seine Demag-Beteiligung auf über 50 Prozent, Krupp erwarb die Mehrheit der Stahlwerke Südwestfalen, die Ruhrkohle die Mehrheit an der Rütgerswerke AG.

[. . .]

Unter den neu entstandenen Mehrheitsbeteiligungen befinden sich zwei Unternehmen – die Demag und Gelsenberg –, deren Kapital sich vorher zu mehr als 50 Prozent im Streubesitz befand. «Nimmt man diesen Aspekt dazu», resümiert die Kommission, «so ergibt sich ein nicht unerheblicher Anstieg der Konzentration gemessen an der Zahl und Größe der unabhängigen Entscheidungseinheiten.»

In der Klasse dieser 25- bis 50-Prozent-Beteiligungen treffen Großunternehmen, Banken und Versicherungen als Eigentümer häufig zusammen. Bei acht der zwanzig Unternehmen, an denen Minderheitsbeteiligungen gehalten werden, traten 1975 Banken und Großunternehmen nebeneinander auf. In drei Großunternehmen sind Banken, Versicherungen und andere Großunternehmen gleichzeitig Gesellschafter. In weiteren elf Unternehmen aus dem Kreis der «hundert Größten» halten Banken allein Beteiligungen in der Größenordnung zwischen 25 und 50 Prozent. Mindestens vier dieser Unternehmen (Karstadt, Kaufhof, coop und Hapag-Lloyd) haben zwei Banken als Gesellschafter, die zusammen mehr als 50 Prozent des Kapitals halten.

Die personellen Verflechtungen verlaufen wechselseitig: Großbankenvertreter halten Aufsichtsratsmandate bei den Wirtschaftsunternehmen, und die Vertreter der Wirtschaft sitzen in den Aufsichtsräten der Großbanken. Ein relativ kleiner Kreis von Managern übt gleichsam Einfluß durch Inzucht aus.

[. . .]

Weniger Streubesitz

Die 16 Unternehmen, die sich 1975 noch mehrheitlich im Streubesitz befanden, trugen zum Gesamtumsatz der «hundert Größten» nur noch 29 Prozent bei. 1972 waren es noch 21 Unternehmen, die einen Umsatzanteil von 33 Prozent auf sich vereinigten. Darin wird die abnehmende Bedeutung des Streubesitzes deutlich. Er hat zugunsten des Anteilbesitzes aus dem Kreis der übrigen Großunternehmen an Gewicht verloren.

Im Streubesitz stehen die großen Publikumsgesellschaften, deren Grundkapital von mehr als 30000 Aktionären gehalten wird. Diese Gesellschaften gehören zwar einer Vielzahl von Aktionären, bei der Besetzung der Aufsichtsratsposten spielt jedoch das Vollmachtstimmrecht der Banken eine große Rolle. Nach einer Untersuchung des Instituts für das Spar-, Giro- und Kreditwesen an der Universität Bonn sind 1973 in den Aufsichtsräten der 21 größten Publikumsgesellschaften insgesamt 32 Mandate von Vorstandsmitgliedern der drei Großbanken gehalten worden.

[. . .]

Aus der 1972er-Rangliste der «hundert Größten» sind neun Unternehmen ausgeschieden, von denen drei (Springer, Freudenberg, Wehrhahn) mehrheitlich in Privatbesitz sind. Unter den Unternehmen der 1974er-Rangliste, die neu hinzugekommen sind, sind es gleich fünf, die mehrheitlich in Privatbesitz sind: Kampfmeyer, Haniel, Bertelsmann, Helm, Tengelmann. Unter den «hundert Größten» hat sich damit die Gesamtzahl der Unternehmen, die mehrheitlich in Privatbesitz sind, von dreizehn auf fünfzehn erhöht. Fusionen waren in diesem Bereich nicht zu melden.

Beteiligungen ausländischer Großunternehmen – eine wichtige Eigentümergruppe – erreichen ähnlich wie die Mehrheitsbeteiligungen von Privaten in der Regel hundert Prozent. Ihre Zusammensetzung hat sich im Vergleichszeitraum nur unwesentlich verändert. Allerdings konzentrierten sich die Tätigkeitsschwerpunkte ausländischer Töchter nur auf sieben Wirtschaftszweige: Mineralölverarbeitung, Elektrotechnik, Straßenfahrzeugbau, Tabakverarbeitung, Nahrungsmittelindustrie, Steinkohlenbergbau und Chemie.

Wer geglaubt hat, der Staat würde sich bei Konzentrationsvorgängen zurückhalten, weil er schließlich die Fusionskontrolle zu seiner Aufgabe erklärt hat, ist auf dem Holzweg. Die Fusion Veba-Gelsenberg wurde letztlich von der Bundesregierung selbst angeregt. Die Stellung der öffentlichen Unternehmen unter den «hundert Größten» hat sich auch ohne diese Fusion leicht verstärkt. Rechnet man aber die Veba-Gelsenberg-Umsätze hinzu, weil der Bund mit etwa 44 Prozent und angesichts des Fehlens eines weiteren Großaktionärs eine beherrschende Stellung hat, dann erhöhte sich der Umsatzanteil öffentlicher Unternehmen seit 1972 von sechs um drei auf neun Prozent. Die relative Bedeutung der Bundesunternehmen ist beträchtlich gewachsen.

Die Produktionsmittel in Gestalt der hundert größten Unternehmen gehören in erster Linie Anteilseignern aus dem Kreis dieser Großunternehmen selbst, dann – der Bedeutung nach – Aktionären, von denen keiner für sich allein Einfluß auf das Unternehmen hat (Streubesitz); ausländischen Unternehmen, Banken, Einzelpersonen und Familien, der öffentlichen Hand und schließlich Versicherungen. Diese Ergebnisse sind für Regierung und Bundestag nützliche Unterlagen, wenn sie eines Tages zwei gewichtige politische Fragen entscheiden müssen: Sind Entflechtungen notwendig, um übertriebene Konzentrationsvorgänge der Vergangenheit zu korrigieren, und welche Maßnahmen sind nötig, damit das Produktivvermögen wenigstens künftig weniger einseitig verteilt wird?

Die Zeit vom 6. August 1976

●●

Auf diese Weise sind in den letzten Jahrzehnten im nationalen und internationalen Rahmen Unternehmensgruppen und Firmenzusammenschlüsse entstanden, die alle bisherigen Dimensionen wirtschaftlicher Macht sprengen. Gestützt auf zahlreiche Niederlassungen im In- und Ausland, abgesichert durch eine breite Produktionspalette der unterschiedlichsten Waren und unempfindlich gegenüber den üblichen Konjunkturschwankungen wächst die Größe dieser Unternehmen kontinuierlich an. In Einzelfällen übertrifft der Umsatz der multinationalen Konzerne das Bruttosozialprodukt kleinerer Staaten. So ist der Jahresumsatz von Exxon (Muttergesellschaft der Esso AG) größer als etwa die Wirtschaftsleistung von Dänemark oder Österreich, und die Volkswagen AG übertrifft in dieser Beziehung ein Land wie Pakistan. Im Gegensatz zu den Klein- und Mittelbetrieben werden aber die Großunternehmen nach Kriterien geführt, die an Zentralisierung und Vorausplanung häufig noch die Praktiken der sowjetischen Planwirtschaft übertreffen. In der Verfolgung ihrer Ziele operieren diese Unternehmen zudem ohne Rücksicht auf nationale Belange in der Wirtschafts- oder Sozialpolitik. Die Giganten des Ölgeschäfts und der Automobilproduktion, der Chemie und Elektronik sind aber nur Teile der sichtbaren Konzentration. Neben diesen Branchengrößen bestimmen immer mehr Gemischtkonzerne die Wirtschaftsstruktur, deren Produktionspalette unter den verschiedensten Markennamen von der Babywindel bis zum Artilleriegeschoß reicht.

●●

Gerd Kübler: ITT – der schweigsame Multi wird gesprächig

«Wir nehmen von allem nur das Beste», so wirbt der Frankfurter Edelkonservenfabrikant Eugen Lacroix, seit 1973 im Besitz des amerikanischen Multi ITT. Es könnte auch das Kochrezept sein, nach dem ITT-Konzernboß Harold Geneen Mitte der sechziger Jahre darangegangen war, aus einem zunächst auf die Nachrichtentechnik spezialisierten Firmenimperium einen heute weltweit 375 000 Arbeitnehmer beschäftigenden Multi zusammenzumixen. Harolds «Gemischtwarenladen» wartet mit einem weltweiten Jahresumsatz von 14,5 Milliarden Dollar auf, was auch nach dem neuesten Schwächeanfall der US-Währung noch mehr als 30 Milliarden Mark sind.

Geneen hatte eine gute Nase; er legte rechtzeitig seine damals überbewerteten Dollars mit Vorliebe in Europa an. Die Hälfte des ITT-Umsatzes wird inzwischen in den europäischen Firmen erwirtschaftet. Und dort arbeiten mit 196 000 Arbeitnehmern mehr als in den übrigen Fabriken des Konzerns.

Heute, nach der Dollar-Abwertung, könnte sich ITT kein solches Firmen-Puzzle mehr zusammenkaufen. Dennoch! Es soll weiter eingekauft werden, wie Maurice Valente, Präsident der 1960 gegründeten ITT Europe Corporation, in der 22. Etage seines Hochhaus-Hauptquartiers in der Brüsseler Avenue Louise ankündigte. Da der europäische Konzernteil inzwischen größer wurde als die US-Mutter, braucht diese sich wegen des Dollars keine Sorgen zu machen, der «Ableger» kann sich selber finanzieren.

Und überdies haben die Amerikaner 1977 bei ihrer größten Tochter in der Bundesrepublik, der Standard Elektrik Lorenz AG in Stuttgart, vorexerziert, wie sie sich ihre künftige Kapitalbeschaffung denken: Sie gaben knapp 13 Prozent des SEL-Aktienkapitals aus der Hand und beteiligten das Börsenpublikum. Für die ITT-Anteilseigner in den USA kamen die Kapitalerhöhungen zu teuer.

Das ist wohl die Erklärung, weshalb der jahrzehntelang so schweigsame Riese gesprächig geworden ist, sich erstmals in seine europäischen Karten blicken läßt. Das sind etwa hundert Unternehmen, geordnet nach sieben Produktionsbereichen (in Klammern jeweils deren Umsatzanteil in Prozent): Nachrichtentechnik (40), Konsumgüter (15), Industrieerzeugnisse (12), Kraftfahrzeugtechnik (9), elektronische Bauelemente (8), private Nachrichtentechnik und Datensysteme (7) sowie Raumfahrt, Luftelektronik und Militärprodukte (3).

Diese Bereiche sind nicht mit den jeweiligen Tochterfirmen identisch; im Gegenteil: meist gehen sie mitten durch die Firmen hindurch. Die Multi-Manager in Brüssel denken nicht in Firmen, weil sie diese ja nicht leiten. Sie denken in konzernweiten Produktsparten, weil es zu ihren Aufgaben gehört, etwa dafür zu sorgen, daß die Investitionen in den Kfz-Sparten bei den deutschen, italienischen und anderen europäischen ITT-Firmen miteinander abgestimmt werden.

[. . .]

Interessant der Bereich Konsumgüter. Er untersteht dem Amerikaner Jack Goodson, der – alles, was mit Fernsehen und HiFi zusammenhängt – den bundesdeutschen Markt als das Qualitätsmaß aller Dinge sieht. Die Zahl der in der Konsumgütersparte beschäftigten ITT-Mitarbeiter beträgt in Europa 19200; produziert wird in 13 Ländern, was 1977 einen Umsatz von 2,56 Milliarden Mark bringt (gegenüber 1973 ein Plus von 57 Prozent). Für 1978 sollen sogar die drei Milliarden herausspringen. Typische Konsumgüterproduzenten in diesem Bereich sind die Töchter Schaub-Lorenz, Schächter-Schinken, Stixi-Brezeln, Lacroix, die Teppichkehrmaschinenfirma Leifheit, Rimmel-Kosmetik und die Kosmetik-Salon-Kette Payot, die Wuppertaler Druckerei Lucas (Bundesbahnfahrpläne!), eine Werbegesellschaft, Parkhäuser und seit kurzem auch eine Handelsgesellschaft; sie vertreibt die in Hongkong gekauften Pocket-Kameras (Preis etwa 120 DM) mit dem ITT-Signum (im ersten Jahr bereits mehr als fünf Millionen Stück).

Den dicksten Brocken stellen aber nach wie vor die Bereiche Nachrichten- und Vermittlungstechnik dar, die der ehemalige SEL-Manager Heinz Nordsiek zusammen mit dem Holländer E. A. van Dyck leitet. In 13 Ländern und 79 Fabriken arbeiten 115000 Arbeitnehmer und kommen 1977 auf ein Geschäft von knapp 6,6 Milliarden Mark (gegenüber 1973 ein Plus von 24,5 Prozent). Im Geschäft mit den jeweiligen nationalen Post- und Telefongesellschaften hat man die Nase vorn. Von den jährlich etwa sechs Millionen neuinstallierten Anschlußeinheiten in Europa kommen knapp zwei Millionen von ITT Europe.

Die Rezession ging an dem europäischen Multi-Ableger freilich nicht ganz spurlos vorbei. Die Gesamtzahl der Beschäftigten lag 1974 um 27000 höher. Nun soll wieder aufgestockt werden; bis 1983 auf 209000 Mitarbeiter. Dahinter stehen geplante Investitionsausgaben von 2,6 Milliarden

Mark. Sie werden aber nicht unbedingt dort angelegt, wo man bisher investierte. Die Währungs- und Kostenumwälzungen zwingen den Multi zu einer Überdenkung der europa- oder gar weltweiten Arbeitsteilung des Konzerns. Denn, so gibt ein ITT-Manager in Brüssel zu bedenken: «Inzwischen kann man die Telefone im heimischen Tennessee billiger herstellen als in Italien.»

Frankfurter Rundschau vom 23. Dezember 1977

●●

Fast vollkommen verborgen spielt sich ein weiterer Akt der Konzentration ab: Über die Kapitalbeteiligung an den unterschiedlichsten Betrieben wächst Vermögensmilliardären und Großbanken immer mehr, wenn auch anonym, Macht über die Wirtschaftspolitik des Staates zu. Die subjektiven und objektiven Gründe zur Rechtfertigung dieser Vorgänge sind so zahlreich, wie die Argumente für das Gegenteil – die Konkurrenz. Sie zeigen vor allem aber eins: Was theoretisch von den Managern und Besitzern des Kapitals als Wettbewerbsordnung gutgeheißen wird, weil es zur Legitimation der eigenen wirtschaftlichen Position dient, findet in der Praxis des realen Geschäfts nur Anwendung, wenn es sich als vorteilhaft für die eigenen Interessen erweist. Konkurrenz wird nur so lange bejaht, wie man erfolgreich seine Position behaupten kann, sie wird in dem Augenblick überflüssig, sobald sich bessere Methoden zur Wahrnehmung von Gewinnchancen anbieten.

Trotz aller Versuche des Kartellamtes und der staatlichen Wettbewerbspolitik, die Bedingungen zur Funktion der Marktmechanismen aufrechtzuerhalten, kommt es daher zu einer immer noch wachsenden Vermachtung der Märkte.

●●

Wie vermachtet sind die Märkte?

Wo immer der Ruf nach verstärkter Preiskontrolle bei marktbeherrschenden Unternehmen und verstärkter Aufsicht zur Verhinderung von Kartellen laut wird, finden sich gleich Leute ein, die den Warner als Verfechter eines angeblichen Gewerkschaftsstaates diffamieren. Dabei geht es in dieser Frage nicht um Macht oder Einfluß der Gewerkschaften, sondern darum, ob unsere Marktwirtschaft funktionsfähig bleibt oder wieder wird. Anders herum: ob es gelingt, die Vermachtung der Märkte zu verhindern. Und die Märkte werden nun sicher nicht von Gewerkschaften vermachtet.

Was das Kartellamt weiß

Das Bundeskartellamt hat interessante Forschungsergebnisse auf den Tisch gelegt:

- Bei 450 Produktionsbereichen gibt es nur noch ein einziges Unternehmen, das den Markt beherrscht. Diese 450 Monopolunternehmen bringen jährlich einen Produktionswert von 100 Milliarden DM hervor. Da sie keinerlei Konkurrenz mehr haben, gibt es keinen Wettbewerb und keinen freien Markt mehr.
- Bei 600 Produktionsbereichen gibt es jeweils nur noch zwei oder drei Unternehmen. Der Produktionswert wird aus rechtlichen Gründen geheimgehalten. Auch hier ist der Markt weitgehend ausgeschaltet.
- In 48 weiteren Produktionsbereichen bestehen Preismeldestellen, die den Wettbewerb weitgehend einschränken.

Die Tendenz dieser Marktvermachtung ist weiterhin steigend.

Marktmechanismen ausgeschaltet

Diese Konzentration schaltet die Mechanismen des Marktes aus. Nicht mehr Angebot und Nachfrage, nicht mehr der Wettbewerb mit anderen Unternehmen bestimmen die Preisgestaltung, sondern die Besitzer solcher marktbeherrschender Unternehmen entscheiden ganz allein, welche Preise sie für die Produkte nehmen wollen.

Wer also einerseits für die Erhaltung der Marktmechanismen durch Aufrechterhaltung von Wettbewerb und Vielfalt eintritt, wer andererseits dort, wo bereits eine Vermachtung des Marktes erfolgt ist, scharfe Kontrollen gegen den Machtmißbrauch bei der Preisgestaltung verlangt, verteidigt eine freie Entwicklung unserer Wirtschaft. Und wer solche Bemühungen bekämpft, verteidigt nicht den Markt, sondern besten- oder schlechtestenfalls die Interessen einer Gruppe, die den Markt ihren Macht- und Gewinnansprüchen bedenkenlos opfert.

Aller-Zeitung vom 14. Juli 1975

●●

Sicher ist der Versuch, durch Marktabsprachen und Planung die Risiken der Produktion herabzusetzen, durchaus verständlich, aber es ist nicht einzusehen, daß diese Argumentation nur für den privatwirtschaftlichen Sektor gelten soll und nicht auch für den Bereich der staatlichen Wirtschaftspolitik, und gewerkschaftlichen Mitbestimmung.

Vetter: Freier Wettbewerb vorbei

Wolfsburg, 4. September. «Man muß endlich Schluß damit machen, von einer freien Marktwirtschaft zu sprechen, wenn sie in wichtigen Zweigen längst abgedankt hat», erklärte der DGB-Vorsitzende Heinz Oskar Vetter am Mittwoch vor dem Kongreß der Gewerkschaft Nahrung – Genuß – Gaststätten (NGG) in Wolfsburg.

Bereits mehr als 50 Prozent des gesamtwirtschaftlichen Umsatzes würden derzeit in Bereichen erzielt, in denen kein Wettbewerb mehr bestehe, sagte Vetter. Das freie Spiel von Angebot und Nachfrage gehöre hier der Vergangenheit an. Die fortschreitende Konzentration zeige, daß «die eigentlichen Systemveränderer in den Chefetagen unserer großen Konzerne sitzen. Sie sind es, die den Untergang der Marktwirtschaft betreiben».

Die Konzentration ist nach Vetters Ansicht auch die echte Ursache wirtschaftlicher Krisenerscheinungen, denen mit den herkömmlichen Mitteln der Stabilitätspolitik nicht mehr beizukommen sei. Unter Hinweis auf die Entwicklung in der Automobilindustrie erklärte der DGB-Vorsitzende, hier habe die unkontrollierte Investitionspolitik großer Konzerne zur Existenzgefährdung für Tausende von Arbeitnehmern geführt.

Dies könne nicht mehr als sinnvolles Gesetz der marktwirtschaftlichen Ordnung «verklärt» werden. Hier herrsche nicht Ordnung, sondern Chaos. Dabei sei einzelnen Unternehmensvorständen nur bedingt ein Vorwurf zu machen, weil sie für sich allein kaum anders hätten handeln können, als ständig die Kapazität zu erweitern. In Wirtschaftsbereichen mit weit fortgeschrittener Konzentration habe sich die Notwendigkeit gezeigt, daß die Investitionsentscheidungen der Unternehmen miteinander abgestimmt und öffentlich kontrolliert würden. Betriebsverlagerungen in das Ausland dürften nur schrittweise und nur dann zugelassen werden, wenn dadurch nicht Arbeitslosigkeit im Inland entstehe. Das setze eine stärkere Kontrolle der mit öffentlichen Geldern geförderten Kapitalverlagerung in Entwicklungsländer voraus.

In der Auseinandersetzung über die Mitbestimmung geht es nach Vetters Worten darum, den «Kampf um Freiheit und Demokratie in der Bundesrepublik zu bestehen». Der DGB-Vorsitzende setzte sich scharf mit Bestrebungen auf der Unternehmerseite auseinander, die Mitbestimmungsforderungen der Gewerkschaften in den Geruch der Verfassungswidrigkeit zu bringen.

Frankfurter Rundschau vom 5. Oktober 1974

Neben dem Interesse der privaten Kapitalbesitzer an der Ausschaltung von Konkurrenz, der Sicherstellung von Marktanteilen, der Verteilung des Risikos durch Produktstreuung und Kapitalaufteilung gibt es auch eine Reihe von quasi neutralen Gründen, die für eine Konzentration sprechen. Es lassen sich hier im wesentlichen vier Gesichtspunkte anführen:

1. Durch die wirtschaftliche Konzentration wird eine optimale Ausnutzung der jeweils gegebenen Techniken möglich (Standardisierung, Massenfertigung, Fließbandproduktion, Spezialisierung).
2. Allein die wirtschaftliche Konzentration führt zu jenen finanzkräftigen Großunternehmen, die in der modernen Wirtschaft den technischen Fortschritt vorantreiben können. Hinter diesem Argument steht die Tatsache, daß sich heute technische Innovationen und Verbesserungen meist nicht mehr durch den Erfindungsgeist und das Genie einer Einzelpersönlichkeit ergeben, sondern durch geplante Entwicklung in den Forschungsabteilungen der Großfirmen. Die hierzu notwendigen finanziellen Aufwendungen, die Vorfinanzierung technischer Veränderungen, deren wirtschaftlicher Nutzen und Rentabilität sich häufig erst nach Jahren herausstellt, sind für kleinere Firmen zu aufwendig und risikoreich.
3. Die Konzentration ist zur Verbreiterung der materiellen Basis in einer sich unstetig entwickelnden Wirtschaft notwendig.

Durch das Auf und Ab der Konjunkturentwicklung sind besonders die kleinen und mittelständischen Unternehmen bedroht, denen sowohl in der Hochkonjunktur wie in der Krise die finanziellen Rücklagen fehlen, um mit den Großen ihrer Branche zu konkurrieren. Einmal ist es die Inflation, das andere Mal sind es die fehlenden Anschlußaufträge, die den kleinen Betrieb in den Konkurs treiben.

Umgekehrt können dagegen die Großunternehmen den Staat durch die Androhung von Massenentlassungen immer wieder dazu zwingen, gegen seine eigenen wirtschaftspolitischen Ziele zu verstoßen und mit Steuergeldern oder Ausnahmeregelungen die private Machtballung unterstützen.

Dieser Zugzwang wird noch verstärkt durch das nationale Interesse an einer Sicherstellung der wirtschaftlichen Versorgung im Verkehrs-, Rüstungs- und Energiesektor. Hier betätigt sich dann der Staat entweder selber als Unternehmer (Bundesbahn, Post) oder er fördert zumindest Firmenzusammenschlüsse, die eine entsprechende Produktionsbasis auf jeden Fall sicher stellen (VEBA, Luftfahrtindustrie, Werften usw.).

4. Im Machtkampf der Giganten können sich nur die Großen durchsetzen, während die Kleinen hilflos untergehen.

In diesem Zusammenhang ist häufig von einer objektiven «internationalen Unternehmensgröße» die Rede, die notwendig sei, um auf den Auslandsmärkten überhaupt konkurrenzfähig zu sein. Maßstab für eine derartige Unternehmensgröße ist dann nicht mehr der nationale oder der europäische Markt, sondern ausschließlich der Weltmarkt. Die Anwendung derartiger

Kriterien macht es immer schwerer, überhaupt noch geeignete Mechanismen zur Kontrolle der Konzentration zu finden.

Bei der bisherigen Betrachtung der Konzentrationstendenz ist vornehmlich von quantitativen Veränderungen ausgegangen worden. Hierbei lassen sich leicht statistische Methoden anwenden, um herauszufinden, wie groß die Zahl der Unternehmen ist, die sich noch an einem Markt befinden, oder auf welche Betriebe die realen Marktanteile entfallen. Diese Untersuchung quantitativer Relationen in Form der bisher üblichen Konzentrationsanalyse gibt aber tatsächlich noch keinen Aufschluß über den Konzentrationseffekt von Kartellvereinbarungen, Abhängigkeiten, Marktstrukturen und Kapitalbeteiligungen. Systematisch läßt sich der Umfang der wirtschaftlichen Macht und vor allem das Ausmaß des Machtmißbrauchs nur durch direkte Befragung der Beteiligten feststellen. Erst eine materielle Konzentrationsanalyse kann Auskunft darüber geben, warum neue Patente nicht eingesetzt werden, zu welchen Rabatten Produzenten von den sie beherrschenden Abnehmern, zum Beispiel Warenhäusern, gezwungen werden, weshalb Preise trotz Nachfrageschwankungen unbeweglich verharren oder ob Preisunterbietungen tatsächlich die Folge höherer Leistungsfähigkeit oder nur Mittel der ruinösen Konkurrenz sind.

Wie wenig sich Beherrschungs- und Abhängigkeitsverhältnisse durch bloße quantitative Untersuchungen erkennen lassen, beweist die Tatsache, daß zwar der Zahl nach die kleinen und mittelständischen Betriebe die Wirtschaftsstruktur bestimmen, tatsächlich aber die Unabhängigkeit dieser Firmen häufig nur auf dem Papier steht. Viele dieser Kleinbetriebe sind zwar spezialisiert und leistungsfähig, im Verhältnis zu den Großunternehmen praktisch aber bloße Befehlsempfänger, die sich alle Geschäftsbedingungen von den Konzernen vorschreiben lassen müssen. So hat Opel etwa 7800 Zulieferfirmen, VW 9000, BASF 10000, Bayer 17500, Daimler-Benz 18000, Krupp 23000 und AEG und Siemens je 30000. Für diese Zulieferer und Dienstleistungsbetriebe sind die Großkonzerne monopolartige Abnehmer, die ihnen Preise und Konditionen diktieren können. Dabei beschränkt sich die Abhängigkeit nicht auf eine direkte Produktionsverbindung, sondern kann sich über Abnahme- und Liefergarantien bis zum Handel und Verkauf ausdehnen.

So stellt sich die quantitative und materielle Konzentration innerhalb der westdeutschen Volkswirtschaft als ein Prozeß dar, der durch die herkömmlichen Mittel der Kontrolle und Einschränkung nicht aufzuhalten ist. Entsprechend der Logik des Konkurrenzsystems entstehen auf der Basis von Krisen und Konjunkturschwankungen, von technischen Veränderungen und ausländischer Marktmacht immer größere Unternehmen, die in ihrem Aufbau und ihrer Wirtschaftspolitik schließlich eher staatlichen Betrieben und Monopolen ähneln als dem klassischen Privatbetrieb. Was sie in der wirtschaftlichen Orientierung allerdings von staatlichen Unternehmen unterscheidet, ist das Gewinnstreben im Sinne ihrer Kapitalgeber, das durchaus auch gegen die gesellschaftlichen Interessen verstoßen kann. Ihre Legitimation beziehen diese nationalen und multinationalen Konzerne aus ihrer wirtschaftlichen Leistungsfähigkeit und der Tatsache, daß allein nach quantitativen Kriterien die mittelständische Industrie immer noch die Wirtschaftsstruktur bestimmt.

Unter diesen Bedingungen scheint die Wettbewerbspolitik der Bundesrepublik zum Scheitern verurteilt.

●●

Professor Helmut Arndt über Konzentrationsprozesse

Ursache des vor sich gehenden Konzentrationsprozesses, der die selbständigen Unternehmen in Handel und Industrie zunehmend vernichtet, ist nicht zuletzt der Umstand, daß sich der Leistungswettbewerb – trotz oder gerade wegen des sogenannten «Kartellgesetzes» – in einen Machtkampf verwandelt hat, in dem es fast schon die Regel ist, daß die stärkeren Unternehmen den schwächeren Unternehmen Anweisungen erteilen – zu ihrem Nutzen und zu deren Schaden. Das Wirtschaftssystem der Bundesrepublik Deutschland wird auf diese Weise ausgehöhlt und im Endeffekt vernichtet.

Ursache dieses Konzentrationsprozesses, der auf Umwegen Karl Marx noch nachträglich rechtfertigen könnte, ist wiederum der Umstand, daß die Probleme wirtschaftlicher Macht (Nachfragemacht, Anbietermacht und so weiter) bislang – und zwar nicht nur von der Gesetzgebung – weitgehend verkannt werden.

Leserbrief in: Der Spiegel 7/78

●●

Was immer auch der Staat folglich unternimmt, um durch fachwissenschaftliche Beratung und billige Kredite die mittelständischen Unternehmen zu unterstützen, nach der Logik des Weltmarktes, der technischen Entwicklung und der organisatorischen Bedingungen geht der Trend in Richtung Konzentration und Betriebsgröße unaufhaltsam weiter. Die Ausnahmestellung des Dienstleistungssektors und des durch eine regulierte Nachfrage geschützten Agrarbereichs beweisen nur, daß auch in Sektoren dieser Art ohne staatliche Hilfe der Strukturwandel nicht aufzuhalten wäre.

Arbeitsvorschläge

1. Der Trend zur Konzentration ist ein fortlaufender Prozeß, der trotz gegenteiliger staatlicher Maßnahmen nicht aufzuhalten ist. Welches sind die Ursachen der Konzentration?
   Untersuchen Sie am Beispiel Deutschlands (Kaiserreich, Weimarer Republik und Bundesrepublik) die Entwicklung von Konkurrenz und Konzentration.
2. Nach der marxistischen Theorie muß der Konzentrationsprozeß in seinem Endpunkt auf die vollständige Ausschaltung der mittelständischen Betriebe hinauslaufen. Nach der gegenwärtigen Struktur der Wirtschaft scheint diese Theorie über hundert Jahre nach ihrer Entstehung durch die Praxis widerlegt worden zu sein. Diskutieren Sie das Pro und Contra dieser Behauptung.
3. Die Feststellung einer Konzentrationsentwicklung ist häufig mit einer negativen Wertung verbunden. Dabei halten sich in diesem Prozeß positive und negative Aspekte mindestens die Waage. Erläutern Sie an einigen konkreten Fällen wie zum Beispiel der Supermärkte oder der Automobilindustrie die Vor- und Nachteile der Konzentration.
4. Um den Konzentrationsgrad einer Volkswirtschaft festzustellen, bedient man sich der quantitativen und qualitativen Analysemethode. Warum reicht eine rein quantitative Analyse der Betriebszahlen und Marktanteile nicht aus, um den realen Konzentrationsgrad zu erfassen? Welche weiteren Angaben sind dafür notwendig?
5. Die Wirtschaftspolitik der Bundesregierung hat in den letzten Jahren immer weniger ihre Zielsetzung realisieren können. Man führt diese relative Hilflosigkeit des Staates unter anderem auf die zunehmende Konzentration der Unternehmen zurück. Wo liegen die Gründe für diese Annahme?

IV. Die Regelung von Angebot und Nachfrage: Märkte und Preise

Der Begriff der «freien Marktwirtschaft» drückt programmatisch aus, daß in dieser liberalen Wirtschaftsordnung einzig und allein die Institution des Marktes die primäre Vermittlungsfunktion zwischen den Wirtschaftssubjekten haben soll. Auf dem Markt werden Angebot und Nachfrage nach Produktionsmitteln, Konsumtionsmitteln, Dienstleistungen und Arbeitskräften über den Preismechanismus vermittelt. Während der Markt für alle im Inland gehandelten Waren der Binnenmarkt ist, bezeichnet man den Markt für die auf der ganzen Welt zwischen den einzelnen Nationen gehandelten Güter als Weltmarkt. Weiter unterscheidet man den Gütermarkt vom sogenannten Faktormarkt, auf dem die Produktionsfaktoren Arbeit, Boden und Kapital gehandelt werden. Auf dem Gütermarkt realisiert sich die Nachfrage der privaten Haushalte (Konsumenten), die mit ihren Einkommen dort die für sie notwendigen Dinge kaufen: Güter, die in den Betrieben produziert werden. Zur Herstellung dieser Konsumgüter werden wiederum Produktionsfaktoren benötigt, die von den Betrieben auf dem Faktormarkt nachgefragt und von den Haushalten zum Beispiel in Form von Arbeitskräften angeboten werden. Die Arbeitnehmer treten also in einer Doppelfunktion auf, ohne sich dessen meist bewußt zu sein. Einerseits erfüllen sie an ihrem Arbeitsplatz die Rolle der Produzenten, wenn auch in abhängiger Stellung, andererseits sind sie bei der Befriedigung ihrer Bedürfnisse für sich und ihre Familien in der Rolle des Konsumenten, der die von ihm selbst hergestellten Waren auf dem Markt nachfragt.

Volkswirtschaftlich gesehen müssen sich die beiden Funktionen ergänzen, wenn die Wirtschaft im Gleichgewicht bleiben soll, tatsächlich gibt es aber eine Reihe von Faktoren, die diesen notwendigen Ausgleich von Produktion und Verbrauch stören. Der Kern der Problematik liegt darin, daß der Arbeitnehmer als Faktor Arbeitskraft auf dem Markt ebenso angeboten und gehandelt wird, wie die anderen Produktionsfaktoren Kapital und Boden. Zwar verspricht die Wirtschaftsordnung der Bundesrepublik durch ihren Zusatz «sozial», mit Hilfe von staatlichen Geldern und Subventionen leistungsunfähigen oder benachteiligten Personen ihre Existenz zu sichern, das hebt aber den allgemeinen Mechanismus von Angebot und Nachfrage im Bereich der Arbeitsvermittlung nicht auf. Letztlich wird die Masse der Arbeitnehmer nach Maßstäben der privaten Rentabilitätsberechnung im Wirtschaftsprozeß eingesetzt und nicht nach den Kriterien einer gesellschaftlich nützlichen Funktion. Insofern tritt der Arbeitnehmer in der Regel weder bei der Planung der Produktion noch bei der Herstellung als selbständiges Subjekt auf, das sich nach Abschluß der Herstellung mit den jeweiligen Waren identifizieren könnte, sondern nimmt seine Rolle als Produzent und Konsument vollkommen getrennt und unverbunden wahr. Die Planung der Produktion geschieht allein durch die Kapitalbesitzer und wird angeblich legitimiert durch ihr Verlustrisiko. Nach den theoretischen Regeln der Konkurrenz und der Marktwirtschaft soll sich nun erst auf dem Markt im Wettbewerb der verschiedenen Anbieter untereinander herausstellen, ob überhaupt und zu welchem Preis die Konsumenten zum Erwerb der Ware bereit sind. Erst auf dem Markt verwandelt sich also das Spekulationsobjekt Ware in einen für den Konsumenten nützlichen Gegenstand.

Dabei übernimmt der Preis die Aufgabe, die Nachfrage festzustellen und somit das Angebot zu regeln. Mit steigendem Preis geht normalerweise die Nachfrage zurück, während das Angebot zunimmt. Wenn sich Angebot und Nachfrage bei einem bestimmten Preis decken, spricht man von einem

Gleichgewichtspreis. Ein niedrigerer Preis wäre für die Produzenten kein Anreiz mehr, das Warenangebot zu erhöhen, und bei einem höheren Preis würden die Haushalte weniger kaufen. Diesen Idealfall einer Markt- und Preisfunktion zur Vermittlung von Angebot und Nachfrage gibt es allerdings in der Realität kaum. Das hat mehrere Ursachen:

1. Zwischen der Signalwirkung eines Preises und der durch sie ausgelösten Erhöhung der Produktion vergeht meist eine derartige Zeitspanne, daß sich bis zur tatsächlichen Realisierung des neuen Angebots die Bedingungen der ursprünglichen Preisfestsetzung schon wieder geändert haben können (Schweinezyklus). Auf Grund dieser zeitlichen Dimension weicht die Angebotsmenge selbst im optimalen Falle immer nach oben und unten von der Gleichgewichtsmenge ab.
2. Ein rein preisorientiertes Verhalten der Unternehmer würde den vollständigen Wettbewerb bei gleichwertigen Gütern voraussetzen. Dies ist auf Grund der wachsenden Konzentration nicht der Fall. Im Gegenteil: Durch Monopolbildung und Preisabsprachen über Kartelle versuchen sich die Unternehmer den Risiken des Marktes zu entziehen und ihren Absatz zu sichern. Auch die intensive Werbung, die Weckung von immer neuen Bedürfnissen beim Verbraucher, dient der Absicht, durch emotionale Manipulation den Marktmechanismus zu umgehen.
3. Die Beweglichkeit von Preisen muß ihre Ursache auch nicht in der Schwankung von Angebot und Nachfrage haben, sondern kann ebensogut Ausdruck eines Verdrängungswettbewerbs oder der ruinösen Konkurrenz auf umkämpften Märkten sein. In diesem Falle wird ein starker Produzent erst durch zeitweiliges Unterbieten der Konkurrenz diese vom Markt verdrängen, um dann aus der Position des Monopolisten heraus die Preise diktieren zu können.

So mußten allein im Jahre 1975 7000 Betriebe im Einzelhandel schließen, weil sie der Konkurrenz von Supermärkten und Kaufhäusern nicht mehr gewachsen waren. Ein einziger dieser Verbrauchermärkte, die auf billigem Boden am Stadtrand errichtet unter einem Dach ein umfassendes Angebot konzentrieren, entzieht bis zu 400 Einzelhändlern die Existenzgrundlage. Ist der Konkurrenzkampf dann zugunsten des Supermarktes entschieden, kann er gefahrlos wieder die Preise heraufsetzen, da er nun zum alleinigen Anbieter geworden ist.

●●

Einzelhändler-Verband: Schrille Töne

Einer «leistungsfähigen und leistungswilligen Schicht» wird das Wasser abgegraben; «Mittelstandsvernichtung» wird betrieben, nur um einer schnöden «Gewerbesteuermaximierung» willen. Tausende sind «zum Dahinvegetieren» oder gar «zum Tode» verurteilt, nur weil das Walten der «vermeintlichen Kräfte der sogenannten freien Marktwirtschaft» von der Regierung nicht durch Gesetz verhindert wird ...

Dies ist kein Auszug aus dem Protokoll einer Versammlung von Anarcho-Syndikalisten; es sind Worte von Syndici der Hauptgemeinschaft des deutschen Einzelhandels. Sie klagten auf ihrer Jahreswendekonferenz über «Vernichtungswettbewerb» und «Verkaufsflächenexplosion» insbesondere durch die vornehmlich an den Stadträndern aus dem Boden schießenden Supermärkte.

Nun soll die Unvernunft mancher Gemeinderäte, Überkapazitäten von Handelsunternehmen auf der grünen Wiese ohne Rücksicht auf Bedarf und tradierte Strukturen zu fördern, nicht bestritten werden. Daß jährlich 7000 Einzelhändler dichtmachen müssen, kommt nicht von ungefähr. Auch daß es Rabatt- und Konditionendiskriminierungen gibt, ist kaum zu leugnen. Man wird sich aber doch wohl noch wundern dürfen, wie schnell «Marktwirtschaft» in der Betrachtungsweise «freier Unternehmer» zu «sogenannter Marktwirtschaft» wird, wenn es im eigenen Bereich knirscht. Wenn das die Jusos gewesen wären!

Frankfurter Rundschau vom 9. April 1976

●●

4. Auf wichtigen Teilmärkten, wie bei Energie, Rüstung oder Nahrungsmitteln, ist auch der staatlichen Wirtschaftspolitik nicht daran gelegen, durch ständige Schwankungen die wirtschaftliche und soziale Sicherheit der Bevölkerung zu gefährden. So werden diese Märkte durch eine staatliche Absatzgarantie faktisch aus dem Mechanismus herausgenommen und insofern in ihrer Preisgestaltung unempfindlich gegenüber Nachfragelücken (zum Beispiel der Agrarmarkt in der EG oder der Energiesektor mit VEBA, Ruhrkohle).
5. Das unsicherste Glied der Markttheorie schließlich ist der Mensch als Käufer wie als Produzent. Im Gegensatz zur liberalen Theorie des «homo oeconomicus» ist er weit weniger den Kriterien der «reinen Rationalität» unterworfen, als man ihm selber glauben machen will. Der vom abstrakten Einzelmenschen ausgehende Liberalismus machte nämlich keinen Unterschied zwischen gesellschaftlicher und individueller Rationalität. Dabei gibt es zwischen den beiden Bereichen durchaus Gemeinsamkeiten, aber insgesamt keine notwendige Übereinstimmung.

Der mögliche Gegensatz zwischen privatwirtschaftlicher Zielsetzung und gesellschaftlicher Rationalität ist die eigentliche Ursache der häufigen Verständigungsschwierigkeiten zwischen staatlicher Wirtschaftspolitik und der Interessenwahrnehmung der einzelnen Wirtschaftssubjekte. Letztere orientieren sich allein an ihren privaten Bedürfnissen oder an dem, was sie dafür halten. Das gilt für den Produzenten, den Kleinanleger, der seine Spargroschen investieren will, und den Konsumenten. Ihnen allen fehlt die nötige Übersicht über Marktangebot und Marktentwicklung, um sich wirklich rational verhalten zu können. So kommt es häufig für den kleinen Kapitalanleger aus der Schicht der gutverdienenden Selbständigen und Angestellten zu einem geschäftlichen Taktieren zwischen freudiger Zuversicht und stiller Verzweiflung.

Ähnlich geht es dem Verbraucher, wenn dessen Konsumentscheidungen auch nicht solche Tragweite haben, wie die der Kapitalanleger. Was nach der Theorie des Liberalismus für den Wochenmarkt des Dorfes noch Geltung haben konnte, trifft auf den nationalen und internationalen Konsummärkten, die via Fernsehen und Zeitung jedem ins Haus gebracht werden, immer weniger zu. Der Verbraucher kann hier meist weder das tatsächliche Angebot der Hersteller einschätzen noch die Qualität der Waren, noch die Preisgestaltung. Häufig verweigern die Geschäfte selbst entsprechenden Verbraucherorganisationen Informationen zum Preisvergleich. Die Zeitschrift *Warentest* beweist fast in jeder ihrer Ausgaben, daß Qualität und Preisgestaltung der Waren häufig in keinem Zusammenhang miteinander stehen. Einzelne Produkte werden bei gleichen Abgabepreisen der Hersteller um bis zu 100 Prozent teurer im Handel verkauft.

Informationsmängel einerseits und Zeitmangel andererseits hindern so meist den Konsumenten daran, sich die Vorteile des Wettbewerbs wirklich zunutze zu machen und sein Kaufverhalten entsprechend zu steuern. Die Aussagen des Verkäufers oder des Produzenten zielen meist nicht auf die Aufklärung des Verbrauchers, sondern allein auf die Absatzsteigerung.

6. Der bloßen Einschätzung und Vermutung überlassen bleibt dabei noch die Gewichtung der psychologischen Faktoren, die sowohl das Kaufverhalten wie die Investitionsbereitschaft des Unternehmers beeinflussen. Auf Grund der gegensätzlichen Interessen und einer spekulativen Geschäftigkeit kommt es häufig zu einer Kettenreaktion sich negativ ergänzender Verhaltensweisen von Angstsparen, Investitionszurückhaltung, Arbeitslosigkeit und Wirtschaftskrise. Die durch Marktschwankungen ständig vermittelten Gefühle von Unsicherheit und Gefahr tragen sicher nicht dazu bei, das Verhalten der Wirtschaftssubjekte rationaler zu gestalten.

●●

Rainer Hupe: Psychologie als Helfer der Konjunkturtheorie. Podiumsdiskussion mit Wissenschaftlern und Praktikern in Frankfurt

Als ein «Jahr der ökonomisch unerklärten Paradoxien» sieht Professor Karl Maria Hettlage das Jahr 1975 in die deutsche Wirtschaftsgeschichte einziehen; «vielleicht», so sinnierte er in Frankfurt bei einer Podiumsdiskussion des Stifterverbandes für die Deutsche Wissenschaft, «kann nur die Psychologie den Konjunkturverlauf erklären». Was für Hettlage noch eine Frage ist, hält der Wuppertaler Ökonom Professor Bernd Biervert sogar schon für entschieden. Es sei an der Zeit, so Biervert als Hauptreferent, mit Hilfe der Psychologie die «Rumpelkammer» der nicht zu erklärenden Restgröße in ökonomischen Modellen ein wenig zu erhellen.

Insbesondere bei Prognosen sind nach Einschätzungen des Konsumforschers stärker als bisher Erwartungen, Einstellungen und Erfahrungen der Verbraucher und Unternehmer zu ergründen und zu berücksichtigen. Eines seiner Forschungsergebnisse: Konjunkturelle Wendepunkte sind mit Hilfe des Frühindikators «Geschäftsklima» im Durchschnitt vier Monate früher zu erkennen als mit dem herkömmlichen Frühindikator «Auftragseingänge».

Freilich hat das Forum auch bestätigt, daß die so gelobten Indikatoren den gleichen Unsicherheiten unterliegen wie die bisher verwendeten; bei Veränderungen bleibt es nach Einlassungen des Bankenverbandsmanagers Werner Jentsch den Erfahrungen und dem Spürsinn des Beobachters überlassen, zu entscheiden, ob bereits eine tiefgreifende konjunkturelle Wende eingetreten ist oder nur eine kleine Zwischenveränderung.

Daß selbst die befragten Konsumenten auf mittlere Sicht kaum in der Lage sind, ihre Wünsche und Vorstellungen sicher anzugeben, mußte beispielsweise die unversehens in Fahrt gekommene Automobilindustrie erfahren. Für sie erwies sich, daß jüngste Marktforschungsergebnisse lediglich Papierkorbqualität hatten. Der Hamburger Psychologe Peter Hofstätter: So paradox es klingt, die Bundesbürger waren 1975 nach einer Umfrage zufriedener mit ihrer Lage als 1973.

Kontrovers wie die Meinungen bezüglich der Prognose sind auch die Ansichten über den Wert der Psychologie in der Politik. Zwar ist «Gesundbeten» versucht worden, doch mit wenig Erfolg. Professor Arnim Gutowski, Sachverständigenrat aus Frankfurt: «Die Menschen treffen ihre Entscheidungen bei Unsicherheit über die Zukunft. Es ist nicht Aufgabe der Politiker, mit Psychotherapie auf die Handlungen einzuwirken, sondern die Wirtschaftspolitik möglichst vorausschaubar zu machen und damit die Unsicherheit möglichst klein.» Für mitdiskutierende Unternehmer waren die Anforderungen da ganz klar. Ihre Psyche muß durch eine Politik berücksichtigt werden, die möglichst hohe Gewinne sichert, und ansonsten von «Experimenten» wie Mitbestimmung und Ausbildungsneuregelung abläßt.

Forum-Fazit: Die Praktiker verlassen sich lieber auf ihr Fingerspitzengefühl, Wissenschaftler bleiben reserviert und Unternehmer versuchen, neue Ansätze in ihrem Sinn zu vereinnahmen. Die «Klärung einer Frage» wurde beim Frankfurter Treff von Ökonomen und Psychologen nur erreicht, als ein Zuhörer die Bedeutung psychologischer Einflußfaktoren wohl überschätzte. Er verlangte die Überprüfung der Pressefreiheit, da «Berichte über Entlassungen und Arbeitslosigkeit in Presse und Fernsehen» die krisenhaften Entwicklungen der letzten Jahre zumindest stark beschleunigt hätten. Das war dann bei der Diskussion unter dem Titel «Psychologie und Konjunktur» wohl doch nicht gemeint.

Frankfurter Rundschau vom 22. Mai 1976

●●

Da die staatliche Wirtschaftspolitik in ihrer Realisierung von den individuellen Willensentscheidungen der Unternehmer und Konsumenten abhängig ist, muß sie sich notwendigerweise im Einsatz ihres Instrumentariums an der Motivationsstruktur dieser Gruppen orientieren. Dabei wird der Staat zum Objekt einer scheinbar autonom ablaufenden Entwicklung, anstatt aktiv die Volkswirtschaft nach den Kriterien gesamtgesellschaftlicher Rationalität zu lenken. Diese sich noch verstärkende Tendenz in der heutigen Wirtschaftspolitik wird deutlich in einigen Passagen aus Haushaltsdebatten im Bundestag.

●●

Der Abgeordnete Strauß (CDU/CSU): Vertrauen und Zukunftserwartung

Herr Bundeskanzler, am 1. April 1977 haben Sie auf der Konferenz der sozialistischen Parteien und Gewerkschaften in Oslo Dinge gesagt, die Sie eigentlich besser am 18. September erstmalig gesagt oder zumindest wiederholt hätten. Sie sagten:

Ich bin der Ansicht, daß die derzeitige Rezession zu weniger als 49 Prozent wirtschaftliche, quantitative Gründe und zu mehr als 51 Prozent psychologische und politische Gründe hat. Industrie und Unternehmer haben nicht genügend Vertrauen, um zu investieren

(Hört! Hört! bei der CDU/CSU)

oder ihre Kapazitäten zu erneuern, zu vergrößern oder zu modernisieren.

(Demonstrativer Beifall bei der CDU/CSU)

Gleichzeitig fehlt es an ausreichender Nachfrage bei Verbrauchern und Arbeitnehmern. Der Grund ist meines Erachtens das mangelnde Vertrauen in die Zukunft.

(Erneuter Beifall bei der CDU/CSU)

Warum sind denn die Dinge so? Ich möchte hier keine tiefsinnige Analyse geben. Es gibt dafür eine ebenso tiefgreifende wie richtige und nicht an der Oberfläche verharrende Erklärung: weil die Sozialisten überall, wo sie an der Regierung sind, langsamer oder schneller, aber sicher die Wirtschaft ruinieren, mit oder ohne Helfershelfer.

(Beifall bei der CDU/CSU – Dr. Böhme, Freiburg, SPD: Siehe Italien!)

Zitiert nach: Das Parlament vom 15. Oktober 1977

Der Abgeordnete Hoppe (FDP): Mit Ungewißheit leben

Die Suche nach den Schuldigen hilft aber nicht weiter. Wir müssen erkennen, daß bei der Voraussage der Wirtschafts- und Konjunkturentwicklung die letzte Sicherheit eben nicht zu gewinnen ist. Das mag für den Politiker unbefriedigend sein, und die Zweifel an den wissenschaftlichen Daten mögen sich verstärken. Dennoch sollte uns diese Erkenntnis nicht deprimieren. Zeigen wir uns nicht überrascht, sondern räumen wir ruhig ein, daß Wirtschaftspolitik eben nicht mit mathematischer Genauigkeit zu betreiben ist. Suchen wir Trost bei Albert Hahn, der die Theoriegläubigkeit auf diesem Gebiet schon frühzeitig attackiert hat. Nach seiner Auffassung «gibt es keine wissenschaftliche Methode, Konjunkturumbrüche zu prophezeien. Alles ist Sache des Konjunkturgefühls.» Er konnte über die offiziellen und offiziösen Propheten des Unprophezeibaren nur lachen.

(Sehr richtig! bei der FDP)

«Konjunkturen sind eben Kinder der Ungewißheit und des Irrtums. Niemand kann wissen, wie weit die Wellen des Optimismus oder Pessimismus im Publikum schlagen werden.» Mit dieser Ungewißheit gilt es also zu leben und Wirtschafts- und Finanzpolitik zu treiben.

Zitiert nach: Das Parlament vom 4. Februar 1978

●●

Auf diesem Hintergrund individueller Entscheidungsfreiheit und bloßer staatlicher Reaktion bleiben Angst und Unsicherheit die dominierenden Faktoren der Wirtschaftsentwicklung. Unter dem andauernden Gefühl einer ständigen Bedrohung in Form wirtschaftlicher Verluste durch Gewinn- oder Einkommensschmälerungen wird aber das auf die Wahrnehmung privater Vorteile gerichtete Denken der Wirtschaftssubjekte noch wesentlich verstärkt. Letztlich ist ja auch der Markt gar nicht in der Lage, andere als durch Preise und Geld ausgedrückte Größen als Bedarf wahrzunehmen. Folglich müssen alle Bedürfnisse in Preise umgerechnet werden. Da die Unternehmer alle Mittel einsetzen, um den Absatz ihrer Waren zu sichern, die Arbeitsplätze wiederum nur erhalten werden können, wenn auch die hergestellten Waren von den Familien der Produzenten gekauft werden, ergibt sich so ein fast absolut notwendiger Kreislauf von wachsender Warenproduktion und dadurch zu sichernder Vollbeschäftigung.

Die Materialisierung des Denkens unterwirft alle Geschehnisse Verlust- und Gewinnkategorien, wobei die Bewegungen des Marktes nicht mehr einer von Menschen geschaffenen und zu gestaltenden Wirklichkeit zu folgen scheinen, sondern unbeeinflußbar wirken. Auf diese Weise werden die Vorteile des Marktmechanismus, durch direkte Information und Reaktion eine unbürokratische Vermittlung zwischen Produzenten und Konsumenten, Angebot und Nachfrage herzustellen, durch die wachsenden Nachteile der sozialen Unsicherheit und Krisenanfälligkeit überlagert. Die erfolgreiche materielle Stimulierung und ökonomische Leistungssteigerung wird erkauft durch die zunehmende Reduzierung der menschlichen Bedürfnisse auf ihre marktfähige Verwertung. Da soziale Bedürfnisse und geistige Betätigung sich meist nicht als verwertbare Ware zur Produktion anbieten, wird dieser Bereich entweder negiert oder in eine konsumgeeignete Massenproduktion von Freizeitunterhaltung verwandelt. Im Wechselspiel von Konsum und Produktion setzt sich die manipulative Fähigkeit der Produzenten immer stärker durch. So besteht die Gefahr, daß das eigentliche Wirtschaftssubjekt, die individuelle Persönlichkeit, in ihrer Bedürfnisstruktur derart beeinflußt wird, daß sie sich schließlich in einen kritiklosen und berufsmäßigen Konsumenten verwandelt. Damit wäre das Gegenteil von dem erreicht, was in der Tradition der Aufklärung auch die liberale Theorie mit dieser Wirtschaftsordnung erreichen wollte: «den auf Grund eigener Überlegung zum kritischen Konsum fähigen Menschen».

Arbeitsvorschläge

1. In der liberalen Wirtschaftsordnung fällt dem Markt die Funktion zu, die ökonomischen Beziehungen zwischen den Teilnehmern des Wirtschaftsprozesses zu vermitteln. Daraus ergibt sich für die Mehrzahl der Bevölkerung eine Doppelfunktion als Produzenten und Verbraucher, deren Realität ihnen häufig nicht einmal bewußt ist. Wie kommt es zu dieser bewußtseinsmäßigen Trennung, und welche Folgen hat das für die Entwicklung der Volkswirtschaft?
2. Die Vermittlungsfunktion des Marktes zwischen Angebot und Nachfrage über den Preismechanismus orientiert sich am Modell der vollkommenen Konkurrenz. Welche Faktoren verhindern das modellgerechte Funktionieren des Marktes?
3. Die positive Wirkung des Marktmechanismus in Form der schnellen und unbürokratischen Signalwirkung auf Konsumenten und Produzenten bringt zugleich eine negative Ursachenfolge mit sich, die im Bereich des wirtschaftlichen, sozialen und politischen Verhaltens zu Krisen führen kann. Wie kommt es zu dieser Wirkung, und welche Erscheinungsformen kann dieses Verhalten in der Realität haben?
4. Aus verschiedenen Ursachen wird die Marktfunktion immer weiter eingeschränkt. Welche Tendenzen lassen sich erkennen, und von welchen Faktoren werden sie beeinflußt?

V. Sparen und Verbrauchen: Der kapitalistische Konsument

Die staatliche Wirtschaftspolitik in der parlamentarischen Demokratie hat nicht die Bereicherung einzelner Gruppen, sondern die Versorgung der Bevölkerung mit notwendigen Gütern zu sichern. Solange ein Wirtschaftssystem Erfolg hat und mit steigenden Wachstumsraten jedem Bürger ein höheres Einkommen sichern kann, erübrigt sich häufig die Frage nach Richtigkeit und Angemessenheit der getroffenen Maßnahmen. Das ändert sich allerdings, wenn nicht mehr ein Überschuß zu verteilen ist, sondern auf Grund von Mangel gespart werden muß. Dabei wird dann schnell deutlich, daß sich in marktwirtschaftlichen Systemen der Einkommenszuwachs an Bedingungen orientiert, die ihre Grundlage in den tradierten Besitz- und Vermögensverhältnissen haben. Diese Verteilungsquote basiert auf dem Wirkungszusammenhang folgender Einzelfaktoren:

1. Mit dem Beginn der industriellen Revolution ergab sich die Notwendigkeit, daß über einen längeren Zeitraum hinweg ein großer Teil des erwirtschafteten Sozialprodukts nicht konsumiert werden konnte, sondern für den Aufbau der Produktionsbasis investiert werden mußte. Die arbeitende Bevölkerung mußte also auf einen gewissen Anteil des von ihr erwirtschafteten Güterpakets verzichten. Dieses Verzichten wird volkswirtschaftlich als Sparen bezeichnet. Aus diesem Tatbestand ergibt sich die einfache Formel: Das Volkseinkommen (Y) = Summe aller Verkäufe an Haushalte (C) + Summe aller Ersparnisse von Haushalten (S). Dieser Einkommensverwendungsgleichung entspricht auf der anderen Seite die Einkommensentstehungsgleichung: Volkseinkommen (Y) = Summe aller Verkäufe an Haushalte (C) + Summe aller Nettoinvestitionen (I). Da nun in beiden Gleichungen Y und C gleich groß sind, ergibt sich für die Realisierung des Wirtschaftskreislaufes die Formel: I = S. Ein Teil des erwirtschafteten Nettosozialprodukts wird also konsumiert und ein anderer Teil gespart, um damit neue Industriekapazitäten aufzubauen.

2. Das Sparen selbst kann freiwillig oder durch Zwang geschehen. Im 19. Jahrhundert hatte die Mehrzahl der Arbeitnehmer einen derart geringen Verdienst, daß ein freiwilliger Konsumverzicht undenkbar gewesen wäre. Sparen konnten daher nur die reichen Bürger, deren Einkommen über die notwendigen Ausgaben für die Existenz- und Gewohnheitsbedürfnisse hinausging.

Diese Geldmengen reichten allerdings nicht aus, um das notwendige Kapital für den schnellen industriellen Aufbau im 19. Jahrhundert zur Verfügung zu stellen. Also trat eine Form des Zwangssparens ein, in der die Arbeitnehmer unter dem Druck von Arbeitslosigkeit und industrieller Reservearmee über Akkordnormen, Ausdehnung der Arbeitszeit, Preisgestaltung und Steuern dazu gebracht wurden, auf einen Teil des ihnen nach

«Der allgemeine Wohlstand des Staates . . .

... ist jedem einzelnen Bürger weit ersprießlicher, als wenn es einem jeden für sich noch so gut geht, der Staat im ganzen betrachtet aber unglücklich ist.» Perikles, in seiner letzten Rede im Jahre 429 v. Chr.

Was erst, wenn allgemeiner Wohlstand des Staates mit dem Wohlergehen jedes einzelnen Bürgers einherginge? Was denkbar ist, sollte auch machbar sein.

Grundsätzen sozialer Gerechtigkeit zustehenden Anteils zu verzichten. Diese Form des Sparens, des erzwungenen Verzichts auf Konsum zugunsten der Unternehmergewinne, wird deshalb auch Ausbeutung genannt. Da zugleich die Zahl der Selbständigen nur noch wenig zunahm, die Zahl der Lohnabhängigen aber überproportional anwuchs, stiegen in diesem Zeitraum die Arbeitseinkommen pro Kopf der Bevölkerung um 137 Prozent, die Kapitaleinkommen jedoch um 450 Prozent.

3. Damit eine konjunkturelle Stabilität gesichert ist, müssen sich in der Marktwirtschaft Sparen und Investieren, Konsum und Produktion in etwa entsprechen. Im anderen Fall droht eine krisenhafte Entwicklung. Wird zuviel gespart und zuwenig konsumiert, kann der Unternehmer seine Produkte nicht absetzen. Wird zuviel investiert und zuwenig gespart, kommt es zur Inflation, weil die Nachfrage auf den Märkten höher ist als das Angebot.

4. Der Produzent übt also eine volkswirtschaftlich und gesellschaftlich notwendige Funktion aus, indem er spart und sparen läßt. Auf diese Funktion ist jede Wirtschaftsordnung angewiesen. Das Problem innerhalb der liberalen Wirtschaftsordnung liegt nur darin, daß eine volkswirtschaftlich und gesellschaftlich wichtige Funktion von Privatleuten ausgeübt wird, die ihre Stellung möglicherweise dazu ausnutzen, sich einfach zu bereichern und die gesellschaftliche Verantwortung zu negieren.

5. In den ersten Jahren der Bundesrepublik funktionierte allerdings dieses System im Gegensatz zur Weimarer Republik vorzüglich, weil für die funktionale Rollenverteilung von Produzenten und Konsumenten faktisch die Bedingungen des 19. Jahrhunderts wiedererstanden waren: auf der einen Seite eine große Menge arbeitswilliger und arbeitsfähiger Personen, die wenig nach Lohnhöhe, Ertragsbeteiligung oder Mitsprache fragten, wenn es überhaupt nur wieder aufwärts ging; auf der anderen Seite Unternehmer, die praktisch alles, was sie produzierten, im Sog einer enormen Binnennachfrage und ständig steigenden Exportkonjunktur absetzen konnten. Eine unternehmerfreundliche Steuergesetzgebung und die hohe Konsumnachfrage erlaubten den Betrieben zudem, ihre Investitionen weitgehend aus ihren Gewinnen zu finanzieren. Im Erfolgserlebnis der anhaltenden Investitions- und Konsumkonjunktur merkten viele Verbraucher überhaupt nicht, daß sie über Steuern und Preise zugleich die Investitionen der Unternehmer mitbezahlten.

Steigende Profite und wachsende Einnahmen destabilisierten den Kreislauf dieses Systems aber schließlich. Während bei geringem Einkommen die Sparquote niedrig ist, da fast der gesamte Lohn für Konsumgüter ausgegeben wird, bleibt bei höheren Löhnen die Entscheidung zum Sparen, das heißt zum Nichtkonsum, weitgehend den Einkommensbeziehern überlassen. Die Bestimmung über die Höhe der Sparquote ist also nicht mehr allein Sache der Unternehmer (über die Preise) und des Staates (über die Steuern),

Verfügbares Einkommen, Verbrauch und Ersparnis der privaten Haushalte

Jahr	Verfügbares Einkommen in Mrd. DM	Privater Verbrauch in Mrd. DM	Ersparnis in Mrd. DM	Sparquote in vH
1950[1])	65,0	62,9	2,1	*3,2*
1960	187,9	171,8	16,0	*8,5*
1961	206,8	188,3	18,5	*8,9*
1962	224,0	204,8	19,2	*8,6*
1963	240,4	216,8	23,6	*9,8*
1964	263,1	233,5	29,6	*11,3*
1965	293,4	257,6	35,8	*12,2*
1966	311,3	275,1	36,2	*11,6*
1967	318,6	282,6	36,0	*11,3*
1968	343,6	300,8	42,9	*12,5*
1969	381,9	330,8	51,1	*13,4*
1970	427,0	367,6	59,5	*13,9*
1971	472,3	407,8	64,5	*13,7*
1972	525,8	447,8	78,1	*14,8*
1973	573,3	491,7	81,6	*14,2*
1974[2])	621,8	527,6	94,3	*15,2*
1975[2])	681,4	574,6	106,9	*15,7*
1976[2])	726,7	621,9	104,8	*14,7*

[1]) Ohne Saarland und Berlin
[2]) Vorläufig

Quelle: Bundesministerium für Wirtschaft: Leistung in Zahlen, 1976, S. 21

sondern verlagert sich mehr und mehr auf den Entscheidungsbereich der Arbeitnehmer. Somit wird die Wirtschaft abhängig von deren Bedürfnisstruktur, ihren Erwartungen und Gefühlen.

Bestimmender Faktor für das Sparverhalten ist das jeweilige Einkommen. Dementsprechend liegen die Haushalte der Selbständigen in der absoluten Höhe ihrer Einkommen und ihrer Ersparnisse weit vor den Haushalten der Arbeitnehmer und Rentner.

Während das hohe Einkommen der Selbständigen zu einem immer größeren Teil gespart oder investiert wird, dient das zurückgelegte Geld bei den Arbeitnehmern meist als Notgroschen oder dem Ansparen auf den Kauf größerer Konsumgüter. Die Verwendung des monatlich verfügbaren Haushaltseinkommens einer mittleren Arbeitnehmerfamilie ist noch zu über 90 Prozent von den Ausgaben für die Existenz- und Gewohnheitsbedürfnisse bestimmt.

Bei den Sparmotiven ist daher ein zusätzlicher Ertrag nur von untergeord-

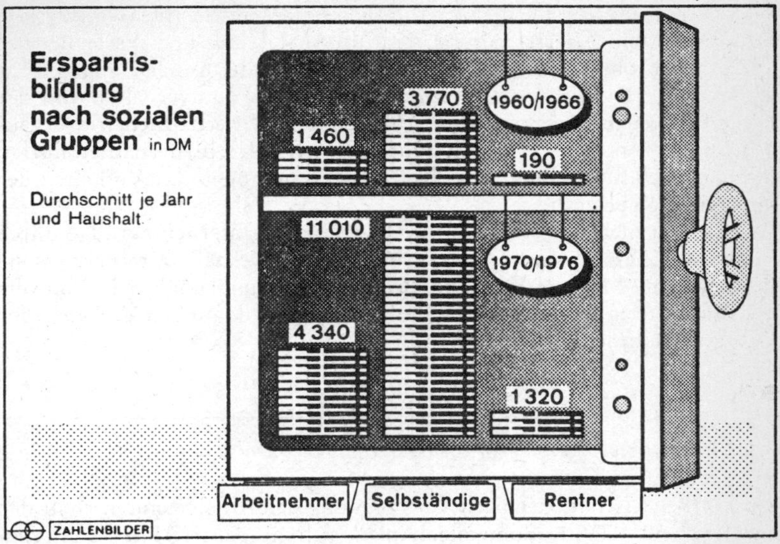

Quelle: Erich Schmidt Verlag, Berlin

Quelle: Globus-Kartendienst, Hamburg

neter Bedeutung. Bei den meisten Familien geht es um die Ansammlung von Geldern für die Alterssicherung, für die Ausbildung und Aussteuer der Kinder oder um Rücklagen für noch unbestimmte Anschaffungen. Aus diesen Angaben wird deutlich, wie stark das Konsumverhalten von der Zukunftserwartung geprägt wird. Um den volkswirtschaftlichen Kreislauf von Produktion und Verbrauch kontinuierlich aufrechtzuerhalten, dürfen also keine Unsicherheiten oder Gefühlsschwankungen das Verhalten der Konsumenten beeinflussen.

6. Es liegt nicht im Sinne der produzierenden Unternehmer, daß durch Sparen der Absatz von Waren verringert wird. Deshalb unternehmen sie alles, was an Manipulation und Bedürfnisweckung möglich ist, um die Konsumneigung der Verbraucher zu erhöhen und damit den Verkauf ihrer Produkte zu fördern.

●●

Weiter Streit zwischen Verbrauchern und Werbung

Die Werbewirtschaft hat nach Überzeugung der Arbeitsgemeinschaft der Verbraucher (AGV) in Bonn allen Anlaß, sich mit der irreführenden Werbung «ernsthafter zu befassen» als bisher. Sie wird von der Verbraucherorganisation aufgefordert, sich der Frage zu stellen, wie weit es in einer Zeit begrenzter volkswirtschaftlicher Ressourcen noch sinnvoll sein kann, neue Bedürfnisse zu wecken, anstatt vorhandene echte Bedürfnisse besser zu befriedigen. «Ebenso muß sie sich der Frage stellen, in welchem Umfang in der bevorstehenden Periode geringerer realer Wachstumsraten auch die Werbung die Aufgabe hat, mit ihren Mitteln für eine effizientere Verwendung des Sozialprodukts zu sorgen.»

[. . .]

«Allein ein um ein Prozent fehlgeleiteter Mitteleinsatz der Verbraucher bedeutet bei einem jährlichen Gesamtumsatz von 400 Milliarden DM einen Wohlstandsverlust von vier Milliarden DM», rechnen die Verbraucherverbände vor.

Daß die tatsächlichen Fehlausgaben weit höher liegen, bestätigt sich nach AGV-Meinung indirekt aus der Arbeit der Stiftung Warentest. Aus ihren Untersuchungen gehe hervor, daß selbst bei weitgehend oder vollständig substituierbaren Produkten mit gleichem Qualitätsurteil die Preise häufig um mehr als 100 Prozent auseinanderklaffen. «Die durch irreführende Werbung beeinträchtigte Markt- und Produktübersicht kostet die Verbraucher Jahr um Jahr Milliardensummen, zum Teil ohne das ihnen das bewußt ist«, wirft die AGV der Werbewirtschaft vor. Daß der Verbraucheraufklärung bisher nicht einmal der tausendste Teil der finanziellen Mittel zur Verfügung stehe, wie sie die Werbung einsetze, sei allein schon ein deutli-

KONJUNKTUREN UND KRISEN

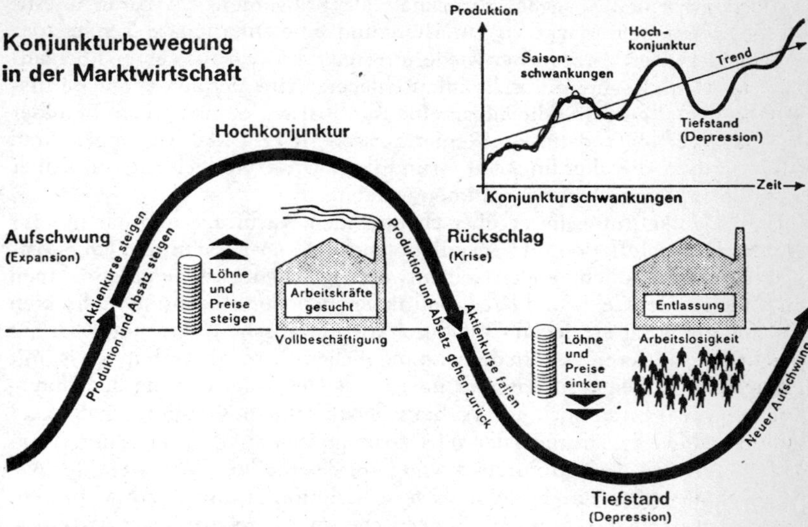

Quelle: Erich Schmidt Verlag, Berlin

ches Indiz für die Stärke des Einflusses dieser nur aus dem Verkaufswunsch gespeisten Informationsströme.

Frankfurter Rundschau vom 26. März 1975

Wenn der private Verbrauch aus irgendwelchen Gründen nachläßt, ist nach den Kriterien der Konjunkturpolitik der Staat verpflichtet, vorübergehend durch Steigerung der öffentlichen Nachfrage diese Lücke zu schließen. Dem gleichen Zweck dient auch eine Steuersenkung oder eine Gehaltserhöhung, durch deren zusätzliche Kaufkraft der stockende Absatz wieder angekurbelt werden soll.

7. In diesem Wechselbad von Sparen und Konsumieren, Aufschieben der Bedürfnisse oder sofortiger Erfüllung ergänzen sich, wie schon im Bereich der Kapitalverwertung, volkswirtschaftliche Notwendigkeiten und persönliche Interessen zu einer bisweilen krisenhaften Entwicklung. In Zeiten der Hochkonjunktur, in denen durch Vollbeschäftigung und Überstunden ein

erhöhtes Einkommen zur Verfügung steht und jedermann optimistisch in die Zukunft blickt, erwarten die Wirtschaftspolitiker vom Verbraucher, daß er sich mit seinen Ausgaben zurückhält. Der Konsument soll sparen, um auf diese Weise den Markt zu entlasten und eine inflationäre Tendenz zu vermeiden. Der Verbraucher wiederum sieht von sich aus keinen überzeugenden Grund, seine Wünsche aufzuschieben. Seine Verdienst- und Berufschancen sind gut, und die allgemeine Kauflust wirkt ansteckend. In dieser Situation erfolgen dann von Regierungsseite häufig Maßhalteappelle und Warnungen, die allerdings auf Grund ihrer Unverbindlichkeit von keiner der Marktparteien ernst genommen werden.

Eine Umkehrung dieser überschäumenden Nachfrage und der mit ihr verbundenen Inflation und Spekulation erfolgt meist erst unter dem massiven Druck der zunehmenden Geldentwertung. Mit drastischen Maßnahmen im Bereich der Geld- und Kreditpolitik versucht der Staat nun mit direkten Maßnahmen zu erreichen, was durch die moralische Überzeugungsarbeit nicht zu realisieren war. In der jetzt möglichen Krise, die verbunden ist mit steigender Arbeitslosigkeit und unsicherer Gewinnerwartung der Unternehmen, wird nun auch der Verbraucher in seinem Konsumverhalten erschüttert. Die Erklärungen der Wirtschaftspolitiker und Unternehmensverbände, die den Konjunkturabschwung auf das maßlose Verhalten der Arbeitnehmer (Konsum beziehungsweise Lohnforderungen) zurückführen, treffen auf offene Ohren. In tätiger Reue setzt eine aus Angst und unsicherer Zukunftserwartung genährte Sparwelle ein, die den schon stockenden Absatz der Produktion nun erst recht unterbindet. Einer steigenden Sparquote der Verbraucher steht eine wachsende Halde von nicht absetzbaren Waren und folglich nachlassende Investitionslust der Unternehmer gegenüber. Die Aufforderung der Wirtschaftspolitiker, jetzt doch endlich im volkswirtschaftlich positiven Sinne sein Geld für Konsumgüter auszugeben, kann bei Leuten, die eben noch das Gegenteil hören mußten und zudem von der Angst vor Arbeitslosigkeit gequält werden, nur auf taube Ohren stoßen.

8. In diesem Hin und Her von Kauflust und ängstlichem Sparen, von wirtschaftlicher Unsicherheit und kurzfristiger Gewinnerwartung, verkümmert das Verbraucherverhalten zu einer unreflektierten Tätigkeit, deren tatsächliche Entwicklung unerklärlich erscheint und deshalb weitgehend den Werbungsmanipulateuren und Absatzstrategen überlassen bleibt. Die durchgehend an rein persönlichen Interessen orientierten Wirtschaftssubjekte werden so in ihrem sich gegenseitig bedingenden konträren Verhalten zu Spielbällen zufälliger Gegebenheiten und irrationaler Beeinflussung. Der mündige Wirtschaftsbürger und Konsument bleibt dabei auf der Strecke. Einzig und allein dem Staat scheint es überlassen, die Ziele einer langfristig orientierten Wirtschaftspolitik mit Hilfe antizyklischer Maßnahmen zu realisieren. Aber auch hier verwirren meist die verbalen Erklärungen und

die im Interessenkampf der oppositionellen Parteien formulierten Stellungnahmen von Sachverständigen und Lobbyisten den Beobachter mehr, als daß sie ihm Aufklärung über die tatsächlichen Geschehnisse geben könnten.

Arbeitsvorschläge

1. Die Stellung des Konsumenten verändert sich im Laufe der wirtschaftlichen Entwicklung. Welche Faktoren beeinflussen seine Rolle und Entscheidungsfreiheit?
2. Der volkswirtschaftliche Zusammenhang zwischen Konsum und Sparen wird einfach durch die Formel $S = I$ ausgedrückt. Das soll bedeuten, daß die für Investitionen notwendigen Mittel stets durch einen Konsumverzicht bereitgestellt werden müssen. Die Formel sagt aber nichts darüber aus, auf welche Weise es zu diesem Konsumverzicht kommt und wer die Mittel für die Investitionen erhält. Welcher Zusammenhang besteht zwischen der oben genannten Formel und der Vermögenskonzentration? Auf welche Weise läßt sich schließlich das notwendige Sparen sicherstellen, wenn die Konsumenten freiwillig nicht dazu bereit sind?
3. Größere Gewinne und Lohnerhöhungen bedingen eine zunehmende Anfälligkeit des volkswirtschaftlichen Kreislaufs durch wachsende Ungleichgewichte zwischen Konsumverhalten und industrieller Produktivität. In welcher Hinsicht trifft dies für die Nachkriegsentwicklung der westdeutschen Wirtschaft zu?
4. Die volkswirtschaftliche Rationalität und die Interessen von Kapitalbesitzern und Konsumenten können sich in der Realität der ökonomischen Entwicklung ergänzen, aber auch gegenseitig in ihrer Wirkung behindern. Welche Beispiele gibt es für diese unterschiedliche Wirksamkeit der Interessenwahrnehmung?

VI. Der kapitalistische Betrieb: Privatwirtschaftliche Zielsetzung und gesellschaftliche Rationalität

Die Basis jeder industriellen und wirtschaftlichen Tätigkeit ist das Unternehmen oder der Betrieb. Als Betrieb bezeichnet man eine planvoll organisierte Wirtschaftseinheit, in der die einzelnen Produktionsfaktoren Arbeit, Boden und Kapital mit dem Ziel der Erstellung von Gütern oder von Dienstleistungen kombiniert werden. In dem auf Privateigentum an Produktionsmitteln beruhenden System der sozialen Marktwirtschaft sind für den Betrieb als Wirtschaftseinheit die Interessen seiner jeweiligen Eigentümer oberster Maßstab bei der Gestaltung des Wirtschaftsprozesses. Die Warenherstellung hat also nur sekundäre Bedeutung für die Organisationsstruktur. Die Kombination der einzelnen Produktionsfaktoren erfolgt in erster Linie nach den Kriterien der Kapitaleffizienz und dann erst nach den Maßstäben einer optimalen Produktionsgestaltung. Insofern sind Löhne für den Betrieb vor allem Kosten, die es durch den effektivsten Einsatz der Arbeitskraft wieder zu erwirtschaften gilt. Dabei gehen Volkswirtschafts- und Betriebswirtschaftslehre von der stillschweigenden Annahme aus, daß die betriebliche Zielsetzung im allgemeinen mit den ökonomischen und sozialen Interessen der Gesellschaft deckungsgleich ist.

Die strikte Trennung sozialer und wirtschaftlicher Aspekte im Produktionsprozeß erfolgte allerdings erst nach der Zerschlagung des im kooperativen Stil auf Bestellung arbeitenden Zunftwesens. Während dessen Produktionsgestaltung häufig auch nach gesellschaftlichen Gesichtspunkten ausgerichtet war, setzte sich im kapitalistischen Betrieb eine rein an Profitmaximierung orientierte Organisationsstruktur durch, deren einziger Maßstab bei Mensch oder Maschine die jeweils anfallenden Kosten waren. Soziale oder volkswirtschaftliche Gesichtspunkte wären unter dem Druck der Konkurrenz nur hinderlich gewesen. Die mörderischen Arbeitsbedingungen des Frühkapitalismus nahmen weder auf Gesundheit noch auf Alter oder Geschlecht der Beschäftigten Rücksicht. Auch die Nachfragefunktion des Lohns als Kaufkraft für die produzierten Waren spielte für den Unternehmer keine Rolle, solange nicht sichergestellt war, daß das bei ihm verdiente Geld auch tatsächlich für seine Waren wieder ausgegeben wurde. Deshalb bürgerte sich bei manchen Betrieben das sogenannte Truck-System ein, bei dem die Arbeitnehmer in Gutscheinen entlohnt wurden, die sie dann in firmeneigenen Läden gegen entsprechende Waren eintauschen konnten.

Mit der Fortentwicklung der Arbeitsteilung und Spezialisierung wurde der arbeitende Mensch immer mehr zum Anhängsel der Maschine. Die wachsende Größe der Betriebe löste die anfänglich noch bestehenden persönlichen Bindungen zwischen dem Unternehmer und seinen Arbeitern auf. Sie wurden jetzt durch rein hierarchische Strukturen ersetzt, die im Sinne optimaler Produktionsergebnisse zu wirken hatten.

Der Arbeiter fungierte zwischen Maschine und Kontrollinstanz nur mehr als ein Rädchen im Getriebe, das jederzeit ausgewechselt werden konnte, wenn sein Unterhalt sich als zu kostspielig erwies oder seine Leistung nicht mehr Gewinn versprach. Gegenüber der zunehmenden Abhängigkeit der Fabrikarbeiter vom Arbeitgeber und dem wachsenden sozialen Elend begnügte sich die liberale Theorie mit der Postulierung von Aufstiegschancen. Da Reichtum angeblich allein das Ergebnis von Fleiß und Arbeit war, konnte der industrielle Unternehmer mit dieser Ideologie seinen Herrschaftsanspruch über die Arbeiter rechtfertigen. Auf diese Weise wurde die Vergabe eines Arbeitsplatzes zum Akt der Wohltätigkeit deklariert. Der Arbeitgeber forderte daher von seinen Beschäftigten ebenso wie zuvor der Monarch absolute Treue und Ergebenheit. Eigenes Denken und politische Betätigung waren nach Ansicht der Unternehmer für die Beschäftigten überflüssig.

●●

Alfred Krupp: Rede an seine Arbeiter (1877)

Genießet, was Euch beschieden ist. Nach getaner Arbeit verbleibt im Kreise der Eurigen, bei den Eltern, bei der Frau und den Kindern und sinnt über Haushalt und Erziehung. Das sei Eure Politik, dabei werdet Ihr frohe Stunden erleben. Aber für die große Landespolitik erspart Euch die Aufregung. Höhere Politik treiben erfordert mehr freie Zeit und Einblick in die Verhältnisse, als dem Arbeiter verliehen ist. Ihr tut Eure Schuldigkeit, wenn Ihr durch Vertrauenspersonen empfohlene Leute wählt. Ihr erreicht aber sicher nichts als Schaden, wenn Ihr eingreifen wollt in das Ruder der gesetzlichen Ordnung. Das Politisieren in der Kneipe ist nebenbei sehr teuer, dafür kann man im Hause Besseres haben.

Zitiert nach: W. Berdow: Alfred Krupps Briefe 1826 bis 1887. Berlin 1928, S. 348

●●

Auf diese Weise ergänzte sich in Deutschland der hierarchische Aufbau des Staates mit der funktionalen Organisation des Betriebes. Eine Weiterentwicklung von Staat und Gesellschaft mußte daher parallel erfolgen, wenn es nicht zu einem Gegeneinander der beiden Tätigkeitsbereiche kommen sollte. Grundlage dieser gesellschaftlichen Dynamik war die wirtschaftliche Entwicklung. Technische Erfindungen und neue Erkenntnisse über die Arbeitsmotivation veränderten die betrieblichen Strukturen. Mit zunehmender Betriebsgröße und Industrialisierung differenzierte sich das zuerst einheitliche Heer der Proletarier je nach Ausbildungsstand, Arbeitsplatz und funktionaler Aufgabenstellung. An die Stelle des rein physischen Arbeitsdrucks trat mit wachsenden Einkommen die materielle Stimulierung der Arbeiter. Der Staat übernahm durch entsprechende Gesetze die soziale Absicherung der Arbeitnehmer und erkannte somit seine politische Verantwortung gegenüber den Funktionsträgern der industriellen Produktion an. An die Stelle der ersten Generationen patriarchalisch geführter und beherrschter Unternehmen traten die Großbetriebe in Form der Aktiengesellschaften mit ihrer Trennung von Eigentum und Management.

Die Zwänge des industriellen Arbeitsprozesses lassen sich heute meist nicht mehr an der Persönlichkeit des Unternehmens festmachen, sondern werden über das anonyme Aktienkapital in Form von Arbeitslosigkeit und Konkursdrohung ausgesprochen. Der Unternehmer tritt, mit Ausnahme der klein- und mittelständischen Betriebe, immer mehr zugunsten der bürokratischen Verwaltung zurück und beschränkt sich auf die Kontrolle der Rentabilität seines Eigentums. Dieser nach wie vor dominierende Aspekt der Gewinnorientierung unterschlägt bis zur heutigen Zeit, daß zwischen Arbeitsplatz und Gesellschaft Wechselbeziehungen bestehen, die wesentlich durch die betrieblichen Strukturen bestimmt sind. Letztlich prägt die industrielle Arbeitswelt die Form der Gesellschaft. Dort verbringt die Mehrzahl der Erwachsenen den produktivsten Zeitabschnitt ihres Tages und ihres Lebens. Geistige Vorstellungswelt, Formen mitmenschlicher Kooperation und persönliche Fähigkeiten aller Art werden wesentlich über die Arbeitswelt vermittelt. Insofern ist der Betrieb allein durch seine Auswirkungen auf die dort beschäftigten Menschen eine soziale Organisationsform, in der wirtschaftliche, technische, rechtliche und soziale Elemente zu einer Einheit verschmelzen. Demokratisierung der Gesellschaft erfordert daher auch zwingend die Veränderung der betrieblichen Organisationsformen.

Mit dieser inhaltlichen Zielsetzung kämpfen Sozialdemokraten und Gewerkschafter um Beteiligung an der wirtschaftlichen und politischen Macht. Dem anonymen Kapital, das als anscheinend autonomer Faktor nur wissenschaftlicher Gesetzmäßigkeit folgt, tritt mit dem Erstarken der Arbeitnehmerorganisationen eine Macht gegenüber, die die bisherige absolute Überlegenheit der Unternehmer in Lohnfragen und anderen Konflikten in Frage stellt. Das Spannungsverhältnis zwischen Kapital und Arbeit wird schließlich staatlich in Form der Tarifautonomie anerkannt und zum gesellschaftlichen Regelungsprinzip erhoben. Über den Umweg der politischen Artikulation in Parteien und Parlament kommt es mit zunehmender Veränderung der technischen Basis und der Qualifizierung der Arbeitnehmer zur Einrichtung von Betriebsräten und Mitbestimmungsgremien. Trotzdem bleibt der Gewinn und damit das Kapital nach wie vor das bestimmende Element der betrieblichen Zielsetzung.

Die Erkenntnisse von Betriebssoziologie und -psychologie werden nur dann in die betriebliche Realität übernommen, wenn sich damit direkt oder indirekt eine Kostensenkung oder höhere Arbeitsproduktivität erreichen lassen. Die Normen des betrieblichen Handelns werden nach wie vor vom Absatz der Waren und damit von der Gewinnerwartung der Kapitalanleger bestimmt. Zwar sind Kapitalgeber und Unternehmensführung längst nicht mehr wie in der Frühphase des Liberalismus identisch, sondern die verschiedenen Funktionen von Leitung, Beaufsichtigung des Arbeitsprozesses, Kalkulation und Organisation der Produktion sowie Verwaltung und Absatz werden durch angestellte Führungskräfte erledigt, aber auch diese tun das nach den Kriterien privatwirtschaftlicher Rechnungsführung. Das Management leitet seine Legitimation zur Führung des Betriebes aus seiner Berufung durch die Geldgeber ab und wird daher auch von diesen kontrolliert und je nach Erfolg oder Mißerfolg geheuert oder gefeuert. Die Leitungsstruktur ist demgemäß nach wie vor autoritär und an traditionelle Normen gebunden. Die Leiter eines Großunternehmens unterliegen weder einer Kontrolle «von unten», noch müssen sie sich etwa in ihrer Betriebsführung nach den Kriterien von Freiheit und Gleichheit ausweisen. Ihre Legitimation ist der Erfolg am Markt und nicht die Bindung an Formen und Inhalte der Demokratie. Dieser ökonomische Erfolgsdruck, die wirtschaftlichen Privilegien auf Grund einer gutbezahlten Stellung und schließlich die Abhängigkeit von den Kapitaleignern, die letztlich über Dauer und Intensität des Beschäftigungsverhältnisses bestimmen, machen die Manager zu letztlich doch nur ausführenden Organen und keineswegs zu einer Klasse frei entscheidender Persönlichkeiten, die sich an gesellschaftlichen Kriterien orientieren.

Die Trennung von Besitz und Unternehmensführung hat daher zwar möglicherweise eine parasitäre Kaste der Erben geschaffen, aber nicht eine Änderung des Funktionsmechanismus bewirkt. Hier dominiert noch immer eine Betriebswirtschaftslehre, die zwar zur Verbesserung des Betriebsklimas eine Integration der Arbeiter über individuelle Kapitalbeteiligung, Mitsprachemöglichkeiten und Verbesserung der Arbeitsplätze bejaht, in ihrer Zielrichtung aber nach wie vor nur die wirtschaftlichen Vorteile des Einzelbetriebes verfolgt.

Die Pläne zur Vermögensbildung sind so alt wie die Bundesrepublik. Inzwischen sind rund 800000 Lohn- und Gehaltsempfänger mit eigenem Geld an ihrer Firma beteiligt. Den Unternehmen geht es dabei vor allem um eine stärkere Integration der Arbeiter in den Produktionsprozeß zugunsten einer höheren Arbeitsmotivation.

●●

Georg Würtz: Betriebliche Vermögensbeteiligung

Ludwig Erhard war der erste, der aus den Deutschen ein Volk von Kapitalisten machen wollte. Ihm folgte der Sozialdemokrat und Gewerkschafter Bruno Gleitze mit «Plänen zur Förderung der Vermögensbildung in Arbeitnehmerhand». Dann brachte – im April 1970 – die CDU/CSU-Fraktion den Entwurf eines «Gesetzes über die Beteiligung der Arbeitnehmer am Produktivvermögen» zu Papier, und sechs Monate später präsentierten die damaligen Parlamentarischen Staatssekretäre Wolfram Dorn, Gerhard Reischl, Helmut Rohde und Philip Rosenthal ihr «Viererprogramm zur sozialgerechten Vermögensbildung der Erwerbstätigen».

Ökonomen, die den nun schon seit 20 Jahren wogenden Streit um die beste Art der Vermögensbildung beobachtet haben, erinnern sich noch an den Krelle-Plan, den Leber-Plan, den Schiller-Plan, den Friedrich-Plan und viele andere Staatsprojekte zur Volksbeglückung.

Bis in die jüngste Zeit blieb der Eifer der Pläneschmiede ungebrochen. Als «große Lösung» arbeitete die Bundesregierung 1974 die «Grundlinien eines Vermögensbeteiligungsgesetzes» aus. Die Opposition forderte – als immer noch nichts geschehen war – 1975 eine energische Förderung der betrieblichen Gewinnbeteiligung, und im Herbst vergangenen Jahres machte der Bundeswirtschaftsminister dann endlich «realistische Vorschläge zur Fortentwicklung der Vermögenspolitik».

Das alles aber war für die Katz, wenn man davon absieht, daß Unmengen Papier beschrieben, zahllose Reisen zu Konferenzen und Seminaren angetreten, Bücher gedruckt und ausgeliefert und umfangreiche Statistiken über die Vermögensverteilung hierzulande und im Ausland auf Mikrofilm kopiert und in Computer gespeichert wurden.

Das einzig Erstaunliche an dem zwei Jahrzehnte dauernden Plänemachen ist, daß die Politiker und Wissenschaftler die Sache selbst noch nicht totgeredet haben: Ohne noch länger auf ein Gesetz zu warten, haben inzwischen etliche Firmen ihre Lohn- und Gehaltsempfänger am Gewinn und Verlust beteiligt.

In der Öffentlichkeit wurde davon nicht viel Aufhebens gemacht, und niemand kannte bisher konkrete Daten und Fakten. Zwei Wissenschaftler aus Köln, Hans-Günter Guski und Hans J. Schneider, haben diese Informationslücke jetzt geschlossen. Die beiden Volkswirte starteten eine bundesweite Umfrage unter Groß- und Kleinbetrieben und veröffentlichten das Ergebnis in einem Buch*. Fazit der Untersuchung:

- In 770 westdeutschen Firmen werden die Mitarbeiter am Unternehmenskapital beteiligt.
- Damit sind 773 664 Mitarbeiter nicht nur Arbeitnehmer, sondern – als Aktionäre, Darlehensgeber oder stille Gesellschafter – zugleich Miteigentümer ihres Unternehmens.
- Insgesamt sind die Mitarbeiter mit einem Kapital im Nennwert von rund 2280 Millionen Mark an den Unternehmen beteiligt – das macht nicht ganz 3000 Mark pro Kopf.

Der Nennwert des Beteiligungskapitals weicht jedoch vom tatsächlichen Wert ab. So haben etwa die Aktien aus der Mitarbeiterbeteiligung einen aufgedruckten Nennwert von insgesamt nur 742 000 Mark; der Börsenkurs aber liegt bei 1,9 Milliarden Mark.

Von Guski und Schneider nach ihren Motiven für die Mitarbeiterbeteiligung befragt, erklärten 18 Prozent der Unternehmer, einen Beitrag zur Sicherung der Wirtschafts- und Gesellschaftsordnung leisten zu wollen.

* Guski/Schneider: Betriebliche Vermögensbeteiligung in der Bundesrepublik, Deutscher Instituts-Verlag Köln, 48 Mark

Dazu die Autoren in ihrem Buch: «Je mehr die Arbeitnehmer auf diese Weise das marktwirtschaftliche System verstehen lernen, desto stärker besteht für sie Veranlassung, diese Wirtschaftsordnung nicht in Frage zu stellen. Anders ausgedrückt: Die Arbeitnehmer werden sich für diese Wirtschafts- und Gesellschaftsordnung einsetzen, wenn sie selbst Eigentum zu verlieren haben.»

Etwas nüchterner äußerten sich rund 27 Prozent der befragten Unternehmer, die als Motive «Bindung (der Arbeitnehmer) an den Betrieb» (15 Prozent), «Motivation der Mitarbeiter» (6,3 Prozent) oder «Belohnung für lange Betriebszugehörigkeit» (5,3 Prozent) nannten. Immerhin 7,8 Prozent gestanden offen ein, daß durch die Mitarbeiterbeteiligung auch die Unternehmensfinanzierung verbessert werden sollte. Denn bei allen Modellen, die eine Eigenleistung der Mitarbeiter vorsehen, wird die Investitionskraft der Unternehmen gestärkt.

Rund 12 Prozent der befragten Unternehmer versprechen sich von der Mitarbeiterbeteiligung eine «Verbesserung des Betriebsklimas».

Der Stern, Nr. 47, vom 10. November 1977

Eine derart individuelle und geringfügige Beteiligung der Lohnabhängigen kann allerdings in keiner Weise in Krisenzeiten das Arbeitsplatzrisiko mindern. Im Extremfall besitzt ein solcher «Aktionär» bei Stillegung eines Betriebes das höchst zweifelhafte Privileg, «sich selbst entlassen zu dürfen». Die große Masse der Arbeitnehmer steht durch die breite Streuung einer derartigen Kapitalbeteiligung den massiert auftretenden Mehrheitsaktionären relativ hilflos gegenüber. Dieses Informations-, Organisations- und Besitzdefizit ließe sich langfristig vermutlich nur durch eine kollektive Vermögensbeteiligung über die Gewerkschaft oder die Ausweitung der qualifizierten Mitbestimmung beheben. Seit den ersten Nachkriegsjahren kämpfen daher die Organisationen der Arbeitnehmer um weitergehende Mitbestimmungsrechte, gesellschaftliche Vermögensfonds, gewerkschaftsbestimmte Aufsichtsräte und paritätische Besetzung der Entscheidungsgremien. Höhepunkte der bisherigen Auseinandersetzung sind zugleich das 1976 verabschiedete Mitbestimmungsgesetz und die Verfassungsklage der Arbeitgeber gegen die Realisierung der qualifizierten Mitbestimmung.

Nach Maßgabe der gesetzlichen Bestimmungen unterliegen Unternehmen mit mehr als 2000 Beschäftigten der sogenannten paritätischen Mitbestimmung. Die den Vorstand kontrollierenden Aufsichtsräte – mindestens 12 Mann – sind je zur Hälfte von den Eigentümern und der Belegschaft zu wählen.

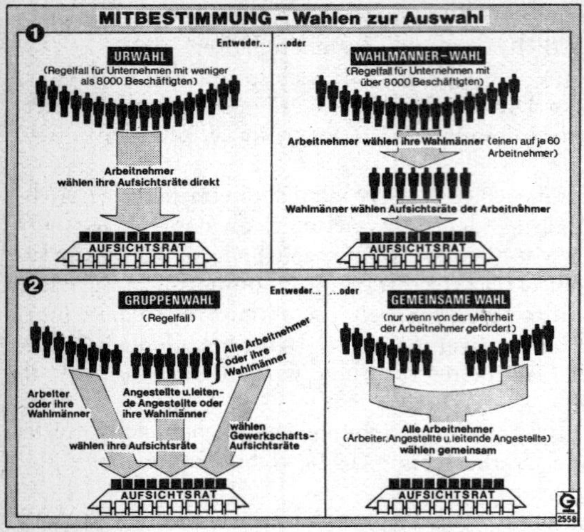

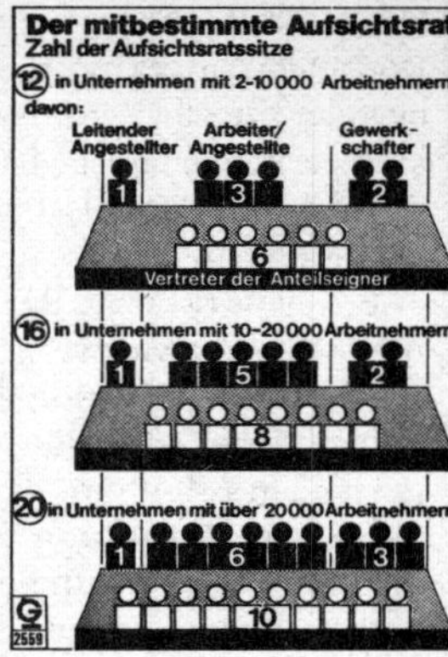

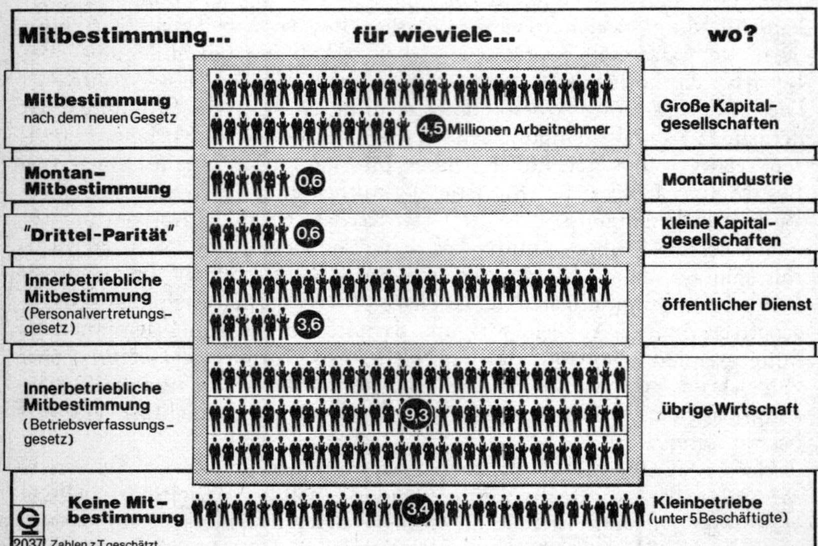

Quelle: Globus-Kartendienst, Hamburg

Unternehmen mit weniger als 2000 Arbeitnehmern brauchen ihre Aufsichtsräte dagegen nur zu einem Drittel mit Vertrauensleuten der Arbeitnehmer zu besetzen.

1978 wird erstmalig in fast 500 Kapitalgesellschaften mit mehr als 2000 Beschäftigten nach dem neuen Mitbestimmungsgesetz gewählt und entschieden. Diesen Anspruch der Gewerkschaften versuchen die Unternehmer durch organisatorische Maßnahmen wie Änderung der Rechtsform, Aufspaltung des Betriebes, Abbau von Beschäftigten oder Ausgliederung in eine Stiftung zu umgehen. Intern versuchen viele Unternehmer, die Mitbestimmungsmöglichkeiten der Arbeitnehmer-Aufsichtsräte zu beschränken.

●●

Fritz Krol: Mitbestimmung '78: Statt «Neuer Ära» Start ins Ungewisse

«Eine neue Ära der Kooperation» wird 1978 anbrechen, wenn sich die Voraussage des einstigen Arbeitsministers Arendt erfüllt. In den fast 500 Kapitalgesellschaften mit jeweils mehr als 2000 Beschäftigten greift im neuen Jahr erstmals das 1976 verabschiedete neue Mitbestimmungsgesetz. Spätestens zur Jahresmitte werden die Aufsichtsräte je zur Hälfte mit Vertretern der Kapitaleigentümer und der Arbeitnehmer besetzt sein. Die Zeichen indes stehen nicht auf Kooperation, sondern auf Konfrontation. Obwohl das Mitbestimmungsgesetz von allen Bundestagsparteien getragen wird, haben die Arbeitgeberverbände Verfassungsbeschwerde eingelegt; die Gewerkschaften warnen seither mit einem Boykott der Bonner «Konzertierten Aktion» vor weiteren Aushöhlungen der ohnehin unvollständigen Parität. Noch härter als dieser Streit um das Prinzip «Demokratie in der Wirtschaft» ist jedoch das heimliche Ringen, in das sich beide Seiten in der Praxis verstrickt haben. Manche Unternehmen flüchten ganz aus dem Mitbestimmungsgesetz, viele beschränken die tatsächlichen Mitbestimmungsmöglichkeiten der Arbeitnehmer-Aufsichtsräte. Die Gewerkschaften haben gegen solche Absetzmanöver kaum rechtliche Handhabe; sie konzentrieren sich vor allem auf die Aufsichtsratswahlen, um für die eigene Organisation wenigstens möglichst viele Sitze auf der «Arbeitnehmerbank» zu gewinnen.

«Das Gesetz», so rüffelt die IG Metall in einem Leitfaden für den Hausgebrauch, «bringt keine gleichgewichtige Mitentscheidung für die Arbeitnehmer: Auf der Arbeitnehmerbank sitzt auch ein leitender Angestellter und bei Pattsituationen hat der Aufsichtsratsvorsitzende eine zweite Stimme.» Im Vergleich zur bisherigen «Drittelparität» aber ist immerhin «das zahlenmäßige Gewicht stärker und die Informationsmöglichkeit besser»; daher fordert das Regiepapier von den Gewerkschaftern gleichwohl «konsequenten Willen zum Erfolg». Die ersten Bulletins über Vorwahlen und Schlußergebnisse waren denn auch Siegesmeldungen für die unter dem DGB-Dach vertretenen Einheitsgewerkschaften.

Freilich macht gerade das Ringen um den «Arbeitsdirektor» auch deutlich, welchen harten Kurs die Arbeitgeber-Verbände gegen die neuen Mitbestimmungsversuche steuern. Einmal haben sie genau wegen der Gewerkschaftsansprüche auf diese Person die Karlsruher Verfassungsrichter angerufen; Chemie-Molitor: «Die Personalleiter sind unsere Lohnverhandlungsexperten, ihre Abhängigkeit gefährdet die Tarifautonomie.» Zum anderen aber hat die Masse der Unternehmen Direktorbestellungen durch den neuen Aufsichtsrat gar nicht erst abgewartet. Das Organ «Der Leitende Angestellte» bereits im März: «Die Arbeitsdirektoren sind schon da.» Daß da noch etwas zu ändern ist, glaubt auch der IG-Metall-Mitbestimmer Dieter Hennig nicht: «Verschleißkandidaten ersparen wir uns.»

Frankfurter Rundschau vom 31. Dezember 1977

●●

So spitzt sich trotz der bisher in der Bundesrepublik positiven Erfahrungen mit der Mitbestimmung der Konflikt zwischen Kapital und Arbeit augenblicklich weiter zu. Das neue Mitbestimmungsgesetz ist nach Meinung der Arbeitgeber «eine Verfassungsänderung ohne verfassungsänderndes Gesetz». Es geht ihrer Ansicht nach in Art und Ausmaß über die Sozialgestaltung hinaus, zu der die Gesetzgebung berechtigt ist. Mit dieser Klage stellen die Unternehmer faktisch die gesamte Zielsetzung der Sozialdemokraten und Gewerkschaften in Frage, den Kapitalismus in einem evolutionären Prozeß durch dauernde Reformen qualitativ zu verändern. Die grundsätzliche Forderung nach Gleichberechtigung von Kapital und Arbeit soll als verfassungsfeindlich definiert werden. Damit wäre die systemverändernde Tendenz des Grundgesetzes, wie sie nach dem Willen seiner Verfasser im Gründungsjahr der Bundesrepublik formuliert wurde, endgültig den bestehenden Realitäten angepaßt worden. Während so auf der einen Seite Konzerne und multinationale Unternehmen längst die Grenzen der klassischen Betriebswirtschaftslehre überschritten haben und ihre Imperien nach langfristigen Plänen zentraler Art steuern, um sich vom Risiko des Marktes und den Untersicherheiten nationaler Gegebenheiten zu befreien, soll auf der anderen Seite die traditionelle Trennung von gesellschaftlicher Arbeit und privater Verfügungsgewalt voll erhalten bleiben. Damit wäre der historische Gegensatz von Produktionsmittelbesitzern und Lohnabhängigen verfassungsrechtlich zementiert und die industrielle Arbeitswelt mit Billigung der höchsten Instanz aus dem Wirkungsfeld demokratischer Prinzipien herausgenommen.

Auf dieser Grundlage wird die Realisierung privater Interessen auch in Zukunft zu gesellschaftlichen Schäden führen, wofür die Umweltzerstörung nur ein Beispiel ist. Durch die Geschäftspraktiken der unkontrollierten wirtschaftlichen Macht kann der Staat insgesamt zur indirekten Unterstützung von Rassismus (Südafrika) und Krieg (Rüstung) gebracht werden: eine Tendenz, die ganz offensichtlich den politischen und gesellschaftlichen Zielen demokratischer Länder zuwider läuft.

Wenn angesichts solcher Realitäten von einem führenden Theoretiker der amerikanischen Managements, Peter F. Drucker, die beiden Hauptfunktionen des Unternehmens als «Absatz schaffen und immer Neues bieten» beschrieben werden, so ist das nach den Maßstäben betriebswirtschaftlicher Rechnungsführung sicher richtig, nach den Kriterien gesellschaftlicher Rationalität ist es falsch. Dieser Gegensatz wird aber so lange zugunsten des Kapitals und damit der privaten Gewinnorientierung entschieden, so lange es weder einen inhaltlichen Konsens über die Notwendigkeit zur Durchsetzung gesellschaftlicher Ziele im wirtschaftlichen Bereich gibt noch das dazu notwendige Instrumentarium.

Arbeitsvorschläge

1. Die Definition des Betriebes ergibt sich aus seiner Zielsetzung und der entsprechenden Realisierung. Im Unterschied zum Merkantilismus der beginnenden Neuzeit und der heutigen Theorie verneinte der klassische Liberalismus einen Zusammenhang zwischen betrieblicher Tätigkeit und gesellschaftlicher Struktur. Wie läßt sich eine derartige Haltung erklären, und welche Folgen mußte sie für das soziale und politische Gefüge der Gesellschaft haben?
2. Die Organisationsstruktur des Betriebs, seine Führung und die Stellung des Arbeiters haben sich in den letzten einhundert Jahren wesentlich verändert. Geblieben ist aber immer noch die betriebliche Zielsetzung. Auf welchen Ursachen beruhen die Veränderungen, und welchem Tatbestand ist es zuzuschreiben, daß die Zielsetzung diesem Wandel nicht unterworfen war?
3. Aus der Tatsache, daß nicht mehr die Eigentümer selber die betriebliche Leitung wahrnehmen, sondern häufig Angestellte im Auftrag anonymer Kapitalgeber, wird häufig gefolgert, an die Stelle des Kapitals sei jetzt die Herrschaft der Manager getreten. Was spricht für und was gegen diese These?
4. Individuelle Mitspracherechte und die Kapitalbeteiligung am Betrieb über Belegschaftsaktien sind sichtbarer Ausdruck einer stärkeren Integration der Arbeitnehmer in den Betrieb. Trotzdem verändern derartige Maßnahmen nichts an dem traditionellen Gegensatz zwischen betriebs- und volkswirtschaftlicher Zielsetzung. Worauf beruht dieser Gegensatz, und welche Folgen hat er?

VII. Pluralismus oder Globalsteuerung: Die staatliche Wirtschaftspolitik im Spannungsfeld von Kapital und Arbeit

Die Theorie der Marktwirtschaft war faktisch von der Annahme einer Interessenübereinstimmung zwischen privater Bereicherungsabsicht und volkswirtschaftlichem Allgemeinwohl ausgegangen. Aus diesem Grunde hatte sie auch dem Staat keine aktive Rolle innerhalb der Interessenwahrnehmung zugeschrieben, sondern lediglich eine Schutzfunktion. Das soziale Elend des 19. Jahrhunderts samt der daraus resultierenden revolutionären Unruhen ließen diese Grundannahme zweifelhaft erscheinen. Die endgültige Abkehr von dem Glauben an den automatischen Ausgleich von Angebot und Nachfrage, privater Profitmaximierung und sozialer Gerechtigkeit erfolgte dann aus den Erfahrungen der Weltwirtschaftskrise und dem aus ihr erwachsenen Faschismus. In der Wirtschaftstheorie des Engländers John Meynard Keynes wurde jetzt dem Staat die Rolle zugeschrieben, die Schwankungen des Marktes und das labile Gleichgewicht zwischen den unterschiedlichen wirtschaftlichen Interessengruppen durch eine aktive Wirtschafts- und Konjunkturpolitik auszugleichen. Obwohl das keine Veränderung des Systems bedeutete, sondern gerade die bestehende Eigentumsverteilung und Wirtschaftsstruktur vor der Gefahr einer im Gefolge von Krisen auftretenden revolutionären Änderung schützen sollte, wurde anfangs auch diese Theorie als Weg zum Sozialismus gebrandmarkt. Die Verfechter der reinen Marktwirtschaft orientierten sich dabei an der traditionellen Rolle staatlicher Wirtschaftspolitik, die sich bisher auf Finanzpolitik beschränkt hatte. Das klassische Gedankengut zu dieser Thematik läßt sich folgendermaßen zusammenfassen:

1. Die Nachfrage der privaten Wirtschaft nach den vorhandenen produktiven Mitteln sichert stets deren volle Nutzung und besten Einsatz.
2. Jede Inanspruchnahme solcher Mittel durch den Staat geschieht folglich auf Kosten der privaten Verwendung, die grundsätzlich höheren produktiven Rang hat.
3. Oberstes fiskalisches Gesetz hat daher die äußerste Zurückhaltung des Staates bei der Inanspruchnahme wirtschaftlicher Faktoren zu sein.
4. Staatsschulden sind unerwünscht und schnellstens zu tilgen.
5. Die wirtschaftliche Funktion des Staates wird an dem Verhalten eines privaten Wirtschaftssubjektes gemessen.

Dieses Gedankengut wird auch noch heute von Vertretern des dogmatischen Liberalismus gepflegt. Dabei ist offenkundig, daß sich die Ziele staatlicher Wirtschaftspolitik eben nicht mit denen privater Wirtschaftssubjekte vergleichen lassen. Oberstes Ziel privater Wirtschaftseinheiten ist bei Unternehmen der Gewinn und bei Haushalten der größte Nutzen. Der Staat ist aber keine Organisation mit derart isolierter Zielsetzung, sondern sein Nutzen fällt mit dem der Gesellschaft zusammen.

In der Situation nach 1945, die auch in der Wirtschaftspolitik einen neuen Anfang erlaubt hätte, setzte sich unter amerikanischem Einfluß der Ordoliberalismus mit der Devise durch: Ordnungspolitik hat Vorrang vor der staatlichen Lenkung des Wirtschaftsprozesses. Somit erhielt die staatliche Wirtschaftspolitik wiederum nur eine indirekte Funktion: Sie sollte zwar die Wirtschaft planvoll beeinflussen, aber lediglich mit den marktkonformen Mitteln der Wettbewerbsordnung und Geldpolitik. Das Gedeihen des selbständigen Unternehmertums war Hauptsorge der staatlichen Wirtschaftspolitik, die sich im übrigen mit sozialen Korrekturen und Fürsorge bei Bedürftigkeit begnügte. Die aktive, zukunftsweisende Rolle verblieb dem privaten Unternehmer, während sich der Staat mit der passiven Funktion einer nachträglichen Regulierung von Fehlentwicklungen zufriedengab.

Diese Selbstbeschränkung der staatlichen Wirtschaftspolitik änderte sich erst unter dem Druck von Wachstumsverlusten und Arbeitslosigkeit in der ersten großen Krise des Systems 1966/67. Ludwig Erhard, Symbolfigur des Wirtschaftswunders und zweiter Kanzler der Republik nach Adenauer, konnte seine Konzeption der Selbstregulierung des freien Marktes ange-

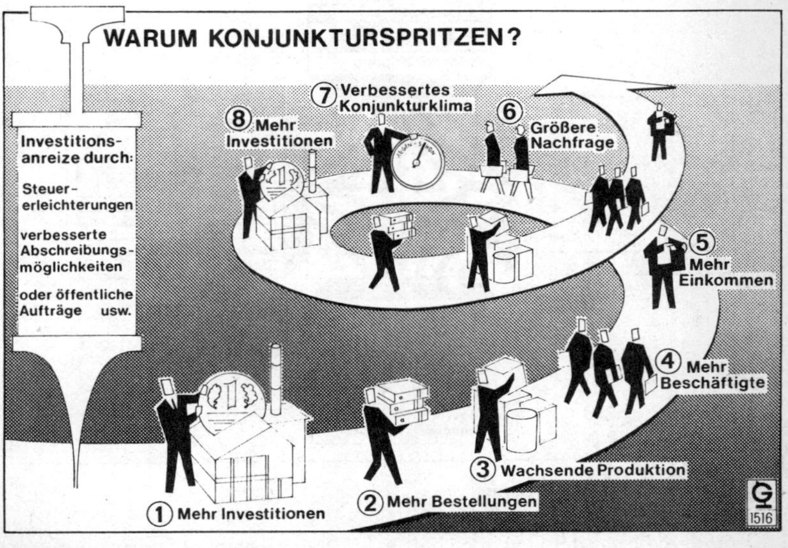

Quelle: Globus-Kartendienst, Hamburg

sichts der Krisensymptome nicht länger durchsetzen. Mit seinem Rücktritt wurde der Weg für eine politische und wirtschaftliche Alternative frei. In der großen Koalition von CDU und SPD setzten sich die Vertreter einer aktiven Wirtschaftspolitik der Konjunkturbelebung und Wachstumsförderung durch. Der zeitweilig unterbrochene Wirtschaftskreislauf, das Auseinanderklaffen zwischen der Sparquote und der Investitionsquote, wurde durch staatliche Mehrausgaben wieder ins Gleichgewicht gebracht. Diese Wirtschaftspolitik bedeutete die endgültige Realisierung der Theorie des John Meynard Keynes, deren Durchsetzung bisher am Widerstand der Interessengruppen gescheitert war. Danach hatte der Staat in der Krise durch Konjunkturspritzen und im Boom durch Drosselung der Nachfrage das gesamtwirtschaftliche Gleichgewicht zu sichern.

Mit der Übernahme dieser Theorie der Globalsteuerung durch die politischen Parteien wurde zugleich auch die Zielsetzung staatlicher Wirtschaftspolitik festgelegt. Sie fand ihren Ausdruck in der Formulierung des «Magischen Vierecks», das sowohl inhaltlich als auch quantitativ in Zukunft die Richtung der Konjunktursteuerung angeben sollte.

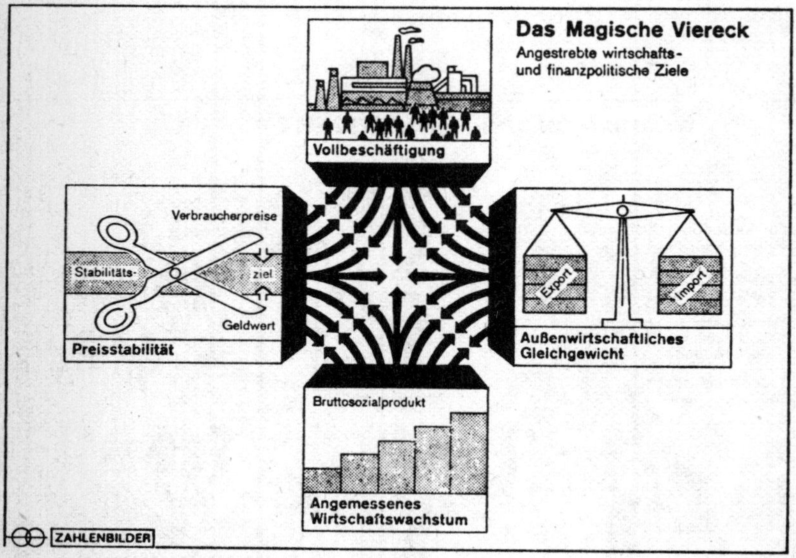

Quelle: Erich Schmidt Verlag, Berlin

Unter dem Druck der Gewerkschaften wurden diese vier Hauptziele durch das Postulat der «sozialen Symmetrie» ergänzt, wonach den Arbeitnehmern

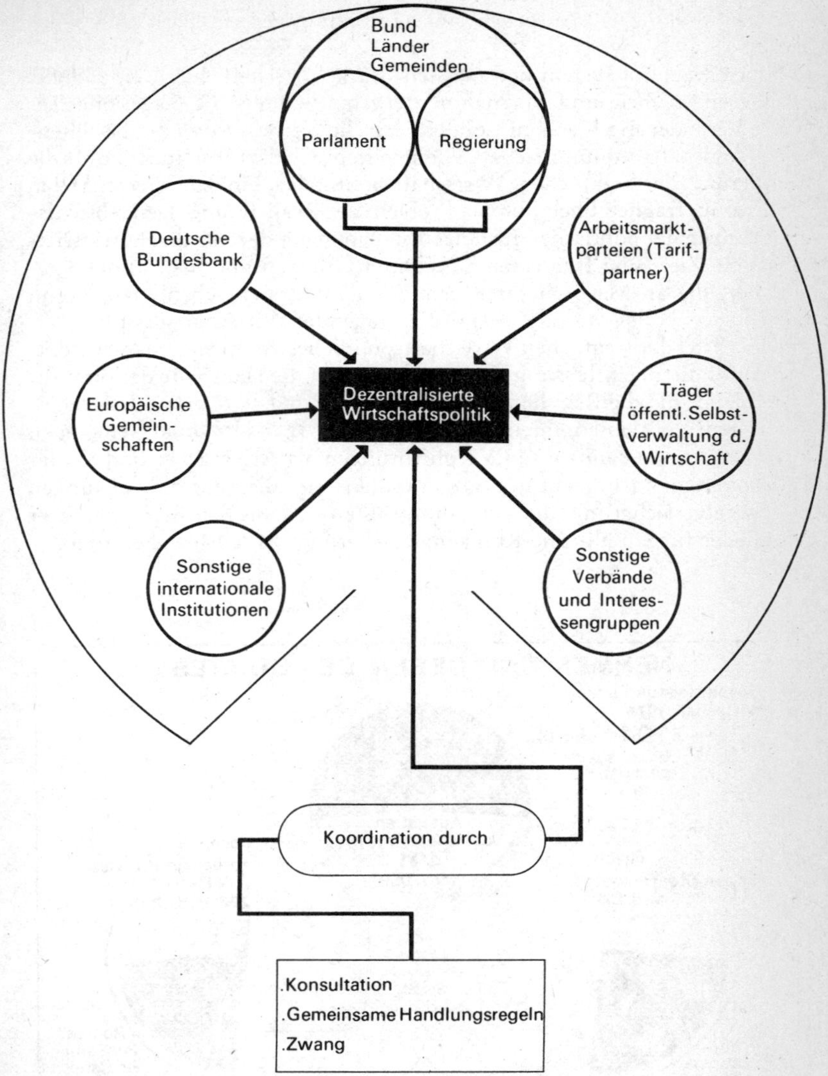

Quelle: Wie funktioniert das? Die Wirtschaft heute. Manheim 1976, S. 419

ein grundsätzlicher Anspruch auf Verteilungsgerechtigkeit zuerkannt wurde.

Somit war das System der sozialen Marktwirtschaft durch ein Bündel flankierender Ziele und Maßnahmen ergänzt worden, die insgesamt aber keine Veränderung brachten, sondern nur die Verbesserung der bestehenden Wirtschaftsordnung sicherstellen sollten. Geklärt war in Zukunft die Zielsetzung der staatlichen Wirtschaftspolitik bis hin zur quantitativen Festlegung, fraglich blieb nur das Problem der Realisierung. Den Absichtserklärungen der politischen Instanzen stehen in der dezentralen Marktwirtschaft die Ziele und Interessen autonomer Gruppen und Institutionen gegenüber, die an Machtpotential dem Staat mindestens ebenbürtig, wenn nicht sogar überlegen sind. Sie sind die Träger der Wirtschaftspolitik.

Die Mittel der staatlichen Wirtschaftspolitik beschränken sich im wesentlichen auf die Beeinflussung der Nachfrage über die Haushalte der öffentlichen Hand und die Regulierung der Steuern. Rund 35 Prozent des erwirtschafteten Volkseinkommens wird von Bund, Ländern und Gemeinden beansprucht, die damit ihren Verpflichtungen als Arbeitgeber und Käufer nachkommen. 12 Prozent des Sozialprodukts entfallen auf die Leistungen der Sozialversicherung, die sich zum größten Teil aus den Beiträgen ihrer Mitglieder für Unfall- und Krankenversicherung, Arbeitslosigkeit und Al-

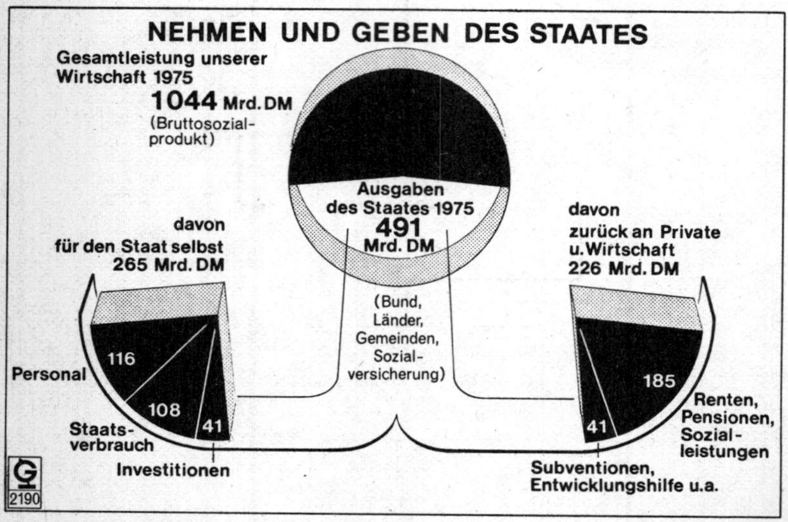

Quelle: Globus-Kartendienst, Hamburg

tersversorgung finanziert. Hier leistet der Staat lediglich Unterstützungszahlungen. Für die Wirtschaftspolitik verbleibt daher nur das koordinierte Verhalten aller öffentlichen Haushalte, um eine spürbare Wirkung zu erzielen.

Da diese Mittel überwiegend durch gesetzlich fixierte Ansprüche festgelegt sind, lassen sie sich nur zu einem ganz geringen Teil als Konjunkturausgleichspuffer verwenden. Das erklärt auch, warum der staatliche Anteil am Produktionspotential der Wirtschaft trotz ständig steigender nomineller Aus- und Einnahmen in den letzten 25 Jahren eher gesunken ist. Betrug er 1950 noch 17,2 Prozent, so 1969 nurmehr 13,1 Prozent und 1973 auch nur 13,5 Prozent. Die antizyklische Finanzpolitik des Staates muß sich also in der Krise auf eine kreditfinanzierte Ausweitung der öffentlichen Nachfrage beschränken und in der Hochkonjunktur auf Streckung oder Zurückstellung geplanter Vorhaben. Maßnahmen der Steuer- und Subventionspolitik können dies ergänzen, bedeuten aber zugleich auch einen Verzicht auf die gezielte Verwendung dieser Mittel nach Kriterien gesellschaftlicher Notwendigkeit.

Auf Grund dieser Bedingungen wird erklärlich, daß der Staat mit dem von ihm beeinflußten Wirtschaftspotential nur Initialzündungen geben kann. Gelingt es im Krisenfall nicht, die Wirtschaft damit anzukurbeln, ist die Antriebskraft der öffentlichen Mittel bald am Ende.

Ergänzend zur Wirtschaftspolitik des Staates treten die Maßnahmen der Bundesbank. Als autonome Institution ist sie laut Gesetz zur Erhaltung des Geldwertes verpflichtet. Somit tritt sie besonders für die Sicherung der Stabilität und die Bekämpfung der Inflation ein. Erst unter Wahrung dieser Aufgabenstellung ist die Bundesbank zur Unterstützung der Wirtschaftspolitik der Bundesregierung und zu enger Zusammenarbeit mit ihr bei der Konjunktursteuerung verpflichtet. Während die Bundesregierung also vornehmlich an den Zielen des Wachstums und der Vollbeschäftigung orientiert ist, steht bei der Bundesbank die Stabilitätspolitik im Vordergrund des Handelns. Diese unterschiedliche Zielsetzung kann durchaus zu ernsten Differenzen bei der Realisierung der Wirtschaftspolitik führen, was der Bundesbank bisweilen schon den Vorwurf einer illegalen Nebenregierung eingetragen hat. Die Mittel und Methoden der Bundesbank beziehen sich auf alle Maßnahmen, die zur Verminderung oder Vergrößerung der Geldmenge führen. So wird die Bank in der Rezession durch die Verbilligung des Geldes die Konjunktur anzukurbeln versuchen, während sie im Boom durch die Verteuerung und Verknappung des Geldes eine Drosselung der Nachfrage anstrebt.

●●

Auszüge aus dem Gesetz über die Deutsche Bundesbank vom 26. Juni 1957

§ 3 Aufgabe
Die Deutsche Bundesbank regelt mit Hilfe der währungspolitischen Befugnisse, die ihr nach diesem Gesetz zustehen, den Geldumlauf und die Kreditversorgung der Wirtschaft mit dem Ziel, die Wähung zu sichern, und sorgt für die bankmäßige Abwicklung des Zahlungsverkehrs im Inland und mit dem Ausland.

§ 5 Organe
Organe der Deutschen Bundesbank sind der Zentralbankrat (§ 6), das Direktorium (§ 7) und die Vorstände der Landeszentralbanken (§ 8).

§ 6 Zentralbankrat
(1) Der Zentralbankrat bestimmt die Währungs- und Kreditpolitik der Bank . . . Er kann auch im Einzelfall dem Direktorium und den Vorständen der Landeszentralbanken Weisungen erteilen.
(2) Der Zentralbankrat besteht aus dem Präsidenten und dem Vizepräsidenten der Deutschen Bundesbank, den weiteren Mitgliedern des Direktoriums und den Präsidenten der Landeszentralbanken.

§ 12 Verhältnis der Bank zur Bundesregierung
Die Deutsche Bundesbank ist verpflichtet, unter Wahrung ihrer Aufgabe die allgemeine Wirtschaftspolitik der Bundesregierung zu unterstützen. Sie ist bei der Ausübung der Befugnisse, die ihr nach diesem Gesetz zustehen, von Weisungen der Bundesregierung unabhängig.

§ 13 Zusammenarbeit
(1) Die Deutsche Bundesbank hat die Bundesregierung in Angelegenheiten von wesentlicher währungspolitischer Bedeutung zu beraten und ihr auf Verlangen Auskunft zu geben.
(2) Die Mitglieder der Bundesregierung haben das Recht, an den Sitzungen des Zentralbankrats teilzunehmen. Sie haben kein Stimmrecht, können aber Anträge stellen. Auf ihr Verlangen ist die Beschlußfassung bis zu zwei Wochen auszusetzen.
(3) Die Bundesregierung soll den Präsidenten der Deutschen Bundesbank zu ihren Beratungen über Angelegenheiten von währungspolitischer Bedeutung zuziehen.

●●

Während so auf der einen Seite Bundesregierung und Bundesbank mit zwar differenzierter Zielsetzung, doch unter gemeinsamen Vorzeichen die Globalsteuerung der Wirtschaft zu realisieren versuchen, ist das Verhältnis von Arbeitgebern und Arbeitnehmern im Hinblick auf gemeinsames Handeln widersprüchlicher, im Einzelfall sogar antagonistisch.

Die Macht der Unternehmer beruht auf ihrer Verfügungsgewalt über die Produktionsmittel, den eigentlichen Motor des Wirtschaftskreislaufes. In dieser Eigenschaft sind sie für die staatliche Wirtschaftspolitik die eigentlich entscheidenden Gesprächspartner, von deren Verhalten und Zukunftserwartung die gesamte wirtschaftliche Entwicklung abhängt. In der Formulierung ihrer Interessen betonen die Arbeitgeber unter den Zielen des «Magischen Vierecks» besonders das Wachstum. Sie erwarten davon eine Sicherung ihrer Gewinne und sehen darin auch die Voraussetzung für die Erreichung aller anderen Orientierungspunkte der Wirtschaftspolitik. Maßstab ist vor allem die Höhe der Gewinnquote, deren tendenzielle Entwicklung über den zukünftigen Einsatz der Produktionsmittel und die Investitionsneigung ihrer Besitzer entscheidet. In diesem Zusammenhang ist aus Unternehmersicht der Lohnkostenfaktor die jeweils bestimmende Größe für die Gewinnaussichten. Während alle anderen Faktoren als quasi naturgesetzlich im Konkurrenzkampf der Betriebe des In- und Auslands akzeptiert werden, erscheint einzig und allein der Produktionsfaktor Arbeit in Art und Höhe seiner Bezahlung lenkbar und im Verhältnis zum Gewinn manipulierbar. Daher fordern die Unternehmer von der staatlichen Wirtschaftspolitik vor allem die Sicherung einer ausreichenden Gewinnquote durch Beeinflussung oder Fixierung der Lohnkosten. Nach dieser Argumentation fördern niedrige Löhne die Gewinnaussichten der Arbeitgeber, damit die Investitionsneigung und das wirtschaftliche Wachstum, was wiederum zum Abbau der Arbeitslosigkeit und Verbesserung des Lebensstandards beiträgt. Wachstum und Gewinne werden danach zur eigentlichen Voraussetzung jeder wirtschaftlichen Entwicklung überhaupt.

Die Publizierung dieser Thesen in der Öffentlichkeit und ihre Umsetzung in der Politik sind dabei nicht dem Zufall überlassen. Im Gegensatz zur herkömmlichen Meinung sind die Organisationen und Verbände der Arbeitgeber personell und finanziell besser ausgestattet als die ihrer gewerkschaftlichen Kontrahenten. Die beiden Spitzenverbände BDI (Bundesverband der Deutschen Industrie) und BDA (Bundesvereinigung der Deutschen Arbeitgeberverbände) sind zusammen mit den Kammern des DIHT (Deutscher Industrie- und Handelstag) die Vorhut einer auf allen Ebenen vertretenen Funktionärsschar von über 50000 hauptberuflich tätigen Arbeitgebervertretern. Bezieht man in diese Rechnung noch das Personal aller Hilfsorganisationen mit ein, so kommt man auf rund 120000 haupt- und nebenamtliche Mitarbeiter. Im Gegensatz zu vielen ihrer Kontrahenten aus den Gewerkschaften, die sich von der Produktionsbasis hochgearbeitet haben, ist über ein Drittel der hauptberuflichen Funktionäre durch eine akademische Ausbildung gegangen. Mit einem ebenfalls nur ansatzweise zu schätzenden Aufwand von 800 Millionen bis 1,5 Milliarden Mark vertritt dieser Apparat überall dort, wo es um wirtschaftliche Belange geht, die Interessen der privaten Unternehmer. Fast 300 Expertengremien in Bonn und über hundert Abgeordnete im Bundestag nehmen direkt oder indirekt die Interessen der «Wirtschaft» wahr. Sie alle sehen es als ihre vordringlichste Aufgabe an, die These von der Sicherung privater Gewinne als Basis jedes wirtschaftlichen Wachstums zu propagieren und durchzusetzen. Diese unternehmerische Position verteidigen sie vornehmlich gegen staatliche und gewerkschaftliche Kontrolle.

●●

ASU rügt beschleunigten Trend zum Versorgungsstaat

Übersteigertes Anspruchsdenken bei nachlassender Leistungsbereitschaft hat der Vorsitzende der Arbeitsgemeinschaft Selbständiger Unternehmer e.V. (ASU), Prof. Dr. Krahnen, als Kernübel bezeichnet, das der Überwindung unserer drängendsten Probleme – vor allem Arbeitslosigkeit und gebremstes Wirtschaftswachstum – im Wege steht. . . .

Nach Ansicht der ASU gilt es vor allem, dem in den letzten Jahren stark beschleunigten Trend zum Versorgungsstaat hin Einhalt zu gebieten, da dieser letztlich zur Entmündigung des einzelnen führe. Daneben stellen nach Ansicht des Redners Bürokratisierung und Belastungsverschärfung besonders gefährliche Fehlentwicklungen dar. «Die Erhöhung der Abgabelast», sagte er, «war sicher im wesentlichen eine Folge der staatlichen Finanzprobleme; ich würde jedoch nicht ausschließen, daß darin auch politische Vorstellungen ihren Niederschlag fanden, für die es ein Ausdruck von Fortschrittlichkeit und Gerechtigkeit war, den unternehmerischen Handlungsspielraum einzuschränken.» Dieses Ziel sei erreicht worden – nicht zuletzt auch durch die Vielzahl neuer Auflagen für die Betriebe im Rahmen des Gewerberechts, der Sozialgesetzgebung, des Umwelt- oder Verbraucherschutzes. Natürlich habe jede dieser Auflagen ihren richtigen Kern und ihren Sinn. In der Perfektion der Ausgestaltung, in der Überziehung des Zieles, vor allem aber in der Kumulation der verschiedenen Auflagen fühle sich inzwischen mancher Unternehmer zu der Frage gedrängt, ob der Gesetzgeber eigentlich noch daran denke, daß die erste Aufgabe des Unternehmers doch wohl die kostengünstige Herstellung eines Produktes oder einer Dienstleistung sein soll.

Kritisch sieht der ASU-Vorsitzende auch das seiner Meinung nach überholte Rollenverständnis der Gewerkschaften. Er wies in diesem Zusammenhang darauf hin, daß es den Gewerkschaften gelungen sei, in den letzten sieben Jahren die Lohnquote am Bruttosozialprodukt von 67 auf 72 Prozent zu steigern und nannte dies «das Durchsetzen eines Anspruchs für eine Gruppe zu Lasten der ganzen Volkswirtschaft», da dadurch die Wachstumsmöglichkeiten gedrosselt, die Wettbewerbskraft auf den Weltmärkten eingeschnürt und damit auch die Chancen für den Abbau der Arbeitslosigkeit weiter vermindert werden.

Tagesspiegel vom 6. Mai 1978

●●

Im Vergleich dazu ist trotz des Geredes vom «Gewerkschaftsstaat» die Position der Arbeitnehmerorganisationen sekundär. Imponierend ist lediglich ihre Mitgliederzahl und damit ihr Anspruch auf die Vertretung der Arbeitnehmerinteressen. Der Deutsche Gewerkschaftsbund (DGB) zählte 1976 in seinen 16 Einheitsgewerkschaften etwa 7,5 Millionen Mitglieder. Davon waren 71 Prozent Arbeiter, 19 Prozent Angestellte und 9 Prozent Beamte. Größte Einzelgewerkschaft ist die Industriegewerkschaft Metall mit über 2,6 Millionen Mitgliedern. Damit sind in den Gewerkschaften ungefähr ein Drittel der Lohnabhängigen organisiert. Für den DGB allein arbeiten rund 8000 hauptberufliche Mitarbeiter. Zählt man dazu noch die Funktionäre der Deutschen Angestellten Gewerkschaft (DAG) und des Deutschen Beamtenbundes (DBB) kommt man auf ungefähr 20000 hauptberufliche Mitarbeiter, denen ein jährlicher Etat von ca. 700 Millionen Mark zur Verfügung steht. Schon allein diese Zahlen beweisen, daß sich die Gewerkschaften in der Durchsetzung ihrer Politik gegenüber den Unternehmern in einer schwächeren Position befinden.

●●

Frank von Auer: Unternehmermacht. Staat mit Schlagseite

Die empirische Untersuchung der tatsächlichen Macht- und Herrschaftsverhältnisse in unserem Lande läßt die These vom «Gewerkschaftsstaat» als absurd erscheinen. Bei genauem Hinsehen entpuppt sich der «fiktive Gewerkschaftsstaat» als «konkreter Unternehmerstaat».

Die Unternehmerverbände
Gegenüber Öffentlichkeit und Staat treten die sogenannten «Wirtschaftsverbände» auf (347 an der Zahl), die sich als Landes- oder Fachverbände innerhalb von 13 Dachverbänden (z. B. Bundesverband Deutscher Banken, Hauptgemeinschaft des Deutschen Einzelhandels) organisiert haben. Der wichtigste unter ihnen ist der Bundesverband der Deutschen Industrie (BDI), der «in allen wesentlichen wirtschaftspolitischen Fragen die entscheidende Aussage» macht. Er umfaßt 39 industrielle Spitzenverbände – wie den Verband der Automobilindustrie, Verband der Chemischen Industrie –, die ihrerseits weitere 370 Fach- und 188 Landesverbände mit rund 95000 Mitgliedsunternehmen vertreten. Obwohl die Industrieunternehmen mit mehr

als 1000 Beschäftigten nur 1,2 v. H. aller Industriebetriebe ausmachen, stammen zwei Drittel der 38 Präsidialmitglieder des BDI aus der Großindustrie.

Während diese Wirtschaftsverbände unmittelbar die unternehmerischen Interessen gegenüber der Ministerialbürokratie und den Parlamenten wahrnehmen, sind die Arbeitgeberverbände das direkte Gegenüber zu den Gewerkschaften bei den Auseinandersetzungen um Tariferhöhungen und die Verbesserung der Arbeitsbedingungen. Außerdem sind sie drittelparitätisch in den Selbstverwaltungsorganen der Sozialversicherung vertreten und entsenden ehrenamtliche Richter in die Arbeits- und Sozialgerichte. Das «tarif- und sozialpolitische Sprachrohr» der Privatwirtschaft ist die Bundesvereinigung der Deutschen Arbeitgeberverbände (BDA), die über ihre Unterorganisationen mehr als 80 v. H. der Unternehmen im Bereich der Industrie, der Banken und Versicherungen sowie fast 100 Prozent der Großunternehmen und Konzerne angehören. Auch im Präsidium der BDA dominieren Vertreter von Großunternehmen.

Zwischen den Unternehmerverbänden – zu denen neben dem BDI und der BDA auch der Deutsche Industrie- und Handelstag (DIHT) zu zählen ist – bestehen vielseitige personelle Verflechtungen. So wurde im Mai 1976 BDA-Präsident Hanns-Martin Schleyer auch zum Präsidenten des BDI gewählt. Alle 13 wirtschaftspolitischen Dachverbände der gewerblichen Wirtschaft sowie die BDA und der DIHT treffen sich im Gemeinschaftsausschuß der Deutschen Gewerblichen Wirtschaft, der die Unternehmerpolitik koordiniert, als Ernennungsorgan für zahlreiche staatliche und halbstaatliche Ausschüsse fungiert und insbesondere über die Haltung der Arbeitgeberseite in der konzertierten Aktion beschließt.

Von politischer Brisanz sind die engen personellen und institutionellen Verflechtungen zwischen diesen unternehmerischen Hauptverbänden und dem CDU-Wirtschaftsrat. In dessen Vorstand sitzen – neben den bisherigen Präsidenten dieser drei Dachverbände – zu einem Drittel Delegierte von BDI, BDA und DIHT.

Diese organisierte Unternehmerlobby verfügt über einen ausgebauten hauptamtlichen Apparat. Nach der letzten Berufszählung (1961) arbeiteten 52747 Personen hauptamtlich bei unternehmerischen Verbandsorganisationen. Bezieht man die Hilfsorganisationen ein, kommt man auf eine Zahl hauptamtlicher Mitarbeiter von rund 120000. – Zum Vergleich: Im Bereich der DGB-Gewerkschaften sind nach Angaben des WSI etwas mehr als 9000 hauptamtliche Mitarbeiter tätig. Und noch eine Vergleichszahl: Im Jahre 1968 wurde das Beitragsaufkommen sämtlicher Unternehmerverbände auf 800 Millionen bis 1,5 Milliarden DM geschätzt. Im gleichen Jahr betrug der Gesamtetat aller DGB-Gewerkschaften etwas weniger als 500 Millionen DM.

Staat und Verbände

Als gängiger Beleg für die These vom «Gewerkschaftsstaat» wird auf die Zahl der 252 organisierten Bundestagsabgeordneten hingewiesen. Verschwiegen wird, daß nur 22 von ihnen gewerkschaftliche Funktionen innehatten. Davon abgesehen ist es ein Erfahrungssatz, daß in Konfliktsituationen die Fraktionsdisziplin vor gewerkschaftlichen Forderungen rangiert. – Die Unternehmerverbände jedoch sind mit 70 maßgeblichen Funktionsträgern im 7. Deutschen Bundestag vertreten. Insgesamt sind rund 130 der 516 Abgeordneten dem Unternehmerlager zuzuordnen.

Entscheidender aber ist, daß sich der Unternehmereinfluß auf Gesetze und Verordnungen heute kaum noch über die parlamentarische Lobby, sondern vorwiegend über die Ministerialbürokratie auswirkt. Über eine Fülle von beratenden Ausschüssen, Beiräten und Arbeitskreisen werden maßgebliche Weichenstellungen für Gesetze bereits vollzogen, ehe diese überhaupt in die parlamentarische Beratung kommen. Und sie wirken außerdem an der konkreten Ausformung der Rechtswirklichkeit «durch nachträgliche Ausführungsvorschriften zu diesen Gesetzen» maßgeblich mit. Teilnehmerverzeichnisse von ministeriellen Anhörungen lesen sich wie Mitgliederlisten von Unternehmerorganisationen. Bei einigen Ministerien ist der Kontakt zur Verbandslobby so intensiv, daß gemeinsame Beratungen als selbstverständlich angesehen werden. Das gilt insbesondere für das Verhältnis von Wirtschaftsministerium und BDI, «deren Vertreter fast täglich zusammenkommen». Der amtierende Bundeswirtschaftsminister war zuvor Geschäftsführer einer Industrie- und Handelskammer, seine beiden Staatssekretäre kommen ebenfalls aus dem Unternehmerbereich. Vertreter der Unternehmerverbände sind in etwa 50 Fachausschüssen und nachgeordneten Behörden des Bundesministeriums für Wirtschaft fest etabliert.

Diese personellen und institutionellen Verflechtungen werden durch ein ausgeklügeltes System von Eingaben, Stellungnahmen und Gutachten komplettiert. Allein der BDI machte von 1950 bis 1963 etwa 2500 solcher Eingaben, von denen sich 80 v. H. an die Exekutive, aber nur 10 v. H. an das Parlament richteten. Diese Adressatenwahl hat ihren verständlichen Grund: Im Zeitraum von drei Legislaturperioden (1961–1972) gingen 1157 Gesetzesinitiativen von der Bundesregierung aus, von denen 83 v. H. angenommen wurden. Aus dem Bundestag dagegen kamen nur 643 Gesetzesinitiativen, «denen nur zu 35,6 v. H. Erfolg beschieden war».

Erziehung und Wissenschaft, Nr. 12/1976, S. 5f
Dieser Beitrag wertet eine Studie des Wirtschafts- und Sozialwissenschaftlichen Instituts des DGB aus, die im August 1976 unter dem Titel «Gewerkschaftsstaat oder Unternehmerstaat» als Sonderheft der WSI-Mitteilungen im Bund-Verlag (Köln) erschien.

Organisatorisch, personell und finanziell schlechter ausgestattet, fehlt es den Arbeitnehmerverbänden auch an den Machtmitteln, um ihren Forderungen gleichberechtigt mit den Kapitalbesitzern Nachdruck verleihen zu können. In der öffentlichen Meinung dominieren dank der Zeitungen und Zeitschriften im Privatbesitz die Ansichten der Unternehmer. Unter diesen Bedingungen erscheint es verständlich, wenn die Gewerkschaften lange Zeit mit ihren Forderungen nach qualifizierter Mitbestimmung und dem Recht auf Arbeit in den Augen der Öffentlichkeit antiquiert wirkten. Im Sog des Wirtschaftswunders schien die Vollbeschäftigung zur andauernden Realität geworden zu sein, so daß sich die Gewerkschaften mehr und mehr in die Rolle reiner Lohnerhöhungsmaschinen abgedrängt sahen. Erst unter dem Druck von Dauerarbeitslosigkeit und stagnierendem Wachstum wird der traditionelle Gegensatz zwischen den Interessen von Unternehmern und Lohnabhängigen wieder offenbar. Im Zeichen der Krise und der Arbeitslosigkeit lautet daher der Maiaufruf des DGB 1978:

●●

Recht auf Arbeit – Zukunft sichern – DGB

In der Bundesrepublik Deutschland sind seit vier Jahren eine Million Arbeitnehmer ohne Arbeit – in Westeuropa sind es etwa 17 Millionen. Die Arbeitslosigkeit droht so zur Geißel der Demokratie zu werden. Sie lastet nicht nur schwer auf den Betroffenen und ihren Familien, sie stellt die Wirtschaftsordnung in Frage und nährt Zweifel am demokratischen Staatswesen.

Reformfeindliche und reaktionäre Kräfte sehen ihre Stunde gekommen. Sie nutzen die Krise zur Restauration. Sie wollen Reformen rückgängig machen und soziale Leistungen einschränken. Davon sind alle Arbeitnehmer betroffen. Sie müssen sich solidarisch wehren, den ewig Gestrigen geschlossen entgegentreten und ihnen ihre Forderungen entgegensetzen.

Das Gerede von der Lohn-Arbeitslosen-Spirale ist irreführend und gefährlich. Weniger Lohn bringt nicht mehr Arbeitsplätze. Aber weniger Lohn bedeutet auf jeden Fall weniger Kaufkraft. Wir halten dagegen: Steigerung der Massenkaufkraft durch Lohnerhöhungen, keine weiteren Arbeitsbelastungen, gerechtere Verteilung der Steuerlasten.

Die wirtschaftliche Mitbestimmung ist die notwendige Ergänzung der politischen Demokratie. Wer sie den Arbeitnehmern vorenthalten will, offenbart sein mangelndes Demokratieverständnis. Die gleichberechtigte Mitbestimmung auf allen Ebenen der Wirtschaft – das bleibt eine der wichtigsten Aufgaben für die Zukunft.

Die Finanzierung des sozialen Netzes muß gewährleistet sein. Die Lasten dürfen nicht einseitig verteilt werden. Jeder Jugendliche muß die Chance einer zukunftsorientierten qualifizierten Berufsausbildung erhalten. Da die Privatwirtschaft die benötigten Ausbildungsplätze nicht bereitstellen kann, muß der Staat ordnend und lenkend eingreifen.

Die Arbeitsbelastungen dürfen nicht weiter ansteigen. Der DGB ruft alle Verantwortlichen auf, dem Raubbau an der Gesundheit der Arbeitnehmer entgegenzutreten. Der DGB kämpft um mehr Lebensqualität in einem umfassenden Sinne: für eine gesunde Arbeitsumwelt, für menschenwürdige Wohnbedingungen, für mehr Freizeit und für die Erhaltung der natürlichen Lebensgrundlage. Die Zerstörung und Verschmutzung der natürlichen Umwelt des Menschen müssen ein Ende haben.

Die Grundrechte und die persönlichen Freiheiten der Menschen dürfen nicht eingeschränkt werden. Notwendige Maßnahmen zur Erhaltung der Sicherheit dürfen den freiheitlichen Rechtsstaat nicht bedrohen.

Interessengruppen dürfen die hochentwickelte Nachrichten- und Informationstechnik nicht dazu nutzen, die Vielfalt der Meinungen einzuschränken. Die technischen Möglichkeiten zum Eingriff in die Privatsphäre von Menschen und zur Erfassung und zum Austausch von personenbezogenen Informationen müssen politisch kontrolliert werden.

Die Gewerkschaftsrechte sind zu sichern. Tarifautonomie und Streikrecht sind im Grundgesetz verbrieft. Die Aushöhlung der Tarifautonomie ist ein Angriff auf unseren Sozialstaat.

●●

Die Realisierung der unterschiedlichen Interessen von Staat, Unternehmern und Lohnabhängigen liegt nicht allein in der Macht der Parteien, Verbände und Interessenorganisationen. Die Grundlage ihres jeweiligen Handelns bietet das tatsächliche Verhalten der Konsumenten, das sich an persönlichen Zukunftserwartungen und Bedarfsstrukturen orientiert und daher nur beschränkt steuerbar ist. Tendenziell könnte man davon ausgehen, daß die Bedürfnisse des Menschen unerschöpflich sind, da sich sein Anspruchsniveau jeweils von der gerade erreichten Basis des Lebensstandards nach oben bewegt und nicht bei einer einmal erreichten Höhe des Verbrauchs stagniert. Objektiv sind dem Wachstumsziel einer Volkswirtschaft natürlich Grenzen gesetzt durch die Gesetze der Ökologie und durch die Rohstoffbasis. In diesem Zusammenhang ist es überhaupt fraglich, ob die Zielsetzung des «Magischen Vierecks» heute noch unbesehen Gültigkeit haben kann. Die Grenzen des Wachstums sind nach Meinung vieler Fachleute längst erreicht oder sogar schon überschritten.

Solange das Wachstum als oberstes Ziel noch gilt, ist es allerdings volkswirtschaftlich notwendig, daß bei wachsender Produktion und steigenden Löhnen Angebot und Nachfrage in etwa übereinstimmen. Durch die stimulierenden Mittel von Werbung und Konkurrenzideologie versuchen die

Produzenten die notwendige Nachfrage zu aktivieren. So bewegt sich die Planung des Verbrauchers zwischen Werbung, Konkurrenzverhalten, eigenen Bedürfnissen und Zukunftserwartungen. Je größer die soziale Sicherheit ist, desto stabiler ist das Konsumverhalten und umgekehrt. Im Vorfeld einer labilen Wirtschaftssituation mit drohender Arbeitslosigkeit reduziert der Verbraucher seine Ausgaben auf das Notwendigste und erhöht seine Sparanstrengungen, um sich eine materielle Rücklage zu verschaffen. Dieses Verhalten ist vom Standpunkt des einzelnen Lohnabhängigen rational, vom System her gesehen ist es falsch, da der damit bedingte Rückgang der Binnennachfrage zu einer Verschärfung der Absatzkrise führt. Der Arbeitnehmer kommt also in dieser schwierigen Situation seiner Funktion als Verbraucher in der Volkswirtschaft nicht nach. Dies veranlaßte bereits im Jahr 1975 den Bundeskanzler zu der Bemerkung, daß man eine Volkswirtschaft auch kaputtsparen könne.

Die Zurückhaltung der Konsumenten bei Krisenanzeichen wird noch durch die Marktmacht der Großunternehmen verstärkt, die sich auf Grund ihrer starken wirtschaftlichen Position nicht mehr nach den Regeln der Wirtschaftstheorie verhalten. Danach müßten sie nämlich bei Absatzstokkungen aus ihren übervollen Lagern die Waren billiger anbieten, um so wenigstens die Absatzquote zu halten und Gelder flüssig zu machen. Dieses marktgerechte Verhalten ist bei mittelständisch strukturierten Branchen mit funktionierendem Konkurrenzmechanismus auch noch zu beobachten. Im Bereich der Konzerne aber, im Ölgeschäft und der Automobilbranche beispielsweise werden die schrumpfenden Gewinne bei stagnierendem Verkauf durch Erhöhnung der Preise ausgeglichen.

●●

Im «Krisenjahr» '74 rauchten die Schornsteine: Die hundert größten Unternehmen machten knapp acht Milliarden Mark Profit.

Die Deutsche Bundesbank hat alle reingelegt. «Die Gewinnspannen der Gesellschaften sind immer stärker unter Druck geraten.» Verbreitete sie. Und alle glaubten es. In Wirklichkeit war das magere Jahr 1974 ein fettes Jahr für die hundert größten Unternehmen in der Bundesrepublik. Die Unternehmen kassierten 1974 nämlich 6 Milliarden Mark. Um es deutlicher zu machen: das waren 6000 Millionen Mark. 15 Prozent mehr als 1973. Nie zuvor wurden in der Bundesrepublik mehr Dividenden ausgeschüttet. Das errechnete das Statistische Bundesamt. Ein Unternehmens-Analytiker errechnete für 1974 sogar Gewinne von 7,9 Milliarden Mark. 7900 Millionen Mark! Dieser Betrag ist deshalb höher als der des Statistischen Bundesamtes, weil Unternehmer wie der Bielefelder Milliardär Rudolf August Oetker ihre Umsätze nicht zu veröffentlichen brauchen. Nicht ausgewiesen sind zudem die Beträge, die Unternehmen für andere Zeiten gehortet haben. So daß tatsächlich 1974 noch kräftiger abgesahnt worden ist. Hätte man die Gewinne der hundert größten Firmen auf die Bevölkerung der Bundesrepublik, einschließlich Kinder und Kleinstkinder aufgeteilt, so hätte jeder Bewohner 130 Mark erhalten. Anders ausgedrückt: 23 Millionen Lohnabhängige schufen 7,9 Milliarden Mark Überschüsse, die sich eine winzige Minderheit Nichtarbeitender in die Tasche steckte. Wer hat schon einmal einen Großaktionär bei Bayer Leverkusen arbeiten sehen? Wer sah bei Daimler Frau Quandt oder die Flick-Familie je eine Schraube anziehen? 1974 machten rund 7500 Firmen Bankrott. 40 Prozent mehr als 1973. «Charly» Marx sprach von der «Wolfsnatur» des Kapitalismus. Kannibalismus wäre auch nicht falsch. Die Starken fressen die Schwachen. Und werden dabei immer fetter!

'ran vom 1. April 1975

●●

Durch das Verhalten von Konsumenten und Großunternehmen kommt es zur Stagflation, einer sich fortsetzenden inflationären Tendenz bei gleichzeitigem Stagnieren des Wirtschaftswachstums. So trifft jetzt eine erhöhte Sparquote auf die Investitionsunlust der Unternehmer, die ihre Absatzpläne nicht realisieren können und daher trotz der Möglichkeit steigender Gewinne in den Monopolbranchen gar nicht daran denken, die ohnehin nicht ausgelasteten Anlagen noch durch Ausweitung der Kapazitäten zu vergrößern. Der klassische Fall einer Krisensituation ist da, und der Staat – mit der Aufgabe zur Sicherung des wirtschaftlichen Gleichgewichts und des sozialen Friedens betraut –, muß jetzt die Nachfrage- und Investitionslücke schließen. Er muß die Absatzschwierigkeiten beheben, die Produktionskapazität der Betriebe durch staatliche Aufträge auslasten und durch Einwirken auf die Lohnforderungen der Gewerkschaften und durch Steuererleichterung die Gewinnquote sichern.

Früher erfolgte eine derartige Konjunkturbelebung meist über die Aufstockung des Militärhaushalts. Heute wird vorrangig in Bereichen der Infrastruktur (Verkehrswesen, Wohnungsbau etc.) investiert, wobei der Staat durch eine vorübergehende Verschuldung die dazu notwendigen Gelder zur Verfügung stellt. Die Sicherstellung des Ausgleichs zwischen Spar- und Investitionsquote wird daher zur vordringlichsten Aufgabe des Staates, der über dem Krisenmanagement häufig nicht zur Realisierung gesellschaftlicher Ziele kommt. Schließlich ist die staatliche Aktivität nicht nur in Krisenzeiten notwendig, sondern auch in der Hochkonjunktur, in der eine überbordende Nachfrage, deren Folgen Geldentwertung und übermäßiger Ausbau der Industrieanlagen sind, gedämpft werden muß.

Ob die Konjunktur in der Krise wiederbelebt werden kann, darüber entscheiden letztlich die Geschäftsleitungen einiger hundert großer Unternehmen, auf deren Investitions- und Produktionsbereitschaft die Volkswirtschaft grundsätzlich angewiesen ist. Die Finanzierung und Sicherung der Gewinne wird so zum Kernproblem des Wirtschaftssystems. Dies mußten auch die seit 1967 in der Regierung vertretenen Sozialdemokraten lernen. Der Weg zu dieser Erkenntnis wird von der bürgerlichen Presse teils sachlich, teils hämisch kommentiert.

●●

Hans Mundorf: Lehren der Krise

[. . .]

Und nicht zuletzt: Wer hätte denn schon hoffen dürfen, daß ausgerechnet die Partei, die noch vor kurzem eine «Gelbe-Punkt-Aktion» startete, mit der die Unternehmer und der Gewinn als Wucherer und Profit denunziert wurden, in der der linke Flügel mit seinen Klassenkampfparolen die Szene beherrschte, in der die angeblich katastrophale Vermögensstruktur durch Gesetz zugunsten des kleinen Mannes «entzerrt» werden sollte, in der die Investitionslenkung zum Parteitagsbeschluß wurde, nun einen Kanzler stellt, der durch die Investitionszulage rd. 8 Mrd. DM neues Vermögen in Unternehmerhand bildet, und das auch noch ohne jede investive Zweckbindung dieser Subvention?

Die sozialliberale Koalition hat in den vergangenen Jahren mit Helmut Schmidt als Chefbotaniker vergeblich die rote Blume der sozialistischen Romantik auf allen politischen Feldern gesucht. Sie und vor allem Schmidt haben dabei so viele Disteln gepflückt, daß sie spät genug, aber immerhin noch im Jahre 1975 wissend, das heißt pragmatisch geworden sind.

Die Koalition kann nicht länger ignorieren, daß Investitionen manchmal wichtiger und gemeinnütziger sein können als eine höhere Lohnquote, daß die Funktion des Investors unendlich wichtiger ist als seine Klassenzugehörigkeit, daß das Kollektiv weniger wichtig ist als ein Mensch namens Lorenz.

Kurzum: der harte regierende Kern der SPD/FDP ist durch die Krise konservativ geworden und hat heute bereits viel mehr Wahlverwandtschaft mit der Union als mit den linksextremen Gruppen des eigenen Vereins, sicherlich nicht aufgrund identischer Wertvorstellungen, sondern weil die «Macher» nicht Ideologen bleiben können, wenn sie sich nicht blamieren wollen. Die Konfrontation mit der Opposition ist deshalb auch bezeichnenderweise auf Franz Josef Strauß personalisiert worden, weil ansonsten die aktuelle Übereinstimmung mit der Union in der Tatsachenanalyse peinlich wäre.

Handelsblatt vom 27. März 1975

Im neuen Jahr setzt der Staat rund 12 Milliarden Mark ein, damit es weiter aufwärts geht.

Mehr als 30 Milliarden Mark hat der Staat seit 1975 für Steuererleichterungen und Konjunkturprogramme eingesetzt. Damit haben wir schlimme Wirkungen der weltweiten Wirtschaftskrise bei uns abwenden können. Aber wir müssen weiter daran arbeiten, damit es weiter aufwärts geht.

Rund 12 Milliarden Mark setzt der Staat zusätzlich im neuen Jahr ein, damit ein noch besseres Wachstum unserer Wirtschaft gesichert wird und mehr Arbeitsplätze geschaffen werden können. Gestern und vorgestern haben wir Ihnen im einzelnen vorgerechnet, wie mit Steuersenkungen und mehr Kindergeld die Kaufkraft der Verbraucher erhöht und die Investitionskraft der Wirtschaft gestärkt wird. Mehr öffentliche Aufträge kommen noch dazu.

Und das kann für uns alle dabei herauskommen: Mehr wirtschaftliches Wachstum als in diesem Jahr, mehr Preisstabilität trotz Erhöhung der Mehrwertsteuer und mehr Nettoeinkommen. Für den Arbeitsmarkt brauchen wir Geduld, da es hier besondere Problemgruppen gibt. Dazu gehören junge Leute, die noch nicht genug gelernt haben. Frauen, die neben ihrem Beruf auch noch einen Haushalt versorgen müssen. Und ältere Arbeitnehmer, die es schon immer schwerer hatten, eine neue Stelle zu finden. Auch die starke Abhängigkeit von der Weltwirtschaft ist ein Problem. Das hat uns die dramatische Entwicklung beim Dollar wieder einmal gezeigt.

Der Staat kann Wachstum und Vollbeschäftigung nicht verordnen. Er kann nur bessere Voraussetzungen dafür schaffen. Das tut er auch. Genutzt werden müssen diese Voraussetzungen von allen: Von den Unternehmen, den Verbrauchern, den privaten und den vielen öffentlichen Haushalten.

Die neuesten Zahlen lassen erkennen, daß die Verbraucher und auch die Wirtschaft ihre neuen Chancen erkennen und nutzen.

Wenn Sie zu unseren drei Anzeigen mehr wissen möchten, schreiben Sie unter dem Stichwort „Steuersenkungen '78" an das Presse- und Informationsamt der Bundesregierung, Postfach 1200, 5300 Bonn.

Quelle: Presse- und Informationsamt der Bundesregierung, Bonn, Dezember 1977

Verteufelt, verhätschelt

Die Buhmänner von einst sind heute plötzlich die Hätschelkinder unserer Regierung: Gemeint sind die Unternehmer. Sie kriegen vom Staat jetzt sogar noch Geld extra, wenn sie neue Fabriken bauen oder neue Maschinen kaufen.

Sind das denn dieselben Unternehmer, die für die Jusos – und nicht nur für die – eben noch zigarrenpaffende Kapitalisten waren mit Luxusvillen, die auf Kosten des Arbeitnehmers ungeheuren Profit machen? Ja, es sind dieselben. Nur, von den idiotischen Vorwürfen ist jetzt natürlich nichts mehr zu hören.

Fragt sich nur, wie lange die Gnadensonne über ihnen strahlt? Bis zum nächsten Boom?

Bild-Zeitung vom 14. Dezember 1974

●●

Das gegenwärtig praktizierte und vom Staat gestützte Investitionsmodell ist in seiner inneren Logik – unter der Voraussetzung des Privateigentums an Produktionsmitteln – nicht angreifbar. Faktisch garantieren staatliche Subventionen die Rentabilität der Investitionen bei gleichzeitiger voller Aufrechterhaltung der unternehmerischen Dispositionsfreiheit. Die Erhaltung des Kapitalismus wird zum obersten Gebot, sobald die kapitalistische Wirtschaft aus sich selbst heraus nicht mehr funktionsfähig erscheint. Eine rationale Wirtschaftsplanung und die Durchsetzung staatlicher Zielvorstellungen scheint unter diesen Bedingungen nur sehr bedingt möglich zu sein. Der Staat als gesamtgesellschaftlicher Organisator stellt aus Steuermitteln die Finanzierung der wirtschaftlichen Voraussetzungen sicher. Dann kann er nur noch abwarten.

Die Realisierung der Wirtschaftspolitik ist gekennzeichnet durch einen andauernden Machtkampf der rivalisierenden Gruppen um Erhaltung oder Vergrößerung des Anteils am Volkseinkommen, der vor allem in Lohnauseinandersetzungen seinen Ausdruck findet. Obwohl die Tarifpartner, Arbeitgeber und Gewerkschaften, autonom sind, versucht die Bundesregierung durch die Eckdaten ihrer Wirtschaftsprognose auf die Tarifverhandlungen Einfluß zu nehmen.

Auf Grund der Auswertung statistischer Angaben über realisierte und geplante Investitionen, Ex- und Import, Konsum- und Investitionsneigung von Haushalten und Unternehmen errechnet das Bundeswirtschaftsministerium zu Anfang des Jahres eine Prognose über die erwartete wirtschaftliche Entwicklung. Dieser Jahreswirtschaftsbericht gibt an, was die Bundesregierung unter Wahrung ihrer allgemeinen konjunkturpolitischen Zielset-

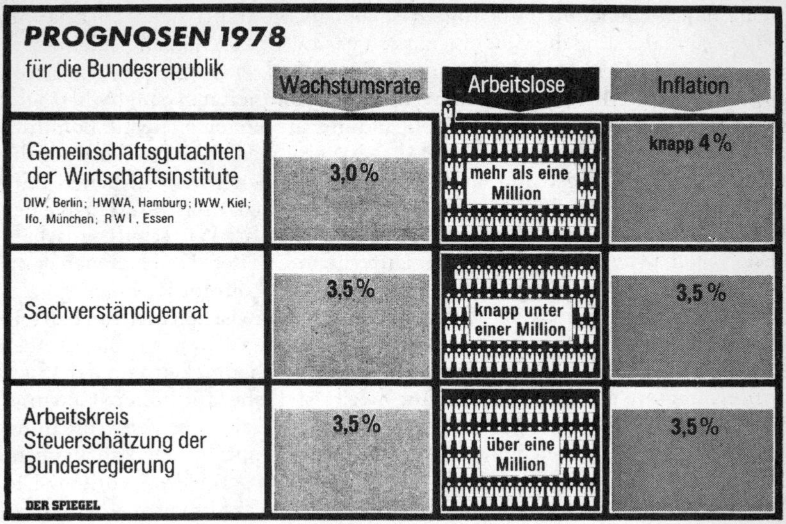

Quelle: Der Spiegel 3/77

zung im jeweils anlaufenden Jahr für wirtschaftlich machbar hält. Für das Jahr 1978 favorisiert das Bundeswirtschaftsministerium folgende Zielgrößen: bei der Wirtschaftsleistung ein Anstieg um 3,5 Prozent, bei Preisen 3,5 Prozent, bei Löhnen 5,5 Prozent, bei Gewinnen 9 bis 11 Prozent, bei der Arbeitslosenquote 4 Prozent = 1 Million.

Der Jahreswirtschaftsbericht wird als öffentliches Dokument in der folgenden Zeit zum Bezugspunkt für alle weiteren Äußerungen hinsichtlich der gewünschten und tatsächlichen Entwicklung.

In dieser Hinsicht sind die Gutachten der Wirtschaftsinstitute, des Sachverständigenrates und der zahlreichen Arbeitskreise sowohl Basis wie auch Kontrollmechanismen von Erfolg und Mißerfolg des beabsichtigten Konjunkturverlaufs. Ein Teil dieser Gutachten wird direkt im Auftrag der Bundesregierung erstellt, bei den anderen Veröffentlichungen handelt es sich um die Analysen der jeweiligen Arbeitgeber- und Arbeitnehmerorganisationen.

Je nach Interessenlage fordern die Gutachten mehr Lohnzurückhaltung zur Sicherung der Investitionen oder höhere Löhne und eine vermehrte Staatstätigkeit zur Ausweitung der notwendigen Nachfrage. Die Auswertung der Statistik und der theoretische Rahmen erlauben die argumentative Begründung beider Standpunkte. Die Arbeitgeberorganisationen und die ihnen nahestehenden Publikationen neigen grundsätzlich dazu, die Zukunft düster zu malen und die Gewinnchancen gering einzuschätzen. Dabei sehen sie in der Lohnbelastung die Hauptursache aller gegenwärtigen und zukünftigen Risiken. Mit diesem publizistischen Trommelfeuer soll Arbeitnehmern und Gewerkschaften jede Begründung für weiterreichende Lohnforderungen genommen werden. Auf diese Weise werden sie in der öffentlichen Meinung isoliert und als Störer der gesunden wirtschaftlichen Entwicklung dargestellt. Im Gegenzug zu dieser publizistischen Offensive der Unternehmer veröffentlichen die Gewerkschaften ihre Wirtschaftseinschätzung und die Gewinnaussichten der Unternehmer. Diese Daten dienen dann als Basis für die Ableitung der gewerkschaftlichen Lohnforderungen.

In dieser ersten Runde der Auseinandersetzung zwischen den Tarifparteien versucht die Regierung eine neutrale Position zu wahren. Sie ist aber durch ihre eigenen Zielvorstellungen und ihre Abhängigkeit von der Investitionsneigung der Unternehmer im Zweifelsfall eher für höhere Gewinne als für steigende Löhne. Im allgemeinen versucht sie eine Versachlichung der Diskussion zu erreichen, ohne aber direkte Empfehlungen abzugeben, die sonst als Einmischung in die Tarifautonomie betrachtet würden. Die Begrenzung der Auseinandersetzung wird daher nicht in Form einer politi-

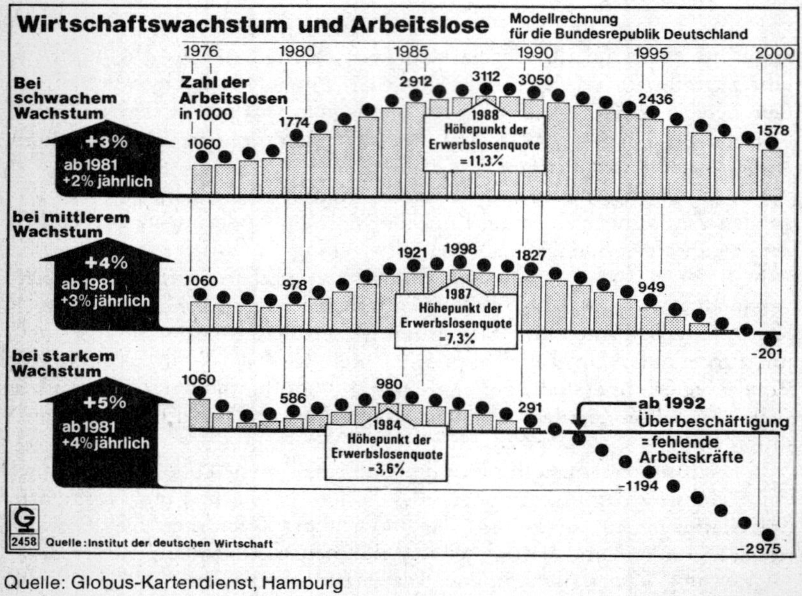

Quelle: Globus-Kartendienst, Hamburg

schen Forderung, sondern sogenannter wissenschaftlicher Analysen vorgenommen. Modellrechnungen verschiedener Gruppen und Gremien versuchen den Zusammenhang von Arbeitslosigkeit, Lohn- und Gewinnerhöhungen für die zukünftige Entwicklung darzustellen. Auf diese Weise wird jede Forderung mit den Aspekten möglicher Auswirkungen gekoppelt und es ergibt sich eine gewisse inhaltliche Fixierung der Verhandlungspositionen, bevor noch erste konkrete Forderungen der Parteien auf dem Tisch liegen.

Damit will der Wirtschaftsminister einen Konsens unter allen Trägern der Wirtschaftspolitik über die wirtschaftliche Basis der jetzigen und zukünftigen Entwicklung herstellen. Das geschah bisher im Gesprächskreis der sogenannten «konzertierten Aktion», bei der sich etwa 50 Vertreter aus allen wichtigen Verbänden und Instanzen auf die ökonomischen Rahmenbedingungen der anstehenden Tarifauseinandersetzungen zu einigen versuchten.

Der Verlauf der nächsten Verhandlungsrunde ist wiederum von der allgemeinen Wirtschaftssituation abhängig. Im Sog einer Hochkonjunktur mit steigenden Gewinnen und Vollbeschäftigung ist die Stellung der Gewerkschaften stark. Die Unternehmer wiederum hoffen, jede neue Kostenbelastung über die Preise sofort an den Verbraucher weitergeben zu können. In Schlüsselbranchen und dort, wo besonders viele Arbeiter gewerkschaftlich organisiert sind, äußert sich bei steigenden Gewinnen der Unmut der Arbeiter über die festliegenden Tariflöhne häufig in sogenannten spontanen oder wilden Streiks. Derartige Reaktionen der Basis, die allerdings bis zur Kündigung der laufenden Tarifverträge nicht von den Gewerkschaften offiziell unterstützt werden dürfen, zeigen den Grad der Entschlossenheit, mit der die Arbeitnehmer ihre Forderungen vertreten wollen, und prägen somit das Klima der Verhandlungen. Hinzu kommt die branchendifferenzierte Gewinn- und Lohnsituation der einzelnen Betriebe. Unternehmen im Abseits der konjunkturellen Entwicklung werden eine andere Taktik bevorzugen als die gutverdienenden Industriezweige.

Die Runde der eigentlichen Lohnverhandlungen, begleitet von flankierenden Maßnahmen in Publizistik und Öffentlichkeit, beginnt faktisch mit den ersten öffentlich genannten Zahlen über Lohnforderungen und Leistungsbereitschaft der Unternehmer. Schon die Wortwahl zeigt dabei die unterschiedliche Machtposition der Kontrahenten auf. Die Arbeitgeber «bieten an», «warnen», «fordern im Namen der wirtschaftlichen Vernunft», der Staat tritt ein «für eine Lohnpolitik der Mitte», «fordert Zurückhaltung in der Lohnrunde» und bittet um Beachtung «der wirtschaftlichen Notwendigkeiten»; dagegen bleibt den Gewerkschaften meist nur die Rolle des «Forderns». Beide Seiten gehen dabei von der Gewißheit aus, daß ihre Angebote und Forderungen nicht starr, sondern verhandlungsfähig sind. In abwechselnden Gesprächsrunden nähert man sich nun entweder langsam

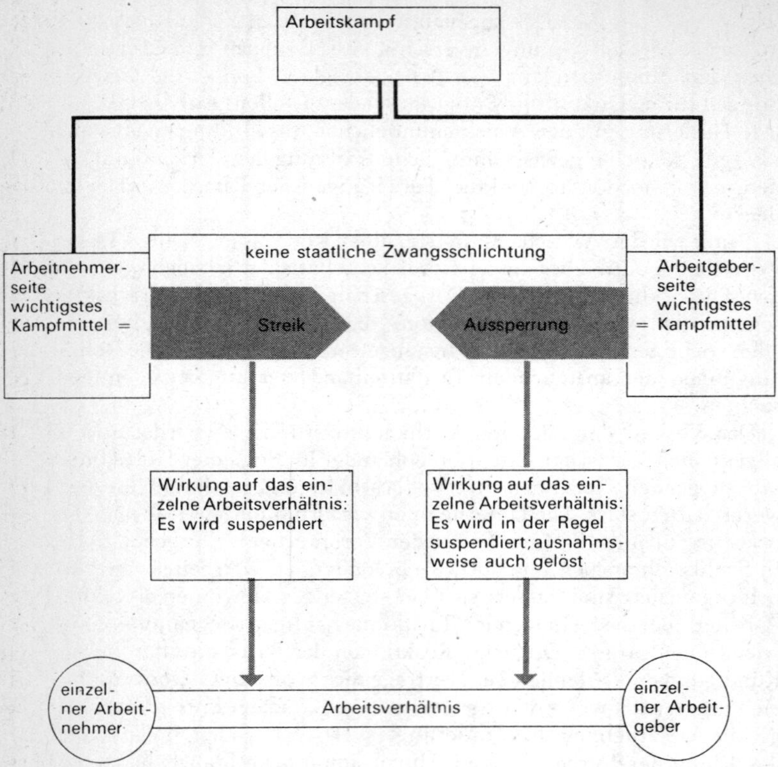

Quelle: Wie funktioniert das? Die Wirtschaft heute. Mannheim 1976, S. 493

einer gemeinsamen Vereinbarung an, oder es kommt zur Anrufung eines neutralen Schlichters. Scheitern auch dessen Empfehlungen, greifen die Gewerkschaften zum Streik, der in unterschiedlicher Intensität und mit wechselnden Schwerpunkten geführt werden kann. Als rechtlich umstrittene, aber nach Ansicht der Unternehmer adäquate Waffe im Kampf gegen die Maßnahmen der Gewerkschaften kann in dieser Phase die Aussperrung eingesetzt werden.

Wie immer man dieses Arbeitsverbot und die daraus resultierende Lohnverweigerung auch einschätzt, ob als Willkür oder Waffengleichheit: Die Aussperrung macht auf jeden Fall deutlich, wer Besitzer der Produktionsmittel ist und wer nur über seine Arbeitskraft verfügt. Die materielle Grundlage dieser Auseinandersetzung ist zumindest sehr ungleich. Das finanzielle Risiko des Streiks wird durch die Aussperrung faktisch auf den Staat und die Gewerkschaften abgewälzt.

Je nach Stärke der Gewerkschaft, der Höhe der Streikkasse und dem Durchhaltevermögen der Unternehmer kann sich die Auseinandersetzung so lange hinziehen, bis einer der beiden Seiten auf Grund der eingetretenen materiellen Verluste ein Nachgeben sinnvoller erscheint als die Weiterführung des Arbeitskampfes. In abschließenden Gesprächsrunden mit neutralen Vermittlern einigt man sich schließlich auf ein Ergebnis, das häufig im Mittel zwischen der ursprünglichen Gewerkschaftsforderung und dem ersten Angebot der Unternehmer liegt. Nun kommt es noch für beide Seiten darauf an, diesen Abschluß ihren Mitgliedern als Erfolg der eingeschlagenen Strategie zu verkaufen. Sodann werden die Unternehmer versuchen, mit der Begründung steigender Lohnkosten die Preise zu erhöhen, um auf diese Weise ihre Gewinnquote zu sichern. Der marktwirtschaftliche Mechanismus dieser Kostenüberwälzung ist unter dem Namen der «Lohn-Preis-Lohn-Spirale» bekannt. Er bietet die Gewähr, daß sich trotz aller tariflichen Verteilungskämpfe an der tatsächlichen Verteilung des Volkseinkommens nicht viel ändert.

Das von einer Einzelgewerkschaft erzielte erste Ergebnis der jährlichen Lohnrunde ist meist Schrittmacher für alle folgenden Tarifverhandlungen, wobei als Faustregel gelten kann, daß sich der öffentliche Dienst für den Vorsprung an sozialer Sicherheit mit einem halben bis einem Prozent weniger Zuwachs begnügen muß. In Zeiten der Hochkonjunktur, der Vollbeschäftigung und der hohen Gewinne ist die Stellung der Gewerkschaften ziemlich stark, so daß sie ihre Lohnforderungen gegen häufig nur geringen Widerstand der Arbeitgeber rasch durchsetzen können. Tendenziell günstiger, gerade für die Großkonzerne, die von den Marktgegebenheiten weniger abhängig sind als die mittelständische Wirtschaft, verläuft die Lohnrunde in der wirtschaftlichen Krise. Jetzt werden die Gewerkschaften von der öffentlichen Meinung faktisch für das Wohlergehen der Wirtschaft verantwortlich gemacht. Dagegen können sich die Unternehmer in die Pose der gesamtgesellschaftlichen Verantwortung für niedrige Löhne zugunsten von mehr Wachstum und Vollbeschäftigung einsetzen. Die Einheitsfront von Arbeitgebern, staatlicher Zielsetzung, wissenschaftlichem «Sachverstand» und öffentlicher Meinung erschwert jetzt die Durchsetzung gewerkschaftlicher Forderungen.

Was immer aber auch als Verhandlungsergebnis erreicht wird, ob in der Krise oder in der Hochkonjunktur, es bleibt als Fazit, daß es bisher den Gewerkschaften nicht gelungen ist, über Lohnvereinbarungen die Vermögensverteilung merklich zu beeinflussen. Im wesentlichen dienten die ganzen Verteilungskämpfe gerade dazu, den Anteil der Arbeitnehmer am volks-

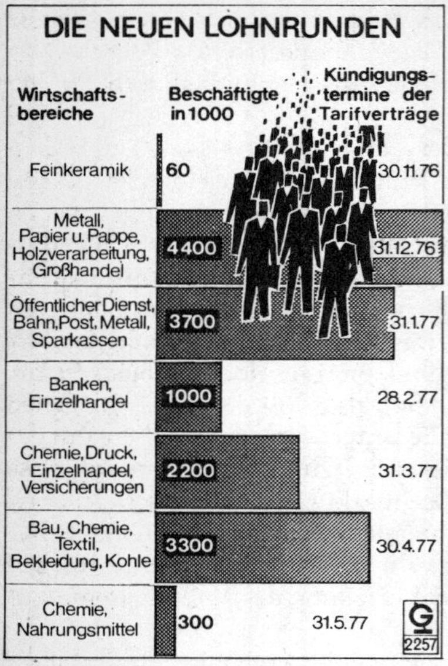

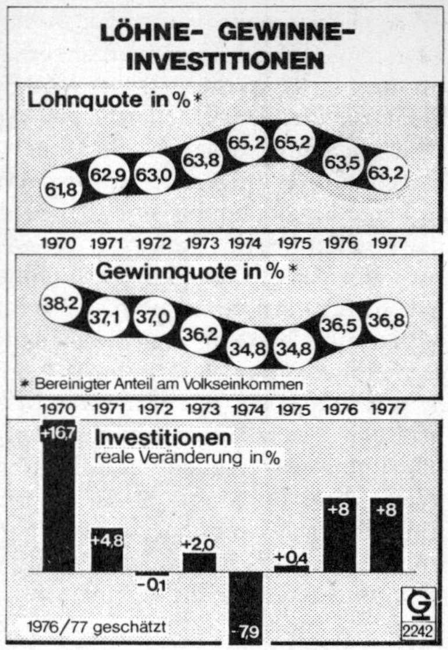

Quelle: Globus-Kartendienst, Hamburg

wirtschaftlichen Wachstum sicherzustellen. Und einem vorübergehenden Anstieg der Lohnquote zugunsten der Arbeitnehmer in der Hochkonjunktur zu Anfang der siebziger Jahre folgte eine entsprechende Senkung in den Krisenjahren seit 1975.

Tatsächlich können die vereinbarten Lohnerhöhungen natürlich über dem am Ende eines Jahres realisierten Wachstum liegen und so vorübergehend zu einem höheren Anstieg der Lohnquote führen. Dieses Verhältnis wird dann aber in den nächsten Jahren mit Sicherheit durch ein Ansteigen der Gewinne ausgeglichen, oder die Unternehmer behaupten ihren Vorsprung über die Erhöhung der Preise. Im Gegensatz zu den Löhnen unterliegen die Preise keiner gesellschaftlichen Kontrolle, sondern orientieren sich ausschließlich an dem, was sich am Markt durchsetzen läßt.

Der nachträgliche Versuch, zu einem Ausgleich zwischen Durchsetzung von höheren Löhnen wie Gewinnen und autonomer Entscheidungsfreiheit zu kommen, bleibt im Zweifelsfall wieder der staatlichen Wirtschaftspolitik überlassen. Mit Subventionen für die Gewinne, Sozialleistungen für die Arbeitnehmer, staatlichen Aufträgen für die Produzenten und Beschäftigungsprogrammen für Arbeitslose muß sie die jeweiligen Störungen des wirtschaftlichen Gleichgewichts auszugleichen versuchen. Das Resultat dieser Bemühungen kann im besten Fall immer nur der größte gemeinsame Nenner aus dem Konglomerat der widersprüchlichen Erwartungen sein, wobei die Basis der Wirtschaftsordnung – die Eigentumsstruktur – faktisch nicht zur Disposition steht. So bleibt nur die Verteilung der Überschüsse einer ständig wachstumsorientierten Wirtschaft. Die Debatte um Art und Umfang dieser Ausgaben sind die Hauptthemen nach Abschluß der Tarifkämpfe. Fixiert auf die Daten ihrer Prognose muß die Regierung ihre jeweiligen Maßnahmen vor einem Chor widersprüchlicher Meinungen stets von neuem begründen und verteidigen. Unter diesen Bedingungen ist die Wirtschaftspolitik letztlich für alles verantwortlich und zuständig, ohne doch wirklich entscheiden zu können.

Auf dem Hintergrund einer verwirrenden Auseinandersetzung, in der jeweils die Opposition das als falsch beurteilt, was die Regierung gerade tut, bietet sich einer desorientierten Öffentlichkeit der Wirtschaftspolitiker als Zyniker der Macht oder als Versager vom Dienst an. Die Logik des Systems bringt es andererseits aber mit sich, daß auch ein vollkommen passiver Wirtschaftspolitiker, den eine Woge der Hochkonjunktur trägt, persönlich als Vater des Erfolges gefeiert wird. Das galt lange Zeit für das eigentliche Symbol des deutschen Wirtschaftswunders Ludwig Erhard. Die Sozialdemokraten dagegen, die sich grundsätzlich zu einer rationalen und machbaren Wirtschaftspolitik bekannten, werden Jahr für Jahr samt ihrer wissenschaftlichen Ratgeber durch die tatsächliche Entwicklung desavouiert. An-

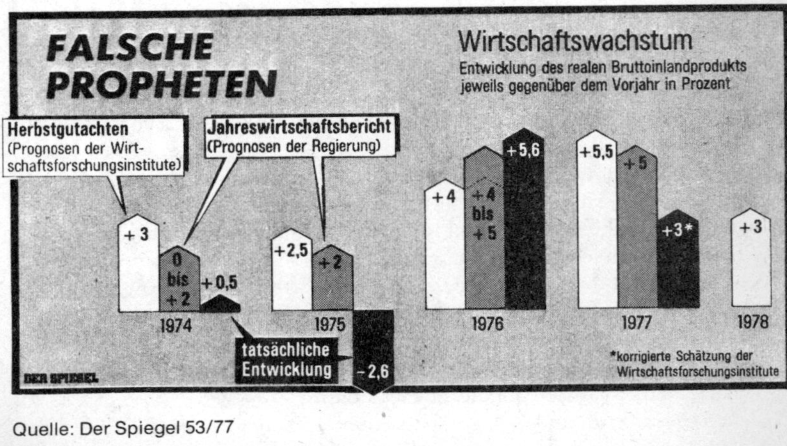

Quelle: Der Spiegel 53/77

gesichts von traditioneller Machtstruktur und subjektiver Erwartungshaltung der einzelnen Entscheidungsträger des wirtschaftlichen Geschehens scheinen Wissenschaft und Analyse die Realität weder erfassen noch lenken zu können.

In dieser Situation stellt sich die Frage nach der Lernfähigkeit des Systems. Die einen sehen die Krise als Beweis für das grundsätzliche Versagen jeder staatlichen Wirtschaftspolitik und fordern die Rückkehr zum bewährten Modell staatlicher Passivität, die anderen folgern umgekehrt aus dem bisherigen Eingeständnis der politischen Ohnmacht eine qualitative Veränderung des gesamten Instrumentariums der Konjunktursteuerung. Die Krise als Auslöser von Reformen ist dabei in der Geschichte der Bundesrepublik nicht neu. Auf welche Art derartige Veränderungen entstanden sind, welches die Ursachen und Folgen waren, soll im folgenden Kapitel untersucht werden.

Arbeitsvorschläge

1. Die liberale Wirtschaftsordnung des 19. Jahrhunderts wies dem Staat aus grundsätzlichen Überlegungen eine rein passive Rolle zu. Dieses Rollenverständnis hat sich nach den Erfahrungen der Weimarer Republik und der Bundesrepublik geändert. Analysieren Sie Ursachen und Folgen dieser Veränderung! Inwiefern unterscheidet sich die soziale Marktwirtschaft der Bundesrepublik von dem System der liberalen Wirtschaftsordnung?
2. Die Zielsetzung der staatlichen Wirtschaftspolitik wird als «Magisches Viereck» bezeichnet. Erklären Sie diesen Begriff.
3. Die Träger der Wirtschaftspolitik sind sowohl die gesellschaftlichen Gruppen wie die staatlichen Institutionen. Sie verfolgen die im «Magischen Viereck» vorgegebene Zielsetzung der Wirtschaftspolitik mit unterschiedlicher Intensität. Listen Sie für die einzelnen Institutionen und Verbände die Ziele nach der jeweiligen Priorität auf. Beschreiben Sie das zur Durchsetzung dieser Zielsetzung jeweils vorhandene Machtpotential.
4. Die Verhandlungen der Tarifparteien verlaufen in mehreren Etappen und Gesprächsrunden. Wie läßt sich der Verlauf dieser Auseinandersetzung charakterisieren, und welche Merkmale prägen die einzelnen Phasen der Entscheidungsfindung?
5. Faktisch kann der Versuch der Gewerkschaften, über Lohnerhöhungen zu mehr Verteilungsgerechtigkeit in der Bundesrepublik zu kommen, als gescheitert betrachtet werden. Wie läßt sich dieser Tatbestand erklären? Welche alternative Vorgehensweise hätten die Gewerkschaften zur Realisierung dieser Zielsetzung?
6. Hochkonjunktur und Krise haben einen entscheidenden Einfluß auf

die Machtposition und Entscheidungsfreiheit von Staat und Tarifparteien. In welcher Weise wirken sich die Konjunkturschwankungen a) auf die Unternehmer, b) auf die Gewerkschaften, c) auf den Staat aus?

VIII. Krise und Reform in der Marktwirtschaft

Die günstigen Startbedingungen der deutschen Nachkriegswirtschaft ermöglichten fast zwei Jahrzehnte hindurch eine konjunkturelle Aufwärtsbewegung bei geringer Inflationstendenz. So schien es, als ob tatsächlich die neoliberale Konzeption einer von Markt- und Staatsmacht freien Entfaltung der privaten Unternehmensinitiative Garant für absoluten wirtschaftlichen Aufstieg sein könnte. Eine derart globale Wertung übersah allerdings, daß auch schon vor dem ersten Kriseneinbruch von 1966/67 Phasen wirtschaftlicher Hochkonjunktur durch entsprechende Tiefs abgelöst worden waren, deren reale Wirkung allerdings durch das nach wie vor anhaltende Wachstum kaum sichtbar wurde.

In diesen zwei Jahrzehnten weitgehender staatlicher Abstinenz gab es aber durch die Wiederaufrüstung zumindest eine indirekte Konjunktursteuerung, wenn sie auch politisch nicht als solche deklariert war. Mit Beginn der Pläne zur Aufstellung neuer Streitkräfte legte der Staat Steuergelder und damit Kaufkraft still, die ab 1957 durch Wiedereinschleusung in den Wirtschaftskreislauf zu einem entsprechenden Wachstum der Nachfrage führte und die krisenhaften Tendenzen der Jahre 1957/58 in einen neuen Boom verwandelten. Auf diese Weise hatte über die Drosselung und Belebung der Nachfrage die Regierung Adenauer bereits in den fünfziger Jahren nach den Prinzipien der Globalsteuerung verfahren, die sich als offizielle Politik allerdings erst in der großen Koalition von SPD und CDU durchsetzen sollte. Bis zu diesem Zeitpunkt hatte die seit 1949 oppositionelle SPD im Godesberger Programm angesichts der erfolgreichen marktwirtschaftlichen Konzeption ihre alternativen Vorstellungen auf zwei Grundsätze zusammengestrichen:

1. Soviel Planung durch den Staat wie nötig und soviel Wettbewerb der privaten Unternehmer wie möglich.
2. Soziale Gerechtigkeit durch Sicherung einer vermögenswirksamen Beteiligung der Arbeitnehmer am wirtschaftlichen Wachstum (soziale Symmetrie).

Der erste Grundsatz bedeutet den Verzicht auf eine direkte staatliche

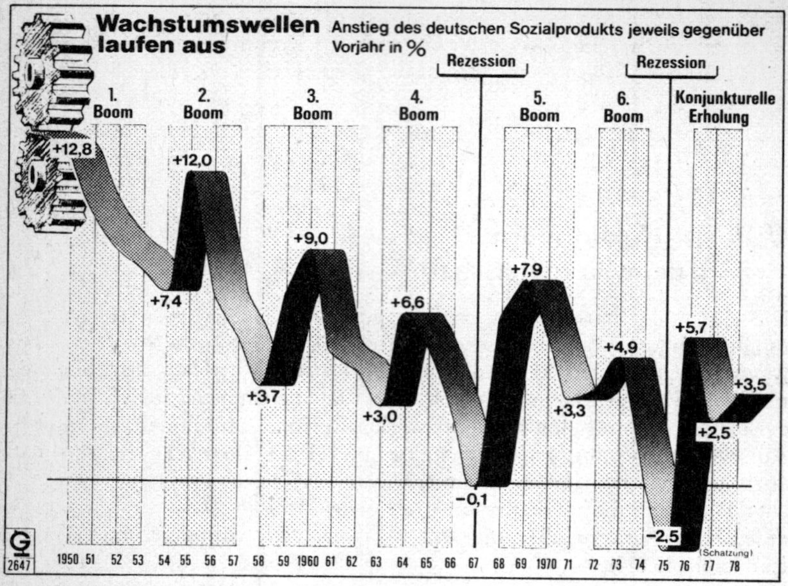

Quelle: Globus-Kartendienst, Hamburg

Wirtschaftsplanung zugunsten einer indirekten Steuerung der ökonomischen Entwicklung mit Hilfe der Nachfrage- und Angebotsregulierung. Insofern konnte sich die SPD mit Recht als die eigentliche Hüterin der Marktwirtschaft bezeichnen, weil sie diese nicht mehr verändern, sondern lediglich in ihrer durch Konzentration, Monopolisierung, Inflation und Rezession gestörten Funktion verbessern wollte.

Die zweite Forderung war eine sehr dehnbare Formel, deren Bandbreite über individuelles Sparen bis zur Privatisierung von staatlichen Betrieben (Volkswagenwerk) reichte. Enthalten in dieser Forderung waren das generelle Wachstum der Löhne in der Hochkonjunktur wie die Sicherung des sozialen Bestands in der Krise. Faktisch besagte sie nichts anderes, als daß wenigstens unter einer sozialdemokratischen Regierung die Vermögenskonzentration nicht noch weiter zunehmen sollte.

Zusammenfassend läßt sich sagen: Wollte früher die SPD durch eine Veränderung der Wirtschaftsverhältnisse die gesellschaftliche Ordnung demokratisieren, so setzte sie sich ab Godesberg für eine Reform der Wirtschaftspolitik ein, um die staatliche Ordnung zu sichern.

Godesberger Programm von 1959

Der moderne Staat beeinflußt die Wirtschaft stetig durch seine Entscheidungen über Steuern und Finanzen, über das Geld- und Kreditwesen, seine Zoll-, Handels-, Sozial- und Preispolitik, seine öffentlichen Aufträge sowie die Landwirtschafts- und Wohnbaupolitik. Mehr als ein Drittel des Sozialprodukts geht auf diese Weise durch die öffentliche Hand. Es ist also nicht die Frage, ob in der Wirtschaft Disposition und Planung zweckmäßig sind, sondern wer diese Disposition trifft und zu wessen Gunsten sie wirkt. Dieser Verantwortung für den Geschäftsablauf kann sich der Staat nicht entziehen. Er ist verantwortlich für eine vorausschauende Konjunkturpolitik und soll sich im wesentlichen auf Methoden der mittelbaren Beeinflussung der Wirtschaft beschränken.

Freie Konsumwahl und freie Arbeitsplatzwahl sind entscheidende Grundlagen, freier Wettbewerb und freie Unternehmerinitiative sind wichtige Elemente sozialdemokratischer Wirtschaftspolitik. Die Autonomie der Arbeitnehmer- und Arbeitgeberverbände beim Abschluß von Tarifverträgen ist ein wesentlicher Bestandteil freiheitlicher Ordnung. Totalitäre Zwangswirtschaft zerstört die Freiheit. Deshalb bejaht die Sozialdemokratische Partei den freien Markt, wo immer wirklich Wettbewerb herrscht. Wo aber Märkte unter die Vorherrschaft von einzelnen oder Gruppen geraten, bedarf es vielfältiger Maßnahmen, um die Freiheit in der Wirtschaft zu erhalten.

Wettbewerb soweit wie möglich – Planung soweit wie nötig.

Programme der deutschen Sozialdemokratie. Hannover 1963, S. 196

Aber selbst die Realisierung dieser Minimalforderungen war angesichts des noch vorhandenen Wirtschaftswachstums nicht möglich und wurde aus den Reihen der CDU und FDP als Planwirtschaft verurteilt. Erst die krisenhaften Symptome der 1965 einsetzenden Rezession zwangen die regierenden Parteien zum Handeln und erforderten eine veränderte Wirtschaftspolitik, die in ihren theoretischen Grundzügen durch die oppositionelle SPD schon vorformuliert war.

Angesichts der dürftigen Informationen über den jeweiligen Stand und die Entwicklung der wirtschaftlichen Situation hatte bereits 1962 das Parlament die Einsetzung eines Sachverständigenrates gefordert. Dessen erste fünf Mitglieder wurden 1964 mit dem Auftrag berufen, die gesamtwirtschaftliche Entwicklung zu analysieren und die Regierung entsprechend zu beraten. So war zumindest auch bei Teilen der CDU und Unternehmerschaft der Boden für eine mehr durch den Staat gelenkte und regulierte Wirtschaftsordnung vorbereitet.

●●

Gesetz über die Bildung eines Sachverständigenrates zur Begutachtung der gesamtwirtschaftlichen Entwicklung (1963)

§ 1
1) Zur periodischen Begutachtung der gesamtwirtschaftlichen Entwicklung in der Bundesrepublik Deutschland und zur Erleichterung der Urteilsbildung bei allen wirtschaftspolitisch verantwortlichen Instanzen sowie in der Öffentlichkeit wird ein Rat von unabhängigen Sachverständigen gebildet.
§ 2
Der Sachverständigenrat soll in seinen Gutachten die jeweilige gesamtwirtschaftliche Lage und deren absehbare Entwicklung darstellen. Dabei soll er untersuchen, wie im Rahmen der marktwirtschaftlichen Ordnung gleichzeitig Stabilität des Preisniveaus, hoher Beschäftigungsstand und außenwirtschaftliches Gleichgewicht bei stetigem und angemessenem Wachstum gewährleistet werden können. In die Untersuchung sollen auch die Bildung und die Verteilung von Einkommen und Vermögen einbezogen werden. Insbesondere soll der Sachverständigenrat die Ursachen von aktuellen und möglichen Spannungen zwischen der gesamtwirtschaftlichen Nachfrage und dem gesamtwirtschaftlichen Angebot aufzeigen, welche die in Satz zwei genannten Ziele gefährden. [. . .]

●●

Die aus politischen Gründen (Wahlgeschenke) überbordende Ausgabetätigkeit des Staates zusammen mit dem inflationsträchtigen Boom ließen 1965 die Preise um fast 5 Prozent steigen. Während sich die Wirtschaftspolitik der Regierung auf die Wiederholung von Maßhalteappellen beschränkte, versuchte die laut Gesetz autonome Bundesbank durch eine drastische Einschränkung der zirkulierenden Geldmenge die Inflationsrate zu stoppen. Diese Maßnahmen führten rasch zum ersten großen Konjunktureinbruch der Nachkriegszeit. Verbunden mit der gleichzeitigen Strukturkrise im Bergbau und den Sparmaßnahmen des Staates, der entsprechend konservativer Aufgabenstellung seinen defizitären Haushalt durch Einschränkung der Ausgaben sanieren wollte, war um die Jahreswende 1966/67 eine Arbeitslosenrate von fast 5 Prozent und ein Produktionsausfall von 30 Milliarden zu verzeichnen.

Die Sparpolitik von Bundesbank, Bundesregierung und Länderregierungen war allerdings nur Auslöser der Krise. Die Ursachen waren langfristig angelegt und bisher nur durch das anhaltende Wachstum überdeckt worden.

Während der Dauerkonjunktur hatten sich vor allem folgende strukturelle Fehlentwicklungen ergeben:

1. Konzentration und Überkapazitäten in der Grundstoff- und Exportindustrie.
2. Vernachlässigung von Forschungs- und Entwicklungsinvestitionen zugunsten kurzfristiger Gewinnabschöpfungen.
3. Ausgebliebene Bildungs- und Ausbildungsreform zu Lasten fehlender Mobilität der Arbeitnehmer.
4. Konservierung veralteter ökonomischer Strukturen in Landwirtschaft und Bergbau.
5. «Importierte Inflation» durch hohe Exportüberschüsse und feste Wechselkurse.
6. Kontinuierliche Überwälzung der Lohnkosten auf die Preise auf Grund von Marktmacht und Absprachen der Unternehmer.

Diese einzelnen Krisenelemente erhielten ihre Brisanz durch das gleichzeitige Zusammenwirken ausländischer Einflüsse im Bereich der Export- und Energiemärkte (Öl) mit dem Nachlassen der Binnennachfrage.

Der glück- und energielose Kanzler Erhard war das erste politische Opfer der Krise, sein Rücktritt zugleich auch ein Symbol für den ideologischen Kurswechsel vom klassischen Liberalismus zur staatlich regulierten Marktwirtschaft.

Die wichtigste Zielsetzung der anschließend aus Sozial- und Christdemokraten gebildeten großen Koalition unter Bundeskanzler Kiesinger (CDU) und Wirtschaftsminister Schiller (SPD) war die Beendigung der Wirtschaftskrise durch eine aktive Wirtschaftspolitik.

Das konjunkturelle Problem für die große Koalition bestand in sinkenden Steuereinnahmen, steigender Arbeitslosigkeit und fallenden Investitionsraten. Die Bundesregierung versuchte diese Krisensituation durch die antizyklische Politik einer staatlichen Nachfragestimulierung über die bewußte Verschuldung der öffentlichen Hand zu lösen. Dies war der Start für eine neue ökonomische Politik der globalen Steuerung mit dem Ziel einer kontrollierten Expansion, wobei kontrolliert sich in erster Linie auf die Stabilität des Preisniveaus bezog.

Die Regierung der großen Koalition griff dabei auf alle bisher vorliegenden Gesetze und Instrumente der Konjunkturpolitik zurück und faßte sie nach einer Grundgesetzänderung in dem «Gesetz zur Förderung der Stabilität und des Wachstums» zusammen, das entscheidende Machtbefugnisse von den Ländern auf den Bund übertrug und steuerliche Maßnahmen zur Beeinflussung der unternehmerischen Investitionsentscheidung erlaubte.

●●

Änderung des Grundgesetzes (Art. 109) vom 8. Juni 1967

Art. 109 GG (1) Bund und Länder sind in ihrer Haushaltswirtschaft selbständig und voneinander unabhängig. (2) Bund und Länder haben bei ihrer Haushaltswirtschaft den Erfordernissen des gesamtwirtschaftlichen Gleichgewichts Rechnung zu tragen. (3) Durch Bundesgesetz, das der Zustimmung des Bundesrates bedarf, können Grundsätze für eine konjunkturgerechte Haushaltswirtschaft und für eine mehrjährige Finanzplanung aufgestellt werden. (4) Zur Abwehr einer Störung des gesamtwirtschaftlichen Gleichgewichts können durch Bundesgesetz, das der Zustimmung des Bundesrates bedarf, Vorschriften über: 1. Höchstbeträge, Bedingungen und Zeitfolge der Aufnahme von Krediten durch Gebietskörperschaften und Zweckverbände und 2. eine Verpflichtung von Bund und Ländern, unverzinsliche Guthaben bei der Deutschen Bundesbank zu unterhalten (Konjunkturausgleichsrücklagen), erlassen werden . . .

Gesetz zur Förderung der Stabilität und des Wachstums der Wirtschaft vom 8. Juni 1967

Zielkatalog (§ 1) Gleichzeitiges Erreichen von Preisstabilität, Vollbeschäftigung, außenwirtschaftlichem Gleichgewicht, stetigem und angemessenem Wachstum im Rahmen der marktwirtschaftlichen Ordnung.

Konzertierte Aktion (§ 3) Die Bundesregierung stellt Orientierungsdaten für ein abgestimmtes Verhalten der Gebietskörperschaften, Gewerkschaften und Unternehmerverbände im Blick auf die Ziele des § 1 zur Verfügung.

Außenwirtschaft (§ 4) Die Bundesregierung soll internationale Koordinierung erstreben und Maßnahmen zur außenwirtschaftlichen Absicherung der Konjunkturpolitik ergreifen.

Einnahmen- und Ausgabenpolitik (§§ 5–8) Einnahmen und Ausgaben von Bund, Ländern und Gemeinden (§§ 14 u. 16) sollen konjunkturgerecht sein. Bei übersteigerter Gesamtnachfrage (Hochkonjunktur) sollen öffentliche Mittel in Form von Konjunkturausgleichsrücklagen stillgelegt werden und ggf. Ausgaben unterbunden werden. Bei mangelnder Gesamtnachfrage (Rezession) sollen zusätzliche öffentliche Ausgaben vorgenommen werden.

Mittelfristige Finanzplanung (§§ 9–11) Die Haushaltspläne sollen für eine fünfjährige Periode vorausgeplant werden. Eine Investitionsplanung soll die beschleunigte Durchführung der Projekte im Fall einer Rezession ermöglichen.

Konjunkturausgleichsrücklagen (§ 15) Die Bundesregierung kann anordnen, daß Bund und Länder Haushaltsmittel zur Dämpfung der Gesamtnachfrage bei der Bundesbank stillegen müssen.

Kreditbeschränkungen (§§ 19–25) Die Bundesregierung kann für Bund

und Länder und Gemeinden die Begrenzung der Kreditaufnahme vorschreiben bzw. bestimmte Kreditbedingungen anordnen.

Steuerung der privaten Nachfrage (§§ 26–28) Im Falle der übersteigerten Nachfrageausweitung kann die Bundesregierung die Investitionstätigkeit der Privatwirtschaft durch eine Verschlechterung der steuerlichen Abschreibungsmöglichkeiten und die private Konsumnachfrage durch Zuschläge zur Lohn- und Einkommensteuer (bis 10 %) zu drosseln suchen. Im Fall mangelnder Gesamtnachfrage kann sie durch Steuernachlässe für Investitionen und Steuersenkungen bei den Haushalten zu vermehrten Ausgaben anregen.

●●

Mit zwei Eventualhaushalten über 2,5 Milliarden im Januar und über 5,3 Milliarden im August 1967 kurbelte die Regierung teilweise gegen den massiven Widerstand der Banken und Industrie, aber mit Unterstützung der Gewerkschaften die Konjunktur an. Gleichzeitig sicherte sie die Realisierung ihrer Politik durch mehrstufige Gesprächskreise mit den Trägern der Wirtschaftspolitik über Mittel, Maßnahmen und Zielsetzung der jeweiligen Aktionen ab. Das freie Spiel der bisher nur am Markt orientierten Kräfte wurde jetzt im Orientierungsrahmen der langfristig geplanten Wirtschaftsentwicklung kanalisiert. Mit dieser Gesprächs- und Informationsstrategie, die unter dem Sammelnamen der «konzertierten Aktion» bekannt werden sollte, wollte die Regierung alle für die Wirtschaftsentwicklung verantwortlichen Instanzen auf freiwilliger Basis zu einem abgestimmten Verhalten bewegen.

Das Problem der marktökonomischen Steuerung durch den Staat liegt allerdings nach wie vor in ihrer Abhängigkeit von den Unternehmerentscheidungen. Nur über die Gewinnstimulierung der Kapitaleigner kann nämlich der beabsichtigte Impuls für die Wirtschaft erreicht werden. So muß der Staat faktisch mit seiner Ausgabenpolitik die Bedingungen schaffen, unter denen die Gewinnaussichten der Unternehmer realisiert werden – nicht zuletzt auch durch die Festlegung der Verteilungsquoten zu ihren Gunsten. Mit dem Wiederaufschwung in der zweiten Hälfte des Jahres 1967 stiegen die Unternehmergewinne denn auch bald überproportional an, während sich die Arbeitnehmer immer noch mit den niedrigen Krisenlöhnen zufriedengeben mußten. Die Wachstumsrate der Unternehmergewinne war zweieinhalb mal so groß wie die der Unselbständigen. Diesen Tatbestand versuchte der Wirtschaftsminister politisch zu entschärfen, indem er die Parole der «sozialen Symmetrie» ausgab. Darunter verstand er eine den Gewinnen angepaßte Erhöhung der Löhne, um wenigstens den relativen Abstand zwischen Kapital und Arbeit nicht noch weiter ansteigen zu lassen. Aber auch diese berechtigte Forderung stieß auf den Widerstand der Unter-

Die Nachteile dieser Politik waren allerdings während der Diskussion auch schon deutlich geworden. Die Gefährdung des ganzen Systems ging von drei Problembereichen aus:

1. Die Ziele der Wirtschaftspolitik waren faktisch nur durch eine staatliche Absicherung der vorhandenen Vermögensverteilung zu erreichen. Vollbeschäftigung setzte dauerndes Wachstum voraus und Wachstum war nur möglich bei Investitionsneigung der Unternehmer. Somit begünstigte das neue Instrumentarium sogar noch den Trend zur Kapitalkonzentration.

2. Die Globalsteuerung wurde in ihrer Realisierung immer abhängiger von den Entscheidungen der Kapitaleigner. Es genügte nicht mehr, allein die Gewinne zu garantieren, sondern die Regierung, gleich welche Partei den Kanzler stellte, mußte sich jeder Maßnahme enthalten, die auf eine Umvernehmerverbände, die sofort eine Verschlechterung des Investitionsklimas beklagten. Damit deutete sich erneut an, daß eine sozial gerechtere Aufteilung des Volkseinkommens bei dem gegenwärtigen System nicht möglich ist. Zu dieser resignativen Feststellung kam auch der *Sachverständigenrat in seinem Jahresgutachten 1970/71*:

Soll die Konzertierte Aktion zu einer Entschärfung des Verteilungskampfes beitragen . . ., so kann sie um so eher erfolgreich sein, je deutlicher die Beteiligten sehen, wie begrenzt unter den gegebenen Bedingungen ihr Spielraum ist, zumindest auf mittlere Sicht, die Einkommensverteilung durch eine Politik, die die Veränderung der Nominaleinkommen zum Gegenstand hat, zu beeinflussen. Will man eine Änderung der marktmäßigen Einkommensverteilung, so müssen die Bedingungen geändert werden, unter denen sie sich vollzieht . . .»

Trotz dieser sozialen Unausgewogenheit gab der Erfolg der ersten Konjunkturstabilisierung der westdeutschen Geschichte Praktikern und Theoretikern mit ihren Maßnahmen vollkommen recht. Es schien, als habe man in gemeinsamer Arbeit ein Instrumentarium gefunden, mit dem in Zukunft jede Konjunkturlage beherrscht werden könne und somit eine tatsächliche Synthese von rationaler Planung (Sozialismus) und Marktwirtschaft (Kapitalismus) gelungen sei. Mit den neuen Mitteln und Methoden der Konjunkturpolitik glaubten sich besonders die Sozialdemokraten befähigt, die wirtschaftliche Entwicklung nach den Kriterien des demokratischen Sozialstaates steuern zu können. Die Instrumente der Konjunkturpolitik von Bundesbank und Bundesregierung sollten in Zukunft eine Globalsteuerung der Volkswirtschaft ermöglichen.

Hauptinstrumente der Konjunkturpolitik von Bundesbank und Bundesregierung

	INFLATION	REZESSION
BUNDESBANK	**Geld- und Kreditverknappung**	**Geld- und Kreditvermehrung**
	1. Verteuerung und Verknappung der Kredite an Banken durch Erhöhung der Zinssätze (Diskont / Lombardsatz) und Herabsetzung der Kredithöchstgrenzen (Rediskont-Kontingente / Kreditplafond).	1. Verbilligung und Vermehrung der Kredite an Banken durch Senkung der Zinssätze (Diskont-/Lombardsatz) und Heraufsetzung der Kredithöchstgrenzen durch die Bundesbank.
	2. Verminderung d. Kreditvergabemöglichkeiten der Banken durch Erhöhung der bei der Bundesbank zinslos zu unterhaltenden Gelder (Mindestreserven).	2. Vermehrung der Kreditvergabemöglichkeiten der Banken durch Senkung der bei der Bundesbank zinslos zu unterhaltenden Gelder.
	3. Erhöhung der Bardepotsätze, d. h. der bei der Bundesbank zu deponierenden Teilbeträge von kurzfristig aufgenommenen Auslandskrediten der Unternehmen.	3. Senkung der Bardepotsätze.
	4. Verminderung der umlaufenden Geldmenge durch Verkauf von Wertpapieren an Banken und Private (Offenmarktpolitik).	4. Erhöhung der umlaufenden Geldmenge durch Rückkauf von Wertpapieren von Banken und Privaten.
BUNDESREGIERUNG	**Nachfragedämpfung**	**Nachfrageerhöhung**
	1. Heraufsetzung der Einkommensteuer / Lohnsteuer und Körperschaftsteuer um höchstens 10 % für längstens ein Jahr (Konjunkturzuschlag).	1. Herabsetzung der Einkommen- / Lohnsteuer und Körperschaftsteuer um höchstens 10 % für längstens ein Jahr.
	2. Beschränkung d. Abschreibungsmöglichkeiten. Aufhebung von Sonderabschreibungen zur Dämpfung der Investitionen.	2. Gewährung eines Investitionsbonus = Abzug von bis zu 7,5 % der Investitionsausgaben von der Steuerschuld.
	3. Stillegung von Staatseinnahmen bei der Bundesbank (Konjunkturausgleichs-Rücklage). Kreditaufnahmebeschränkung d. Staates. Ausgabekürzungen und -verschiebungen.	3. Finanzierung zusätzlicher Ausgaben aus der Konjunkturausgleichs-Rücklage und/oder durch zusätzliche Kredite.

Quelle: Peter Czada: Die Wirtschaft. Berlin 1977, S. 165

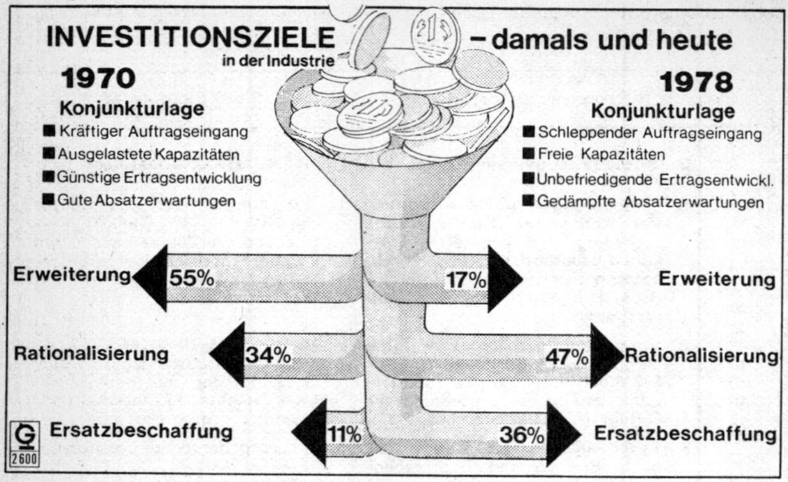

Quelle: Globus-Kartendienst, Hamburg

teilung der Vermögen nach Kriterien der sozialen Symmetrie hinauslief, um damit nicht die Investitionsneigung der Unternehmer zu gefährden.

3. Mit der zunehmenden Kapitalkonzentration mußte es für die Wirtschaftspolitik auf Dauer immer schwieriger werden, dem Kapital entsprechende Anlagemöglichkeiten nachzuweisen – eine Voraussetzung, die für das Gelingen der konzertierten Aktion unbedingt notwendig ist.

Es sollte sich bald zeigen, daß in der ersten Euphorie über die Beseitigung der Krise diese Nachteile zuwenig beachtet worden waren. Im Sog einer erneuten Hochkonjunktur der Jahre 1969/70 mußte die Bundesregierung mit Inflation, sozialen Spannungen und steigender Nachfrage aus dem In- und Ausland fertig werden. Dies geschah im wesentlichen durch Dämpfungsmaßnahmen von Bund und Bundessbank sowie über die Freigabe der Wechselkurse gegenüber dem Dollar, dem sogenannten Floaten, um den Gefahren einer importierten Inflation auszuweichen. Das Hin und Her der staatlichen Wirtschaftspolitik erschien zwar mühevoll, aber im ganzen erfolgreich, solange dabei Vollbeschäftigung und soziale Sicherheit gewährleistet waren. Das änderte sich mit dem Jahre 1973. Erneut hatte die Bundesregierung, unterstützt von den Sachverständigen und der Bundesbank, ein ganzes Bündel von Maßnahmen verabschiedet, um den Geldwertschwund zu stoppen und für Stabilität zu sorgen. Die Investoren sahen ihre Gewinnchancen schwinden und reagierten auf die Konjunkturmaßnahmen mit

Personaleinsparung und Rationalisierung. Diese Tendenz setzte sich auch fort, als der Staat mit einer Ausweitung der Nachfrage und des Geldangebotes gegenzusteuern versuchte.

Vom Sommer 1973 an wurde die Nachfrage schwächer. Im Verlauf des Konjunktureinbruchs von 1974 wuchs die Arbeitslosigkeit bis heute fast kontinuierlich an. Trotz aller Maßnahmen der Bundesregierung im Sinne des Stabilitätsgesetzes und der Nachfrageregulierung gelang es nicht, die anhaltende Depression zu überwinden. Vorübergehende Phasen eines Aufschwungs wechselten mit nur tieferem Absinken des Wachstums. Mittlerweile erlebt die Bundesrepublik unter einer sozialdemokratsichen Regierung das vierte Jahr der Krise, ohne daß sich eine Besserung abzeichnet.

Weltwirtschaftsflaute, Energiekrise und Massenarbeitslosigkeit im Gefolge einer dritten industriellen Revolution – der Automatisierung – verdichten sich zu einer Situation, in der ein labiles Gleichgewicht zwischen Inflation und geringem Wachstum schon als Fortschritt bezeichnet werden kann. Alle bisher bekannten Konjunkturmaßnahmen sind mit bislang acht Programmen seit 1973 realisiert worden – außer einer gigantischen Staatsverschuldung ist der Erfolg ausgeblieben. Die Hilflosigkeit des Staates angesichts der neuen Form einer Investitions- und Rationalisierungskrise ist augenscheinlich. In Anbetracht des Versagens der Globalsteuerung greift

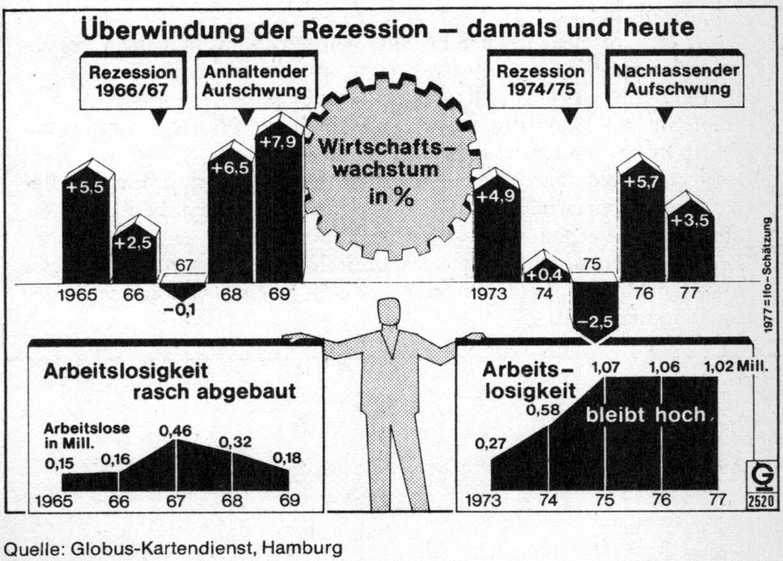

Quelle: Globus-Kartendienst, Hamburg

man auf die alten Rezepte vom Lohnstopp und der Umverteilung der Gewinne zurück. Die Wirtschaftsentwicklung scheint unberechenbar zu sein; zumindest zeigt sich, daß jede Krise eine neue Art der Reform zu ihrer Überwindung braucht. Der Prozeß der notwendigen Entscheidungssuche ist nicht abgeschlossen.

Arbeitsvorschläge

1. Unter dem Eindruck der Erfolge des marktwirtschaftlichen Systems revidierte die SPD in Godesberg 1959 ihr wirtschaftspolitisches Programm. Statt der bisher geforderten Sozialisierung und Planwirtschaft beschränkte sie sich auf zwei grundsätzliche Vorschläge zur Veränderung der marktwirtschaftlichen Konzeption. Beschreiben Sie Inhalt und Tendenz dieser Vorschläge. Begründen Sie diese neue Politik der SPD an Hand des Godesberger Programms.
2. Die 1965 erstmals einsetzende Krise hatte langfristige Ursachen und einen unmittelbaren Anlaß. Welches waren die Ursachen, und wie kam es zum Ausbruch der Krise?
3. Die unter dem Eindruck der Krise formulierte «neue Wirtschaftspolitik» der großen Koalition wird häufig mit den Begriffen «Globalsteuerung» und «konzertierte Aktion» charakterisiert. Was besagen diese beiden Begriffe inhaltlich, und worin beruht der qualitative Unterschied dieser Maßnahmen gegenüber der bisher verfolgten Wirtschaftspolitik?
4. Trotz ihres offensichtlichen Erfolges wurden und werden die Maßnahmen der staatlichen Globalsteuerung seit ihrem ersten Einsatz von Kritikern als «sozialistisch» oder als «kapitalistisch» gewertet. Versuchen Sie, an Hand der Auswirkungen dieser Politik Kriterien zur Beurteilung dieser Aussagen zu finden.
5. Welche Problembereiche blieben trotz der anfänglich großen Erfolge der neuen Wirtschaftspolitik als krisenträchtige Ursachen bestehen, die heute ein erneutes Suchen nach Veränderungen erzwingen? Zeigen Sie an Hand der wirtschaftspolitischen Diskussion in der Presse und den Medien den Unterschied zwischen der Diskussion von 1967 und von heute auf.

Dritter Teil
Funktionsprobleme der Planwirtschaft

Im Gegensatz zur Bundesrepublik, in der sich die Interessengegensätze von Parteien und Gruppen im pluralistischen Bild der Medien widerspiegeln und folglich mit entsprechenden Materialien belegen lassen, ist die DDR unbekanntes Territorium. Es gibt keine Trennung zwischen den offiziellen Verlautbarungen der Partei und des Staates einerseits und der Informationsvermittlung durch Funk und Presse andererseits. Beide sind identisch und gleich nichtssagend. Unter Aussparung aller Problembereiche und negativen Aspekte versuchen die DDR-Medien den Eindruck einer kontinuierlichen Erfolgsbilanz der gesellschaftlichen Entwicklung zu geben. Die SED begründet diese offensichtlich an der Realität vorbeigehende Informationspolitik mit dem Hinweis, daß man mit einer Fehlerdiskussion den Klassenfeinden die Möglichkeit zur Diskriminierung des Sozialismus geben würde.

●●

Die Partei orientierte die Arbeiterklasse, die Genossenschaftsbauern und die sozialen Schichten stets nach vorn und duldete zu keiner Zeit, daß die beim Aufbau des Sozialismus unvermeidlich auftretenden Schwierigkeiten und Widersprüche von den Imperialisten oder von Revisionisten dazu ausgenutzt werden konnten, der Partei eine «Fehlerdiskussion» aufzuzwingen und den Sozialismus zu diskreditieren.

Werner Horn: Die Sozialistische Einheitspartei Deutschlands – der Vortrupp der Arbeiterklasse und des werktätigen Volkes der Deutschen Demokratischen Republik. In: Die wachsende Rolle der Arbeiterklasse in den sozialistischen Ländern. Berlin (DDR) 1974, S. 83

●●

Die sozialistische Publizistik hat vor allem die Aufgabe, zur Propagierung zukünftiger Entwicklungsmöglichkeiten und Leitbilder beizutragen und Fehler der Gegenwart mit der Aussicht auf die Vorteile der Zukunft zu entschuldigen. In der Berichterstattung werden daher sozialistische Zielsetzung, notwendige Veränderungen und augenblicklicher Zustand derart miteinander verwoben, daß eine Aussage über die Realität kaum noch möglich ist. Das Zitieren offiziellen Materials bringt notwendigerweise Nachteile mit sich: Der theoretische Anspruch ist hoch und abstrakt, Kritik erfolgt meist nur punktuell oder ganz allgemein, und die prinzipiellen Grundlagen des Systems, Parteiherrschaft und Zentralismus, sind jeder Problematisierung enthoben.

Um der Anschaulichkeit willen wird daher in Einzelfällen auf die Berichte westdeutscher Korrespondenten und Schriftsteller zurückgegriffen, die zu einer kritischen Bestandsaufnahme der Entwicklung im anderen deutschen Staat beitragen. Daneben gibt es auch einige DDR-Publikationen, die speziell für westdeutsche Leser geschrieben werden und deshalb etwas konkreter und kritischer sind als die für den eigenen Bedarf bestimmten Materialien in der DDR. Die Monotonie statistischer Beschreibung und lobender Darstellung des realen Sozialismus in den offiziellen Quellen ist erst im letzten Jahr durch das Buch von Rudolf Bahro und das Manifest einer angeblichen Parteiopposition durchbrochen worden. Bahro ist seitdem inhaftiert und über die Existenz und Zielsetzung der Opposition weiß niemand etwas Genaues. Dies sagt genug über die Möglichkeit der freien Berichterstattung aus.

I. Zum gegenwärtigen Stand der Entwicklung des Sozialismus in der DDR: Widersprüche und Tendenzen

Die Theorie des Sozialismus, wie sie in der DDR gilt, ist keine an den besonderen Bedingungen des Landes orientierte Fortentwicklung der marxistischen Lehre, sondern eine Übernahme des sowjetischen Modells. Die sowjetische Ideologie wird von der Annahme bestimmt, daß nicht der Wille des Menschen die treibende Kraft der gesellschaftlichen Entwicklung ist, sondern die materiellen Verhältnisse: Das Sein bestimmt das Bewußtsein. Insofern ist die Gestaltung der wirtschaftlichen Produktion Basis jeder politischen und gesellschaftlichen Entwicklung. Der Kapitalismus ist demgemäß entsprechend seiner Ausrichtung am Profit, durch Krisen, Arbeitslosigkeit, Imperialismus, Kriminalität und Kulturverfall gekennzeichnet. Alle menschlichen Beziehungen sind auf die rein ökonomische Funktion der Geschäftemacherei herabgewürdigt. Kein Gesetz ist imstande, Ungleichheit und Ausbeutung aufzuheben, solange die Marktwirtschaft und die Macht des Kapitals erhalten bleiben. Nur der Aufbau einer vergesellschafteten und geplanten Großwirtschaft, bei Übertragung des Eigentums an den Fabriken und Werkzeugen auf die eigentlichen Produzenten, die Arbeiter, kann der Ausbeutung auf Dauer ein Ende setzen. Während der individuelle Besitz und das Streben nach materiellem Vorteil zu einem ständigen Kampf von

Individuen, Gruppen und Ländern führen muß, in dem sich schließlich zwangsläufig der Stärkere und Gerissenere auf Kosten der Schwächeren durchsetzt, besteht im Sozialismus eine prinzipielle Übereinstimmung zwischen der gemeinsamen Produktion und der gesellschaftlichen Aneignung des Produzierten.

Durch die bewußte, planmäßige Organisation der Produktion bilden sich völlig neuartige Verhältnisse unter den Menschen heraus. Die Beziehungen untereinander werden nicht mehr nach ihrem Geldwert eingeschätzt und gepflegt, sondern nach den sozialen und kulturellen Bedürfnissen. So entstehen Verhältnisse der planmäßigen, kameradschaftlichen Zusammenarbeit und gegenseitigen Hilfe im Interesse der höchsten Wohlfahrt und der freien allseitigen Entwicklung aller Mitglieder der Gemeinschaft. Während im Liberalismus der Staat nur die jeweils schlimmsten Folgen der Krisen ausgleichen kann und ansonsten die Organisation der Wirtschaft im Dienst des Kapitals durchführt, übernimmt der Staat im Sozialismus als Vertreter der gesellschaftlichen Interessen die Planung und Zielsetzung der Produktion. Aus der staatlichen Unterdrückung und Ausbeutung der Mehrheit im Interesse einer Minderheit wird die Verwaltung von Sachen im Dienste der Mehrheit. Dabei stützt sich der Staat auf Erkenntnisse der Wissenschaft, die ihm eine immer bessere Gestaltung und Planung der Politik ermöglichen. Insofern kann es im sozialistischen System keine grundsätzliche Opposition wie im Kapitalismus geben, da sie ja nur aus Dummheit oder in bösartiger Absicht unter den Staatsbürgern Verwirrung stiften würde. Freiheit wird unter diesen Bedingungen «Einsicht in die Notwendigkeit».

Solange allerdings das Bewußtsein der Volksmassen infolge der kapitalistischen Beeinflussung und Verdummung noch nicht soweit ist, die revolutionären Schritte zum Sozialismus selbständig zu vollziehen, übernimmt die Kommunistische Partei als die kämpferische und wissenschaftliche Vorhut der Arbeiterklasse die Realisierung dieser Politik. Sie bestimmt somit «Notwendigkeit, historischen Platz und Hauptinhalt der Übergangsperiode».

Das bedeutet für eine Übergangszeit die Diktatur des Proletariats, die auch unter Anwendung von Gewalt die objektiven Interessen der Mehrheit gegen die Interessen der kapitalistischen Minderheit durchsetzt. In dieser Übergangsgesellschaft sollen dann Schritt für Schritt die Bedingungen für den Aufbau und die Entwicklung des Sozialismus geschaffen werden. In der augenblicklichen Situation der sozialistischen Staaten bedeutet dies vorrangig die Steigerung der wirtschaftlichen Produktion, den Schutz des Staates und die Ausweitung des sozialistischen Machtbereichs auf Kosten der kapitalistischen Systeme. Die Interessen des Individuums können dabei nur insofern berücksichtigt werden, als sie mit den gesellschaftlichen Interessen übereinstimmen.

Die bisherige Entwicklung des Sozialismus in der DDR vollzog sich nach der offiziellen DDR-Terminologie in folgenden Phasen:

Die Notwendigkeit, der historische Platz und der Hauptinhalt der Übergangsperiode

Der Übergang vom Kapitalismus zum Sozialismus ist eine Periode grundlegender und tiefgehender politischer, ökonomischer, sozialer und ideologischer Umgestaltungen, in der die von ihrer marxistisch-leninistischen Partei geführte Arbeiterklasse im Bündnis mit den werktätigen Bauern und werktätigen Schichten die kapitalistischen Produktionsverhältnisse und die Ausbeutung des Menschen durch den Menschen beseitigt und die sozialistischen Produktionsverhältnisse zum Siege führt.

Die objektive Notwendigkeit der Übergangsperiode ergibt sich aus den Besonderheiten der sozialistischen Revolution

Im Unterschied zu allen bisherigen Gesellschaftsordnungen kann die sozialistische Produktionsweise nicht im Schoße der alten Ordnung entstehen. So muß jegliche Ausbeutung des Menschen durch den Menschen im Prozeß der bewußten Schaffung des sozialistischen Eigentums an Produktionsmitteln überwunden werden.

Die sozialistische Produktionsweise kann erst nach dem Sturz der politischen und ökonomischen Herrschaft der Bourgeoisie und der Errichtung der Diktatur des Proletariats geschaffen werden.

Es müssen alle bisherigen Existenzformen des gesellschaftlichen Lebens grundlegend geändert und die größte Umwälzung in der bisherigen Geschichte vollzogen werden.

Das Wesen der Übergangsperiode ergibt sich aus der dialektischen Einheit von zwei wechselseitig verbundenen Prozessen

Aus dem Prozeß der gesetzmäßig notwendigen Überwindung der kapitalistischen Produktionsweise sowie der Schlacken und Muttermale der alten Ausbeutergesellschaft im Bewußtsein der Menschen und des Kampfes gegen restaurative, konterrevolutionäre Bestrebungen

Aus dem Prozeß der planmäßigen, organisierten Schaffung der neuen, sozialistischen Produktionsverhältnisse sowie der Höherentwicklung der werktätigen Klassen und Schichten einschließlich bestimmter Teile der Bourgeoisie zu Klassen und Schichten der sozialistischen Gesellschaft, die – frei von antagonistischen Klassenwidersprüchen – freundschaftlich verbunden sind

Die Übergangsperiode ist eine Periode des erbitterten Klassenkampfes, um die Entscheidung der Frage „Wer – Wen?" zugunsten des Sozialismus in der Epoche des weltweiten Übergangs vom Kapitalismus zum Sozialismus. Zur Lösung dieser Aufgabe ist die politische Herrschaft der Arbeiterklasse im Bündnis mit den werktätigen Bauern und anderen werktätigen Schichten unter Führung der marxistisch-leninistischen Partei die entscheidende Voraussetzung.

Quelle: Parteihochschule «Karl Marx» beim ZK der SED

- die antifaschistisch-demokratische Ordnung (1945–1949)
- der Aufbau der Grundlagen des Sozialismus (1949–1955)
- der Sieg der sozialistischen Produktionsverhältnisse (1956–1961)
- der umfassende Aufbau des Sozialismus (1961– ?).

Mit dieser Einteilung sollte der differenzierte Charakter des Übergangs vom Kapitalismus zum Sozialismus ausgedrückt werden. Dabei war allerdings selbst offiziellen Stellen unklar, was eigentlich unter Sozialismus konkret zu verstehen ist. Mal war vom «Entwickelten Gesellschaftlichen System des Sozialismus» die Rede, mal von der Verwirklichung des Sozialismus, dann wieder von einer «selbständigen Gesellschaftsphase» und schließlich von einer längeren Entwicklungsstufe der kommunistischen Gesellschaftsformation, die ihrerseits verschiedenen Zeitetappen durchlaufen sollte. In diesen Definitionsversuchen drückte sich vor allem die Schwierigkeit aus, eine Entwicklung beschreiben zu müssen, die von ihrer theoretischen Orientierung her langfristig angelegt ist, aber der politischen Brauchbarkeit wegen kurzfristig verwirklicht werden soll.

Relativ einfach war das noch bei der Bestimmung von Ziel und Ablauf des sogenannten antifaschistisch-demokratischen Aufbaus. Hier dienten die Gegnerschaft zu den Nationalsozialisten und die Politik der Besatzungsmacht als Richtschnur eigenen Handelns. Die auch bei der Bevölkerung vorhandene generelle Überzeugung von der Notwendigkeit einer Neuordnung schuf die dafür geeignete gesellschaftliche Basis.

Wesentlich schwieriger wurde es schon bei der nächsten Etappe, in der die Grundlagen des Sozialismus errichtet werden sollten. Eine rein negative Abgrenzung gegenüber dem nationalsozialistischen System genügte jetzt nicht mehr, vielmehr mußte die Sozialistische Einheitspartei Deutschlands (SED) ihre Theorie auch mit einer entsprechenden gesellschaftlichen Praxis belegen.

Der heutige Anspruch der Partei, mittlerweile in der DDR den Sozialismus verwirklicht zu haben, widerspricht gerade den marxistischen Kriterien, an denen sich eine derart strukturierte gesellschaftliche Ordnung messen lassen muß. Die Widersprüche in der politischen Entwicklung haben aber auch in der DDR mehr und mehr offizielle Beachtung gefunden. Die Ursachen der Konflikte sieht man dabei in folgenden Punkten:

1. Der Sozialismus hat nur in einem Teil der Welt den Sieg errungen und sieht sich nach wie vor der überlegenen Macht der imperialistischen Länder konfrontiert.

2. Der Sozialismus braucht zu seiner Durchsetzung eine ganze Epoche, wobei er sich noch im Kampf mit rechten und linken Theorien um die Schnelligkeit dieser Entwicklung befindet.

3. Nach der prinzipiellen Veränderung der Machtverhältnisse setzt sich die neue sozialistische Demokratie erst langsam durch.

4. Die Basis zur Durchsetzung der neuen Ordnung ist immer noch eine

Das Programm des antifaschistisch-demokratischen Aufbaus

Der Sieg der Sowjetunion über den Hitlerfaschismus veränderte entscheidend das internationale Kräfteverhältnis zugunsten der Kräfte des Friedens und des Sozialismus; er schuf die Voraussetzungen für eine grundlegende Wende in der deutschen Geschichte.

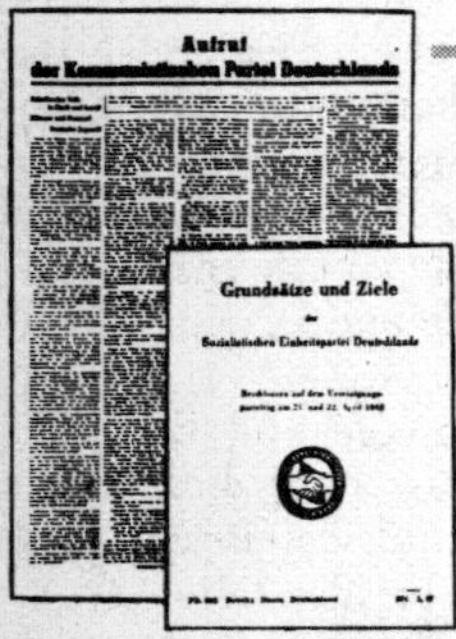

Die marxistisch-leninistische Führung der deutschen Arbeiterklasse legte dem deutschen Volk mit dem Aufruf des ZK der KPD vom 11. Juni 1945 und den Grundsätzen und Zielen der SED vom 21. April 1946 ein wissenschaftlich begründetes Aktionsprogramm vor, das auf die Überwindung des Widerspruchs zwischen den aggressiven Kräften des Finanzkapitals und dem Großgrundbesitz auf der einen Seite und den friedliebenden Kräften des Volkes unter Führung der Arbeiterklasse auf der anderen Seite gerichtet war. Die SED stützte sich in ihrer Politik auf die allgemeingültigen Gesetzmäßigkeiten der sozialistischen Revolution und die internationale Gültigkeit der Erfahrungen der UdSSR und der KPdSU.

Hauptinhalt der antifaschistisch-demokratischen Revolution

- Restlose Vernichtung der politischen und ökonomischen Macht der Monopolherren und Großgrundbesitzer
- Errichtung der politischen Macht vom Typ der revolutionär-demokratischen Diktatur der Arbeiter und Bauern, in der die Arbeiterklasse die entscheidenden Positionen inne hat

Die nächsten Schritte und sofortigen Aufgaben zur Zuendeführung der bürgerlich-demokratischen Revolution und der Errichtung der antifaschistisch-demokratischen Ordnung

- Übernahme der entscheidenden Positionen in Staat und Wirtschaft durch bewährte Antifaschisten und Demokraten
- Entschädigungslose Enteignung der Junker und Großgrundbesitzer – Demokratische Bodenreform
- Bestrafung der Kriegsverbrecher und aktiven Nazis und Überführung der Konzern- und Großbetriebe sowie der Banken in die Hände des Volkes
- Herstellung der demokratischen Rechte und Freiheiten für das Volk
- Entwicklung einer antifaschistisch-demokratischen Kultur – Demokratische Schulreform

Das Programm der antifaschistisch-demokratischen Erneuerung entsprach den völkerrechtlichen Bestimmungen des Potsdamer Abkommens

Quelle: Parteihochschule «Karl Marx» beim ZK der SED

Bevölkerung, die von der sozialen Homogenität weit entfernt ist. Die Trennung von Arbeitern und Bauern, Stadt und Land wird noch verschärft durch die faktische Ungleichheit im Gefolge der alten Arbeitsteilung, die sich in der Trennung von geistiger und körperlicher Arbeit wie im Leistungsprinzip widerspiegelt.

Der Sozialismus in der DDR ist insofern nichts anderes als eine von der Partei betriebene gesellschaftliche Entwicklung mit dem Anspruch auf eine sozialistische Zielsetzung. Die Wirklichkeit des Sozialismus hängt vor allem ab von der wirtschaftlichen Entwicklung, die durch folgende Faktoren bestimmt ist:

1. Im Rahmen des Ostblocks nimmt die DDR als technisch am meisten fortgeschrittenes Land die Rolle eines Entwicklungshelfers und Schrittmachers ein. Die Partner im Rat für Gegenseitige Wirtschaftshilfe (RGW) profitieren dabei vermutlich mehr von der ökonomischen Substanz und dem technischen Know-how als umgekehrt die DDR von den Rohstoffen und Absatzmärkten des RGW. So hat die DDR keinen Partner, der ihr die dringend benötigten eigenen Investitionsgüter liefern könnte.

2. Wesentliche Ursachen des im Vergleich zur Bundesrepublik niedrigeren Produktivitätsniveaus liegen in den Folgeerscheinungen der Teilung, der unzureichenden Berücksichtigung ökonomischer Kriterien und der einseitigen Ostblockbindung der DDR. Sie finden ihren Ausdruck in überalteten Anlagen, Zersplitterung der Produktion und Forschung, geringen Möglichkeiten der Großserienfertigung und Automatisierung sowie dem sehr begrenzten Arbeitskräftepotential.

3. Das System der Planwirtschaft ist weitgehend dem sowjetischen Muster nachgebildet worden, weil weder eigene Kenntnisse noch qualifizierte Fachleute zur Bewältigung der neuen Aufgaben zur Verfügung standen. Diese Lücke im theoretischen Wissen der DDR-Planer kann aber eben nicht einfach durch die Übernahme oder Nachahmung des sowjetischen Vorbilds ausgeglichen werden, weil die DDR auf einem ganz anderen wirtschaftlichen Entwicklungsstand ist. Insofern ist der Zustand des Experimentierens und Improvisierens vermutlich größer als in irgendeinem anderen Land des Ostblocks.

4. Als ökonomische und kulturelle Herausforderung beeinflussen die kapitalistischen Länder und hier besonders die Bundesrepublik die Bedürfnisse der Menschen auch in den sozialistischen Staaten. Mit der reichen Bundesrepublik müssen viele DDR-Bürger die Propaganda der SED von der Überlegenheit des Sozialismus als Provokation empfinden.

Eine Erfassung des reinen Funktionsmechanismus dieser Wirtschaftsordnung ist nur schwer möglich. Was immer man aus der Theorie über die Funktion einzelner Elemente der Planwirtschaft ableiten kann, es wird in der Praxis überlagert durch die widersprechende Zielsetzung und Durchsetzung einer Entwicklung, deren Realität uns im einzelnen verborgen bleibt. Somit

Ausgewählte Wirtschaftsdaten der RGW-Länder[1] im Jahre 1975

Bereiche	Einheit	Bulgarien	CSSR	DDR	Mongolei	Polen	Rumänien	UdSSR	Ungarn
Bevölkerung	Mill. Pers.	8,7	14,8	16,9	1,4	34,0	21,2	254,4	10,5
Erwerbstätige Bevölkerung	Mill. Pers.	4,3[2])	7,4	8,9	0,45[2])	16,9	10,2	130,8[2])	5,1
darunter:									
Industrie[3])	vH	41,5	47,7	49,5	20,8	39,7	38,7	37,9	43,9
Landwirtschaft	vH	28,1	15,2	11,4	45,1	30,6	38,1	22,7	22,7
Anteile der Frauen	vH	48[4])	47,8	49,2[2])	45[2])	48,9[4])	49,0[4])	50,3[4])	48,4
Erwerbsquote[5])	vH	44,1	50,2	49,9	32,1	49,8	48,1	51,4	44,0
Anteil am produzierten Nationalprodukt:									
Industrie	vH	51,0	64,4	62,2	24,7	52,1	57,1	52,7	47,0
Landwirtschaft	vH	22,0	8,3	10,0	22,4	12,6	16,6	16,8	16,3
Anteil am verwendeten Nationalprodukt:									
Persönlicher Verbrauch	vH	64,2[2])	54,5	67,5	62,4	52,5	65,9[6])	64,2	65,7
Gesellschaftlicher Verbrauch	vH	3,3[2])	19,5	10,6		9,7		9,4	9,1
Akkumulation	vH	32,5[2])	26,0	21,9	37,6	37,8	34,1[6])	26,4	25,2
Anteil des Einzelhandels an den persönliche Ausgaben	vH	93,2	72,9	78,8	.	86,1	.	90,2[7])	75,9
Anteil an der Bruttoproduktion der Industrie:									
Produktionsgüter	vH	58,6	63,2	71,5	49,5	65,7	72,2	74,0	64,8
Verbrauchsgüter	vH	41,4	36,8	28,5	50,5	34,3	27,8	26,0	35,2
Anteil an der Bruttoproduktion der Landwirtschaft:									
Pflanzliche Produktion	vH	56,7	44,6	39,7	23,9	51,9	57,0	45,4	56,1
Tierische Produktion	vH	43,3	55,4	60,3	76,1	48,1	43,0	54,6	43,9
Durchschnittlicher Brutto-Monatslohn	Mark	531	737	889	–	662	621	466	612
Fleischverbrauch je Einwohner	kg	61	82	78	104	78	60	58	71
Außenhandelsumsatz	Mrd. TRbl	7,4	12,1	15,9	0,35	17,1	8,0	50,7	8,7
davon:									
RGW-Länder	vH	73,8	66,0	66,2	96,2	49,7	38,0	51,8	66,1
Westliche Industrieländer	vH	17,0	22,4	25,9	1,1	41,3	36,7	31,3	24,4
Entwicklungsländer	vH	7,2	7,0	4,4	0,0	6,5	18,5	12,4	6,5
Außenhandelsumsatz je Einwohner	TRbl	864	822	943	249	502	375	199	823
RGW-Intrablockhandel je Einwohner	TRbl	656	581	657	246	262	168	112	568

[1]) Ohne Kuba, für das nur wenige vergleichbare Zahlen vorliegen. – [2]) Schätzung. – [3]) Einschließlich Handwerk. – [4]) In vH der erwerbsfähigen Bevölkerung. [5]) Erwerbstätige in vH der Bevölkerung. – [6]) Durchschnitt 1971/75. – [7]) Bezogen auf den persönlichen Verbrauch des verwendeten Nationalprodukts.
Quellen: Statistische Jahrbücher der jeweiligen RGW-Länder. – Die Länder des RGW 1960–1975, Warschau. – Statisticke Prehledi 1976/6. Prag. – Berechnungen des DIW.

Quelle: Deutsches Institut für Wirtschaftsforschung, Berlin

können einzelne Elemente nur im Zusammenhang einer sich teilweise widersprechenden Zielsetzung – Herrschaftsausübung durch die Partei, Effizienzerwartung an das Wirtschaftssystem und Demokratisierungsanspruch im Sinne einer Entfaltung der sozialistischen Einzelpersönlichkeit – interpretiert werden. Die sachlichen Gegebenheiten des Systems sind also daraufhin zu untersuchen, inwieweit sie der jeweiligen sozialistischen Zielsetzung im Wege stehen oder sie begünstigen. Unter diesen Gegebenheiten sind im einzelnen zu verstehen:

1. Der Stand der Produktivkräfte
   technologisch
   Qualifizierung der Werktätigen
2. Die Produktionsverhältnisse
   Organisationsnotwendigkeiten in Form der Bürokratie und Leitung
   Entstehung und Entwicklung des Wirtschaftssystems
3. Die Effizienzerwartung
   als technische Norm
   als Ausdruck des «Klassenkampfes» nach außen, der Konkurrenz mit den «kapitalistischen» Staaten
4. Der Herrschaftsanspruch
   als Bestimmung der Produktionsziele
   als Erziehungsanspruch und Durchsetzung «sozialistischer» Persönlichkeitswerte

Nur innerhalb dieses Spannungsfeldes von Zielen und Möglichkeiten, Erwartungen und Gegebenheiten läßt sich die ökonomische und soziale Dimension der einzelnen hier zu behandelnden Funktionsmechanismen sachlich erfassen. Dabei wird auch deutlich, daß es sich bei der Realisierung des Systems der sozialen Marktwirtschaft in der Bundesrepublik letztlich um die Fortsetzung einer tradierten Ordnung handelte, während es bei der Übernahme des sowjetischen Modells der Planwirtschaft in der DDR in den Augen der Bevölkerungsmehrheit immer um etwas Fremdes und Improvisiertes ging. Diese Distanz zwischen theoretischem Anspruch und dem durch die tägliche Erfahrung geprägten Bewußtsein der Bevölkerung ist bis heute nicht aufgehoben.

Arbeitsvorschläge

1. Im Unterschied zum Liberalismus waren beim Sozialismus Durchsetzung und Realisierung der Wirtschaftsordnung von gänzlich anderen Bedingungsfaktoren abhängig. Nennen Sie die wichtigsten dieser Faktoren, und beschreiben Sie ihre Auswirkungen auf die Realisierung des Modells.
2. In der Theorie des Sozialismus wird vor allem die soziale Dimension der menschlichen Existenz auf ihre Verwirklichung hin analysiert. In

diesem Zusammenhang werden zwar Begriffe wie «Staat» und «Freiheit» ebenso benutzt wie im Liberalismus, doch gänzlich anders interpretiert. Zeigen Sie an Hand von Einzelbeispielen aus der Geschichte den unterschiedlichen Stellenwert dieser beiden Begriffe in der politischen Theorie von Liberalismus und Sozialismus.

3. Die DDR versucht, ihren Weg zum Sozialismus durch die Terminierung einzelner Entwicklungsphasen zu bestimmen. Dabei treten vor allem Schwierigkeiten auf, die gegenwärtige Realität mit den proklamierten Zielen der marxistischen Theorie in Einklang zu bringen. Auf welche Ursachen lassen sich diese Schwierigkeiten zurückführen, und welche Erklärungen führt die DDR offiziell dafür an?
4. Die Wirtschaftsordnung der DDR ist vom Beginn ihrer Entwicklung an durch den Gegensatz von Zielen und Möglichkeiten, Erwartungen und Gegebenheiten geprägt worden. Zeigen Sie die wichtigsten Faktoren dieses Spannungsfeldes auf, und beschreiben Sie die augenblickliche Situation.

II. Sozialistisches Eigentum: Basis einer neuen Sozialordnung?

Die Differenz zwischen Theorie und Praxis zeigt sich bereits deutlich bei der eigentlichen Schlüsselkategorie des sozialistischen Wirtschaftssystems: dem Eigentum. Die Eigentumsordnung der DDR beruht auf der grundlegenden Unterscheidung zwischen dem Eigentum an Produktionsmitteln und dem Eigentum an Konsumgütern im weitesten Sinne. Die entsprechenden Artikel der *DDR-Verfassung von 1974* lauten:

●●

Artikel 9

1 Die Volkswirtschaft der Deutschen Demokratischen Republik beruht auf dem sozialistischen Eigentum an den Produktionsmitteln. Sie entwickelt sich gemäß den ökonomischen Gesetzen des Sozialismus auf der Grundlage der sozialistischen Produktionsverhältnisse und der zielstrebigen Verwirklichung der sozialistischen ökonomischen Integration.

2 Die Volkswirtschaft der Deutschen Demokratischen Republik dient der Stärkung der sozialistischen Ordnung, der ständig besseren Befriedigung der materiellen und kulturellen Bedürfnisse der Bürger, der Entfaltung ihrer Persönlichkeit und ihrer sozialistischen gesellschaftlichen Beziehungen.

3 In der Deutschen Demokratischen Republik gilt der Grundsatz der Leitung und Planung der Volkswirtschaft sowie aller anderen gesellschaftlichen Bereiche. Die Volkswirtschaft der Deutschen Demokratischen Republik ist

sozialistische Planwirtschaft. Die zentrale staatliche Leitung und Planung der Grundfragen der gesellschaftlichen Entwicklung ist mit der Eigenverantwortung der örtlichen Staatsorgane und Betriebe sowie der Initiative der Werktätigen verbunden.

4 Die Festlegung des Währungs- und Finanzsystems ist Sache des sozialistischen Staates. Abgaben und Steuern werden auf der Grundlage von Gesetzen erhoben.

5 Die Außenwirtschaft einschließlich des Außenhandels und der Valutawirtschaft ist staatliches Monopol.

Artikel 10

1 Das sozialistische Eigentum besteht
als gesamtgesellschaftliches Volkseigentum,
als genossenschaftliches Gemeineigentum werktätiger Kollektive sowie
als Eigentum gesellschaftlicher Organisationen der Bürger.

2 Das sozialistische Eigentum zu schützen und zu mehren ist Pflicht des sozialistischen Staates und seiner Bürger.

Artikel 11

1 Das persönliche Eigentum der Bürger und das Erbrecht sind gewährleistet. Das persönliche Eigentum dient der Befriedigung der materiellen und kulturellen Bedürfnisse der Bürger.

2 Die Rechte von Urhebern und Erfindern genießen den Schutz des sozialistischen Staates.

3 Der Gebrauch des Eigentums sowie von Urheber- und Erfinderrechten darf den Interessen der Gesellschaft nicht zuwiderlaufen.

●●

Diese Unterscheidung basiert auf der These des Marxismus-Leninismus, daß die Stellung des Menschen in der Gesellschaft durch die Eigentumsordnung bestimmt ist. Entsprechend dieser These wird das private Eigentum an Produktionsmitteln als Kernstück der kapitalistischen Produktionsverhältnisse für die Ausbeutung und Entfremdung des Menschen in der liberalen Wirtschaftsordnung verantwortlich gemacht. Im Gegensatz zu der positiven Definition von Eigentum und Besitz (Kapital) in der bürgerlichen Theorie sieht der Sozialismus darin die Ursache für Arbeitslosigkeit, Krisen und Krieg. Die Beseitigung des Privateigentums und die Überführung der Produktionsmittel in eine Form des gesellschaftlichen Eigentums mußten daher die wichtigsten Ziele der sozialistischen Umgestaltung der Gesellschaft sein. Realisiert wurde dieses Programm in der sowjetisch besetzten Zone in unterschiedlichen Phasen und unter sich ändernden Vorzeichen. Der ersten umfassenden Bodenreform mit einer Parzellierung des Großgrundbesitzes folgte in den fünfziger Jahren die Kollektivierung der Landwirtschaft. Die Enteignung der Industrie geschah zuerst mit breiter Zustimmung der Bevölkerung, soweit es Großbetriebe oder den Besitz aktiver Nationalsozialisten und Kriegsverbrecher betraf; später stieß die anhaltende repressive Wirtschafts- und Steuerpolitik gegen Privatunternehmer sowie die häufig erzwungene staatliche Beteiligung an Betrieben auf wachsende Ablehnung. Einen endgültigen Abschluß fanden diese Maßnahmen praktisch erst mit der Verstaatlichung der letzten privaten Betriebe zu Anfang der siebziger Jahre. Zum gegenwärtigen Zeitpunkt sind Privatbetriebe fast nur noch in Dienstleistungsbereichen anzufinden, wo sie je nach wirtschaftlicher Notwendigkeit gefördert oder geduldet werden.

Diese Aktionen, durch den staatlichen Apparat und mit Hilfe der Besatzungsmacht durchgeführt, erlaubten zwar einen juristischen und formalen Umbau der Gesellschaft durch den Wechsel in der Verfügungsgewalt über das Eigentum, doch blieb es weitgehend bei der negativen Alternative zum Kapitalbesitz: der Verstaatlichung.

Das positive Entwicklungsziel, über den Umweg des Staatseigentums langfristig zu gesellschaftlichem Eigentum zu kommen, und der damit angestrebte soziale Wandel blieben bis heute bloße Forderungen ohne klare inhaltliche Bestimmung. So soll auf der Grundlage des sozialistischen Eigentums mittels politischer Arbeit bei den Werktätigen ein Bewußtsein entwikkelt werden, mitwirkende und mitverantwortliche Subjekte des Wirtschaftsprozesses zu sein. In diesem Prozeß der sogenannten «sozialistischen Aneignung» identifizieren sich dann die Arbeiter mit ihrem Betrieb und nehmen so an seiner Planung und Leitung teil.

Entwicklung der Eigentumsformen in der DDR-Wirtschaft (gemessen an der Zahl der Beschäftigten, Anteile in vH)

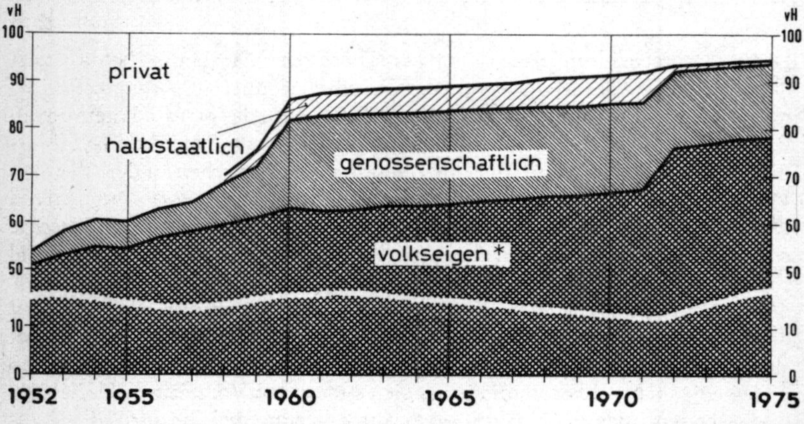

* 1952 bis 1960 einschl. gesellschaftl. Organisationen, die jedoch bedeutungslos waren.

Quelle: Deutsches Institut für Wirtschaftsforschung, Berlin DIW 77

●●

Sozialistisches Eigentum

Erstens muß das sozialistische Eigentum als ein Prozeß der Aneignung verstanden werden, es darf nicht auf die Verfügung über die Produktionsmittel reduziert und damit als eine isolierte, statische, letztlich juristische Kategorie angesehen werden, deren Bedeutung zwar betont wird, die aber doch recht inhaltsarm bleibt.

Sozialistisches Eigentum im weitesten Sinne ist also der Prozeß der sozialistischen Aneignung, die sozialistische Produktion ebenso wie die Verteilung und Zirkulation des materiellen Produkts. Zu ihm gehört die gesellschaftliche Verfügung über diesen Reproduktionsprozeß im weitesten Sinne, das gesamte System der Planung und Leitung der Wirtschaft und die aktive Teilnahme der Werktätigen an diesem Prozeß. Der wesentliche Inhalt dieses Prozesses ist die Befriedigung der wachsenden materiellen und geistigen Bedürfnisse der Menschen, die allseitige Entfaltung ihrer Fähigkeiten, die Entwicklung ihrer Persönlichkeit. Das sozialistische Eigentum, verstanden als Prozeß der gesellschaftlichen Aneignung, ist also immer eine untrennbare Einheit der Erhöhung des Nutzeffekts der Arbeit, der Entwicklung der sozialistischen Demokratie und der Verbesserung der Gesamtheit der Lebensbedingungen der Menschen, die Entwicklung des Menschen selbst.

Harry Nick: Marktwirtschaft – Legende und Wirklichkeit, Berlin (DDR) 1974, S. 85f

●●

Das würde allerdings eine Ausgestaltung der Produktionspraxis erfordern, die es dem einzelnen auch wirklich ermöglicht, sich als entscheidungsbefugter Eigentümer zu erfahren. Durch die bloße Übernahme der Produktionsbetriebe in Staatsbesitz und die zentrale Leitung durch bürokratische Organe kann das kaum verwirklicht werden.

Die geforderte Identifizierung mit den Zielen der Wirtschaftspläne und ihre verantwortliche Realisierung durch die einzelnen Werktätigen müssen als theoretische Forderungen eine Entsprechung in der gesellschaftlichen Praxis haben.

●●

Zur inhaltlichen Bestimmung des sozialistischen Eigentums

Im Sozialismus gehören die Produktionsmittel dem Volk, entweder als staatliches oder als genossenschaftliches Eigentum. Auf dieser Grundlage entwickeln sich völlig neuartige, gemeinschaftliche Verhältnisse, Verhältnisse kameradschaftlicher Zusammenarbeit und gegenseitiger Hilfe.

Beachte in diesem Zusammenhang, daß die Schaffung des sozialistischen Eigentums nicht ein einmaliger Vorgang ist. Sie beschränkt sich keineswegs auf die Veränderung der Eigentumsverhältnisse in deren juristischer Form als Willensverhältnisse. Die Übergabe der Produktionsmittel an den sozialistischen Staat ist eine revolutionäre Aktion des Volkes, aber führt als solche allein noch zu keiner Veränderung im Produktionsprozeß. [. . .]

Dazu bedarf es der Entwicklung des sozialistischen Bewußtseins der Werktätigen, insbesondere ihrer sozialistischen Einstellung zur Arbeit, zum Eigentum, zum sozialistischen Staat. Gerade die Entwicklung und Festigung der sozialistischen Einstellung zur Arbeit und zum Eigentum stellt uns große Aufgaben. Heute trägt jeder Arbeiter und Meister, jeder Brigadier und Ingenieur unserer sozialistischen Wirtschaft eine hohe Verantwortung für die richtige Nutzung und Mehrung des sozialistischen Eigentums.

Studieneinführung für Teilnehmer der Kreis- und Betriebsschulen des Marxismus-Leninismus. Studienjahr 1972/73. Teil 2, S. 75f

---

●●

Bisher steht aber im besten Fall die Arbeiterschaft der allumfassenden staatlichen Planungsinstanz höchstens mitberatend gegenüber. Die Entscheidungsstruktur innerhalb der Produktionssphäre ist festgelegt. Die jeweiligen Abhängigkeiten und Anforderungen bilden ein in sich abgestuftes System zunehmender Einschränkung gesellschaftlicher und persönlicher Mitwirkung. Das wissenschaftlich-technische Potential der DDR-Volkswirtschaft bildet im Rahmen von RGW und internationaler Arbeitsteilung die Grundlage für die Realisierung des sozialistischen Wirtschaftssystems. Der Entscheidungsspielraum von Partei und Staat ist durch die Bedingungen der technischen Basis sowie durch die Forderung nach höchstmöglicher Effizienz und ideologischer Anpassung gegenüber der Sowjetunion festgelegt. Zusätzlich engt der Herrschafts- und Erziehungsanspruch der Partei, der über die soziale und kulturelle Planung verwirklicht werden soll, die realen Mitwirkungschancen der Werktätigen weiter ein. So verbleibt in dem ganzen System für die Realisierung der gesellschaftlichen Aneignung nur ein schmaler Weg zwischen ökonomischer Notwendigkeit und Gängelung durch die Partei.

Eine derart zentralisierte Wirtschaftsordnung bringt bei den Betroffenen eher ein passives Gefühl der Ohnmacht und des Ausgeliefertseins gegenüber den staatlichen Organen hervor, als die Bereitschaft zu aktiver Mitarbeit. Das äußert sich in der immer wiederholten Kritik an Funktionärswirtschaft, Verantwortungslosigkeit, Opportunismus und Schlamperei. Bisher ist es

Möglichkeiten gesellschaftlicher Mitwirkung: Zwischen ökonomischer Notwendigkeit und politischer Erziehung

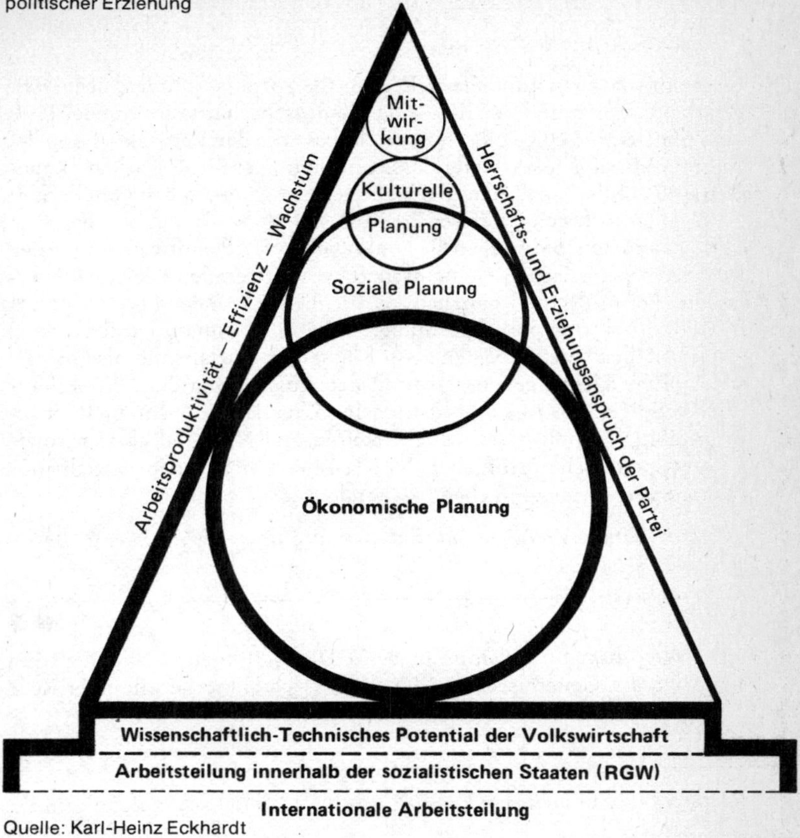

Quelle: Karl-Heinz Eckhardt

der DDR nicht gelungen, aus dem formalen Akt der Enteignung eine tatsächliche Vergesellschaftung im Sinn der sozialistischen Zielsetzung zu erreichen.

Theorie und Praxis klaffen hier so weit auseinander, daß dieser Tatbestand auch in anderen sozialistischen Ländern und Parteien zum eigentlichen Kernpunkt jeder Kritik geworden ist. Gerade unter Berufung auf die Klassiker des Marxismus wird daher das sowjetische Modell der Planwirtschaft von Sozialisten heute oft als neue Klassen- oder Funktionärswirtschaft bezeichnet. Dieser Vorwurf wird allerdings von der DDR als Produkt bloßer Utopie oder ideologischer Fehlentwicklung abgetan. Sie verteidigt ihren Weg als realistische Verwirklichung des Sozialismus.

●●

Gegen Utopie und Subjektivismus

Auf ökonomisch nicht fundierten Wegen die sozialen Unterschiede zwischen Arbeiterklasse und der Klasse der Genossenschaftsbauern oder auch andere soziale Unterschiede lösen zu wollen, würde der Verwirklichung der historischen Mission der Arbeiterklasse und damit der Sicherung der ökonomischen und politischen Gesamtperspektive der sozialistischen Gesellschaft großen Schaden zufügen. In dieser Richtung liegen die «Empfehlungen» der linken Revisionisten. Sie messen die konkret-historische Entwicklung in den Ländern der sozialistischen Gemeinschaft an weltfremden Gleichheitsvorstellungen und mißachten gänzlich, daß jeglicher sozialer Fortschritt vor allem ökonomisch und politisch fundiert sein muß. Von diesen Positionen ausgehend, stellen sie die Existenz von Klassen im Sozialismus als Fortexistenz der alten Klassengegensätze und der Ausbeutung dar. Ihr weltanschaulicher Subjektivismus und historischer Utopismus macht die Revisionisten unfähig, die objektiven Möglichkeiten und Notwendigkeiten sowie die konkret-historischen Aufgaben der Klassenentwicklung im Sozialismus zu erkennen und dementsprechend zu handeln.

Grundmann/Lötsch/Weidig: Zur Entwicklung der Arbeiterklasse. Berlin (DDR) 1976, S. 64f

●●

Wie der Weg zum Sozialismus in der DDR weitergehen soll, legte im Februar 1978 der Generalsekretär der SED, Erich Honecker, in einer Rede dar:

●●

Erich Honecker: Zur weiteren Entwicklung der sozialistischen Revolution in der DDR

Unsere Partei hat stets die marxistisch-leninistische Revolutionstheorie schöpferisch auf die konkret-historischen Bedingungen angewandt. Zum Beginn des einheitlichen revolutionären Prozesses im Jahre 1945 stellten wir nicht die sozialistische Revolution als Tagesaufgabe, sondern richteten den Hauptstoß der antifaschistisch-demokratischen Umwälzung gegen Monopolkapital und Großgrundbesitz. Als ihre wichtigste Aufgabe sah es unsere Partei an, die Arbeiterklasse zur Führung in allen gesellschaftlichen Bereichen zu befähigen und ein breites Bündnis mit den Bauern, der Intelligenz und den städtischen Mittelschichten herzustellen. Diese enge Verbindung zu den Volksmassen ermöglichte den Übergang zur sozialistischen Revolution. Die feste Verankerung unserer Partei in der Arbeiterklasse und die vertrauensvolle Zusammenarbeit mit allen anderen Werktätigen war, ist und bleibt das sichere Unterpfand für den Erfolg unseres Kampfes.

Mit der Gründung der Deutschen Demokratischen Republik vollzog sich für alle sichtbar die Hinwendung zum Aufbau des Sozialismus. Anfang der sechziger Jahre wurde bei uns die Übergangsperiode vom Kapitalismus zum Sozialismus abgeschlossen. Wir hatten die Grundlagen des Sozialismus geschaffen. In Industrie und Landwirtschaft hatten die sozialistischen Produktionsverhältnisse gesiegt. Ein stabiler sozialistischer Staat war entstanden, die Diktatur des Poroletariats wurde im breiten Bündnis mit den anderen Werktätigen erfolgreich ausgeübt.

Mit dem Sieg der sozialistischen Produktionsverhältnisse, der Schaffung der Grundlagen des Sozialismus waren wichtige Errungenschaften erreicht, aber natürlich war damit der Aufbau des Sozialismus nicht abgeschlossen. Wir nahmen – vor allem gemäß den Beschlüssen des VIII. und IX. Parteitages – die Gestaltung der entwickelten sozialistischen Gesellschaft in Angriff. Das ist ohne Zweifel ein umfassender revolutionärer Prozeß. Wie die Erfahrung zeigt, haben wir in diesem Abschnitt unserer Geschichte Aufgaben zu lösen, die keinesfalls weniger kompliziert sind und keineswegs weniger revolutionären Elan erfordern als jene, die wir bis zum Sieg der sozialistischen Produktionsverhältnisse gelöst haben.

Ganz in diesem Sinne charakterisiert unser Parteiprogramm die weitere Gestaltung der entwickelten sozialistischen Gesellschaft als einen historischen Prozeß tiefgreifender politischer, ökonomischer, sozialer und geistig-kultureller Wandlungen. Dazu gehört die beschleunigte Entwicklung von Wissenschaft und Technik, die Meisterung der wissenschaftlich-technischen Revolution und ihre organische Verbindung mit den Vorzügen des Sozialismus. Auch der konsequente Kurs auf die Intensivierung der Reproduktionsprozesse ist unter diesem Gesichtspunkt zu betrachten. Der vollständige Übergang unserer Volkswirtschaft auf die intensiv erweiterte Reproduktion ist keinesfalls einfacher als die Schaffung der sozialistischen Planwirtschaft. Er stellt außerordentlich hohe Anforderungen sowohl an die Führungstätigkeit der Partei und des Staates als auch an die Initiative aller Werktätigen. Aber nur auf diesem Weg erzielen wir eine rasch wachsende Leistungskraft der sozialistischen Volkswirtschaft, wie wir sie brauchen, um die Hauptaufgabe zu erfüllen und die Vorzüge des Sozialismus voll zur Geltung zu bringen.

Als wir vor Jahrzehnten die sozialistische Kulturrevolution in Angriff nahmen, waren wir uns bewußt, daß dies ebenfalls ein langer Prozeß sein wird. Aufgrund der historischen Erfahrungen können wir heute noch bestimmter sagen, daß die Kulturrevolution mit dem Sieg der sozialistischen Produktionsverhältnisse keinesfalls beendet ist. Sie schließt die Gestaltung des gesamten gesellschaftlichen Lebens nach sozialistischen Prinzipien ein. Dabei müssen wir stets die geschichtliche Lehre berücksichtigen, daß die politische Führung der Gesellschaft durch unsere Partei größtmögliche theoretische Klarheit, hohes Verantwortungsbewußtsein und proletarische Disziplin bei allen Parteimitgliedern erfordert. Zugleich verlangt sie die vertrauensvolle Zusammenarbeit mit den Massen sowie die konsequente Fortsetzung der bewährten Bündnispolitik.

Die Vorbereitung auf den 30. Jahrestag der Gründung unserer Deutschen Demokratischen Republik ist somit eine Zeit neuer Initiativen zur Steigerung der wirtschaftlichen Leistungskraft unseres Landes, die unsere Sozialpolitik ermöglicht. Zugleich geht davon ein starker Impuls auf das geistige Leben aus. Für unsere Partei kommt es darauf an, alledem in ihrer politischen Führungstätigkeit gerecht zu werden und zu erreichen, daß die Verbundenheit der Bürger mit ihrem sozialistischen Vaterland, der Deutschen Demokratischen Republik, noch enger und fester wird.

Neues Deutschland vom 18./19. Februar 1978

●●

Arbeitsvorschläge

1. Häufig wird «Enteignung» so verstanden, daß die Menschen im Sozialismus überhaupt keinen Privatbesitz mehr hätten. Nach sozialistischem Theorieverständnis geht es aber nur um eine bestimmte Kategorie des Eigentums. Machen Sie diesen Unterschied am Beispiel der Sozialisierung in der DDR deutlich.
2. Bei der Entwicklung des Sozialismus soll zugleich ein umfassender materieller und sozialer Wandel stattfinden. Verdeutlichen Sie den Zusammenhang einer derartigen Veränderung an Beispielen. Sind Ihnen aus der Geschichte oder der jüngsten Vergangenheit Ereignisse bekannt, bei denen ein solcher Wandel stattgefunden hat?
3. Im Hinblick auf die Formel «sozialistisches Eigentum» wird häufig von Verstaatlichung und Vergesellschaftung geredet, wobei letztere die inhaltlich weiterreichende Bezeichnung ist. Wie unterscheiden sich die beiden Begriffe, und was ist für ihre Realisierung kennzeichnend?
4. Zwischen Theorie und Praxis des sozialistischen Systems klafft eine breite Lücke, die eine Beurteilung der tatsächlichen Gegebenheiten sehr erschwert. Während die DDR die Fehler der Gegenwart mit den Erfahrungen der Vergangenheit und der Erwartung einer besseren Zukunft entschuldigt, verweisen die Kritiker vor allem auf die Fehler der Vergangenheit und der Gegenwart. Diskutieren Sie Aussagefähigkeit und Zulässigkeit dieser beiden unterschiedlichen Ansatzpunkte zur Beurteilung des DDR-Systems.
5. Im Gegensatz zu den sozialistischen Gesellschaften befinden sich die liberalen Systeme in Theorie und Praxis weit mehr in Übereinstimmung mit ihrer Bevölkerung. Worauf ist das zurückzuführen?

III. Kooperation und Planung

In der theoretischen Begründung der Wirtschaftsordnung der DDR spielt die Vorstellung vom «einheitlichen wirtschaftlichen Gesamtorganismus» die entscheidende Rolle. Man geht davon aus, daß die «sozialistische Kooperation» ein stärkeres und effektiveres Instrument als die kapitalistische Konkurrenz ist.

●●

Die Tatsache, daß sich das Eigentum an Produktionsmitteln im Sozialismus in den Händen der Gesellschaft und nicht in Unternehmer- oder Aktionärsbesitz befindet, ermöglicht die Ausnutzung von zwei entscheidenden Vorzügen: Einmal kann der Sozialismus die gesellschaftlichen Prozesse von der hohen Warte gesamtstaatlicher Sicht und Übersicht im Interesse des ganzen Volkes planen und steuern.

Zum andern kann sich der Sozialismus auf die persönliche Initiative der Werktätigen stützen, die als gesellschaftliche Eigentümer der Produktionsmittel ein unmittelbares Interesse daran haben, daß der Nutzeffekt der gemeinsamen Arbeit hoch ist. Anstelle des Profitstrebens einer kleinen Schicht von Unternehmern und Aktionären wird die Übereinstimmung der gesellschaftlichen und persönlichen Interessen von Millionen, die zugleich Produzenten und Eigentümer sind, im Sozialismus zur entscheidenden Triebkraft.

Autorenkollektiv: Wie meistern Sozialisten die Wissenschaftlich-Technische Revolution? Berlin (DDR) 1969, S. 4

●●

Wurzel dieser Triebkraft soll die Übereinstimmung der persönlichen Interessen der Werktätigen und ihrer Kollektive mit den gesamtgesellschaftlichen Zielen sein. Eine derartige Übereinstimmung ist theoretisch zwar denkbar, entspricht in der Praxis aber häufig nicht den realen Erfahrungen der Werktätigen. Ihre Realisierungschance dürfte also vor allem im Nachweis des überlegenen persönlichen, kollektiven und gesellschaftlichen Nutzens liegen, der mit der Kooperation zu erreichen ist. Andernfalls müßte sich die Konkurrenz als der effektivere Motor durchsetzen oder die Motivation der Arbeiter entsprechend zurückbleiben.

Die wesentlichen Vorzüge des sozialistischen Wirtschaftssystems werden in der zentralen staatlichen Planung und in der Interessenübereinstimmung mit den Werktätigen gesehen. Die Funktionsproblematik dieses Systems wird durch die bereits erwähnten Spannungspole Herrschaft – Machterhaltung, Ökonomische Effizienz – Verwirklichung normativer Zielvorstellun-

Die Haupttriebkraft der Entwicklung im Sozialismus

(Übereinstimmung der persönlichen Interessen der Werktätigen und ihrer Kollektive mit den gesellschaftlichen Interessen ... und das Bewußtsein von der Übereinstimmung)

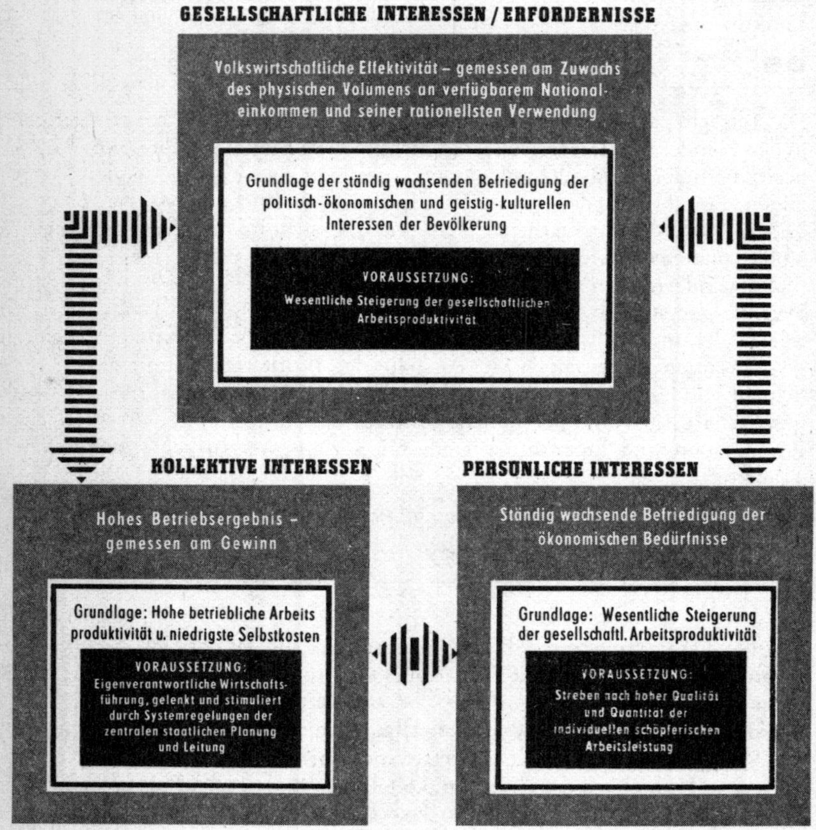

STÄNDIGE REALISIERUNG DER INTERESSENÜBEREINSTIMMUNG DURCH:

- Gesetzmäßiges Wachstum der führenden Rolle der marxistisch-leninistischen Partei
- Stärkung des sozialistischen Staates und Ausbau seiner ökonomischen Funktionen
- Ständig bessere Beherrschung des Produktionsprozesses durch die Qualifizierung der gesellschaftlichen Planung (einschl. Anwendung ökonomischer Hebel)
- Quantitative und qualitative Entwicklung des sozialistischen Eigentums

Quelle: Parteihochschule «Karl Marx» beim ZK der SED

gen – bestimmt. Anders als in einem marktwirtschaftlichen Unternehmen geht es hier also nicht allein um die Optimierung von Leistung und Herrschaft, sondern zugleich um die Durchsetzung sozialistischer Wertvorstellungen, die von den traditionellen Werten der «bürgerlichen» Industriegesellschaft abweichen. Die Funktionsfähigkeit des Systems wurde und wird durch die Faktoren der «Übergangsperiode», das heißt durch die fehlende Legitimität, die mangelnde Qualifikation der Funktionäre und die Veränderung des Normensystems, beeinflußt. Die grundsätzlichen Fehler bürokratischer Organisationen werden durch Störungen auf Grund gewaltsamer Veränderungen noch verstärkt.

Unter diesen Voraussetzungen stellt sich die DDR heute als eine leistungsorientierte Industriegesellschaft dar, deren gesellschaftliche Zielsetzung allerdings nicht durch das Zusammenspiel autonomer, miteinander konkurrierender Gruppen, sondern durch die Partei bestimmt wird. Hauptziel ist dabei die ökonomische Leistung, um die vielfältigen Bedürfnisse der Volkswirtschaft zu befriedigen. Dies verlangt eine Produktionsstruktur, die nicht nach sozialistischen Gleichheitsidealen organisiert ist, sondern nach funktionaler Wirksamkeit. Sie ist gekennzeichnet durch Qualifikation, Beförderung, Sanktionen positiver wie negativer Art, materielle Belohnungen und Aufstiegschancen. In dieser Hinsicht gleicht die Produktionsstruktur der Planwirtschaft der ihres marktwirtschaftlichen Konkurrenten.

Der wesentliche Unterschied beruht demnach nicht in der Anwendung des Leistungsprinzips, sondern in der Durchsetzung volkswirtschaftlicher Planungskriterien gegenüber den Produktionseinheiten, die nur innerhalb bestimmter Richtlinien ihre Ziele verwirklichen dürfen. Das Gesamtsystem Volkswirtschaft muß daher in seiner Planungsorganisation die widersprüchlichen Prinzipien von Freiheit und effektiver Kontrolle miteinander vereinbaren. Der Betrieb muß so viel Entscheidungsspielraum erhalten, wie er zur Durchführung des Leistungsanspruchs benötigt, und derart gesteuert werden, daß die Durchsetzung gesellschaftlicher Normen garantiert ist.

Auf diese Weise pendeln die Produktionseinheiten zwischen direkter Steuerung und Selbstregulierung hin und her. Im Einzelfall kann dies zu einem starken Schwanken der betrieblichen Position führen.

Die gesamtwirtschaftliche Planung und Lenkung des Produktionsapparates weist nach Ansicht seiner Verfechter gegenüber dem Konkurrenzmodell der Marktwirtschaft entscheidende Vorteile auf. Dazu zählen vor allem:

- die vorausschauende Planung und Steuerung der wirtschaftlichen Produktion mit Hilfe wissenschaftlicher Methoden und volkswirtschaftlicher Kriterien;
- die Vermeidung sich überschneidender und gegenseitig blockierender oder im Konkurrenzkampf gar ausschließender wirtschaftlicher Zielsetzungen, zugunsten einer allgemeinen produktiven Leistung;

Der Grundgedanke des ökonomischen Systems des Sozialismus

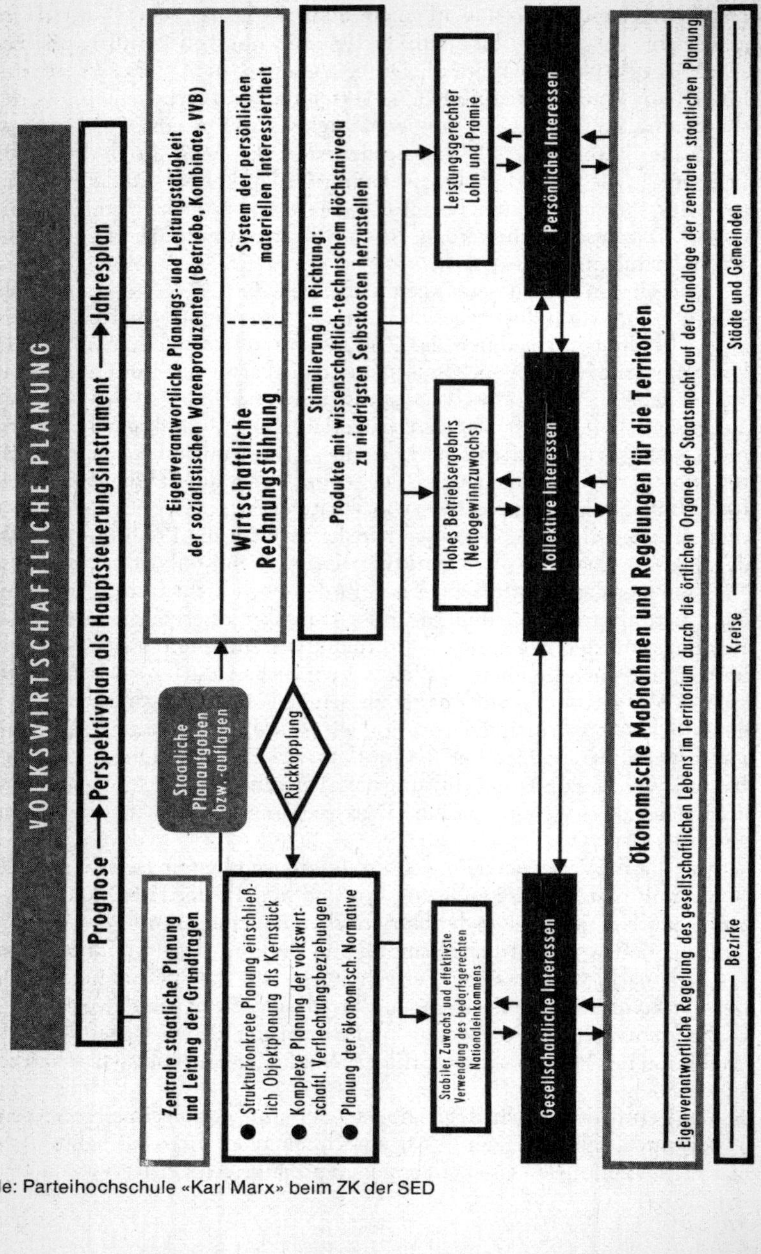

Quelle: Parteihochschule «Karl Marx» beim ZK der SED

- die allgemeine Sicherheit der wirtschaftlichen Entwicklung auf der Basis umfassender Information und Kontrolle durch die damit beauftragten gesellschaftlichen Organe;
- die generelle Durchsetzung gesamtwirtschaftlicher Kriterien gegenüber möglicherweise davon abweichenden Zielen einzelner Wirtschaftssubjekte oder Gruppen.

Die Realisierung dieses Systems soll neben ökonomischen Vorteilen auch politische und soziale Verbesserungen bringen, die sich positiv auf das Bewußtsein der Bevölkerung auswirken. Dazu gehören:

- das Erlebnis wirtschaftlicher Betätigung im Interesse der Allgemeinheit und die entsprechende Veränderung persönlicher Verhaltensnormen;
- die Aufhebung der Trennung zwischen Betriebswirtschaft und Volkswirtschaft durch den Einsatz allgemein bindender und rational ausgewiesener Kriterien ökonomischen Handelns;
- die Durchschaubarkeit der Wirtschaftspolitik und ihrer Zielsetzung als bewußte Gestaltung von gesellschaftlichen Aufgaben, die dem einzelnen Bürger eine entsprechende Identifizierung erlaubt.

So wie die liberale Wirtschaftsordnung grundsätzlich dem einzelnen Wirtschaftssubjekt und seinen Interessen den Vorrang gegenüber gesellschaftlichen Zielsetzungen einräumt, so geht umgekehrt die sozialistische Theorie davon aus, daß nur auf der Basis gesellschaftlicher Wirtschaftspolitik eine Wahrung und Durchsetzung der Einzelinteressen aller Beteiligten möglich ist.

Die Dominanz staatlicher Zielsetzung bringt notwendig einen Abbau autonomer und individueller Durchsetzungsmöglichkeiten mit sich. Innerhalb des Gesamtrahmens der Wirtschaftspolitik ergeben sich daher Konflikte, die technische, ökonomische und politische Gründe haben. Solange in der DDR die Aspekte der Herrschaftssicherung und sozialen Umgestaltung höchsten Stellenwert haben, ist die Fähigkeit des Systems zur Austragung dieser Konflikte sehr gering. Da jede Auseinandersetzung zwangsläufig eine politische Dimension erhält, kann die Kritik ihre an sich notwendige Rolle als Informations- und Kontrollinstanz gegenüber dem bürokratischen Apparat nicht wahrnehmen. Dabei lassen sich objektiv eine Fülle von Konfliktmöglichkeiten nachweisen, die zu entsprechenden Effizienzverlusten in der Produktion führen:

- Die Überbetonung von Zentralisierung und Hierarchisierung verhindert eine rechtzeitige Anpassung an Veränderungen auf den unteren Ebenen. Damit fehlt dem ganzen System die notwendige Elastizität.
- Die zentrale Planungsinstanz ist nicht in der Lage, die Informationen qualitativ und quantitativ in der notwendigen Zeitspanne auszuwerten und zu verarbeiten.
- Die Hierarchisierung führt zu einer Flut an Vorschriften und einer Viel-

zahl von Kontrollinstanzen, die sich gegenseitig bewachen, befehden und lahmlegen.

- Die einzelnen Produktionseinheiten versuchen ständig, sich durch Täuschung der übergeordneten Organe einen größeren Entscheidungsspielraum zu verschaffen. Durch kalkulierte Leistungsbereitschaft, Abschieben von Verantwortung und Widerstand gegen Veränderungen kommt es zu großen Effizienzeinbußen.

Sofern die staatlichen Instanzen dem Betrieb ein derartiges Verhalten nachweisen können, kann es zu einer gerichtlichen Aburteilung der Verantwortlichen kommen. Die Regeln der Wirtschaftsplanung und -leitung unterliegen in der DDR den Normen des Strafrechts. Im folgenden werden stichwortartig Beispiele und Tatbestände erwähnt, die gesetzliche Sanktionen nach sich ziehen. Daran wird indirekt ablesbar, welche Auswirkungen auf Betriebsebene die unausgetragenen Konflikte innerhalb des Systems haben.

●●

Strafrechtsnormen gegen Wirtschaftsvergehen

Die Normen des sozialistischen Strafrechts gewährleisten, daß die Entwicklung der Verantwortungs- und Entscheidungsfreudigkeit, eine schöpferische, initiativreiche und aktive Arbeit der Werktätigen und der Leiter auf keinen Fall gehemmt wird. Straftaten liegen beispielsweise nicht vor, wenn der Handelnde, auch im Falle eines Mißerfolges, mit einem gesellschaftlich gerechtfertigten, gesetzlich erlaubten Risiko vorging. Gerade der Leiter soll mit dieser Norm dazu angehalten werden, seine Entscheidungen mit hohem Verantwortungsbewußtsein zu treffen, aber nicht gehindert werden, nach Abwägung der Vor- und Nachteile ein bestimmtes Risiko einzugehen. Wird jedoch mit Fonds manipuliert, erfolgen Manipulationen im Bereich der Planung und Bilanzierung der Materialwirtschaft, insbesondere Gewinn-, Rechnungs- und Preismanipulationen, so müssen diejenigen, die das Strafgesetzbuch verletzen, zur Verantwortung gezogen werden.

Auf dem VIII. Parteitag der SED wurde darauf hingewiesen, daß bestimmten Erscheinungsformen des sorglosen, verschwenderischen und verantwortungslosen Umgangs mit volkswirtschaftlichen Werten konsequent zu begegnen ist, zum Beispiel bei Preisverstößen, falschen Berichterstattungen, Steuerhinterziehungen. Besondes schwerwiegend sind falsche Informationen über das ökonomische Ergebnis der Betriebe an die übergeordneten Organe.

Die Verteidigung des «Ansehens» der Betriebe hat mitunter das Ziel, eigene Unzulänglichkeiten zu verdecken und sich vielleicht damit persönlich Vorteile zu verschaffen. Leiter, die falsche Informationen an das übergeordnete Organ weitergeben, versuchen nicht selten, sich selbst zu rechtfertigen, indem sie sich darauf berufen, sie hätten im Interesse des Kollektivs gehandelt. Tatsächlich wird jedoch mit solchen Verhaltensweisen den Werktätigen ein schlechter Dienst erwiesen, denn eine falsche Berichterstattung ist nicht nur ein Betrug an der Partei- und Staatsführung, sondern auch ein Betrug an den Werktätigen. Ihnen wird ein falsches Ergebnis vorgespiegelt. Statt die Werktätigen mit den Schwierigkeiten des Betriebes vertraut zu machen und sie zu mobilisieren, wird der Diskussion ausgewichen und ein Weg des geringsten Widerstandes gewählt.

Den Werktätigen ist auch nicht mit Verstößen gegen die staatliche Ordnung auf dem Gebiet der Kosten und Preise gedient, die sich letztlich, insbesondere soweit es um Konsumgüter geht, nachteilig für die Werktätigen auswirken. «Gegenwärtig werden Preisverstöße (jedoch) noch von einer Reihe von Wirtschaftsfunktionären als Kavaliersdelikte betrachtet . . . Dazu ein Beispiel: Der VEB Maschinenfabrik Dessau hat im Jahre 1970 mit dem VEB Zementanlagenbau Dessau einen Vertrag . . . abgeschlossen. Dabei ist . . . ein Fehler unterlaufen. Es wurde versehentlich ein falscher Stückpreis . . . eingesetzt. Die Betriebspläne wurden dadurch zu hoch festgelegt. Als der Fehler bemerkt wurde, ist . . . die ordnungsgemäß ausgestellte Preisbewilligung vernichtet und eine neue . . . in Höhe des falschen Vertragspreises ausgefertigt worden.»

Schärfstens zu mißbilligen ist auch die Verhaltensweise eines PGH-Vorsitzenden, der «finanzielle Mittel der Genossenschaft für die Zahlung sogenannter Schmiergelder zur preisgünstigen Lieferung von Materialien» verwendete.

Energisch ist gegen alle Nachlässigkeiten in bezug auf den Gesundheits- und Arbeitsschutz vorzugehen, die sich als eine fahrlässige Wirtschaftsschädigung durch vorsätzliche Verletzung von Berufspflichten erweisen können.

Auf einige Straftatbestände sei noch besonders hingewiesen: Diejenigen Leiter machen sich strafbar, die ihre Verfügungs- und Entscheidungsbefugnis mißbrauchen, entgegen den Rechtspflichten so zu entscheiden – oder eine gebotene Entscheidung zu unterlassen –, daß dadurch ein wirtschaftlicher Schaden verursacht oder persönliche Vorteile erlangt werden. Ein solcher Fall liegt vor, wenn der Leiter eines Materiallagers trotz entsprechender Vorschriften Bestände nicht ihrem planmäßigen oder einem geeigneten Verwendungszweck zuführt, um sie aus Ärger über eine ihm erteilte Disziplinarmaßnahme verkommen zu lassen, oder aus Interesse an einer «Sondervergütung» die Bestände «verschwinden» läßt, um sie später wieder erscheinen zu lassen, dann wertgemindert veräußert und die «Vergütung» dafür empfängt, daß überhaupt noch ein Erlös für den Betrieb zu erzielen war.

Der Tatbestand der *Wirtschaftsschädigung* ist erfüllt, wenn Produktionsmittel ihrem bestimmungsmäßigen Gebrauch entzogen werden und dadurch ein wirtschaftlicher Schaden verursacht wird. Eine ähnliche Straftat liegt auch vor, wenn unter vorsätzlicher Verletzung beruflicher Pflichten oder durch unbefugten Umgang fahrlässig Produktionsmittel außer Betrieb gesetzt oder dem Verderb preisgegeben werden und dadurch bedeutende Schäden verursacht werden.

Strafbar ist, einen höheren als den gesetzlich zulässigen Preis zu fordern oder zu vereinnahmen, um sich oder anderen einen ungerechtfertigten Vermögensvorteil zu verschaffen. Strafbar ist das fahrlässige Veranlassen und Vereinnahmen eines unzulässig hohen Preises und die Verletzung der Preisnachweispflicht. Als Fordernder, Vereinnahmender oder Nachweispflichtiger gilt im Betrieb oder Kombinat der verantwortliche Leiter.

Bestraft werden kann der Leiter oder leitende Mitarbeiter eines Betriebes, der im Rahmen seiner Verantwortung wider besseres Wissen in Berichten, Meldungen oder Anträgen an Staats- und Wirtschaftsorgane unrichtige oder unvollständige Angaben macht, um Straftaten oder erhebliche Mängel (so auf dem Gebiet des Arbeitsschutzes) zu verdecken, Genehmigungen oder Bestätigungen für wirtschaftlich bedeutende Vorhaben zu erlangen (Fehlinformationen über den Stand der Investvorbereitung, um eine Baugenehmigung zu erhalten), zum Nachteil der Volkswirtschaft erhebliche ungerechtfertigte wirtschaftliche Vorteile für Betriebe zu erwirken (unrichtige Berichterstattung zum Zwecke, dem Prämienfonds erhöhte Beträge zuführen zu können).

Aufmerksam gemacht werden müssen die Leiter auch auf die Strafbarkeit der «unbefugten Offenbarung und Erlangung wirtschaftlicher Geheimnisse» (hierdurch wird unter Umständen die rechtzeitige patentrechtliche Sicherung einer Erfindung verhindert), der «spekulativen Warenhortung» (dieser Tatbestand ist zum Beispiel verwirklicht, wenn ein Betrieb Überplanbestände anschafft und hält, um sie später mit einem Preiszuschlag für «kurzfristige» Lieferung zu veräußern; auch hier ist der zuständige Leiter verantwortlich) und der «Verkürzung von Steuern, Abgaben und anderen Abführungen an den Staatshaushalt und Beiträgen zur Sozialversicherung». Hingewiesen werden muß schließlich auch auf Straftaten gegen die allgemeine Sicherheit, wie «Gefährdung der Brandsicherheit», «Beeinträchtigung der Brand- und Katastrophenbekämpfung», «Gemeingefahr», «Verletzung der Bestimmungen des Gesundheits- und Arbeitsschutzes» und die «Gefährdung der Gebrauchssicherheit». Aufgrund der «Gefährdung der Gebrauchssicherheit» wird bestraft, wer als Leiter eines Betriebs oder eines Betriebsbereichs oder als Verantwortlicher für die Kontrolle und Prüfung Erzeugnisse herstellen läßt, abnimmt oder Arbeiten leistet oder abnimmt, ohne daß dabei die Gebrauchssicherheit dieser Erzeugnisse oder bearbeiteter Gegenstände gewährleistet wird, und dadurch unmittelbare Gefahren für das Leben oder die Gesundheit von Menschen trotz ordnungsgemäßen Umgangs verursacht.

Autorenkollektiv: Mit dem Recht leiten – Aktuelle Fragen der Durchsetzung des sozialistischen Rechts in Betrieben und Kombinaten. Berlin (DDR) 1975

●●

An die Stelle der lange Zeit von der Partei postulierten Interessenharmonie aller am Wirtschaftsprozeß beteiligten Gruppen und Instanzen ist mittlerweile längst die Einsicht getreten, daß über einen grundsätzlichen Konsens hinaus die Vertretung von Sachinteressen nicht nur zu dulden, sondern für die Dynamik des Systems geradezu notwendig ist. Im anderen Fall neigt nämlich der bürokratische Apparat zur Erstarrung und kann auf produktionsbedingte Veränderungen nicht mehr entsprechend reagieren.

Arbeitsvorschläge

1. Der Sozialismus geht von der grundsätzlichen Annahme aus, daß Kooperation und Zusammenarbeit wirksamer seien als individuelle Entscheidung und Konkurrenz. Versuchen Sie diese Annahme mit konkreten Beispielen zu belegen. Welche Bedingungen müssen für die Realisierung einer wirksamen Zusammenarbeit gegeben sein?
2. Die Haupttriebkraft der Entwicklung im Sozialismus besteht der Theorie nach in der Übereinstimmung der persönlichen und gesellschaftlichen Interessen der Werktätigen. Setzen Sie diese theoretische Aussagen in Bezug zu der gegenwärtigen Situation in der DDR. Wie läßt sich die führende Rolle der SED mit dem Anspruch auf Interessenübereinstimmung vereinbaren?
3. Der prinzipielle Leistungsanspruch zur Erhöhung der wirtschaftlichen Effektivität und Steigerung der Arbeitsproduktivität wird überlagert durch die normativen Ansprüche des Systems. In welcher Hinsicht könnte dieser Erziehungsanspruch der Partei die Effizienz des Systems behindern?
4. Der Grundsatz einheitlicher Planung der Volkswirtschaft schränkt die Entscheidungsfreiheit der einzelnen Wirtschaftssubjekte ein. Beschreiben Sie den Zusammenhang von volkswirtschaftlicher Planung und persönlicher beziehungsweise kollektiver Interessenwahrnehmung.
5. Benennen Sie an Beispielen die Vor- und Nachteile des prinzipiellen Vorrangs gesellschaftlicher beziehungsweise staatlicher Interessen gegenüber anderen Zielsetzungen. Welche Möglichkeiten gibt es, um diesen staatlichen Anspruch zu unterlaufen?

Vereinfachte Darstellung des Leitungsaufbaues der Industrie

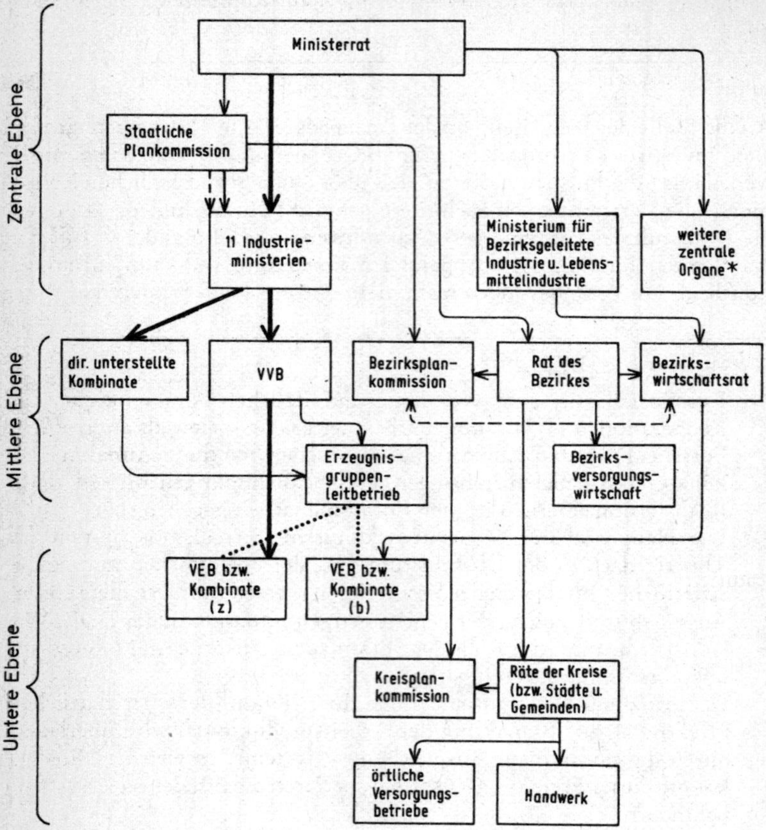

z = zentralgeleitete Betriebe
b = bezirksgeleitete Betriebe
——— = *direktes Unterstellungsverhältnis*
– – – – = *sonstige Beziehungen (Zusammenarbeit, Differenzierungen, Abstimmungen)*
•••••••• = *Erzeugnisgruppenarbeit*
* = *die Ministerien für Außenhandel, für Handel und Versorgung, für Finanzen, für Wissenschaft und Technik, für Materialwirtschaft; die Staatssekretariate für Arbeit und Löhne, für Berufsbildung; die Ämter für Preise, für Standardisierung, Meßwesen und Warenprüfung, für Erfindungs- und Patentwesen, für industrielle Formgestaltung.*

Quelle: Deutsches Institut für Wirtschaftsforschung, Berlin

IV. Die Folgen von Zentralisierung und Koordination: Bürokratisierung und Sozialistischer Wettbewerb

Die für eine Planwirtschaft sowjetischen Typs notwendige zentrale Steuerung aller wirtschaftlichen Faktoren durch die staatlichen Organe bedingt den Aufbau eines umfassenden bürokratischen Planungsapparates.

Dabei werden im Gegensatz zur liberalen Ordnung drei Ebenen ineinander integriert, deren Wechselspiel für ein flexibles Verhalten der Steuerungsorgane notwendig wäre:

1. Die staatliche Ebene als Normgeber und oberste Kontrollinstanz in Form der Partei. Sie umfaßt zugleich alle Organe der sogenannten Massenorganisationen, wie Gewerkschaften und Jugendverbände.

2. Die Verwaltungsebene als Organisationsstruktur der volkswirtschaftlichen Planelemente und Vermittlungsinstanz zwischen Staat und Betriebsebene.

3. Die Produktionsebene mit ihrer komplexen Zusammensetzung von Betrieben und Produktionseinheiten, deren jeweilige Leitung sich zugleich in Abhängigkeit von den Planungsinstanzen wie auch von den Produktionsnotwendigkeiten befindet.

Dabei ist zwar durch die Zentralisierung der volkswirtschaftlichen Entscheidungsinstanzen eine Machtkonzentration größten Ausmaßes erfolgt, zugleich ist aber die Realisierung dieser Planung nach wie vor auf eine traditionelle Produktionsstruktur angewiesen. Trotz der mittlerweile fast zu hundert Prozent erfolgten Verstaatlichung aller Produktionseinheiten sind die Klein- und Mittelbetriebe noch immer das Kernstück der DDR-Wirtschaft. Die Tendenz geht zwar, wie in der Bundesrepublik, zum industriellen Großbetrieb, es fehlt aber häufig an der technischen Basis für den organisatorischen Überbau. Angesichts einer durch mangelnde Standardisierung und Spezialisierung der Produktion bestimmten Produktionsweise bleibt die DDR daher trotz aller Bemühungen um eine optimale Konzentration durch die Schaffung von Großbetrieben hinter den Ergebnissen der Bundesrepublik zurück.

So ist der Anteil der Arbeiter und Angestellten, die in der DDR in Großbetrieben arbeiten, zwar größer als der in der Bundesrepublik, zugleich aber ist die Arbeitsproduktivität geringer.

Trotz aller Anstrengungen des Apparats wird letztlich auf der Produktionsebene darüber entschieden, ob die Planung realistisch und durchführbar ist. Die verschiedenen Planungs- und Produktionsinstanzen können sich ergänzen oder gegenseitig lahmlegen. Auf jeden Fall besteht die Gefahr, daß unter der Last der bürokratischen Struktur und ihrer schwerfälligen Entscheidungsfindung die Initiativen aus der Produktion zu bloßem Abwarten verkümmern. Da ein Abweichen von einmal formulierten Plan- und Produktionszielen mit erheblichem Aufwand verbunden ist, scheint für die

Betriebskonzentration in der DDR und der Bundesrepublik Deutschland

Betriebsgröße nach Beschäftigtenzahl[1]	DDR 1960	DDR 1965	DDR 1970	DDR 1974	Bundesrepublik 1965	Bundesrepublik 1974
	Anteil an den Beschäftigten[1] in der gesamten Industrie					
bis 100	14	13	10	8	15	14
100–1000	35	34	27	25	34	34
über 1000	51	53	63	67	51	52
	Relation der Arbeitsproduktivität[2]					
bis 100	85	86	83	86	94	84
100–1000	102	103	105	99	95	92
über 1000	102	101	100	102	105	110
Gesamte Industrie	100	100	100	100	100	100

1 DDR: Arbeiter und Angestellte; BRD: alle Beschäftigten. – 2 DDR: Bruttoproduktion je Arbeiter bzw. Angestellten; BRD: Umsatz je Beschäftigten.

Quelle: Berechnungen des DIW.

Quelle: Deutsches Institut für Wirtschaftsforschung, Berlin

Beschäftigten der Betriebe passives Verhalten bei formaler Planerfüllung der einfachste Ausweg. Dies trifft nicht nur die wirtschaftliche Effektivität empfindlich, sondern stellt auch die gesamte Kommunikation zwischen Konsument, Produzent und Planer in Frage. Seit dem Erscheinen des Buches von Rudolf Bahro *Die Alternative* gibt es zu diesem Problem die anschauliche Schilderung eines Insiders.

●●

Rudolf Bahro über bürokratische Planung (1978)

Der überdimensionierte Leitungsapparat lastet besonders in der Wirtschaft und im kommunalen Bereich ohnehin schwer auf der produktiven bzw. operativen Basis, indem er Zeit, Kraft und Konzentrationsfähigkeit der Kader für seinen Bedarf an Kontrollinformationen verbraucht. Aber es kommt noch etwas hinzu. Die durch keine autonome gesellschaftliche Macht gezügelte Sozialstruktur innerhalb der Apparate ordnet die – unter der Voraussetzung der fortbestehenden alten Arbeitsteilung normale und unbedingt vorzuziehende – produktive Leistungskonkurrenz um die Aneignung «guter Arbeit» und «lukrativer Stellen» systematisch einem anderen Antriebsmuster eigener Provenienz unter: der *bürokratischen Rivalität.*

Fügsamkeit nach oben, disziplinarische Durchschlagskraft nach unten und erst an dritter Stelle Kompetenz – das ist die vorherrschende Rangordnung der Auswahlkriterien. Infolgedessen haben die produktiven, schöpferischen Elemente das Überhandnehmen von Mittelmäßigkeit, ja Unfähigkeit, von Unehrlichkeit und Unsicherheit im Amt zu beklagen, von der zugehörigen politischen Standardisierung zu schweigen.

Die bürokratisch-zentralistische Form der Planung, bei der die Spitze von unten vorzugsweise nur passive Ist-Information und «Fragen» entgegennimmt, während sie aktive Soll-Informationen abgibt, prägt den Mechanismus der «Auftragserteilung» an die Individuen. Die Menschen haben vom Prinzip her nicht selbst Aufgaben zu suchen, Probleme zu erkennen und aufzugreifen, sondern sie werden ihnen verpflichtend zugewiesen. Dementsprechend werden auch die Mittel aufgrund einer Bilanzierung, die je länger je mehr auf Rationierung des Notwendigsten hinausläuft, zugeteilt.

Die zentralisierte Verfügungsgewalt muß ja schließlich – und darauf konzentriert sich die bürokratische Rivalität der aktiven Elemente in Hierarchie und Spezialistentum – unter die verschiedenen kollektiven und individuellen Subjekte des Wirtschaftslebens verteilt, d. h. juristisch an sie delegiert, vor allem aber durch materielle und finanzielle Planung und Bilanzierung ihnen überantwortet werden. Da jedoch die Bestimmung der Plangrößen *Erkenntnis* der gesellschaftlichen Bedürfnisse und Erfordernisse einerseits, der lokalen Kapazitäten und Aufwandsgrößen andererseits voraussetzt, ist es auch hier wieder der bürokratische Informationsprozeß, auf dessen Eigenarten sich die Kombattanten einstellen müssen. Das bürokratische Universum krümmt sich, wie das kosmische nach dem relativistischen Kalkül, überall in sich zurück, es führt keine Linie aus ihm hinaus.

[. . .]

Das Problem tritt natürlich auch in den unteren Rängen der Konzernbürokratien auf, aber dort hört der Bürokratismus an der Spitze der jeweiligen ökonomischen Einheiten auf, während es bei uns ein bürokratisches Kontinuum gibt, das vom unauffälligsten Schichtmeister bis zur Partei- und Staatsspitze reicht. Im Durchschnitt findet man daher in jeder ökonomischen Leitung ein Übergewicht der Beharrungskräfte, die um die Stabilität im Status quo kämpfen und auch die Entwicklungsfunktionen, die sie innehaben, in diesem Geiste bekleiden.

Folgerichtig verwickelt sich dieser Typus in den Kampf um politische und administrative Machtpositionen statt in den Wetteifer um ökonomische Erfolge für die Gesellschaft. Er bringt niemals mehr Konsequenz auf, als wenn es gilt, «Unruhestifter» auflaufen zu lassen. Gewiß muß sich der Bürokrat als Ökonom auch den ökonomischen Gesetzen unterwerfen, aber die Entwicklung der Produktion ist ihm nicht Selbstzweck wie im Kapitalismus hinsichtlich der Wertgröße, auch nicht gesellschaftlicher Zweck, sondern zunächst bloß Mittel zur Stabilisierung der bürokratischen Situation. Dieser Zweck setzt sich selbst noch in der hektischen, unökonomischen Geschäftigkeit vor Parteitagen und Jubiläen, diesen bevorzugten Zielmarken des bürokratischen Wetteifers (typischerweise künstlichen Einschnitten des Wirtschaftsablaufs) durch. Die Bürokratie hat sich seit ihrem ersten großen historischen Auftritt in der Ökonomischen Despotie als ein Werkzeug der *einfachen* Reproduktion ohne qualitative Entfaltung sowie des unproduktiven Verbrauchs möglicher Überschüsse erwiesen. Dabei ist sie in ihrem eigentlichen Element.

So besteht das wesentliche Hemmnis der Wirtschaftsdynamik darin, daß bis hinunter zum Betriebsdirektor und Abteilungsleiter die Gesetze des bürokratischen Verhaltens immer wieder vor ökonomische Zweckmäßigkeit gehen, die in *dieser* Relation jedenfalls das höhere Kriterium wäre. Der Wirtschaftsfunktionär wird einfach zu oft gezwungen, seinen Selbstbehauptungswillen an außerökonomischen Kriterien zu orientieren. Der kapitalistische Unternehmer ist eindeutig primär ökonomische Person, wenigstens in der jetzt zu Ende gehenden Ära, in der er Epoche machte. Der «sozialistische» Werkdirektor, den man als Präzedenzfall heranziehen kann, ist zwangsläufig zuerst bürokratische Person.

[. . .]

Zudem haben wir, auch im Unterschied zum Spätkapitalismus, *eine einzige* Bürokratie, deren Funktionalorgane nur rudimentäre Möglichkeiten und Interessen eines sachbezogenen Wettbewerbs haben. Kompetenzabgrenzung, wie in Bürokratien nun einmal notwendig, schließt die Formierung von Alternativen zu Entscheidungsproblemen regulär aus. Allein schon die Anzahl der Ebenen und Ressorts, die im bürokratischen Zentralismus letztlich immer nur über die überlasteten Spitzen der jeweils beteiligten Pyramiden verbindlich koordiniert werden können, sorgt für die ungeheure Schwerfälligkeit des ganzen Mechanismus, dessen man in Wirklichkeit auch «oben» niemals Herr wird.

[. . .]

Der Bürokratismus als herrschende Form der Leitungs- und Arbeitsorganisation erzeugt einen spezifischen Menschentyp von konservativer Mittelmäßigkeit, Leute, die sich hervortun können durch «schöpferische» Konformität (im günstigen Falle), durch korrekte Erledigung beliebiger Aufträge (im Durchschnitt), durch unfruchtbare Geschäftigkeit (am negativen Ende der Skala).

Rudolf Bahro: Die Alternative. Frankfurt/Main 1977, S. 251ff

●●

Die negativen Folgen des Bürokratismus können also im Extremfall zur gänzlichen Passivität und Verantwortungslosigkeit führen. Eine Tatsache, die um so gefährlicher wird, je mehr der technische Wandel und der finanzielle Aufwand von jedem einzelnen Werktätigen ein hohes Maß an Eigeninitiative und persönlichem Einsatz zur Realisierung der Produktion verlangen.

Um nun einerseits die autonome Durchsetzung von Interessen zu vermeiden und andererseits den Produktions- und Planungsprozeß vor Erstarrung zu schützen und dem einzelnen Werktätigen und seiner Gruppe die Möglichkeit zur Eigeninitiative zu lassen, konstruierte man eine Als-ob-Konkurrenz: den sozialistischen Wettbewerb.

Im Wirtschaftssystem der DDR ist die Konkurrenz marktwirtschaftlicher Prägung unbekannt und auch unerwünscht. Durch die zentrale Planung und Koordinierung der Wirtschaftsprozesse ist faktisch die Existenz aller am Wirtschaftssystem beteiligten Produktionseinheiten von vornherein staatlich abgesichert, so daß mögliche Arbeitslosigkeit oder Konkurs keine Druckmittel sind. An deren Stelle soll nach der Theorie das Wetteifern der Werktätigen treten, die sich ohne Existenzangst um optimale Arbeitsergebnisse bemühen können. Die Befreiung von der kapitalistischen Unterdrükkung führt nach Lenin erst zur wirklichen Aktivierung der Arbeiter. Die Werktätigen werden jetzt selber initiativ und unternehmen persönliche Anstrengungen, da es ihrer eigenen Sache dient.

●●

Lenin: Wie soll man den Wettbewerb organisieren (1917/18)?

Der Sozialismus erstickt keineswegs den Wettbewerb, im Gegenteil, er schafft erstmalig die Möglichkeit, ihn wirklich auf *breiter* Grundlage, wirklich im *Massen*umfang anzuwenden, die Mehrheit der Werktätigen wirklich auf ein Tätigkeitsfeld zu führen, auf dem sie sich hervortun, ihre Fähigkeiten entfalten, jene Talente offenbaren können, die das Volk, einem unversiegbaren Quell gleich, hervorbringt und die der Kapitalismus zu Tausenden und Millionen zertreten, niedergehalten und erdrückt hat.

Jetzt, da eine sozialistische Regierung an der Macht ist, besteht unsere Aufgabe darin, den Wettbewerb zu organisieren . . .

Erst jetzt wird in breitem Maße, wahrhaft für die Massen, die Möglichkeit geschaffen, Unternehmungsgeist, Wettbewerb und kühne Initiative zu entfalten. Jede Fabrik, aus der der Kapitalist hinausgeworfen wurde, oder wo er zumindest durch eine wirkliche Arbeiterkontrolle im Zaum gehalten wird, jedes Dorf, wo der Ausbeuter, der Gutsbesitzer, ausgeräuchert und sein Boden beschlagnahmt wurde, ist jetzt, erst jetzt zu einem Betätigungsfeld geworden, auf dem der Arbeitsmann sich hervortun, auf dem er den Rücken ein wenig geradebiegen, sich aufrichten und sich als Mensch fühlen kann. Zum erstenmal nach Jahrhunderten der Arbeit für andere, der unfreien Arbeit für die Ausbeuter, bietet sich ihm die Möglichkeit, *für sich selbst zu arbeiten,* und zwar zu arbeiten, gestützt auf alle Errungenschaften der modernen Technik und Kultur.

W. I. Lenin: Werke, Band 26. Zitiert nach: W. I. Lenin: Über wissenschaftliche Arbeitsorganisation. Berlin (DDR) 1971, S. 79f

---

●●

Die positive Ableitung des Wettbewerbs aus der Entfaltung des Menschen bei der Gestaltung seiner Arbeit ist allerdings nicht die einzige Begründung für diese Form des Leistungsvergleichs. Hinzu kommt, daß die Sowjetunion wie die DDR seit ihrer Gründung um das wirtschaftliche Überleben kämpfen mußten. Die Sicherung der materiellen Existenz und der Nachweis einer positiven ökonomischen Entwicklung waren zudem die einzigen Kriterien, die auf Dauer eine Bevölkerungsmehrheit für die Mitgestaltung dieser Wirtschaftsordnung gewinnen konnten. Der DDR blieb angesichts der Systemkonkurrenz nichts anderes übrig, als sich in bezug auf die Effizienz ihrer Planwirtschaft am Lebensstandard der Bundesrepublik messen zu lassen. Insofern wird die Steigerung der Arbeitsproduktivität zum Hauptkriterium der Auseinandersetzung zwischen sozialistischen und kapitalistischen Staaten. Der Sieg der Revolution soll auf dem Feld der Produktionssteigerung errungen werden. Mit dieser Begründung stellt die Partei immer höhere Anforderungen an Betriebe und Arbeiter. Die sogenannte Masseninitiative der Werktätigen als Ausdruck der bewußten Mitwirkung an der Produktion und der Gestaltung des sozialistischen Eigentums soll die kapitalistischen Systeme an Effektivität übertreffen.

●●

Das Wesentliche aller Initiativen

Die Masseninitiativen sind Ausdruck des Schöpfertums, der Findigkeit und des ideenreichen Handelns der Werktätigen. Sie erweisen sich als ein entscheidendes Mittel zur Aufdeckung und Nutzbarmachung vielfältiger Reserven zur Erhöhung der Effektivität und Qualität der Produktion, zur wirksamen Nutzung aller Faktoren der sozialistischen Intensivierung. Sie helfen insbesondere, die gestellten volkswirtschaftlichen Ziele zu erreichen, beschleunigen das ökonomische Wachstum als die materielle Grundlage unseres Wohlstandes.

Die Masseninitiativen kennzeichnen wesentlich den sozialistischen Wettbewerb als die breiteste Bewegung der werktätigen Massen zur Wahrnehmung ihrer Interessen als sozialistische Eigentümer, jene nicht versiegbare, unerschöpfliche Triebkraft der Entwicklung der sozialistischen Gesellschaft. Die Partei- und Gewerkschaftsorganisationen sorgen sich darum, daß jeder versteht: «Der Kampf, der im sozialistischen Wettbewerb in der Brigade, im Arbeitskollektiv zunächst um die Mark, um die Stunde und das Gramm geht – er mündet über die Stärkung seines sozialistischen Vaterlandes ein in den weltweiten Strom des revolutionären Kampfes gegen den Imperialismus, für die weitere Veränderung des Kräfteverhältnisses zugunsten des Friedens, des Fortschritts und des Sozialismus.» Die Masseninitiativen stimulieren die Persönlichkeitsentwicklung der Werktätigen, tragen zur Festigung sozialistischer Denk- und Verhaltensweisen in den Arbeitskollektiven bei. Sie fördern vor allem die sozialistische Einstellung zur Arbeit, schöpferisches Denken, gegenseitiges Vertrauen und Achtung, Kollektivgeist, Hilfsbereitschaft und Ordnungsliebe. In ihnen verwirklicht sich in besonderem Maße die sozialistische Demokratie, die aktive Teilnahme der Werktätigen an der Leitung und Planung im sozialistischen Betrieb.

Werner Henze, Masseninitiative zur Stärkung der DDR. In: Einheit. Zeitschrift für Theorie und Praxis des wissenschaftlichen Sozialismus. Herausgegeben vom ZK der SED. Nr. 2/1978, S. 142

●●

An die Stelle der marktwirtschaftlichen Konkurrenz ist daher in der DDR der sozialistische Wettbewerb mit der Aufforderung zu einer ständigen Leistungssteigerung getreten. Er hat die Aufgabe, Werktätige als Einzelpersonen und in der Gruppe bei der Erfüllung ihrer Planauflagen zu aktivieren, um eine bürokratische Erstarrung des Systems zu verhindern. Das geschieht durch die Einrichtung einer Als-ob-Konkurrenz, bei der mit Hilfe von Leistungsmessung und Leistungsvergleich zwischen Kollektiven, Kombinaten und Betrieben eine ständige Wettbewerbsstimmung erzeugt wird. Die jeweils erbrachten Leistungen werden öffentlich bekanntgegeben. Diese Aktivierung der Werktätigen umfaßt auch die kulturellen, sportlichen und politischen Betätigungen innerhalb der betrieblichen Arbeitswelt. Organisator des Wettbewerbs sind die Gewerkschaften, die dafür sorgen müssen, daß alle Kollektive und Arbeitsgruppen Aufgaben übernehmen, die öffentlich kontrolliert und bewertet werden können.

Angeleitet durch die Beschlüsse der Partei und Regierung erstellen die Arbeiter in den Betrieben auf der Basis der vorliegenden Planaufgaben jährlich eigene Wettbewerbspläne, zu deren Realisierung sie sich dann schriftlich verpflichten. Diese Verpflichtungskampagnen sollen sowohl die ökonomische Effizienz verbessern als auch die Herausbildung der sozialistischen Persönlichkeit sichern. Durch Übernahme eigener Verantwortung

Die Führung des sozialistischen Wettbewerbs im volkseigenen Industriebetrieb

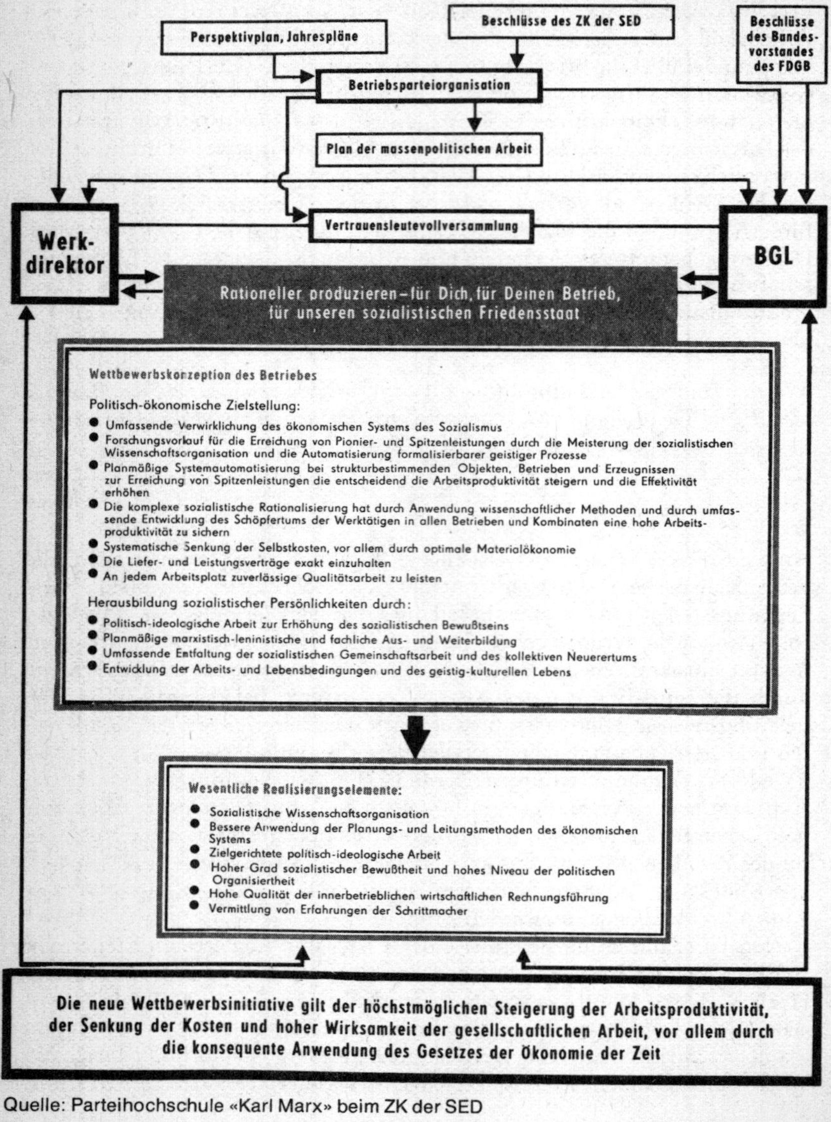

Quelle: Parteihochschule «Karl Marx» beim ZK der SED

und entsprechende Weiterbildung soll das Gros der Arbeiter auch zu einer geistig aktiven Mitarbeit im Produktionsprozeß gebracht werden.

Bei diesem dauernden Kampf um die Erhöhung der Arbeitsproduktivität und um Erfülllung der Pläne gibt es in der Ausgestaltung der Wettbewerbsführung immer neue Formen und Methoden. Während im marktwirtschaftlichen System Rationalisierung und Effizienz unter Androhung ökonomischer Verluste erzwungen wurden, muß die Planwirtschaft durch künstliche Methoden den notwendigen Druck ausüben, der Altes zur Seite drängt und Neues hervorbringt. Dieser Druck kann allerdings nicht so anonym und konkret erzeugt werden wie im Konkurrenzmechanismus. Gerade weil ganz offensichtlich die ökonomische Existenz in der Planwirtschaft gesichert ist und keine Arbeitslosigkeit droht, bleibt die Methode der Leistungsanreize weitgehend auf die personelle Vermittlung und materielle Stimulierung beschränkt.

Dabei steht man allerdings vor der unlösbaren Aufgabe, einerseits materielle Motive ansprechen zu müssen und andererseits eine allgemeine ideelle Zielsetzung erreichen zu wollen. In dem Augenblick nämlich, in dem es tatsächlich gelingt, über Prämien und Orden Arbeitsgruppen und Betriebe zu einem Konkurrenzverhalten zu bringen, kann die beabsichtigte Wirkung in ihr Gegenteil umschlagen: Die Gewinne eines Betriebes können sich zu Verlusten für andere Produktionseinheiten entwickeln oder Mehrleistungen können in die volkswirtschaftliche Gesamtplanung nicht einzubringen sein.

Aus dieser Erfahrung entstand schließlich die Forderung nach einer generellen Planübererfüllung aller Betriebe, die man dann gezielt vorausberechnen und wirtschaftlich effizient einsetzen kann. Das Ergebnis waren die Gegenpläne und Initiativen, die mittlerweile als feste Wettbewerbsformen in die Planpraxis eingegangen sind. Träger dieses nun offiziellen Leistungsanspruches an die Arbeitsgruppen und Werktätigen sind die Mitglieder der Parteiorganisation. Was in der Marktwirtschaft die direkten Methoden von Beförderung bis Kündigung, Gewinnanreiz und Defizit für Individuum und Betrieb vermitteln, das müssen in der Planwirtschaft die Parteimitglieder in den Betrieben durch ihr Handeln übernehmen. Sie tragen durch Aufdecken von Reserven, Erstellen von Bestwerten und Fördern der Arbeitsdisziplin die Leistungsansprüche des Staates an die Betriebsangehörigen heran.

Auf der Basis der ökonomisch orientierten Wettbewerbsaufgaben – abgeleitet aus den Vorgaben der Parteimitglieder – bildet sich so ein fast geschlossenes System kontinuierlicher Verpflichtungen heraus. Unter dem Druck der öffentlichen Berichterstattung erhält die Wettbewerbskampagne für die Gesamtheit der Werktätigen einen derart verpflichtenden Charakter, daß sich dem zumindest offiziell niemand entziehen kann.

●●

Gerhard Wagner: Die Betriebsparteiorganisation im Kampf um hohen ökonomischen Leistungsanstieg

Mit großem Elan hat das Kolletiv unseres Betriebes, des VEB Schrauben- und Normteilewerk Hildburghausen, den Start in das zweite Jahr des Fünfjahrplans angetreten. Die guten Ergebnisse des Vorjahres, die wir gleich vielen anderen Betrieben in unserer Republik dank der hohen Leistungen im sozialistischen Wettbewerb vorweisen können, sind für uns eine solide Basis, die großen Aufgaben des Volkswirtschaftsplans 1977 mit Zuversicht anzupacken. Dieses Vertrauen in unsere Kraft gründet sich zugleich darauf, daß die Stärke unserer Parteiorganisation, die politische Reife ihrer Mitglieder und Kandidaten, deren Vermögen, den von der Partei konsequent verfolgten politischen Kurs der Hauptaufgabe zielstrebig umzusetzen, nach dem IX. Parteitag weiter gewachsen sind und das Vertrauensverhältnis zwischen den Genossen und Kollegen fest gefügt ist.

Konkrete Wettbewerbsführung

Um den noch unerschlossenen Reserven zu Leibe zu rücken, um die Kraft des ganzen Betriebskollektivs darauf zu lenken, alle Quellen für den Leistungsanstieg auszuschöpfen, spielt der sozialistische Wettbewerb eine ausschlaggebende Rolle. Seine Wirksamkeit ist um so größer, je mehr jeder Werktätige die Wettbewerbsziele zu seiner ureigenen Angelegenheit macht. Dafür die Voraussetzungen zu schaffen, ist nicht zuletzt ein hoher Anspruch an die staatlichen Leiter, die für reibungslosen Produktionsablauf zu sorgen haben, und dafür, daß jeder seinen Anteil am Plan genau kennt. Um richtig einschätzen zu können, wie weit unsere bisherige Wettbewerbsführung den Forderungen des Tages entsprach, zogen wir nochmals Lenin zu Rate, seine Anleitung zu richtiger, unschematischer und öffentlicher Führung des Wettbewerbs. Eingedenk seiner vielfältigen Hinweise über die bahnbrechende Kraft des sozialistischen Wettbewerbs gingen unter Führung der Parteiorganisation die BGL, die FDJ-Leitung und die staatliche Leitung gemeinsam davon aus, in den Arbeitskollektiven jenen Grundgedanken der Präambel des Gemeinsamen Beschlusses überzeugend zu erläutern, daß die großzügigen Regelungen «vertrauend auf die Kraft, den Tatendrang und neue Initiativen der Arbeiterklasse» getroffen wurden. Damit verbunden appellierten wir an jede Brigade, ihre eigene Bilanz hinsichtlich des sich verringernden Arbeitszeitfonds aufzustellen und festzulegen, was sie dazu tun kann, um ihn auszugleichen. Unser Ziel bestand darin, zusätzlich zu den von der staatlichen Leitung vorzubereitenden Maßnahmen zur Zeiteinsparung alles zu nutzen, was die Kollegen aus ihrer genauen Kenntnis des täglichen Arbeitsablaufs beisteuern konnten. Wir orientierten darauf, die

Notizen zum Plan nicht als eine Zusammenstellung von Mängeln und Schwierigkeiten aufzufassen, sondern alle positiven Faktoren im bisherigen Arbeitsablauf für 1977 voll zu nutzen und planwirksam zu machen, wie überhaupt bisher so bewährte Methoden wie die persönliche- bzw. kollektiv-schöpferischen Pläne zur Steigerung der Arbeitsproduktivität, den «Paß des Ingenieurs», den «Initiativplan des Meisters» weiterzuführen. Um unverzüglich dafür zu sorgen, daß gute Vorschläge nicht auf eine Brigade beschränkt bleiben, sondern rasch im ganzen Betrieb genutzt werden können, drängten wir die staatliche Leitung auf schnelle Information. Wir vergaßen in unserer Orientierung auch nicht, darauf hinzuweisen, daß jede nachgewiesene Einsparung an Arbeitszeit auf der Grundlage der Durchführungsbestimmung zur Neuererverordnung vergütet wird.

In jedem Kollektiv und dort wiederum für jedes seiner Mitglieder wurde eine konkrete Bilanz angefertigt, aus der hervorging, was der einzelne dank der klugen Politik unserer Partei auf die Habenseite seines persönlichen Kontos setzen kann – eine neue Wohnung, Kindergartenplätze für seine Kinder, hohe Schulbildung, persönliche Qualifizierung im zurückliegenden Fünfjahrplanzeitraum, mehr Geld in der Lohntüte. Und zugleich wurde eine Rechnung für die Sollseite des Bereiches aufgemacht: Wie hoch ist der Zeitfonds für die Einführung der sozialpolitischen Maßnahmen?

Einheit 2/1977, S. 180f

●●

Entsprechend dieser generellen Aufforderung und der allgemeinen Durchführung des Leistungsvergleichs muß sich jeder Werktätige und jedes Kollektiv vorher überlegen, welche Tätigkeit sich als Wettbewerbsvorhaben deklarieren läßt. Im Einzelfall kann die Wettbewerbsverpflichtung rein quantitativ sein, wie bei den Horizontalbohrern des Fritz-Heckert-Werkes, oder mehr allgemeinen Charakter haben, wie bei den Ausführungen der Gewerkschaftsvorsitzenden des Handels, Charlotte Welm. Im Schema ähneln sich alle Kampagnen: Parteimitglieder und Bestarbeiter legen durch eigene Tätigkeit neue Normen der Arbeitsleistung vor und dienen somit als Gradmesser für ihre Kollegen.

●●

Im Wettbewerb zum 30. Jahrestag der Gründung der DDR verpflichten sich die Horizontalbohrer aus dem Fritz-Heckert-Werk:

- 1978 die Arbeitsproduktivität überplanmäßig um 6,8 Prozent zu steigern;
- die Planvorgaben für Ausschuß und Nacharbeit um 30 Prozent zu unterbieten;
- maßgeblich zur schnellen Einführung einer prozeßrechnergestützten

Produktionsorganisation beizutragen und dadurch die geplanten indirekten Hilfskosten um 25 Prozent zu unterbieten;
- die arbeitstägliche Schichtauslastung der hochproduktiven Maschinen um 1,1 auf 21,5 Stunden zu erhöhen;
- den Eigenbau von Rationalisierungsmitteln im Betrieb mit 2000 Stunden Kooperationsleistungen zu unterstützen.

Einheit 1/1978, S. 44

●●

●●

Charlotte Welm: Mit neuen Initiativen im sozialistischen Wettbewerb

Es kommt vor allem auf folgendes an:

– Zur Lösung der differenzierten Versorgungsaufgaben sind die Initiativen der Werktätigen des Handels auf stabile und dauerhafte Lösungen für die bedarfsgerechte Produktion von Konsumgütern in hoher Qualität, die Gewährleistung eines sortiments- und zeitgerechten Angebots bei weiterer Verwirklichung der bewährten Politik stabiler Verbraucherpreise zu richten.

Bei Waren des täglichen Bedarfs ist hartnäckig und zielstrebig das stabile Warensortiment während der Ladenöffnungszeit zu sichern. Es sind keine Lücken zuzulassen.

– Die Verkaufskultur ist spürbar zu erhöhen. Durch die breite Anwendung der Initiativen der Kollegin Christine Holste und solcher Wettbewerbsinitiativen wie «Möchtest Du Dein eigener Kunde sein?» oder «Unsere Gütezeichen sind zufriedene Kunden» ist ein niveauvolles Warenangebot zum richtigen Zeitpunkt und unter versorgungswirksamer Einbeziehung der Bestände zu gewährleisten.

Die Erfahrungen der Besten spielen bei der Führung des sozialistischen Wettbewerbs eine immer größere Rolle.

Sie erfüllen kontinuierlich ihre Aufgaben zur Versorgung auf dem Wege der Intensivierung mit höchster volkswirtschaftlicher Effektivität. Die dabei erreichten Leistungen entsprechen den wachsenden Anforderungen und setzen zugleich neue und höhere Maßstäbe für die tägliche Arbeit. «Diese Bestleistungen», betonte Genosse Erich Honecker auf der 2. Tagung des ZK der SED, «setzen in der täglichen Praxis gesellschaftliche Normen für die Verwirklichung der Beschlüse des IX. Parteitages, die konkret abrechenbar sind. Darin besteht ihre große politische Bedeutung.»

Der Handel. Zeitschrift für Konsum und Binnengüterhandel. Nr. 1/1977, S. 4

●●

Dieser kontinuierliche Appell zur Leistungssteigerung wird von den Betroffenen häufig dadurch unterlaufen, daß sie die durchschnittliche Leistung niedriger ansetzten, als sie tatsächlich ist. So bleibt eine Reserve für die Wettbewerbsverpflichtung. Auf diese Weise findet zwischen Funktionären und Werktätigen ebenfalls eine Art Wettbewerb um die Aufdeckung oder Zurückhaltung von Leistungsreserven statt. Wie die Berichterstattung über Folgen und Tendenzen der jeweiligen Leistungssteigerung beweist, geht diese Auseinandersetzung faktisch unentschieden aus. So wird einerseits permanent über Erfolge und neue Bestleistungen berichtet, andererseits mit der gleichen Ausdauer über Schlamperei, Verletzung der Arbeitsdisziplin und Formalismus geklagt.

Es ist auch äußerst fraglich, ob durch immer umfassendere Aktions- und Verpflichtungsformen die Arbeiter auf die Dauer wirklich stimuliert werden können. Die Jahr für Jahr in fast gleicher Form abrollenden Wettbewerbskampagnen und Verpflichtungswellen, die mittlerweile auf dem Papier über die Hälfte aller in der Industrie Beschäftigten umfassen, können ebenso formale Pflichtübungen sein wie die offiziellen Losungen der Partei.

●●

Wettbewerbskurs: 30. Jahrestag der DDR

Die schöpferische Initiative der Arbeiterklasse, der Genossenschaftsbauern, der Wissenschaftler, Techniker und aller anderen Werktätigen zu Ehren des 60. Jahrestages des Roten Oktober übertraf an Breite, Qualität und Wirksamkeit alle vorangegangenen Initiativen. Mit diesem Schwung hoher Leistungsbereitschaft, berechtigtem Optimismus gehen die Werktätigen nun daran, den 30. Jahrestag der Gründung der Deutschen Demokratischen Republik, dieses große historische Ereignis für unser Volk, vorzubereiten. Im Aufruf zum 30. Jahrestag heißt es, daß wir das Jubiläum mit neuen Arbeitstaten in allen Bereichen des gesellschaftlichen Lebens vorbereiten. «Mit ihnen mehren wir die Erfolge auf dem erprobten Kurs und stärken unser sozialistisches Vaterland.» Durch solch klare Zielstellung auf lange Sicht wird in diesem Wettbewerb zugleich mit der Orientierung auf die volle Erfüllung und gezielte Überbietung des Plans 1977 ein guter Übergang in das Jahr 1978 geschaffen und eine zielstrebige Wettbewerbsführung ermöglicht. Mit den Leistungen in diesem Wettbewerb, der unter der bewährten Losung geführt wird «Aus jeder Mark, jeder Stunde Arbeitszeit und jedem Gramm Material einen größeren Nutzeffekt!», bestimmen die Werktätigen weitgehend bereits über die Erfüllung des Fünfjahrplans. Und nicht nur das: Dabei fallen wichtige Entscheidungen auch schon für die achtziger Jahre, für das weitere Fortschreiten der sozialistischen Revolution in unserer Republik.

Einen bedeutenden Platz in der Wettbewerbsbewegung nimmt die Bewegung zur Erringung des Ehrentitels «Kollektiv der sozialistischen Arbeit», ein, die jetzt rund fünf Millionen Werktätige erfaßt. Sie kämpfen in mehr als 260000 Kollektiven um hohe Leistungen zu Ehren des 30. Jahrestages der Gründung der DDR. Diese Kollektive mit ihrer Zielstellung, sozialistisch zu arbeiten, zu lernen und zu leben, verleihen dem sozialistischen Wettbewerb eine besonders hohe Qualität. Denn im Kampf um den Staatstitel verbinden sich im besonderen Maße das bewußte Streben nach hohen ökonomischen Ergebnissen, die gewissenhafte und ehrliche Arbeit für die Gesellschaft mit der schöpferischen Aneignung der Weltanschauung der Arbeiterklasse, bilden sich neue moralische Eigenschaften heraus, wird die sozialistische Lebensweise weiter ausgeprägt.

In diesen Tagen erhalten die Betriebe und Kombinate ihre Planaufgaben für 1978. Diese und jene Wettbewerbszielstellung wird sicher noch einmal überdacht und erforderlichenfalls präzisiert werden. Nach der Diskussion des Entwurfs der Wettbewerbsziele für 1978 in den Gewerkschaftsgruppen werden in den Monaten Dezember und Januar in Belegschaftsversammlungen bzw. in größeren Betrieben in Vertrauensleutevollversammlungen diese Wettbewerbsbeschlüsse verabschiedet werden und die Grundlage für das Wetteifern im Jahre 1978 bilden.

Einheit 12/1977, S. 1331

●●

Zwar vermittelt die Wettbewerbsbewegung nach außen den Anschein ständiger Aktivität und Initiative der Werktätigen, verdeckt aber zugleich durch ihren Zwang zu Erfolgsmeldungen eine realistische Erfassung der Planerfüllung. Die dauernden Verpflichtungskampagnen könnten sich schließlich unter dem Druck der quantitativen Zielsetzung in rein proklamatorischen Verlautbarungen erschöpfen, während der reale Planvollzug davon inhaltlich überhaupt nicht mehr berührt wird. Man könnte fast vermuten, daß sich die Strategien der Leistungsverweigerung bei den Werktätigen um so stärker ausbilden, je umfangreicher und dichter das Netz der offiziellen Verpflichtungen wird.

●●

Innerhalb der verschiedenen Professionen – und auch hier wieder bei den Spezialisten besonders ausgeprägt, während bei den Arbeitern (Arbeiterinnen) in der Massenfertigung die Norm nicht selten noch treibt – kommt das Leistungsprinzip sehr gedämpft zur Anwendung. Sind die Planstellen samt Gehältern einmal fixiert und besetzt, scheint die Sonne gleichermaßen auf Gerechte und Ungerechte, Geschickte und Ungeschickte. Am ehesten läßt sich noch eine gewisse leistungsfördernde Rivalität zwischen verschiedenen Kollektiven provozieren. Alles in allem genommen aber sind in der gesamten Industrie das Leistungsprinzip als Stimulus für besondere Anstrengungen zum allgemeinen Nutzen, die Wettbewerbs- und Aktivistenbewegung gescheitert. Man konkurriert nicht gegeneinander (von der bürokratischen Konkurrenz spreche ich noch). Man verdirbt einander nicht die Norm. Man verteilt die Prämien. Wenn die Leitungen wirklich einmal die geforderte Differenzierung durchsetzen können, steigern sie in der Regel keineswegs die Leistung, verderben aber mit Sicherheit die normale Arbeitsatmosphäre. Nur gezielte Sonderprämien für die sozial wie ökonomisch höchst problematische Überstundenarbeit an den ewigen Engpässen erreichen meist einen Teil ihres unmittelbaren Zwecks. Die Arbeiter wachen z. T. mit Erfolg darüber, daß die hierdurch anfallenden Mehrkosten nicht den allgemeinen Prämienfonds belasten, daß es sich also wirklich um Extraeinnahmen handelt. Hier sind Grenzen installiert, die unser ökonomisches System in seiner jetzigen Gestalt nicht überspringen kann, obwohl das Leitungspersonal, ein Teil der Spezialisten, die Facharbeiterspitze die mangelnde Arbeitsdisziplin, die sich auch in Materialvergeudung, überhöhtem Ausschuß, Unordnung an den Arbeitsstätten usw. äußert, einigermaßen resigniert beklagen.

Rudolf Bahro: Die Alternative. Frankfurt/Main 1977, S. 247f

●●

Gerade aktive Werktätige, die im Sinne des eigentlichen Wettbewerbsgedankens durchaus zu Sonderleistungen bereit wären, können die Einsatzfreude dadurch verlieren, daß sie von der Partei in eine offizielle Vorbildfunktion gerückt werden und so für ihre Kollegen einen Leistungsmaßstab abgeben müssen. Im Konflikt zwischen individueller Betätigung, staatlichem Leistungsdruck und Solidarität gegenüber den Kollegen liegt der Entschluß nahe, durch Passivität allen Differenzen aus dem Weg zu gehen. Dies dürfte auch auf Parteimitglieder in den Betrieben zutreffen, die sich ständig zwischen Parteiauftrag und Loyalität zu den Arbeitskollegen entscheiden müssen.

Arbeitsvorschläge

1. Das äußere Bild der sozialistischen Volkswirtschaft zeigt einerseits die Organisationsform eines zentral gelenkten Staatskonzerns, andererseits eine Produktionsstruktur, die von einer Vielzahl unterschiedlicher Betriebsgrößen und -formen bestimmt wird. Worauf läßt sich dieser Unterschied zwischen einheitlicher Planung und Zersplitterung der Produktion zurückführen? Auf welche Weise kann die DDR dieses Mißverhältnis überwinden?

2. Die zentrale Steuerung und Koordination aller Einzelpläne verlangt einen entsprechend großen Verwaltungsapparat, der durch sein Eigengewicht die Effektivität der Produktion in Frage stellen kann. Beschreiben Sie mögliche Differenzen und Konflikte zwischen der Verwaltungs- und Produktionsebene.
3. Häufig wird auf die negativen Auswirkungen der Konkurrenz im sozialen und menschlichen Bereich verwiesen. Gibt es ähnliche Probleme durch die zentrale Planung? Wo liegen mögliche Unterschiede und Gemeinsamkeiten?
4. Mit welchen Argumenten begründet die DDR die Funktion und Organisation des sozialistischen Wettbewerbs? Welche Widersprüche gegenüber ihrer eigenen Zielsetzung treten dabei auf, und wie werden sie gelöst?
5. Trotz der offiziellen positiven Verlautbarungen über die Wirksamkeit des Wettbewerbs gibt es grundsätzliche Zweifel an der Effizienz eines derartigen Mechanismus. Was spricht für und was gegen den Erfolg dieses Wettbewerbmodells?

V. Der geplante Markt

Im Rahmen der zentralen Wirtschaftslenkung kommt dem Markt und seinen Steuerungsfunktionen nur eine sekundäre Rolle zu. Er hat die Aufgabe, durch regulierende Vermittlung das geplante Angebot mit den Bedürfnissen der Konsumenten in Übereinstimmung zu bringen. Dabei stellt er durch die Realisierung von Angebot und Nachfrage fest, ob die Pläne der zentralen Instanzen richtig waren. In dieser Rolle hat der Markt eine wichtige Informations- und Kontrollfunktion.

●●

Der Markt im Sozialismus

Im Sozialismus hat sich der M. in seinem Wesen grundsätzlich gegenüber dem im Kapitalismus verändert. In der sozialistischen Planwirtschaft werden die Wechselbeziehungen zwischen Produktion und Konsumtion und die Verteilung der Produktionsmittel und der gesellschaftlichen Ressourcen nicht erst auf dem M., sondern in den Grundproportionen bereits in den staatlichen Wirtschaftsplänen bestimmt. Der M. ist als Phase des Reproduktionsprozesses Gegenstand der Planung. Die Erfordernisse der planmäßigen proportionalen Entwicklung der Volkswirtschaft, der Sicherung der Übereinstimmung von Angebot und Nachfrage und der bedarfsgerechten Versorgung der Bevölkerung mit Konsumgütern und Dienstleistungen, entsprechend der vom VIII. Parteitag der SED beschlossenen Hauptaufgabe, können nicht nachträglich über den M. erfaßt und bestimmt werden, sondern werden langfristig vorausschauend, ausgehend von Bedürfniskomplexen und den Erfordernissen der ökonomischen Gesetze, durch die wissenschaftlich fundierte Planung festgelegt. Jedoch wird im Sozialismus auf dem M. überprüft, inwieweit die produzierten Erzeugnisse den tatsächlichen Bedürfnissen der Verbraucher entsprechen. Insofern ist der M. Prüfstein für die richtige Vorausschau bei der Planung und gibt der jeweils nachfolgenden Planperiode und dem Planungsprozeß neue Hinweise. Der M. im Sozialismus wird chrakterisiert:

1. durch das gesellschaftliche Eigentum an den Produktionsmitteln; die Arbeitskraft ist keine Ware mehr. Damit ist das Wirkungsfeld des M. qualitativ eingeschränkt. 2. Die Bewegungsformen des Austauschprozesses auf dem M. werden geplant (gebrauchswertmäßig und wertmäßig). Der M. wird zu einem geplanten M. 3. Die sozialistischen Betriebe tauschen ihre Waren und Leistungen als sozialistische Eigentümer aus. An die Stelle von Konkurrenz und gegenseitiger Übervorteilung treten in ihre Beziehungen Gleichberechtigung, kameradschaftliche Zusammenarbeit, Streben nach höchstmöglichem gesellschaftlichem Nutzen. Die im Sozialismus bestehende grundsätzliche Übereinstimmung der politischen, materiellen und kulturellen Interessen der Werktätigen und ihrer Kollektive mit den gesellschaftlichen Erfordernissen wird für die sozialistischen Betriebe durch den Austausch nach dem Äquivalenzprinzip, das eng mit dem Prinzip der materiellen Interessiertheit verbunden ist, konkret fühlbar und damit als Triebkraft wirksam. Durch eine bedarfsgerechte Produktion von hoher Qualität und mit niedrigen Kosten wird den ökonomischen Gesetzen des Sozialismus, insbesondere dem ökonomischen Grundgesetz Rechnung getragen und die auf dem VIII. Parteitag formulierte Hauptaufgabe verwirklicht.

Autorenkollektiv: Kleines Politisches Wörterbuch. Berlin (DDR) 1973, S. 509

●●

Grundsätzlich geht also die sozialistische Wirtschaftstheorie von der Annahme aus, daß es möglich sei, durch eine geeignete Erforschung und Beeinflussung der Konsumentenbedürfnisse eine direkte Verbindung zwischen Planung, Produktion und Verbrauch herzustellen, so daß faktisch der Markt nur eine untergeordnete Rolle spielt. Der Zusammenhang von Produktion und Verbrauch sieht dann folgendermaßen aus: Die gesellschaftlichen Organisationen wie Gewerkschaften, Jugend- und Frauenverbände, vor allem aber die politischen Organe beschließen den von staatlichen Planungsinstanzen aufgestellten Produktionsplan, der in seinen einzelnen Positionen festlegt, was für den Konsum und was für die Investitionen bestimmt ist. Wichtig ist dabei vor allem, wie es den Planungsorganen gelingt, die Konsumbedürfnisse der Menschen im voraus festzustellen und aufzuschlüsseln. Eine derartige Planung, wie sie letztlich auch von den Großkonzernen der Marktwirtschaft betrieben wird, verlangt ein ausgefeiltes Instrumentarium der Marktforschung und Bedarfslenkung. Zudem geht sie stillschweigend von der Annahme aus, daß sich die Konsumwünsche während ihrer Erfassung und während des Ablaufs der Produktion nicht mehr wesentlich verändern. Die Qualität der Pläne hängt also vor allem von der Qualität der Informationserfassung ab. Sie ist relativ einfach, solange überall großer Mangel herrscht und die Konsumentenwünsche stabil bleiben.

Je größer allerdings die Außenbeeinflussung der Verbraucher wird – in der DDR vor allem in den Bereichen der Mode und der PKW-Produktion – und je höher der Sättigungsgrad auf einem bestimmten Warensektor ist, desto schwieriger ist es für die Planungsorgane, in diesen Bereichen den tatsächlichen Bedarf festzustellen.

●●

Die Industrie- und die Handelsbetriebe tragen gemeinsam die Verantwortung für eine bedarfsgerechte Versorgung der Bevölkerung bzw. der Volkswirtschaft. Daraus ergibt sich auch die zwingende Notwendigkeit für Industrie- und Handelsbetriebe, Bedarfs- und Marktforschung zu betreiben. Industrie und Handel untersuchen dabei die Bedarfs- und Marktentwicklung aus ihrer Sicht und tauschen die Untersuchungsergebnisse aus. Im Schwerpunkt geht es dabei um waren- und marktbezogene Informationen, die über die Planung zur Qualifizierung des betrieblichen Reproduktionsprozesses genutzt werden. Zur Organisation des Informationsaustausches schließen Handel und Industrie Vereinbarungen ab.

Die sozialistischen Produktionsverhältnisse in unserem Lande bilden die Grundlage für einen rationellen Informationsaustausch zwischen den an der Bedarfs- und Marktforschung beteiligten Organen. Die Überlegenheit sozialistischer Marktforschung gegenüber der bürgerlichen Marktforschung besteht unter anderem auch in einer abgestimmten Gemeinschaftsarbeit zwischen Industrie, Handel und anderen Organen, wodurch die Kräfte konzentriert, der Aufwand für die Marktforschungstätigkeit reduziert und die Untersuchungsergebnisse mehreren Bedarfsträgern gleichzeitig zur Verfügung gestellt werden. Deshalb fordert die Anordnung über die Ordnung der Planung der Volkswirtschaft der Deutschen Demokratischen Republik 1976 bis 1980, daß die Betriebe und Kombinate, auf der Grundlage von Vereinbarungen mit den Binnen- und Außenhandelsorganen, mit ihren Zulieferern und Abnehmern auf dem Gebiet der Bedarfs- und Marktforschung zusammenarbeiten und den gegenseitigen Informationsaustausch sichern.

Autorenkollektiv: Bedarfs- und Marktforschung. Berlin (DDR) 1976, S. 242f

---

●●

Ziel der Bedarfsplanung ist es vor allem, das spekulative Moment der Warenherstellung zugunsten einer bedarfsgebundenen Produktion zu verringern. Das ist leicht auf den Gebieten, in denen der staatliche Planer zugleich auch der Abnehmer ist, und wird zunehmend dort schwieriger, wo ein kritischer Konsument, dessen Grundbedürfnisse bereits gedeckt sind, seine Kaufbereitschaft mehr von der Qualität der Waren als von ihrer bloßen Bereitstellung abhängig macht. Jetzt genügt auch nicht mehr die einfache Gleichstellung des Produzenten mit dem Konsumenten, sondern hier kann nur eine verbesserte Bedarfsforschung in Koppelung mit einer größeren Dispositionsfreiheit des Handels weiterhelfen. Sind nämlich die Pläne unter Berücksichtigung aller einlaufenden und erfragten Informationen erstellt, gehen sie in Form von Produktionsauflagen an die Betriebe weiter. Bei der Warenproduktion wird allerdings das «Wie» und häufig auch die Qualität nicht mehr durch die Kennziffern des Plans, sondern durch die betriebliche Leistungsfähigkeit bestimmt. Bei dem über die Handelsorgane in den Konsumbereich weitergeleiteten Teil der Warenproduktion muß sich beweisen, ob die Planung samt ihrer Realisierung in den Betrieben mit den Ansprüchen der Kunden übereinstimmt. Insofern sind die Verkäufer die wichtigsten Informationsorgane der Planungsinstanzen, weil sie direkt mit den Kundenwünschen und -beschwerden konfrontiert werden und daher am besten wissen, was eigentlich verlangt und gekauft wird. Verzichten die Kunden auf den Kauf der Ware, kann das sowohl an der mangelnden Qualität wie an der fehlerhaften Bedarfseinschätzung liegen. Auf jeden Fall waren die Pläne falsch und die Produktion wird nicht benötigt. Die Kosten dieser Planungsfehler trägt allerdings zum größten Teil die Gesellschaft und nicht der einzelne Betrieb. Hier machen sich derartige Fehlkalkulationen höchstens durch verminderte Prämien und Beschwerden des Handels bemerkbar. Daß eine qualifizierte Bedarfsforschung häufig gar nicht vorhanden ist, zeigen zum Beispiel die Ausführungen des stellvertretenden Ministers für Handel und Versorgung, Werner Jarich, anläßlich eines Symposiums für Marktforschung:

Worin besteht die Hauptrichtung der weiteren Verbesserung der Bedarfsforschung in der DDR?

In der gegenwärtigen Entwicklungsetappe zeigt sich immer mehr die Notwendigkeit der Ermittlung von Wertgrößen des Bedarfs als Summe der Bedarfseinschätzung der einzelnen Artikel und Sortimente. Diese Wertgröße des Bedarfs dient dem Vergleich mit der eingeschätzten Entwicklung der Ausgaben der Bevölkerung für den Kauf von Waren.

Sie ist damit ein wesentlicher Ausgangspunkt für die Planung der Proportionen zwischen Warenfonds und Einzelhandelsumsatz und ihre Realisierung.

Die Vernachlässigung dieser Seite der Bedarfsermittlung in den vergangenen Jahren führte zum Beispiel im Verbrauchskomplex Textilien/Bekleidung dazu, daß zwischen dem geplanten und bilanzierten Warenfonds und dem Einzelhandelsumsatz erhebliche Abweichungen bestanden. Als Folge wuchsen die außerplanmäßigen Bestände an, mußten erhöhte finanzielle Mittel zur Abwertung solcher Bestände eingesetzt werden und traten echte volkswirtschaftliche Effektivitätsverluste ein.

Werner Jarich: Bedarfsforschung – ein politischer Auftrag für jeden Leiter. In: Der Handel 12/1977, S. 423ff

Die Ursachen für diese Art von Fehleinschätzungen und damit der Vernachlässigung einer bedarfsgerechten Produktion liegen bei wachsendem Lebensstandard der Bevölkerung in der mangelnden Anpassungsfähigkeit der Pläne. Die staatlichen Instanzen und die betrieblichen Leiter reagieren zu langsam und schwerfällig auf die Nachfrage der Kunden. Das liegt vor allem an drei Problemkomplexen, deren negative Auswirkungen auf das Warenangebot durch DDR-Forscher folgendermaßen beschrieben wird:

1. Vorhandene Rückstände in der Bereitstellung differenzierter Modelle und Sortimente

Der bestehende Widerspruch zwischen dem ökonomischen Interesse der Industrie (auch der Zulieferindustrie) nach rationeller Ausnutzung der modernen Technik durch massenhaften Ausstoß mehr oder weniger einheitlich «konfektionierter» und für einen möglichst langen Zeitraum unveränderter Erzeugnisse auf der einen Seite und dem wachsenden Anspruchniveau der Konsumenten nach variabel und vielfältig gestalteten und produzierten Konsumgütern auf der anderen Seite wurde teilweise noch nicht optimal gelöst. So manche gute Erzeugnisidee blieb unbeachtet, weil sie mit den Erfordernissen rationeller Produktion nicht oder nur bei großen Anstrengungen in Übereinstimmung gebracht werden konnte.

Den Forderungen der Konsumenten nach hoher Anpassungsfähigkeit und Vielgestaltigkeit eines Konsumgutes kommen die Gestaltungsentwürfe, die meist auch die Grundlage für Preis- und Gütezeichenanträge bilden, weitgehend nach, doch wenn dann die Massenproduktion einsetzt, werden Elemente nicht oder in begrenzter Stückzahl gefertigt und ein Erzeugnis gleicht dem anderen mehr als nötig.

Eine rein quantitative (bilanzmäßige) Übereinstimmung von Kauffonds der Bevölkerung und Warenfonds des Handels genügt den Ansprüchen an das heutige Lebensniveau nicht mehr. Die Bevölkerung kauft immer weniger einen unbestimmten Teil des Warenfonds, sondern sie wünscht ganz bestimmte Gebrauchswerte, eben zweckmäßige und formschöne Möbel, moderne Bekleidung, leistungsfähige und ästhetisch gestaltete Haushaltsgeräte.

2. Fehlmengen im Sortiment industrieller Konsumgüter
Das trifft beispielsweise auch auf Möbel zu . . .

Ähnliches ließe sich auch für andere industrielle Konsumgüter feststellen, so beispielsweise für Teppiche, Übergardinen, Spielzeug, Reiseschreibmaschinen, Klappfahrräder. Bei ihnen fehlt noch ein Angebotsmarkt, der die Bevölkerung zum Kauf anreizt bzw. als Impulsgeber für besondere Leistungen im Arbeitsprozeß wirkt.

Das wiederholte und zumeist vergebliche Nachfragen seitens der Bevölkerung nach einem Erzeugnis ruft nicht selten die gegenteilige Wirkung hervor: den Verzicht auf die Anschaffung des gewünschten Konsumgutes. Deshalb steht heute die Aufgabe «. . . die Produktion im Interesse einer vollständigen Befriedigung der Nachfrage und der Verbesserung der Warenbelieferung der Bevölkerung schneller wachsen zu lassen als die zunehmende Nachfrage».

3. Qualitative Mängel an Konsumgütern
Der Qualitätsabfall an Erzeugnissen – keinesfalls vordergründig als Folge moderner Massenproduktion zu erklären – beeinflußt das Verbrauchsverhalten der Bevölkerung negativ und ruft Unzufriedenheit und Kritik hervor. Qualitätsmängel gepaart mit unzureichendem Service und fehlenden Ersatzteilen halten manchen Bürger davon ab, langlebige Konsumgüter zu erwerben, auch wenn ein Bedarf nach ihnen besteht. Zudem mindern sie das Vertrauen der Werktätigen in die Leistungsfähigkeit der Wirtschaft.

Autorenkollektiv: Bedarfs- und Marktforschung. Berlin (DDR) 1976, S. 66f

●●

Unter diesen Bedingungen kann der Markt seine Aufgabe der Vermittlung zwischen Angebot und Nachfrage, der Bestätigung über die Richtigkeit der Planung, der Beurteilung von Warenqualität und der Weitergabe von Kundenwünschen nur unvollkommen wahrnehmen. Noch übt er eher die Funktion eines Auslieferungslagers als die Rolle des Kontrollmechanismus aus, der die Qualität des Gesamtsystems zu prüfen hat, ohne doch selbst das System zu steuern. Trotz dieser dominierenden Mängel ist aber eine wichtige Zielsetzung der sozialistischen Theorie in der DDR-Praxis bereits erfüllt: die Stabilität. Weil durch die staatliche Sicherstellung des volkswirtschaftlichen Kreislaufes über die Produktion und den Einsatz der Investitionen als unberechenbares Element praktisch nur noch das Verhalten der Konsumenten anfällt, kann es nicht wie in der Marktwirtschaft zur krisenauslösenden Kumulation von Spekulation, Fehlplanung und durch Angst bestimmtes Kaufverhalten kommen. Der Spekulation ist durch die Praxis der staatlichen Planung der Boden entzogen, und einzelne Fehlentscheidungen werden durch das meist stabile Umfeld der anderen kontinuierlich ablaufenden ökonomischen Entscheidungsprozesse ausgeglichen. Insgesamt zeigt die Einbeziehung des Marktes in die Planung eine stabilisierende Wirkung, die allerdings durch bestimmte Nachteile beeinträchtigt wird:

1. Die Beziehungen zwischen Produzenten und Konsumenten bleiben durch die Zwischenschaltung der Planungsinstanzen indirekt. Die Länge der Informationswege und die Dauer der Informationsverarbeitung verhindern ein rechtzeitiges Eingehen auf die Käuferwünsche.

2. Das Modell geht von einer hohen Stabilität des Kaufverhaltens und der Konsumwünsche aus. Da die Produktionspläne über einen längeren Zeitraum festgelegt werden müssen, können Änderungen meist nicht mehr berücksichtigt werden. Das trifft besonders für alle modischen Artikel zu oder für Veränderungen, die eine schnelle Reaktion der Produzenten erfordern würden. Seit dem Babyboom in der DDR fehlt es zum Beispiel überall an Artikeln der Kinderausstattung.

3. Die Reaktionen des Marktes auf das Angebot treffen direkt nur den Handel und nicht die Produzenten. Informationen über Mängel der Produktion, fehlende Qualität oder Quantität, lösen bei den Betrieben kaum Reaktionen aus, weil sie durch die staatlichen Pläne abgesichert sind. Obwohl also die Realisierung der Produktion tatsächlich erst auf dem Markt stattfindet, ist für den einzelnen Betrieb doch nicht das Kaufverhalten maßgebend, sondern die staatliche Planvorgabe.

4. Faktisch können sich Betriebe und staatliche Instanzen lange Zeit eine Mißachtung der Käuferwünsche leisten, ohne daß dies für sie negative Auswirkungen hätte. So bestimmt im Zweifelsfall nicht der Konsument das Angebot, sondern der Produzent. Diese Tatsache sucht man dadurch zu beeinflussen, daß immer wieder an die Werktätigen in ihrer Rolle als Produzenten und Konsumenten appelliert wird. So lauten entsprechende

Losungen im sozialistischen Wettbewerb: «Meine Hand für mein Produkt» oder «Möchtest Du Dein eigener Kunde sein?»

Die Nachteile des geplanten Marktes liegen also hauptsächlich in seiner noch zuwenig ausgeprägten Regulierungs- und Informationsfunktion, wodurch die Betriebe teilweise als Angebotsmonopolisten auftreten können. Diese allgemeinen Nachteile werden aber im Falle der DDR noch durch spezielle Mängel ergänzt, die ihre Ursachen nicht zuletzt in der Systemkonkurrenz und der Teilung des Landes haben. Diese speziellen Nachteile des sowjetischen Systems der Planwirtschaft, wie es in der DDR praktiziert wird, sind vor allem:

1. Bedarfsforschung und Bedürfnisgestaltung, die beiden wesentlichen Stützen des geplanten Marktes, wurden lange Zeit als kapitalistische Erscheinungen charakterisiert und deshalb in ihrer Wirkung für den Sozialismus unterschätzt. Dies erklärt sich aus der Situation Rußlands als Entwicklungsland sowie aus der Lage der DDR in den ersten Nachkriegsjahren, in denen der Mangel jede Marktforschung als überflüssig erscheinen ließ.

2. Die Charakterisierung des politischen Systems als Diktatur des Proletariats unter Führung der Kommunistischen Partei beinhaltet zugleich den Anspruch, entscheiden zu können, welche Bedürfnisse der Bevölkerung als legitim zu berücksichtigen sind und welche nicht. Dieser Erziehungsanspruch der Partei stärkt die Rolle des Staates und der Produzenten außerordentlich: Viele Bedürfnisse der Bevölkerung werden als «bürgerlich und kapitalistisch» abgetan.

3. Die DDR kann nicht autonom darüber entscheiden, welchen Teil des Sozialprodukts sie für Investitionen und Konsum bereitstellt. Die Prioritäten der Außenpolitik und die Rolle als Entwicklungshelfer des Ostblocks schränken den Umfang des Konsumangebotes deutlich ein. Hinzu kommt der Zwang, sich außerhalb der RGW-Märkte Devisen verdienen zu müssen, so daß der qualitativ beste Teil der Konsumgüter tatsächlich für den Export in den Westen ausgesondert wird. Auf diesen Exportmärkten wird er dann teilweise auch noch zu Dumpingpreisen verkauft, um an die so dringend benötigten Devisen zu kommen.

4. Die Konsumwünsche und Erwartungen der DDR-Bevölkerung richten sich zum größten Teil weniger nach den tatsächlichen Möglichkeiten des heimischen Marktes, sondern nach dem durch Fernsehen und Funk vermittelten Westmarktangebot. Insofern sind sie teilweise auch gar nicht durch Bedarfsforschung und Planung zu erfassen, weil sie sich an den Modetrends und dem raschen Wechsel von Angebot und Nachfrage der westlichen Märkte orientieren.

5. Das Angebot westlicher Konsumwaren zu Höchstpreisen oder gegen Westmark löst wegen der klaren Benachteiligung der Kleinverdiener mehr soziale Empörung aus, als sich an Unmut bei den Großverdienern durch die Befriedigung ihrer Nachfrage beseitigen läßt.

Unter diesen Bedingungen bleibt insgesamt das DDR-Modell des geplanten Marktes noch weit hinter den Möglichkeiten zurück, die es unter günstigeren Umständen innerhalb der sozialistischen Wirtschaftsordnung wenigstens annähernd erreichen könnte. So bleiben als charakteristische Merkmale der Marktsituation vor allem der allseitig empfundene Angebotsmangel und die fehlende Berücksichtigung von Kundenwünschen. Diese Mängel dürften sich erst dann beheben lassen, wenn sich entweder die Konsumbedürfnisse wesentlich ändern oder langfristig ein materieller Sättigungsgrad erreicht wird.

Arbeitsvorschläge

1. Die Theorie der sozialistischen Wirtschaftsordnung weist dem Markt einen grundsätzlich anderen Stellenwert zu als der Liberalismus. Zeigen Sie an einem Beispiel die unterschiedliche Funktion des Marktes in der Plan- und in der Marktwirtschaft.
2. Die theoretischen Überlegungen zur Rolle des Marktes innerhalb einer sozialistischen Wirtschaftsordnung gehen von einer Situation aus, die den heutigen Gegebenheiten nur zum Teil entspricht. Wo liegen die Unterschiede, und womit läßt sich die Differenz zwischen Theorie und Praxis erklären?
3. Die Planung des Marktes im Sozialismus geht von einer grundsätzlichen Übereinstimmung zwischen den Konsumenten einerseits und den Produzenten andererseits aus, da sie volkswirtschaftlich gesehen identisch sind. Ist diese Annahme realistisch oder handelt es sich hier um eine bloße Wunschvorstellung?
4. Die Stabilität des geplanten Marktmodells wird durch Nachteile im Bereich der ökonomischen Effizienz beeinträchtigt. Worauf sind diese Nachteile zurückzuführen? Ist die Konsumfreiheit identisch mit der persönlichen Freiheit?
5. Man kann sagen, daß in der Planwirtschaft sowjetischen Typs die Möglichkeiten des geplanten Marktes noch keineswegs ausgeschöpft sind. Zeigen Sie am Beispiel der DDR, auf welche Art die tatsächlichen Möglichkeiten dieses Modells durch die realen Gegebenheiten überlagert werden.

VI. Sparen und Verbrauchen: Der sozialistische Konsument

Der nach außen deutlichste Unterschied zwischen Markt- und Planwirtschaft zeigt sich im Konsumbereich: auf der einen Seite ein erdrückendes Angebot an Waren jeder Art, die von jedem kaufkräftigen Kunden erstanden werden können, auf der anderen Seite eine offensichtliche Mangelwirtschaft, die selbst die bescheidenen Wünsche einer nur mäßig entlohnten Arbeiterschaft nicht zu befriedigen vermag. Wo gegenwärtig die Schwerpunkte der Versorgungsmängel liegen, geht aus einer Rede des Ministers für Handel zur Durchführung des Planes 1978 hervor:

●●

Schwerpunkte der Versorgungstätigkeit

In der weiteren Durchsetzung der von Partei und Regierung beschlossenen sozialpolitischen Maßnahmen ist alles zu tun, die stabile Versorgung der Kinder und Kleinstkinder zu gewährleisten. Es kommt darauf an, ein bedarfsgerechtes Warenangebot bei Bekleidung, Schuhen und anderen typischen Kinderartikeln zu sichern.

Bei Textil- und Bekleidungserzeugnissen besteht der Schwerpunkt darin, ein modisch-aktuelles und saisongerechtes Angebot entsprechend den Wünschen der verschiedenen Verbrauchergruppen in hoher Qualität und unter weitgehender Nutzung von Geweben aus einheimischen Rohstoffen bereitzustellen. Besondere Aufmerksamkeit ist dabei der spürbaren Verbesserung des Warenangebotes auf dem Gebiet der Jugendmode, insbesondere durch die Gewährleistung eines hohen Anteils an Freizeitbekleidung, zu widmen.

Das Angebot bei sonstigen Industriewaren ist entsprechend den Anforderungen aus dem Wohnungsbauprogramm und den sozialpolitischen Maßnahmen vor allem bei Möbeln sowie bei hauswirtschaftlichen und technischen Konsumgütern stärker mit dem Bedarf in Übereinstimmung zu bringen. Dabei geht es in erster Linie um Erzeugnisse mit hoher Qualität, Zuverlässigkeit und Lebensdauer, die der Befriedigung der ständig steigenden geistig-kulturellen und Freizeitbedürfnisse sowie der Erleichterung der Hausarbeit dienen.

Große Anstrengungen sind auch zur spürbaren Verbesserung der Versorgung mit den 1000 kleinen Dingen sowie den Ersatz- und Zubehörteilen erforderlich.

Eine wesentlich höhere Qualität ist in der Versorgung der Bevölkerung mit Exquisit- und Delikaterzeugnissen zu erreichen. Dabei kommt es darauf an, entsprechend den ökonomischen Möglichkeiten Erzeugnisse mit gehobenem Niveau anzubieten, die sich eindeutig vom allgemeinen Warensortiment abgrenzen.

Der Handel 1/1978, S. 3ff

●●

Um die unterschiedliche Situation des Konsumenten zu erklären, muß man sich neben den besonderen Bedingungen des geplanten Marktes in der DDR noch einmal die Ziele der sozialistischen Wirtschaftsordnung vor Augen halten:

1. Die Vollbeschäftigung als Vorbedingung jeder Planung. Der Produktionsfaktor Arbeit ist somit eine feststehende Größe der Planung und nicht Gegenstand von Angebot und Nachfrage.

2. Die Preisstabilität. Auch die Preise verlieren in diesem System zum größten Teil ihre Funktion als Vermittlungssignale zwischen den Wirtschaftssubjekten, sondern werden nach der Nützlichkeit staatlicher und gesellschaftlicher Kriterien festgesetzt.

3. Die bewußte Bedürfnislenkung durch den Staat beziehungsweise durch die Partei. Die meisten sozialen Aufgaben werden gesellschaftlich wahrgenommen. Bauen und Wohnen, Kinderbetreuung und ärztliche Versorgung sind staatlich geregelt. Der gesamte Kulturbereich unterliegt offizieller Überwachung, eine Vermittlung über den Markt findet hier so gut wie nicht statt.

Auf diese Weise lenkt und reguliert der Staat zentral die direkte Verteilung von über zwei Drittel des Sozialprodukts, während es in der Bundesrepublik nur etwas über ein Drittel ist. Der volkswirtschaftliche Kreislauf von Sparen, Investieren und Konsumieren ist also nur noch zu einem geringen Teil von der freien Entscheidung der Wirtschaftssubjekte abhängig; vielmehr bestimmen die staatlichen Planungsorgane nach politischen Kriterien die Investitions- und Konsumrate. Eine derartige Regelung bedingt zugleich, daß die Stellung des Konsumenten wie des Produzenten ungleich schwächer ist, als die ihrer Vergleichspartner in der Bundesrepublik. In der DDR kann weder der Bürger durch seine Kaufentscheidung noch der Produzent durch sein Angebot einen kurzfristigen Ausgleich von Nachfrage und Angebot herstellen. Alle Informationen dieser Art müssen zuerst über den Instanzenweg den staatlichen Planungsorganen zur Kenntnis gelangen, ehe eine Änderung möglich wird. Die Dauer der Informationsverarbeitung und die Komplikationen von Planumstellungen lassen es daher den meisten Betrieben vorteilhafter erscheinen, keine Produktionsänderung vorzunehmen, selbst wenn die Ware vom Kunden offensichtlich abgelehnt wird. Wird ein Produkt vom Käufer nicht nachgefragt, so macht sich das höchstens in den Lagern des Handels bemerkbar, aber nicht in der Planabrechnung des

Betriebes. Unter diesen Bedingungen ist die Informationskette zwischen Verbrauchern, Produzenten und dem Handel grundsätzlich gestört. Da jeder Versuch der Beteiligten, durch eigenständiges Handeln eine bessere Versorgung zu ermöglichen, im Zweifelsfall nur Nachteile für den Initiator mit sich bringt und früher oder später im Getriebe der Bürokratie steckenbleibt, beschränken sich die Verkäufer auf eine bloße Verteilerrolle, die Betriebe produzieren ohne Rücksicht auf den tatsächlichen Bedarf, und die Konsumenten haben sich abgewöhnt, auf die Berücksichtigung ihrer Wünsche zu hoffen. Dieser Zustand mißfällt allen Beteiligten und wird deshalb häufig kritisiert; er wäre aber nur zu ändern, wenn man Handel und Betrieben größere Entscheidungsfreiheit über die Realisierung von Angebot und Nachfrage einräumen würde.

Das passive Verhalten von Produzenten und Handel wird noch verstärkt durch die fehlenden materiellen Informationswerte. Bei festen Preisen ist es dem Hersteller unmöglich, über Sonderangebote, Preisvergleiche oder Werbung direkt auf den Konsumenten einzuwirken; es gibt nur die indirekte Kommunikation über den Handel und die Pläne. Dieser Tatbestand bedingt zugleich, daß sich bei knappem Angebot kein Ausgleich über den Preis herstellen läßt, sondern höchstens über die Dauer des Wartens oder über die unter der Hand gezahlten Sonderleistungen, sei es in Naturalien oder in Devisen. Abgesehen von dieser Art Schwarzmarktgeschäfte wird das Kaufen entweder zur bloßen Bedarfsdeckung oder zur ständigen Jagd nach Gelegenheiten und Mangelwaren.

In einer Gesellschaft, deren wirtschaftliche Situation durch Vollbeschäftigung und steigende Löhne geprägt ist, fällt ein Sparen aus Angst und Unsicherheit praktisch fort. Das verdiente Geld kann also voll dem Verbrauch zugeführt werden. Daher wird gerade das mangelnde Warenangebot zum dauernden Ärgernis der wachsenden Konsumgesellschaft. Die Hauptschwierigkeiten für die DDR ergeben sich dabei aus dem dauernden Vergleich mit der Bundesrepublik, der das Kaufverhalten nachdrücklicher beeinflußt als die Planung das erfassen kann und die SED es wahrhaben will. So ist die DDR zwar unter den Staaten des Ostblocks in Produktion und Konsum führend, aber gegenüber der Bundesrepublik liegt sie immer noch weit zurück.

Die DDR ist, wie andere Staaten auch, auf Dauer von einer zumindest ausreichenden Erfüllung der materiellen Bedürfnisse und Wünsche ihrer Bürger abhängig. Zudem hat sich der Sozialismus immer darauf berufen, den Bürgern in wirtschaftlicher und kultureller Hinsicht ein besseres Leben zu gewährleisten als der Kapitalismus. Daß diese Voraussage nur unter gleichen Bedingungen beziehungsweise der Annahme von Wirtschaftskrisen in den marktwirtschaftlich orientierten Systemen gelten konnte, ist den meisten Bewohnern der DDR bisher nicht ausreichend klargemacht worden. Gerade weil man sich aber nun in der objektiv feststellbaren Rolle des

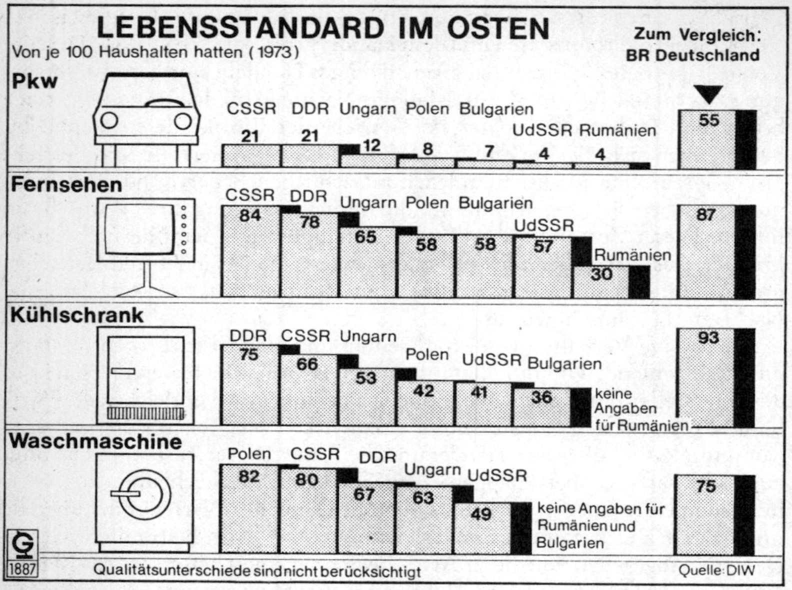

Quelle: Globus-Kartendienst, Hamburg

wirtschaftlich Benachteiligten befindet, darf sich der Abstand gegenüber der Bundesrepublik in materieller Hinsicht nicht noch vergrößern. Das geht nur, wenn die Arbeiter zu einer entsprechenden Leistung in der Produktion bereit sind, das heißt für Schichtarbeit, für Mehrmaschinenbedienung und für Überstunden motiviert werden können. All das, was in der Marktwirtschaft unter den Bedingungen überragender Konsummöglichkeiten einerseits und den Mechanismen von Konkurrenz und Arbeitslosigkeit andererseits geleistet wird, muß die DDR praktisch allein durch die materielle Stimulierung und Überzeugung ihrer Arbeiterschaft erbringen.

Man mag das grundsätzliche Fehlen einer sozialistischen Alternative auch in Form eines spezifischen Konsumangebots und -verbrauchs kritisieren – die Realisierung einer solchen Alternative könnte allerdings zugleich das Ende des Sozialismus in der DDR sein. So glaubten zum Beispiel die verantwortlichen Wirtschaftspolitiker in der SED lange Zeit, auf die Erweiterung des Individualverkehrs zugunsten eines gut ausgebauten und konkurrenzlos billigen Massenverkehrs verzichten zu können. Daher wurde über die Preis- und Mengenfestsetzung der Kauf und die Benutzung eines Autos für die

Die Nettodurchschnittseinkommen der Arbeitnehmer-Haushalte in der DDR und Bundesrepublik Deutschland 1960–1975

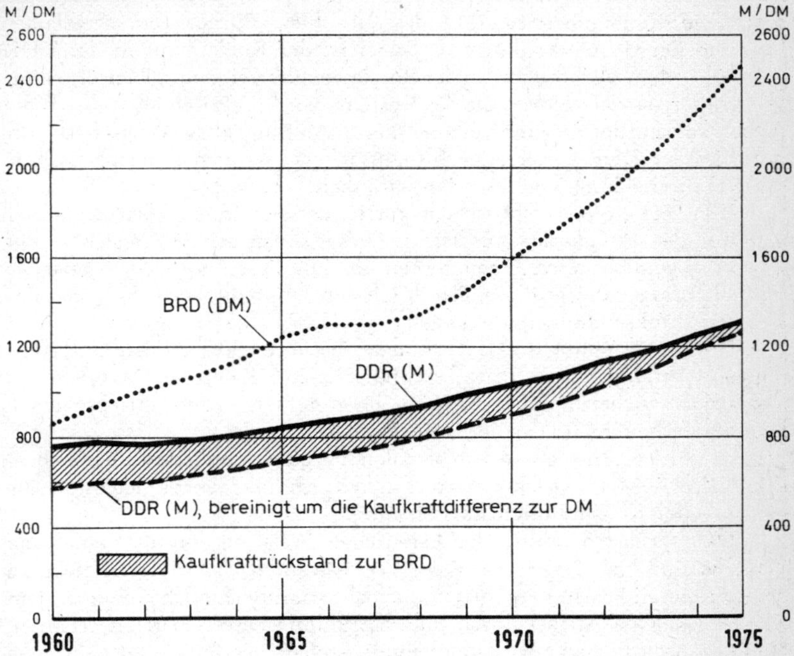

Quelle: Deutsches Institut für Wirtschaftsforschung, Berlin

Bevölkerung drastisch erschwert. Und doch zeigte sich bald, daß trotz aller finanziellen Schwierigkeiten bei den Konsumenten der Wunsch nach dem eigenen Wagen stärker war als die staatlichen Einschränkungen. Die lange Wartezeit wurde zum Teil dadurch umgangen, daß sich jeder DDR-Bürger, sobald er volljährig war, in die Bestellisten einschreiben ließ, um zumindest in absehbarer Zeit ein Anrecht auf den eigenen PKW zu haben.

Gerade aus Gründen der Arbeitsmotivation muß die DDR also ihren Bürgern ein ausreichendes Konsumangebot zur Verfügung stellen. Wenn schon die Höhe der Löhne hinter dem westdeutschen Durchschnittseinkommen zurückbleibt, soll doch wenigstens die Verbrauchsmöglichkeit in etwa gleich sein. Im anderen Fall verliert das Geld seinen Wert und kann auch kaum noch seine stimulierende Wirkung auf die Arbeitsleistung ausüben.

Der gegenwärtige Kaufkraftüberhang in der DDR wird auf etwa 30 Milliarden Mark geschätzt, eine Summe, die erklärt, warum die verantwortlichen Wirtschaftspolitiker verzweifelt bemüht sind, die Lücken des Konsumangebots mit Westimporten zu stopfen. Allen Parolen zum Trotz bleibt die materielle Konsumbefriedigung des einzelnen Bürgers entscheidender Maßstab der Systemkonkurrenz. Dabei ist der Konsument in der DDR gegenüber dem Verbraucher in der Bundesrepublik eindeutig benachteiligt. Die größere soziale Sicherheit des Systems wird praktisch auch durch die Einschränkung der Konsumfreiheit erkauft. Als Subjekt der Wirtschaftsordnung ist der DDR-Bürger gleich mehrfachen Zwängen unterworfen, die seinen Entscheidungsspielraum einschränken:

1. Dem Erziehungsanspruch der Partei, der sich in der Formel von der Diktatur des Proletariats ausdrückt. Dieser Anspruch wirkt sich in der Zensur gegenüber allen Erzeugnissen der Literatur und Medien aus. Sie wird allerdings zum größten Teil durch den Empfang westlicher Fernseh- und Rundfunksendungen umgangen.

2. Die Umverteilung und Zuteilung des gesamten Sozialkonsums vorrangig nach Kriterien der Bedürftigkeit und sozialen Schichtung. Das reicht von der Sozialversicherung über die Rente bis zum Platz in den betriebseigenen Ferienwohnheimen und an der Universität.

Diese direkte Zuweisung von sozialen Vergünstigungen bedingt sicherlich ein hohes Maß an sozialer Gerechtigkeit, schränkt aber zugleich auch die individuellen Konsummöglichkeiten ein.

3. Die Vernachlässigung der klassischen Preisfunktion als Signal von Angebot und Nachfrage. Auf diese Weise werden weder die Betriebe zu einer größeren Konsumentenfreundlichkeit stimuliert, noch gelingt es dem Kunden, knappe Artikel durch höhere Zahlungsbereitschaft zu erhalten. Hier lohnen sich einzig Ausdauer beim Anstehen, persönliche Beziehungen oder Praktiken des Schwarzmarkts.

Das Konzept der gleichen Preise ist von der DDR-Wirtschaftsplanung allerdings nie konsequent durchgehalten worden. Gerade in letzter Zeit wird es durch die Einrichtung von Exquisit-Läden und durch die immer zahlreicher werdenden Intershops massiv durchbrochen. Statt des Mangels für alle kommt es jetzt zu einer sichtbaren Bevorzugung von Großverdienern und Westgeldbesitzern.

Der Versuch der DDR-Wirtschaftspolitiker, auf diese Weise an die dringend benötigten Devisen zu gelangen und gleichzeitig überschüssige Kaufkraft abzuschöpfen, schlägt im sozialen und politischen Bereich fast nur negativ aus.

●●

Erich Honecker zu Intershop-Läden und Exquisithandel (1977)

Genossinnen und Genossen!

Gestattet mir in diesem Zusammenhang noch einmal ein offenes Wort zu den Intershop-Läden. Diese Läden sind selbstverständlich kein ständiger Begleiter des Sozialismus. Wir können aber nicht an der Tatsache vorbeigehen, daß besonders der große Besucherstrom viel mehr Devisen unter die Leute bringt, als das früher der Fall war.

Bekanntlich kommen zu uns im Jahr etwa 9,5 Millionen Gäste aus kapitalistischen Ländern, die bei uns essen, zum großen Teil übernachten und selbstverständlich auch Geld in den Taschen haben. Durch die Intershop-Läden haben wir die Möglichkeit geschaffen, daß diese Devisen bei uns im Lande bleiben. Sie werden eingesetzt, um unsere Volkswirtschaft entsprechend den Beschlüssen des IX. Parteitages noch stärker zu entwickeln.

Intershop-Läden sind im Sozialismus übrigens nichts Neues. Sie bestehen in verschiedenen Formen und mit verschiedenen Namen auch in anderen sozialistischen Ländern. Was uns angeht, so haben wir die Intershop-Läden jetzt im wesentlichen auf die zweckmäßige Zahl reduziert.

Natürlich übersehen wir nicht, daß nun Bürger der DDR, die keine Devisen besitzen, im gewissen Sinne im Nachteil gegenüber denen sind, die über solche Währung verfügen. Mit dieser Frage haben wir uns befaßt und festgelegt, das Netz der Exquisitläden auszubauen, so daß in jedem Kreis Bürger unserer Republik die Möglichkeit haben, Waren der höheren Preisklasse für Mark der DDR zu kaufen. Es handelt sich dabei um hochwertige eigene Erzeugnisse, Waren aus der Gestattungsproduktion und Importe. Auch die Anzahl der Delikat-Läden, die bekanntlich ein breites Sortiment bestimmter Nahrungs- und Genußmittel führen, wird erhöht.

Gleichzeitig werden die im Volkswirtschaftsplan vorgesehenen Waren für die Versorgung der Bevölkerung wie bisher in allen Preisgruppen und in allen Geschäften weiter planmäßig angeboten. Wir sind dafür, daß sich die Exquisit- und Delikat-Läden mit dem Ausbau ihres Netzes, durch ihr Angebot als Konkurrenz zu den Intershop-Läden entwickeln.

Aus der Rede des Generalsekretärs des Zentralkomitees der SED, Erich Honecker, auf der propagandistischen Großveranstaltung zur Eröffnung des Parteilehrjahres 1977/78 in Dresden. In: Neues Deutschland vom 27. September 1977

●●

●●

Wolfgang Hohmeyer: DDR als Drei-Klassen-Staat

«Wissen Sie, wir haben hier in der DDR manchmal das Gefühl, der Drei-Klassen-Staat sei wieder auferstanden.» Dieser Stoßseufzer ist in diesem Frühjahr zwischen Leipzig, Dresden, Magdeburg und Halle von mancher Hausfrau zu hören, die nicht zu den Privilegierten des neuen «Intershop-Sozialismus» zählt. Seit SED-Chef Erich Honecker die DM-West als mehr oder minder anerkannte Zweitwährung im Arbeiter- und Bauern-Staat zuließ, spaltete sich in der Tat das DDR-Volk in drei Gruppen, die jeweils in höchst unterschiedlichem Maße an den neuen Konsumsegnungen teilhaben.

Hauptnutznießer der Honeckerschen Sozialismus-Variante sind alle jene, die D-Mark oder andere Hartwährungen (in der Regel über westliche Verwandte) erhalten. Sie decken als «Shopper» ihren Bedarf in den mit Westgütern gut bestückten «Intershops». Die zweite Garnitur der DDR-Konsumbürger (die «Exer») besteht aus jener Gruppe, die über hohe DDR-Mark-Konten verfügen kann. Sie drängen sich in den «Exquisit»- und neuerdings auch in den «Menü»-Fachgeschäften, die zu horrenden (DDR-Mark-) Preisen modische Textilien und Feinkosterzeugnisse anbieten.

«Außer diesen beiden Gruppen», so erläutert eine Leipzigerin die neue Lage an der Konsumfront, «gibt es aber auch noch uns. Wir sind die Normalverdiener, die noch dazu keine West-Verwandten haben. Und das bedeutet: Wir hoppen von Laden zu Laden und fragen überall ‹Gibt's was?›.» Die sich selbst als «Hopper und Gipser» deklarierenden Zukurzgekommenen bilden jene immer größer werdende Gruppe von Unzufriedenen, die auch der SED-Führung ideologisches Unbehagen bereitet.

Mit einer Reihe von «dialektischen Klimmzügen» wird in jüngster Zeit versucht, den sich an der Konsumfront verdichtenden Unmut zu zerstreuen. Dazu gehört der «Vertrieb» der importierten 10000 Golf-VW. Sie sind heute praktisch aus dem normalen Angebot verschwunden und tauchen statt dessen als «Prämien» in den Betrieben auf. Selbstverständlich werden sie auch dort nicht verschenkt, sondern müssen zum jetzt nur noch 19000 Mark betragenden offiziellen Preis gekauft werden. Doch der Betrieb ist bereit, die Hälfte des Preises als Kredit beizusteuern, was von seiten des so ausgezeichneten Bevorrechtigten natürlich Selbstverpflichtungen nach sich zieht.

Tagesspiegel vom 15. März 1978

●●

Insgesamt reduziert sich die Konsumfreiheit des DDR-Bürgers auf das schmale Feld der Gewohnheitsbedürfnisse. Die Existenzbedürfnisse wie Wohnen, Essen, Medizin und Kinderversorgung deckt der Staat ab, und

Luxusbedürfnisse lassen sich für den Durchschnittsbürger kaum realisieren.

Bleibt die im Vergleich zur Bundesrepublik geringe Auswahl an Gütern des gehobenen Bedarfs, die zudem noch durch die steigenden Exportverpflichtungen nach West und Ost reichlich reduziert sind. Diesem geringen Angebot steht ein verhältnismäßig großes Einkommen gegenüber, da im Normalfall beide Elternteile der DDR-Familie berufstätig sind und für die Grundbedürfnisse verhältnismäßig wenig aufgewendet werden muß. Bei geringem Einkommen lebt man daher in der DDR besser als in der Bundesrepublik, während sich schon bei den mittleren Verdienststufen eine Veränderung zugunsten der Bundesrepublik ergibt.

Dreißig Jahre nach Kriegsschluß bietet sich so der DDR-Bürger dem Blick seines westlichen Verwandten als ein ausgesprochen konsumfreudiger Mensch dar, der nur durch die Mängel des Angebots in seiner Ausgabefreudigkeit eingeschränkt wird. Dieser dauernde Mangel und die Jagd nach nicht vorhandenen Ersatzteilen und Dienstleistungen sind es schließlich auch, die im wesentlichen die Unzufriedenheit der DDR-Bevölkerung bestimmen. Weitgehend politisch und wirtschaftlich bevormundet, bietet ihnen auch der Konsummarkt nur sehr beschränkte Möglichkeiten individueller Einkaufserfolge. Ein Zustand, den die Staatsführung der DDR in seiner Gefährlichkeit für die Wirtschaftsentwicklung erkannt hat und den sie anscheinend mit allen Mitteln beheben will.

Arbeitsvorschläge

1. Die Position des Konsumenten ist in der sozialistischen Wirtschaftsordnung wesentlich schwächer als die seines Vergleichspartners im liberalen Wirtschaftssystem. Diese offensichtliche Einschränkung der individuellen Entscheidungsfreiheit hat aber sehr unterschiedliche Auswirkungen. Zeigen Sie die möglichen Vor- und Nachteile dieses Systems.
2. Das Warenangebot der DDR zeichnet sich durch ein System von Festpreisen aus. Überall, wo gleichwertige Waren angeboten werden, sind daher auch die Preise gleich. Auf welche Weise werden unter diesen Bedingungen Nachfrage und Angebot zum Ausgleich gebracht?
3. Die Konsumorientierung des DDR-Bürgers ist nicht nur durch die Beschränktheit des Warenangebotes bestimmt, sondern auch durch die Bedingungen des gegenwärtigen politischen Systems und die Nachbarschaft der Bundesrepublik. Zeigen Sie, welche Auswirkungen diese Faktoren auf das Angebot und die Nachfrage in der DDR haben.
4. Von Kritikern ist der DDR oft der Vorwurf gemacht worden, sie biete keine Alternative zur westlichen Konsumgesellschaft an, sondern vollziehe höchstens mit Verspätung die Entwicklung in kapitalistischen Staaten nach. Halten Sie diesen Vorwurf für berechtigt? Diskutieren

Sie die entsprechenden Alternativen, zum Beispiel die Variante: geringeres Konsumangebot zugunsten der Förderung geistiger Bedürfnisse.

5. In den letzten Jahren hat die DDR durch die Einrichtung sogenannter Exquisit-Läden, Intershops und durch die Verschuldung bei den kapitalistischen Industrieländern große Anstrengungen unternommen, um ihr Konsumangebot zu vergrößern. Auf welche Überlegungen der Parteiführung führen Sie diese Politik zurück?

VII. Der sozialistische Betrieb: Gesellschaftliche Planung und betriebliche Zielsetzung

Im Gegensatz zu der marktwirtschaftlichen Definition des Betriebes als politisch-sozialem Neutrum der Produktionserstellung, bemüht sich die offizielle DDR-Theorie besonders darum, die gesellschaftliche Komponente der betrieblichen Arbeit zu berücksichtigen. In der Verfassung werden die Betriebe als Orte angesprochen, an denen sich schöpferische Aktivität, Initiative der Werktätigen und ein vielseitiges kulturelles Leben entfalten sollen.

●●

Artikel 41 der DDR-Verfassung

Die sozialistischen Betriebe, Städte, Gemeinden und Gemeindeverbände sind im Rahmen der zentralen staatlichen Leitung und Planung eigenverantwortliche Gemeinschaften, in denen die Bürger arbeiten und ihre gesellschaftlichen Verhältnisse gestalten. Sie sichern die Wahrnehmung der Grundrechte der Bürger, die wirksame Verbindung der persönlichen mit den gesellschaftlichen Interessen sowie ein vielfältiges gesellschaftlich-politisches und kulturell-geistiges Leben. Sie stehen unter dem Schutz der Verfassung. Eingriffe in ihre Rechte können nur auf der Grundlage von Gesetzen erfolgen.

●●

Aus dieser Beschreibung des sozialistischen Betriebes lassen sich drei Funktionsebenen ableiten:

1. Die ökonomische, wonach der Betrieb die primäre selbständige Einheit der Volkswirtschaft ist, in der unmittelbar produziert und die gesellschaftliche Planung realisiert wird.

2. Die juristische, wonach der Betrieb zwar eigenverantwortlich tätig ist, aber zugleich der staatlichen Planung unterliegt.
3. Die soziale, wonach der Betrieb eine Zelle der strukturellen gesellschaftlichen Entwicklung ist.

●●

Verordnung über die Aufgaben, Rechte und Pflichten der volkseigenen Betriebe, Kombinate und VVB vom 28. März 1973

Grundsätze § 1

(2) Die volkseigenen Betriebe, Kombinate und VVB erfüllen ihre Aufgaben im Auftrage des sozialistischen Staates und in Verwirklichung der Beschlüsse der Partei der Arbeiterklasse, der Gesetze und anderer Rechtsvorschriften. Ihre Tätigkeit ist darauf gerichtet, einen maximalen Beitrag zur Erhöhung des materiellen und kulturellen Lebensniveaus des Volkes auf der Grundlage eines hohen Entwicklungstempos der sozialistischen Produktion, der Erhöhung der Effektivität, des wissenschaftlich-technischen Fortschritts und des Wachstums der Arbeitsproduktivität zu leisten.

(3) Die verbindliche Grundlage für die Tätigkeit der volkseigenen Betriebe, Kombinate und VVB sind die staatlichen Pläne. Die volkseigenen Betriebe, Kombinate und VVB sind verpflichtet, das ihnen anvertraute Volkseigentum zu schützen und zu mehren.

●●

Der Wirtschaftlichkeitsanspruch an den Betrieb ist absolut vorrangig. Die Effizienzerwartung findet ihre konkrete Ausgestaltung in den Plananforderungen, die jährlich an den Betrieb herangetragen werden. Seine Produktion ist also keine Leistung nach eigener Zielsetzung, sondern vorgegeben. Die Suche nach der optimalen Verbindung von zentraler Planung und betrieblicher Selbständigkeit ist der Grund für ein anhaltendes Experimentieren innerhalb der Wirtschaftsordnung.

Es vollzieht sich in Abhängigkeit von der historischen Situation, der Organisationsfähigkeit des Systsems und dem technischen Wandel, so daß eine einmal gefundene Methode schon nach einiger Zeit wieder unbrauchbar sein kann. Der Prozeß der Modellrealisierung läuft dabei stets unter der Kontrolle der Zentrale ab, die jede nicht gewünschte Entwicklung abstoppt, ohne dabei nach einem wirklich erprobten und ausgereiften Konzept handeln zu können. Daher kommt es häufig zu einem Zickzackkurs: Die Reform der Planung schwankt stets zwischen Zentralisierung und Dezentralisierung. Als Mittel des wirtschaftlichen Fortschritts ist dabei jede Planungstechnik zugelassen, solange sie das Herrschaftssystem nicht gefährdet. Aufgabe der Politökonomie in der DDR ist es, einen Weg zu finden, der die

Betriebe als die Ersteller der materiellen Produktion so stimuliert, daß die betriebliche Leistung zugleich die Basis für eine optimale gesellschaftliche Entwicklung ist.

Die formelle Organisation des Betriebes ist weitgehend systemunabhängig durch technische und arbeitsteilige Faktoren bestimmt.

Die Struktur eines volkseigenen Betriebes

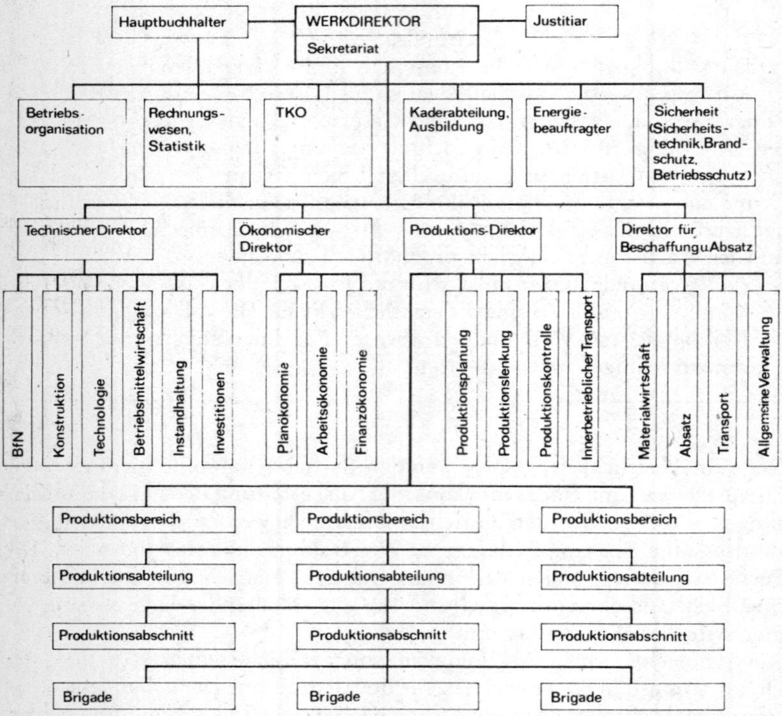

Quelle: Claus Friedrich, Sozialistische Betriebsdemokratie in der DDR. Frankfurt/Main 1975, S. 16

Entsprechend dem Prinzip des demokratischen Zentralismus, wonach die notwendige sachliche Autorität mit demokratischer Bevollmächtigung verbunden werden soll, ist der staatliche Leiter die Führungsinstanz des Betriebes. In dieser Funktion ist er voll verantwortlich für die Produktion und besitzt entsprechende Entscheidungsgewalt.

Darüber hinaus ist aber seine Aufgabenstellung noch wesentlich umfassender als die seines Kollegen in einem Privatbetrieb. Einerseits verlangt man von ihm als Manager einer warenproduzierenden Einheit höchsten wirtschaftlichen Erfolg, andererseits soll er als Organisator der wichtigsten politisch-sozialen Grundeinheit des gesellschaftlichen Systsems die sozialistische Demokratie realisieren helfen. Für die sozialistische Leitungstätigkeit soll eine Mischung von persönlicher Verantwortung, kollektiver Beratung und umfassender Mitwirkung der Werktätigen bestimmend sein. Theoretische Schulung und praktische Ausbildung waren bisher kaum ausreichend, um den Betriebsleiter für die Führung und Motivation von Menschen zu befähigen. In der Ausbildung fehlte es vor allem an der Vermittlung des notwendigen pädagogischen, psychologischen und soziologischen Wissens, das man nach sowjetischem Vorbild lange Zeit als kapitalistisches Instrumentarium der Manipulation abgelehnt hatte. Das galt auch für die gesamte Theorie des Managements und der Marktforschung. Erst in den letzten zehn Jahren ist man von der bloßen Ablehnung zu einem Aufarbeiten und der Übernahme verwertbaren Wissens übergegangen, wobei nun nicht mehr die formale Etikettierung, sondern vor allem die Nützlichkeit ausschlaggebend ist. Die vermehrten Veröffentlichungen und Diskussionen zum Thema der sozialistischen Leitung zeigen, daß man sich der bisherigen Mängel in der Theorie und Praxisvermittlung bewußt ist und sie in Zukunft abbauen will.

Die Führung und Organisation des Betriebes in der DDR erfolgt durch drei Institutionen: die staatliche Leitung, die Betriebsparteiorganisation (BPO) und die Betriebsgewerkschaftsorganisation (BGO). Innerhalb dieser Gremien gibt es eine gewisse Arbeitsteilung. Der staatliche Leiter ist in erster Linie für den wirtschaftlichen Erfolg verantwortlich, die Parteiorganisation für die Verwirklichung der Parteibeschlüsse, die Schulung ihrer Mitglieder und die Aktivierung der parteilosen Werktätigen. Die Gewerkschaft setzt als Massenorganisation die Maßnahmen von Partei und Leitung im Gesamtbetrieb durch, so daß ihr im wesentlichen ausführende Funktionen zukommen. Ziel ist die möglichst umfassende Mobilisierung aller Werktätigen im Sinne einer Identifizierung und aktiven Beteiligung an Betriebsgeschehen und Planerfüllung.

Um dieser Aufgabenstellung gerecht werden zu können, bedarf es einer umfassenden und flexiblen Organisationsgestaltung. Einerseits soll sie alle Erfahrungen und Kenntnisse der Werktätigen in die materielle Produktion einbringen, andererseits aber auch die ständige Qualifizierung und Orientierung der Arbeiter gewährleisten, um sie zu bewußten und urteilsfähigen

Miteigentümern zu machen. Auf der Grundlage des sozialistischen Eigentums hofft man, mittels politischer Arbeit ein Eigentümerbewußtsein zu wecken, ohne dessen Vorhandensein eine verantwortungsvolle und schöpferische Mitwirkung nicht denkbar erscheint. Bei der vorhandenen zentralen Steuerung und hierarchischen Leitungsstruktur des Betriebes gibt es aber für den einzelnen Werktätigen kaum die Möglichkeit, eigenverantwortlich zu entscheiden. So bleibt nur die Möglichkeit, dem Arbeiter innerhalb einer rationalen und einsehbar geplanten Volkswirtschaft das «Wirtschaften» als bewußte Gestaltung von Prozeßvorgängen deutlich zu machen. Über diese wenn auch rein inhaltliche Vermittlung wäre zumindest ein wichtiger Schritt auf dem Weg zur Aufhebung der Entfremdung und zur Identifizierung mit dem betrieblichen Geschehen getan. Eine solche Teilnahme an der geslIschaftlichen und betrieblichen Planung zählt daher zu den sozialistischen Grundforderungen. Ihre Realisierung erfolgt auf drei Ebenen:

1. Die Ebene technisch-ökonomischer Planung, deren Schwerpunkt durch die Notwendigkeiten der Produktionsvorbereitung und -erstellung bestimmt wird.
2. Die integrative Ebene, die auf die Einbeziehung der Werktätigen in den Planungsprozeß abzielt. Diese Art der betrieblichen Planung wird häufig negativ als «Sozialtechnologie» abqualifiziert, weil es ihr vornehmlich um die Aktivierung der Arbeiter im Sinne einer höheren Effektivität und Produktivität geht.
3. Die normative Ebene umfaßt alle Maßnahmen des Betriebes, die nicht eindeutig durch die betrieblichen Notwendigkeiten diktiert werden, sondern erkennbar der sozialistischen Zielsetzung der Persönlichkeitsentfaltung dienen. Dazu gehören eine umfassende Information, Angebote von Lerninhalten und Weiterbildungsmöglichkeiten allgemeiner und kultureller Art.

Über Lernmotivation und Bildung soll schließlich eine derartige Qualifikation der Werktätigen erreicht werden, daß sie sachkundig an der Leitung und Planung der Betriebe teilnehmen können. Das Modell der sozialistischen Demokratie muß demgemäß zu seiner Realisierung nicht nur die Organisationsformen von Planung und Leitung entwerfen, die eine Teilnahme der Werktätigen an dieser Planung ermöglichen, sondern zugleich auch das dazu notwendige Wissen vermitteln. Zu diesem Zweck hat man eine Fülle von Organisationen, Institutionen und Aktionsformen geschaffen, die sich alle in ihrer Zielsetzung überlagern und ergänzen.

Gemäß ihrem Führungsanspruch im Staat übernimmt die Partei auch im Betrieb die Rolle des politischen Gewissens und Antreibers. Im Sinne dieser Vorbildrolle müssen sich die über zwei Millionen Mitglieder der SED, die in rund 75000 Grundorganisationen tätig sind, ständig schulen, sowie für die Erfüllung des Planes und der Wettbewerbsziele eintreten. Mit dieser Aufgabenstellung als Organisator und Multiplikator der Planerfüllung fungiert

Die führende Rolle der SED im VEB

Die politisch-ideologische Arbeit mit den Menschen und ihre Leitung ist das Herzstück der wissenschaftlichen Führungstätigkeit der Partei

Die Hauptaufgabe der BPO besteht darin, auf der Grundlage der Beschlüsse der Parteiführung rechtzeitig eine Kampfposition für die Lösung der Hauptfragen der künftigen Entwicklung des Betriebes zu beziehen und durch die Diskussion dieser Probleme in den Kollektiven den Arbeitern und allen anderen Werktätigen des Betriebes ständig zu helfen, ihre wachsende Verantwortung und ihre zunehmenden Aufgaben als Produzenten und sozialistische Eigentümer zu erkennen und wahrzunehmen.
Die BPO wirkt darauf ein, daß jeder Werktätige immer bewußter und schöpferisch an der Lösung der dem Betrieb gestellten Aufgaben teilnimmt und daß sich die sozialistische Menschengemeinschaft im Betrieb weiter festigt und entwickelt. Die BPO sichert durch ihre politisch-ideologische Tätigkeit, daß die Werktätigen in ihrem Handeln von den gesamtgesellschaftlichen Interessen ausgehen.

←

Beratung der Grundprobleme der perspektivischen Entwicklung des Betriebes und ihrer Realisierung
Organisierung aller Kräfte des Betriebes für die Erfüllung der Planaufgaben

Bestimmung der politisch-ideologischen Hauptaufgaben zur Lösung der ökonomischen Aufgabenstellung des Betriebes, Befähigung der Genossen zur disziplinierten und schöpferischen Durchführung der Parteibeschlüsse

Einbeziehung aller gesellschaftlichen Kräfte in die Klärung der politisch-ideologischen Aufgaben auf der Grundlage der einheitlichen Zielstellung

→

Erhöhung der marxistisch-leninistischen und technisch-ökonomischen Bildung der Genossen und aller Werktätigen
Erziehung zum sozialistischen Internationalismus, insbesondere zur brüderlichen Zusammenarbeit mit der KPdSU und der Sowjetunion

Klassenmäßige Erziehung der Leiter, Hebung ihrer Bewußtheit und Verantwortung für die im Plan gestellten Aufgaben, insbesondere für den Durchbruch zu Pionier- und Spitzenleistungen in Verbindung mit der Systemautomatisierung

Wahrnehmung des Kontrollrechts über die Tätigkeit der Betriebsleitungen

▼

Die politisch-ideologische Arbeit der BPO wird verwirklicht durch:

Das innerparteiliche Leben der Betriebsparteiorganisation

Dazu gehören zum Beispiel:

- Durchführung der Mitgliederversammlungen der BPO und APO
- Kollektive Beratungen der Parteileitung
- System der politisch-ideologischen Arbeit der BPO, vor allem die Durchführung des Parteilehrjahres
- Vielfältige Aktivität der Parteigruppen bei der Verwirklichung der Beschlüsse der Partei
- Aktives klassenbewußtes Handeln der Genossen zur Verwirklichung der Parteibeschlüsse

Die Arbeit mit dem Direktor und den Leitungskräften

Dazu gehören zum Beispiel:

- Beratung mit dem Direktor und den Leitungskräften in der Parteileitung
- Rechenschaftslegung des Direktors vor der Leitung der Betriebsparteiorganisation
- Teilnahme des Parteisekretärs an Beratungen des Direktors mit den Leitungskräften bzw. des APO-Sekretärs oder des Parteigruppenorganisators an Beratungen des Leiters des jeweiligen Bereiches

Die politische Massenarbeit der Betriebsparteiorganisation

Dazu gehören zum Beispiel:

- Arbeit der Genossen in den Massenorganisationen wie FDGB, FDJ, KdT und DSF
- Arbeit der Genossen in den gesellschaftlichen Organen wie Produktionskomitee, Ökonomisches Aktiv, Ständige Produktionsberatung und Kommissionen der ABI
- Tägliche Überzeugungsarbeit wie mündliche Agitation, Wandzeitung, Betriebsfunk usw.

Quelle: Parteihochschule «Karl Marx» beim ZK der SED

die Betriebsparteiorganisation zugleich als aktiver Kern der anderen Massenorganisationen und hier vornehmlich der Gewerkschaften.

Die Gewerkschaften haben seit der 1955 erfolgten offiziellen Ernennung zu «Schulen des Sozialismus» ihre traditionellen Funktionen als Vertreter spezieller Arbeitnehmerinteressen aufgegeben. Nicht mehr Lohn- und Tariffragen, sondern Probleme des sozialistischen Bewußtseins, der Bildung und Aneignung gesellschaftlicher Fähigkeiten sind seitdem Hauptanliegen der Gewerkschaftsarbeit. Zu Stellung und Funktion der Gewerkschaften heißt es in der 1972 verabschiedeten *Satzung des Freien Deutschen Gewerkschaftsbundes (FDGB):*

●●

Die Gewerkschaften anerkennen die führende Rolle der Sozialistischen Einheitspartei Deutschlands, des marxistisch-leninistischen Vortrupps der deutschen Arbeiterklasse. Sie stehen fest zur SED und ihrem Zentralkomitee und schließen als treue Helfer die Arbeiter und Angehörigen der Intelligenz eng um die Partei zusammen. Der Freie Deutsche Gewerkschaftsbund tritt für die unablässige Festigung und Stärkung der Deutschen Demokratischen Republik ein. Als Schulen des Sozialismus, als wichtiger Faktor der sozialistischen Demokratie und aktive Mitgestalter der neuen sozialistischen Ordnung organisieren die Gewerkschaften die immer breitere Einbeziehung und die bewußte Mitwirkung aller Gewerkschaftsmitglieder an der Leitung und Planung von Staat und Wirtschaft.

●●

Fast alle Werktätigen gehören der Gewerkschaft an: Von den insgesamt 8,7 Millionen Beschäftigten sind etwa 8 Millionen in 270000 Gewerkschaftsgruppen als Mitglieder organisiert.

Entsprechend dieser breiten Organisationsstruktur und der Unterordnung unter die Partei sind die Ziele von Betriebsparteiorganisation und Betriebsgewerkschaftsorganisation ziemlich deckungsgleich. Trotz wiederholter Versuche, sich einerseits als Interessenvertreter der Werktätigen zu profilieren und andererseits die zugedachte Rolle als Erfüllungsorgan der SED wahrzunehmen, bleibt der FDGB insgesamt eine bloße Massenorganisation zur Umsetzung der staatlichen Planvorgaben. Das gilt im wesentlichen auch für die anderen Organisationen und Organe, die entweder als Vertreter bestimmter Gruppen, wie Frauen und Jugendlicher, auftreten oder als spezialisierte Formen der Produktions- und Leitungsberatung zur Mobilisierung des Sachverstandes der Werktätigen dienen sollen.

Das Verhältnis von Betriebsleitung, Betriebsparteiorganisation und Gewerkschaftsorganisation ist somit durch ein Miteinander von hierarchischer Struktur und kollektiver Führung gekennzeichnet. Durch die personelle und

FDGB Die Struktur der Betriebsgewerkschaftsorganisation des FDGB

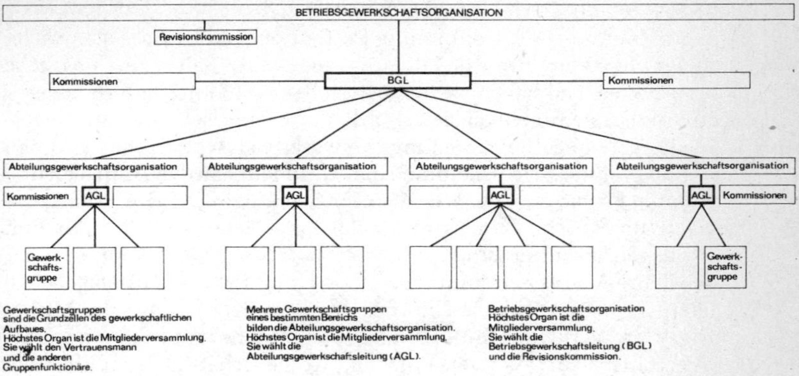

Quelle: Claus Friedrich. Sozialistische Betriebsdemokratie in der DDR, Frankfurt/Main 1975, S. 32

aufgabenbestimmte Identität sind die Funktionen von Betriebsleitung und Betriebsparteiorganisation häufig deckungsgleich. Die schwerpunktmäßige Aufgabenverteilung zwischen ökonomischer Anleitung und ideologischer Begründung der Planung setzt sich in dem Verhältnis zur Betriebsgewerkschaftsorganisation fort. Durch die führende Rolle in allen gesellschaftlichen Organisationen sichert die Partei ihren grundsätzlichen Herrschafts- und Erziehungsanspruch ab.

In diesem Rahmen sind die häufig propagierten Mitbestimmungs- und Mitwirkungsrechte der Werktätigen meist auf die sachkundige Beratung bei ökonomischen Problemen beschränkt. Auch die 1977 erfolgte Novellierung des Arbeitsgesetzbuches (AGB) sieht zwar eine verbesserte Mitsprache durch zustimmungspflichtige Bestimmungen und erweiterte Mitbestimmungsregelungen vor, beläßt es aber ansonsten bei den alten zentralistischen Strukturen. Trotzdem ist für die qualifizierte Mitsprache fachkundiger Arbeiter durchaus Platz. Information und Aussprachemöglichkeiten über Planziele und Produktionsgestaltung sind reichlich vorhanden. Deshalb kann man auf dem Boden dieses Systems auch zu einer recht positiven Einschätzung der Mitbestimmung kommen, wie sie etwa Erika Runge in ihren Gesprächen mit DDR-Bürgern wiedergegeben hat. Hier äußern sich die Werktätigen einer Werft in Rostock zu Fragen der Mitbestimmung, Plandiskussion und der sozialistischen Arbeitskultur. Der Betrieb hat 6500 Beschäftigte, davon sind 1500 Mitglieder der SED.

●●

Willi B., 53 Jahre alt, Parteisekretär
Die Möglichkeiten für Mitbestimmung im Betrieb sind groß. Gegenwärtig bereiten wir den Plan für das Jahr 1971 vor. Wir haben die staatliche Direktive erhalten und haben sie vorgestern den Abteilungsleitern übergeben. Zur Diskussion mit eingeladen sind dann die Parteisekretäre der einzelnen Abteilungen und die Abteilungs-Gewerkschaftsvorsitzenden, ihnen wird der Plan erläutert, sie bekommen die Argumente zu den Aufgaben und zu bestimmten Problemen, wie wir sie uns in der Spitze der Leitung ausgearbeitet haben, und anschließend wird der Plan bis ins letzte Kollektiv, bis zum letzten Kollegen diskutiert und nach Abschluß dieser Diskussion in einer Vertrauensleute-Vollversammlung beschlossen und wieder zurückgegeben an die übergeordnete staatliche Leitung. Es gibt andere Formen der Mitbestimmung: Der Werkleiter muß zum Beispiel im Jahr mindestens zweimal bei der Vertrauensleute-Vollversammlung Rechenschaft ablegen über den Kollektivvertrag, den Betriebskollektivvertrag, der wiederum auf dem Plan basiert. Er muß über die ökonomischen Barometer und über ihre Erfüllung Rechenschaft ablegen. Er muß aber gleichermaßen über all die sozialen und kulturellen Maßnahmen, die im Interesse der Belegschaft auch Gegenstand des Planes sind, Rechenschaft ablegen, und da wird er oft kritisiert, wenn eins oder das andere nicht zum Termin erfüllt worden ist. Es gibt außerdem das Produktionskomitee, das sind Arbeiter, Ingenieure, Angestellte, die von der Vertrauensleute-Vollversammlung öffentlich gewählt wurden. Dieses Komitee kann man als Beirat des Werkleiters bezeichnen. Es berät ihn in allen entscheidenden Fragen der Veränderung, der Technologie, in Problemen der Ökonomie und kann auch verbindliche Empfehlungen aussprechen, so daß der Werkleiter die wichtigsten Dinge immer in Verbindung mit der Belegschaft entscheidet. Und jetzt in der Planungsdiskussion müssen alle Direktoren runter bis in die Meisterei, bis in die Produktionsabteilungen und den Plan erläutern, also es ist durchaus eine Demokratie bei uns, aber wir verstehen Demokratie nicht im Sinne von Anarchie, denn auch im Sozialismus muß es eine Ordnung geben. Mitbestimmung – ja; dann wird diskutiert, und wenn alle Probleme ausgesprochen sind, ist mit dieser Diskussion Schluß, und dann sind eben alle dafür verantwortlich, daß das, was sie hier manchmal monatelang besprochen haben, in die Tat umgesetzt wird.

Es gibt bei uns keine Wahl von Wirtschaftsfunktionären. Die Werft wird von einem Werksdirektor geleitet, der wird von der übergeordneten Leitung, also von der Vereinigung Volkseigener Betriebe, dem Generaldirektor, in Übereinstimmung mit dem Fachminister eingesetzt. Das geht so weiter bis zum Meister, der Meister wird ebenfalls eingesetzt vom Direktor, der Abteilungsleiter wird eingesetzt, denn wir sind der Meinung, was man in

Jugoslawien oder in einigen anderen Ländern experimentiert hat, kann nicht der Sinn des Sozialismus sein. Wir wollen doch einen Leiter, der höchstes Wissen, höchstes Können besitzt und im Interesse der Gesellschaft viel leistet. Das ist mit einer Wahl sicherlich nicht immer gegeben. Auch im Sozialismus muß ein Leiter konsequent sein. Wir können also niemanden gebrauchen, der jedem zum Mund redet und letztlich keine ökonomischen Erfolge mit seinem Kollektiv zu erringen vermag. Der Werftdirektor hat Fachdirektoren.

Dieter N., 40 Jahre alt, Rohrschlosser
Wir haben in unserer Abteilung zwölf Meistereien, und jede Meisterei hat für das Jahr eine Zielsetzung. Wir sagen dazu Wettbewerbsprogramm. Da sind einmal ökonomische Ziele drin und dann auch Ziele, die sich das Kollektiv auf Kulturebene und beim Lernen stellt, so daß jeder Kollege schon weiß: Was muß ich lernen, und was wird mir geboten.

Rudolf F., 33 Jahre alt, Meister
Wir sind hier ein Kollektiv der Sozialistischen Arbeit, da ist einiges mit verbunden: ein gutes kollektives Zusammenleben, es werden gemeinsam Kulturveranstaltungen besucht, dann wird über gesellschaftliche Probleme im Kollektiv diskutiert, wird mal 'ne Versammlung abends zusammengerufen. Wir haben auch eine ständige Produktionsberatung, wo zum Beispiel ökonomische Sachen, die uns nicht gefallen, aufgezeigt werden. Das ist ein Gremium der besten Kollegen, es fungiert als Hilfsorgan der Gewerkschaften. Wir sind also auch als Gewerkschaft in der Lage, meinetwegen einen Direktor und einen Werftleiter zu uns einzuladen, um mit ihm persönlich zu sprechen, warum etwas nicht klappt, er muß dann Rede und Antwort stehen. Und im Gesamtrahmen der Werft gibt es das Produktionskomitee, da kommt also das Mitbestimmungsrecht jedes einzelnen zum Ausdruck. Natürlich ist in unserem Kollektiv ein Kollege für die ständige Produktionsberatung speziell verantwortlich und für die ökonomischen Probleme, die anfallen, Terminschwierigkeiten oder irgend etwas. Dann wird beraten, wie können wir das verändern, und gemeinsam mit den Kollegen ein Weg gesucht. Die Kollegen müssen auch dementsprechend informiert werden, wie viele Schiffe wir bauen. Im Sommer beginnt die Plandiskussion, die Pläne sind gerade an die Abteilungen übergeben worden, so daß jeder weiß: das und das müssen wir nächstes Jahr bringen. Die Zahlen werden aufgeschlüsselt auf die einzelnen Meistereien in der Abteilung. Es gibt natürlich Diskussionen, der eine sagt: «Wir müssen noch das haben», einer muß das haben, die Vorschläge beziehungsweise auch die Abänderungsvorschläge werden gesammelt und der Betriebsleitung vorgelegt und von dort beantwortet. Und entweder wird die Sache verändert oder, wo das nicht möglich ist, man kann ja nicht immer alles nach Wunsch machen, werden die Dinge eben dementsprechend diskutiert. In der Abteilungsgewerkschaftsleitung

arbeitet ebenfalls von jedem Kollektiv ein Kollege mit. Wenn jetzt Probleme im Kollektiv anfallen, werden die dort beraten. Die Vertrauensleute sind von der AGL geschult und werden angeleitet, um gute Kollektivarbeit zu leisten.

Hubert S., 35 Jahre alt, Rohrschlosser
Wir streben zur Herauskristallisierung einer sozialistischen Persönlichkeit an, daß sich jeder mit der Kultur vertraut macht. Denn Kultur ist ja nicht nur für die Oberen da, sondern soll auch mit bei uns heranreifen. Das streben wir an. Wir besuchen Museen, daß man die Kollegen eben an die Gemälde heranführt, wir haben Aussprachen mit Komponisten, mit unseren Dichtern, mit Malern und so weiter, das haben wir zum Teil schon sehr gut durchgeführt. Und es stellt sich heraus, daß das Interesse bei den meisten Kollegen vorhanden ist. Jetzt wollen wir zum Beispiel zur Ostseewoche und die Biennale der Ostseeländer besuchen, also hier die Kunstausstellung. Und wir stellen wahrscheinlich zum Tag des Werftarbeiters eine Sportmannschaft auf. Das sind so Dinge, die im Kollektiv beinahe selbstverständlich sind.

Rudolf F., 33 Jahre alt, Meister
Zum Beispiel haben wir jetzt über Lenin diskutiert und haben uns gerade einen Farblichtbildervortrag über sein Leben angehört und angesehen.

Klaus R., 32 Jahre alt, Rohrschlosser
Wir haben ja auch finanzielle Unterstützung, angenommen für eine Reise. Von unserer Prämie behalten wir zusätzlich etwas ein, und dann können wir entweder eine Busfahrt machen oder was sich so rausstellt. Wo sind wir schon hingefahren, zum Plauer See, zum Schweriner See oder nach Sanssouci, Schloß Sanssouci besichtigen, das sind Dinge, die das Kollektiv entscheidet, wo eben der größte Teil Interesse dran hat. Da fährt dann die Frau mit, die Kinder teilweise, je nachdem wie das gerade klappt, aber grundsätzlich fährt das ganze Kollektiv mit den Familienangehörigen. Bei einem Abteilungsfest oder Meistereifest, da ist die Familie mit drin, oder bei einem Theaterbesuch, da gehen nicht die Männer alleine.

Rolf-Dieter P., 30 Jahre alt, Rohrschlosser
Natürlich gibt's auch, daß wir mal einen verabschieden oder irgendwas, daß wir nur mal Skat spielen, das gibt's auch. Aber im wesentlichen wird die Familie mit einbezogen. Die würde ja böse werden, wenn alle Mann alleine losmarschieren und die Frauen zu Hause sitzen lassen. Das geht grundsätzlich nicht, und das machen wir auch nicht.

Hubert S., 35 Jahre alt, Rohrschlosser
Ich habe ungefähr ein Jahr das Brigade-Tagebuch geschrieben. Ich schreib gern ein bißchen, so Normschrift und überhaupt Druckschrift, das liegt mir. Ein Jahr hab ich es gemacht, dann hat es ein anderer übernommen. Die

Tagebücher werden ausgewertet, wir haben schon sehr gute Ergebnisse gehabt. Manch einer schreibt ein bißchen oberflächlich, aber manch einer schildert wirklich in gekonnter Form das Leben in der Meisterei. Die fachliche Arbeit, die gesamtwirtschaftliche Arbeit, dann was nach Feierabend ist, was wir zusammen machen, 'ne halbe DIN-A4-Seite wird geschrieben. Und wenn besonders kuriose Sachen vorkommen, wird auch 'ne kleine Skizze dazu gemacht. Das werden oft ganze Hefter, und dann gibt es eine Art Wettbewerb.

Erika Runge: Eine Reise nach Rostock, DDR. 2. Auflage, Frankfurt/Main 1972, S. 49ff

---

●●

Anders sieht das Ergebnis der Beurteilung allerdings aus, wenn man es aus der Perspektive autonomer Interessenvertretung und sozialistischer Zielvorstellung betrachtet. Dann bleibt von den ganzen Mitwirkungsrechten häufig nur noch das Recht auf Arbeit übrig. Alles andere geht unter dem Anspruch auf die Wissenschaftlichkeit der Planung und der Steigerung von Arbeitsproduktivität und Produktionsvolumen verloren.

●●

Jürgen Miermeister: Die Kollegen sagen selten etwas. Was die DDR ihren Arbeitern an «Mitbestimmung» im Betrieb erlaubt

[. . .]

«Wir haben in den Jahren 1945 und 1946 einige Experimente gehabt, auf der Grundlage der alten utopischen Sozialisten zu sozialisieren. Ich denke an die Gründung von Produktivgenossenschaften durch die Übernahme von Betrieben von Naziverbrechern in das Eigentum der Belegschaften. – Aber weil es falsch ist, haben wir solche Versuche schnell und geräuschlos liquidiert.» Dies, 1948, von einem Marxisten (und Leninisten) formuliert: von Fritz Selbmann, seinerzeit Industrieminister der Sowjetischen Besatzungszone (SBZ).

Abgewürgt wurden basisdemokratische Tendenzen nicht nur in Betrieben (organisatorische Form: die Betriebsrätebewegung) und Kommunen (hier waren es vor allem antifaschistische Komitees), sondern auch an Partei- und Gewerkschaftsbasis. Auch der Widerstand gegen die bürokratische (Re-) Installierung «revolutionärer Errungenschaften» wie Einzelleitungs- und Leistungsprinzip, Stück- und Akkordlohnsystem sowie eine verschärfte Arbeitsordnung zur Absicherung hoher Arbeitsdisziplin wurde gebrochen.

Prämien und Wimpel

Von der Erfüllung, Über- oder Nichterfüllung der Plan-Kennziffern, Daten und Normen hängen heute Prämienhöhen, Orden, Titel und Wanderwimpel ebenso ab wie bestimmte Sozialfonds oder Leitungsentscheidungen zur Verbesserung der Arbeits- und Lebensbedingungen. Seine jeweiligen zeitlichen Vorsprünge oder Rückstände werden in manchen Betrieben bereits täglich ermittelt. Sie bestimmen Anzahl und Verlauf von Belegschaften, Gewerkschafts- und Parteigruppenversammlungen, können Kampagnen für Initiativ-, Hoch- und Höchstleistungsschichten auslösen. Der Plan beeinflußt die Atmosphäre in den Konfliktkommissionen, die Arbeits(un)zufriedenheit und das Klima in und zwischen den Brigaden (Gruppen zwischen sechs und 18 Personen).

Und was sonst noch alles? Das wissen nicht einmal die seit einigen Jahren immer zahlreicher und häufiger anrückenden Arbeitswissenschaftler, Psychologen und Soziologen (geflügeltes Wort: «Die ändern och nüscht. Stellen 150 schlaue Fragen, hauen wieder ab und schreiben ihre Doktorarbeiten.»). Ihre Forscherkollegen westlich von Ost-Berlin wiederum werten das als Zeichen für Gärung an der Basis.

Die Planungsarbeit ist daher ein Informations-, Analyse-, Reflexions- und Entscheidungsprozeß höchsten politökonomischen Ranges, dessen wesentliche Dimensionen nach einer knapp 30jährigen Geschichte der selten freiwilligen Experimente zum Teil wieder vom Politbüro der SED selbst gesetzt und kontrolliert werden oder von der staatlichen Planungskommission, dem zentralen Organ des Ministerrats. Auf den verschiedenen Ebenen der Pyramide – über Bezirksplankommission und -wirtschaftsräte, über Vereinigungen Volkseigener Betriebe und Kombinate hinunter bis zu Kreisen, Gemeinden und Betrieben – werden die «staatlichen Aufgaben» der Fünf- oder Einjahrpläne weiter aufgeschlüsselt und gemäß den voraussichtlichen personellen und materiellen Möglichkeiten der unteren Wirtschaftseinheiten spezifiziert.

Was diese Aufgaben für sie konkret bedeuten, erfahren die Belegschaften dann im Verlauf der von Betriebsgewerkschafts- und Parteileitung geführten Plandiskussion. Sie soll ihnen die Möglichkeit geben, in den von der staatlichen Werkleitung, das heißt in dem vom Genossen Direktor gebastelten Planentwurf, ihre eigenen Gedanken, Vorstellungen und Perspektiven einzubringen. Das ist nicht einfach, wenn die wichtigsten Würfel wie Rationalisierungsprojekte, Lohnfonds, Investitionen und anderes schon gefallen sind.

Hinzu kommen Termin- und Informationsmängel, die technisch-wissenschaftliche Geheim- und Herrschafts- statt Revolutions-Sprache und nicht zuletzt die Erfahrung, daß, nach erfolgter Plandiskussion, das letzte Wort zum Betriebsplanvorschlag wieder der Werkleiter hat, der assistiert vom Gewerkschaftsvorsitzenden, den Vorschlag nach oben verteidigt.

Der Kreis ist geschlossen. Schlosser Helmut R. vom VEB «Germania» fühlt sich draußen: «Diskussionen sind da nicht so viel. Ist ja auch meist nur eine halbe Stunde Zeit, wenn man zusammengerufen wird. Und da wird erst mal informiert: Zahlen über Zahlen, von denen wir oft wenig Ahnung haben. Und dann fragen eben der Parteisekretär oder ein anderer Leiter: ‹Hat einer was zu sagen? Veränderungsvorschläge zu machen?› Aber die Kollegen sagen halt nichts mehr. Oder selten. Sie wissen, daß sowieso alles so gemacht wird, wie die höheren Organe, sagen wir mal, es wollen. Es wird halt ein bißchen geredet und dann abgestimmt. Das ist fast immer einstimmig. Es kommt selten vor, daß einer die Hand hebt.»

[. . .]

Sie hat sich als Technikerin qualifiziert. Im Abendstudium. Und wenn sie die allgemeine Skepsis ihres Mannes, was größere Einflußmöglichkeiten in den vielen Kommissionen und ehrenamtlichen Gremien («Da hocken doch immer dieselben drin; keiner will mehr arbeiten!») angeht, auch teilt, auf einige der Gewerkschaftsaktivitäten läßt sie nichts kommen. Der Frauenförderungsplan etwa und der Plan zur Weiterqualifizierung, den einige engagierte – drin sind ja quasi alle – FDGBler(innen) ausarbeiteten, haben ihr durch bezahlte Freistellung vor der Produktion, zeitweise bis zu 20 Wochenstunden, das Studium an der Fachschule ermöglicht.

Es braucht Irene R. nicht unbedingt zu stören, daß sozialpolitische Programme ihres VEB, die – zusammen mit den zu erbringenden Arbeits- und Produktionsleistungen – im Betriebskollektivvertrag für das jeweilige Planjahr konkret festgeschrieben werden, zugleich ökonomisch stimulierenden Charakter haben sollen. Sie sind an staatlichen Strategien zur Lösung volkswirtschaftlicher Probleme orientiert, sind kalkuliert.

Familienfördernde Maßnahmen (Beschleunigung des Wohnungsbaus etwa), Qualifizierungshilfen insbesondere für Frauen und Erleichterungen für berufstätige Mütter zum Beispiel haben also weniger mit der Einlösung ideologischer Ansprüche zu tun als damit, den für die DDR – seit 1972 ganz besonders – bedrohlichen Geburtenrückgang zu stoppen. Die SED macht gar kein Hehl daraus, und die Statistik meldet schon Erfolge.

Die Frage ist nur, ob die Zeiten, in denen, weitgehend ohne direkten stärkeren Druck, das Betriebsvolk in Gestalt seiner Vertreter wenigstens noch zum «Wie» des Geschehens, des Verteilens vor allem auf sozialpolitischem Sektor, beitragen durfte, nicht vorbei sind.

Denn die Arbeitsproduktivität, für Lenin wesentliche Erkennungsmarke für Sozialismus oder Kapitalismus, konnte auch in den siebziger Jahren nicht planmäßig erhöht werden; ihr Rückstand gegenüber der bundesrepublikanischen etwa beträgt in der Industrie noch immer 30 Prozent.

Die Antwort blieb nicht lange aus. Auf dem 9. Parteitag der SED verkehrte sich das Motto des 8. Parteitages radikal. Aus der These: Ohne Sozialpolitik keine Intensivierung (Plan 71 bis 75), wurde der Slogan: Ohne Intensivierung keine Sozialpolitik (Plan 76 bis 80). Das Füllhorn wird wieder deutlicher als Trompete erkennbar, die zum verschärften Angriff auf die «Reserven» in den Maschinen und in den Menschen bläst.

Da wird auf rapide Ausweitung des Schichtarbeitsystems gedrängt. (17 Prozent der in der Produktion Beschäftigten arbeiten bereits zwei-, 28 Prozent gar dreischichtig.) Weil materielle Anreize offenbar nicht ausreichen, gibt es Überlegungen, ob an diesem Punkt Egalität nicht doch zur Pflicht werden sollte. Da baut man kontinuierlich die Fließbandfertigung aus und importiert, gegen knappe Devisen, Kontroll- und Disziplinierungs-Know-how aus dem Westen, wo die rigide Zerstückelung von Arbeitsprozessen – auch und gerade unter dem Aspekt der Mehrproduktion – fraglich geworden ist. Da ist es seit zwei Jahren erwünscht, daß die Werktätigen Gegenpläne aufstellen. Und weil sie als modernste Form realsozialistischer Mitwirkung gelten, ist lediglich die Möglichkeit hoher Überbietung vorgesehen.

Frankfurter Rundschau vom 24. September 1977

●●

Zusammenfassend läßt sich über die betriebliche Mitbestimmung im Sozialismus feststellen:

1. Es gibt im Industriebetrieb der DDR eine Vielzahl von Organen und Aktionsformen, deren Zielsetzung hauptsächlich die Mobilisierung und Integration der Werktätigen zur Erfüllung der ökonomischen Planung beinhaltet.

2. Grundsätzlich hat keines dieser Organe ein Veto- oder Einspruchsrecht gegenüber der hierarchisch gegliederten Betriebsleitung, wenn auch der normative Anspruch auf Mitwirkung bei der Betriebsplanung stark ausgeprägt ist. Demzufolge kann die geforderte Beteiligung allein im Bereich des fachlichen Mitspracherechts realisiert werden. Entstehung und Regulierung von Konflikten außerhalb dieser fachlichen Sphäre sind nicht vorgesehen.

3. Bei allen Formen der Integration nimmt die Betriebsparteiorganisation die bestimmende Rolle ein. Ihre Mitglieder und Funktionäre kontrollieren praktisch die Leitungsfunktionen in Personalunion oder kraft Anwesenheit. Das Verhalten der Parteimitglieder bei der Planerfüllung wird zum verbindlichen Leistungsmaßstab für alle anderen Werktätigen.

4. Die Betriebsgewerkschaftsorganisation ist trotz tendenzieller Rollenverstärkung weitgehend ein reines Ausführungsorgan der Betriebsparteiorganisation. Eigenständige Funktionen nimmt sie praktisch nur im Bereich des Sozialwesens und der Freizeit wahr.

5. Jeder Betriebsangehörige ist als Mitglied der Betriebsgewerkschaftsorganisation mindestens einmal organisatorisch erfaßt. In der Regel wird er noch als Mitglied eines «sozialistischen Kollektivs», der Neuererbewegung,

der Jugend, der Frauen, der Sportler usw., erfaßt und auf ein bestimmtes Verhalten hin beeinflußt.

6. Diese Beeinflussung zielt auf eine möglichst umfassende Einbeziehung der Betriebsangehörigen in die ökonomische und ideologische Planung des Betriebes. Beim gegenwärtigen Zustand von Produktivkräften und Produktionsbedingungen ist die Aufgabe nicht ohne Rückgriff auf die Freizeit zu bewältigen.

7. Die häufig rein quantitative Zielsetzung und die dauernde Überbeanspruchung der Werktätigen durch die unterschiedlichsten Aktionsformen und Kampagnen des sozialistischen Wettbewerbs lösen schließlich Abwehrreaktionen bei den Betroffenen aus, die man als Leistungsverweigerungsstrategien bezeichnen könnte.

8. So werden durch die umfassende Organisation zwar bei einem Teil der Werktätigen Aktivitäten geweckt, die ohne die direkte Aufforderung und Ansprache durch die entsprechenden Gruppen unterblieben wären, andererseits werden aber individuelle und leistungswillige Arbeiter durch Überforderung und Bürokratisierung zur Zurückhaltung gebracht.

9. Vermutlich könnte bei einem Verzicht auf die totale Organisation und Erfassung jedes einzelnen Werktätigen die durch spontane und freiwillige Aktivität erreichte Effizienz wesentlich größer sein, als die erzwungene Massenbeteiligung.

10. Die bisher formulierte Theorie der Betriebsdemokratie ist zuwenig differenziert und realitätsbezogen. Zugunsten eines abstrakten Beteiligungsmodells ist die Erfassung physischer und psychischer Bedingungen realer Mitwirkung vernachlässigt worden.

Arbeitsvorschläge

1. Die offizielle Definition des sozialistischen Betriebes versucht die vielgestaltige Wirkung des Produktionsprozesses auf den Menschen zu erfassen. In welcher Hinsicht unterscheidet sich hier die sozialistische Theorie von der offiziellen Doktrin der Marktwirtschaft?
2. Die sogenannte Eigenverantwortlichkeit der Betriebe für die Realisierung der Produktion ist abhängig von den jeweiligen Rahmenbedingungen des Planungssystems. Nennen Sie einzelne Faktoren, die für die Ausgestaltung dieser Eigenverantwortung entscheidend sind.
3. Die Betriebsleitung des volkseigenen Betriebes unterscheidet sich nicht in der Organisation, wohl aber in der Aufgabenstellung von der des Privatbetriebes in der Bundesrepublik. An welchen Zielen läßt sich dieser Unterschied festmachen?
4. Die innerbetriebliche Organisation wird durch das Zusammenwirken von Betriebsleitung, Partei- und Gewerkschaftsorganisation bestimmt. Beschreiben Sie die Abhängigkeit und Zuordnung dieser Or-

ganisationen bei der Realisierung der betrieblichen Aufgaben.

5. Die Mitwirkung und Integration der Werktätigen in die betriebliche Planung und Leitung gehören zu den Hauptzielen sozialistischer Betriebswirtschaftslehre. Auf Grund des vorgegebenen Zentralismus ist die Entscheidungsfreiheit der Betriebe und Kollektive stark eingeengt. Auf welche Weise hofft man trotzdem die vorgegebene Zielsetzung realisieren zu können? Was halten Sie von diesem Konzept?
6. Der Versuch, über unterschiedliche Organisations- und Aktionsformen alle Werktätigen aktiv für die Planrealisierung zu mobilisieren, hat positive und negative Konsequenzen. Welche Verhaltensformen lassen sich bei einem derartigen Vorgehen bei den Werktätigen erwarten?

VIII. Bürokratischer Zentralismus oder demokratische Mitwirkung: Die staatliche Wirtschaftsplanung zwischen Leistungsanspruch und sozialistischer Zielsetzung

Dank der staatlichen Verfügungsgewalt über die Produktionsmittel wird die Planung der Wirtschaft zum kennzeichnenden Kriterium des ökonomischen Systems. Diese Planung ist gekennzeichnet durch:

- die langfristige Zielsetzung;
- die gesamtwirtschaftliche Orientierung;
- den Anspruch auf Wissenschaftlichkeit bei Bestimmung und Erstellung der Planvorgaben;
- die angestrebte soziale Veränderung.

Die qualitative Entwicklung dieser Planung ist wiederum abhängig von technischen und ökonomischen Gegebenheiten. Erst im Rahmen der Arbeitsteilung innerhalb des Ostblocks und des devisennotwendigen Westhandels kann die DDR zu einer langfristig orientierten Planung ihrer Wirtschaftsziele kommen. Der dabei erfaßte Entwicklungszeitraum reicht gegenwärtig bis zum Jahr 2000. Für 20 Jahre im voraus sollen die zentralen Planungsinstanzen unter Mithilfe wissenschaftlicher Beratungsorgane eine ausgewogene Entwicklung der ökonomischen, politischen und sozialen Verhältnisse bestimmen. Eine verbesserte empirische Sozialforschung, die Erfassung realer sozialer Strukturen und Vorschläge zu ihrer Veränderung zeigen, daß man in letzter Zeit abstrakte Wunschvorstellungen wie die von der «sozialistischen Menschengemeinschaft» zugunsten eines wachsenden Bewußtseins von der komplexen Realität gesellschaftlicher Veränderungen zurückgenommen hat.

Auf der Grundlage langfristiger Prognosen werden unter dem Stichwort der mittelfristigen Planung die jeweiligen Fünfjahrespläne und auf ihrer Basis dann die ein Jahr umfassenden Volkswirtschaftspläne erstellt. Das dafür verantwortliche politische Organ ist der Minsterrat.

●●

Planung der Volkswirtschaft

§ 3

1) Der Minsterrat leitet unter Ausnutzung der ökonomischen Gesetze des Sozialismus die Volkswirtschaft entsprechend den Direktiven der Sozialistischen Einheitspartei Deutschlands, den langfristigen Plänen, den Fünfjahr- und Jahresplänen und sichert die planmäßige proportionale Entwicklung der Volkswirtschaft. Er legt die Grundrichtung und die Hauptaufgaben zur Verwirklichung des wissenschaftlich-technischen Fortschritts fest und sichert das dafür erforderliche Forschungs- und Entwicklungspotential.

[. . .]

§ 4

1) Der Ministerrat ist verantwortlich für die rechtzeitige Ausarbeitung der langfristigen Pläne, der Fünfjahr- und Jahrespläne sowie der Staatshaushaltspläne. Er gewährleistet, daß bei der Ausarbeitung der Pläne von den Bedürfnissen der Bevölkerung, der Wirtschaft und den Erfordernissen des sozialistischen Staates ausgegangen wird. Der Ministerrat sichert, daß die staatliche Plankommission in enger Zusammenarbeit mit den Ministerien und den Räten der Bezirke auf der Grundlage der Beschlüsse der Partei der Arbeiterklasse die Pläne wissenschaftlich vorbereitet und begründet. Er gewährleistet die planmäßige Verbesserung der volkswirtschaftlichen Struktur in Übereinstimmung mit den Möglichkeiten und Erfordernissen der fortschreitenden sozialistischen ökonomischen Integration der Mitgliedsländer des RGW.

2) Der Ministerrat berät und bestätigt die Entwürfe der Gesetze über die Fünfjahrpläne und die Staatshaushaltspläne. Er legt sie der Volkskammer zur Beschlußfassung vor.

3) Der Ministerrat beschließt über die Staatsbilanzen und entscheidet grundsätzliche Fragen des Finanz-, Währungs- und Kreditwesens sowie der Preise.

Gesetz über den Ministerrat der Deutschen Demokratischen Republik (GBl. I Nr. 16 S. 253)

●●

Intensivierung wird weiter vertieft

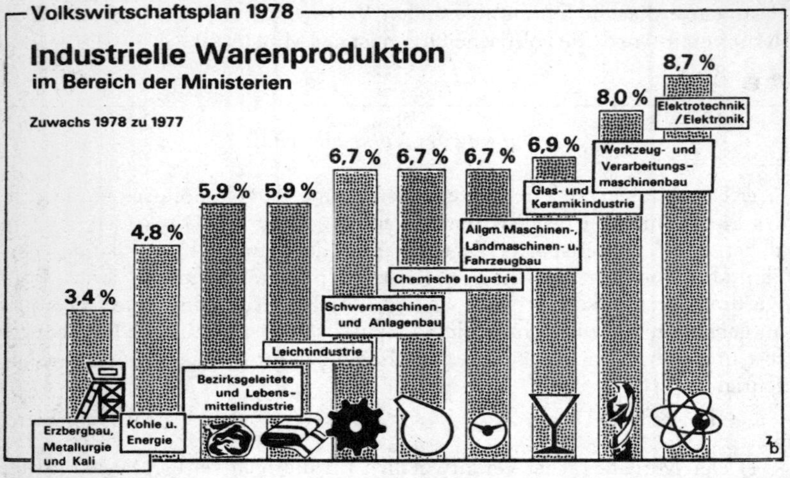

Vertiefte Intensivierung – das charakterisiert den Volkswirtschaftsplan 1978. Die Grafik verdeutlicht die für den weiteren Leistungsanstieg in der Produktion festgelegten Aufgaben. Sie gründen sich vor allem auf die Beschleunigung des wissenschaftlich-technischen Fortschritts und der sozialistischen Rationalisierung Grafik: ZB

Quelle: Neues Deutschland vom 20. Februar 1978

Der jährlich von der Volkskammer zu verabschiedende Volkswirtschaftsplan ist ein Gesetz mit verbindlichem Charakter. Im Unterschied zur Prognose und Zielsetzung des Staates in der Marktwirtschaft geht es hier nicht um Orientierungsziffern, sondern um quantitative Aufträge, die von den entsprechenden Wirtschaftsorganen zu realisieren sind.

Die Aufstellung des Planes und seine Realisierung erfolgen allerdings auf zwei sehr verschiedenen Ebenen, die sich nicht unbedingt entsprechen und ergänzen müssen. Hier ergeben sich vor allem organisatorische Probleme der direkten Lenkung und Steuerung einer Volkswirtschaft. Die reibungslose Koppelung der verschiedenen Planebenen, die Umsetzung der langfristigen Prognosedaten in konkrete Handlungsanweisungen für die Betriebe, ist bisher ungelöst, obwohl man schon verschiedene Organisationsmuster und Hilfsmittel dazu verwandt hat. Für den Bereich der Wirtschaftsplanung auf der unteren und mittleren Ebene lassen sich daher folgende Aussagen machen:

1. Es gibt bisher kein verbindliches und erprobtes System der Volkswirtschaftsplanung. Die Neuartigkeit der Aufgabe, die sich stetig verändernden Produktionsbedingungen erfordern jeweils andere Methoden und Maßnahmen. Fraglich bleibt, ob es überhaupt jemals ein abgeschlossenes System der zentralen Planung geben kann.

2. Unberührt von den Schwierigkeiten bei der Anwendung der Planungsmethoden bleibt das Primat der Politik in Form des Erziehungsanspruchs der Partei. Die Normen, die sich aus dem Ziel der «sozialistischen Persönlichkeit» und des «Sozialismus» ergeben, stehen nicht zur Disposition. Selbst etwaige Abweichungen durch die Ansprüche der Produktion bilden keinen offiziellen Diskussionsstoff.

3. Schwerpunkt der Planung ist die zentrale Koordinierung der Einzelpläne und der gesamtwirtschaftliche Effektivitätsmaßstab, dem sich alle anderen Kriterien unterzuordnen haben. Eine Diskussion der Planziele auf unterer Ebene ist schon aus Mangel an Information und Übersicht nur schwer möglich.

4. Die Informationsvermittlung und -verarbeitung als Basis von Plankontrolle und Planerstellung ist eine fortlaufende Aufgabe der staatlichen Plankommission, die dabei unter enormem Zeitdruck steht.

Schematische Darstellung des Planungsablaufs

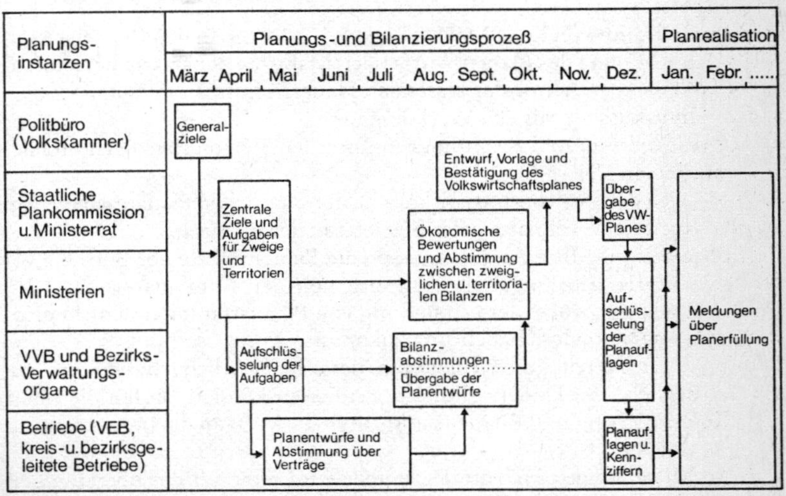

Quelle: H. Leipold: Wirtschafts- und Gesellschaftssysteme im Vergleich. Stuttgart 1976, S. 170

In der Hierarchie von staatlicher Plankommission, den Industrieministerien, den Vereinigungen Volkseigener Betriebe (VVB) und den Kombinaten (sozialistische Konzerne) steht der einzelne Betrieb auf der letzten Stufe. Als Bindeglied zwischen ihm als ausführendem Organ und der Zentrale als der eigentlichen Planungsinstanz fungiert die mittlere Ebene der VVB oder Kombinate. So verläuft die volkswirtschaftliche Planung in mehreren Phasen als wiederholter Informationsaustausch und Korrekturprozeß zwischen den Planungsorganen und den Produktionseinheiten.

Der Prozeß der schrittweisen Annäherung von staatlichen Planungsvorhaben und betrieblichen Planungsangeboten vollzieht sich zum einen vertikal zwischen den verschiedenen Ebenen der Wirtschaftshierarchie und zum anderen horizontal innerhalb einer Leitungsebene mittels Absprachen, Verträgen und Abstimmungen der jeweiligen Gesprächspartner. Nach mehreren Änderungen und Umstellungen der Planungssystematik verläuft jetzt die Jahresplanung in folgenden Einzelschritten:

1. Die staatliche Plankommission erarbeitet nach den vom Ministerrat als der obersten politischen Instanz festgelegten Entwicklungslinien der Volkswirtschaft den zentralen Planansatz und leitet hieraus die Planaufgaben für die Industrieministerien ab.

2. Die Industrieministerien schlüsseln diese Aufgaben auf und weisen sie den einzelnen VVB oder Kombinaten zu.

3. Auf der Basis der staatlichen Aufgabenstellung setzt nun die mittlere Leitungsebene der VVB und Kombinate bis zum Mai die Kennziffern für die Betriebe fest.

4. Im Zeitraum von Ende Mai bis Ende Juli erfolgen in den Betrieben:

- die Ausarbeitung des Planentwurfs nach Maßgabe der staatlichen Aufgaben und in Auswertung der laufenden Planerfüllung;
- die Plandiskussion mit den Werktätigen;
- die Abstimmung und Koordinierung mit den Vertragspartnern und der kommunalen Verwaltung.

Im Bereich der Realisierungsdiskussion der staatlichen Planaufgaben liegt also die eigentliche Teilnahme der Betriebe an der Planung.

5. Ende Juli bis Mitte August müssen die Planentwürfe der Betriebe vor den jeweils übergeordneten Leitungsorganen der Kombinate oder VVB verteidigt werden, wobei der Darstellung von Planvarianten und nicht gelöster Probleme besondere Bedeutung zukommt.

6. Nach der Verteidigungsdiskussion, der offensichtlich letzten Stufe, auf der die Betriebe die Planerstellung beeinflussen können, laufen die Pläne nach Koordinierung und Bilanzierung durch die VVB an die Industrieministerien zurück.

7. Ab Mitte August bis zum Dezember wird jetzt auf der obersten Leitungsebene durch die Staatliche Plankommission und die Industrieministerien der volkswirtschaftliche Gesamtplan erstellt.

8. Im Dezember wird der vom Ministerrat bestätigte Planentwurf von der Volkskammer als Gesetz beschlossen, stufenweise aufgeschlüsselt und erreicht schließlich im Rücklauf den Betrieb in Form verbindlicher Planauflagen.

9. Damit beginnt in den Monaten Januar und Februar in den Betrieben erneut die Plandiskussion, jetzt in Auseinandersetzung mit den konkreten Planaufgaben. Der Betrieb stellt in Aufschlüsselung dieser Aufgaben den Betriebsplan zusammen und beginnt mit dessen Realisierung. Zugleich werden im Zuge des «sozialistischen Wettbewerbs» Verpflichtungen zur Übererfüllung der Planauflagen abgegeben. Sie finden als Gegenpläne und Wettbewerbsziele ihren schriftlichen Niederschlag im Betriebskollektivvertrag (BKV). Der Betriebskollektivvertrag ist sozusagen das Endprodukt, der spezifische Plan des Betriebes, der alle Einzelheiten der Planung für den Betrieb enthält und erst fertig ist, wenn die Planrealisierung schon angelaufen ist.

Zum Zusammenhang von Planerfüllung und Planerstellung in der Produktion

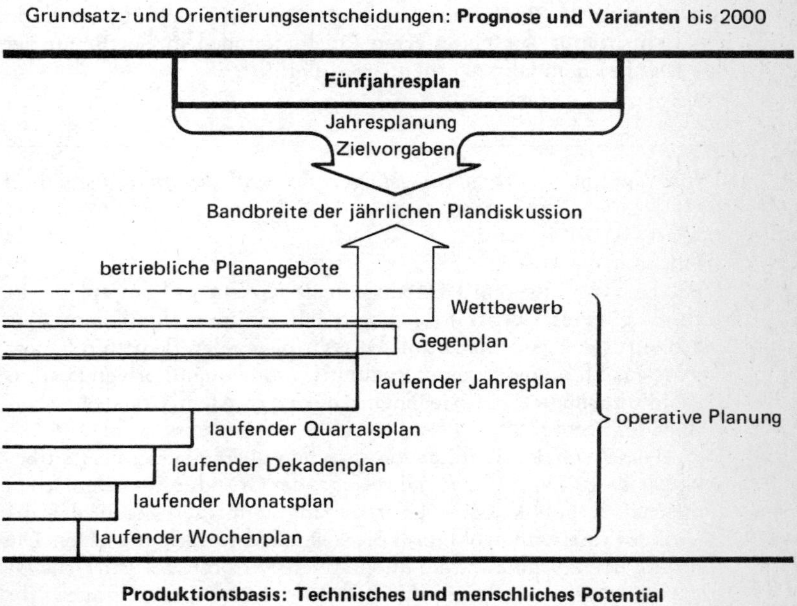

Quelle: Nach Angaben des Lehrbuchs Sozialistische Betriebswirtschaftslehre. Berlin (DDR) 1974

Die hier formal herausgearbeiteten Planungsphasen sind in der Wirklichkeit kaum so deutlich anzutreffen. In der betrieblichen Praxis bestimmt vielmehr der Stand der jeweiligen Planerfüllung den Angebotsspielraum gegenüber den staatlichen Organen. Diese operative Planung ergibt sich aus der bereits erfolgten Realisierung der aufgeschlüsselten Produktionsziele und den noch verbleibenden Vorgaben von Plan, Gegenplan und Wettbewerb. Auf dieser Grundlage werden dann Mitte des Jahres die Produktionseinheiten mit den aus der volkswirtschaftlichen Perspektivplanung abgeleiteten Zielvorstellungen der staatlichen Organe konfrontiert. Als eigentliche Grundlage der sogenannten Plandiskussion dient somit nur noch die Differenz zwischen der Fortschreibung der laufenden Planerfüllung und den neuen Produktionszielen. Als Bindeglieder fungieren dabei Gegenpläne und Wettbewerbsvorhaben, deren jeweilige Realisierung zugleich die Basis für den neuen Plan abgibt.

Wie wenig bisher allerdings Planungstheorie und Planpraxis miteinander übereinstimmen, zeigen die dauernden Veränderungen des Planungssystems innerhalb der letzten Jahre.

Die Zielsetzung der staatlichen Planer in der DDR ist von einer möglichst großen Steigerung der Produktion bestimmt. Diese «Kampfaufgabe» deckt sich häufig nicht mit der geforderten Qualität und dem Sortiment der Produkte, was in jedem Jahr zu erneuter Kritik führt.

●●

Erich Honecker über Produktionssteigerung und Produktionsqualität (1978)

Genossinnen und Genossen!

Wir sprechen von unserem Fünfjahrplan als von einem Kampfplan. Für den Plan 1978 gilt dieses Wort in ganz besonderem Sinne. Ihm kommt eine Schlüsselrolle für das ganze Jahrfünft zu. Wir haben den Plan zum Gesetz erhoben. Die Erfüllung jeder seiner qualitativen und quantitativen Positionen, die Erfüllung seiner Ziele in jeder Dekade und in jedem Monat entscheidet nun über den Erfolg.

Wie gut das verstanden wird, davon sprechen überzeugend die Wettbewerbsprogramme zu Ehren des 30. Jahrestages der Gründung der Deutschen Demokratischen Republik. Ohne Übertreibung kann man sagen, daß die Wege zu hoher Effektivität wohl noch nie so konkret festgelegt wurden. Die Intensivierung der Produktion, die qualitativen Faktoren des Wirtschaftswachstums bestimmen eindeutig die Richtung dieser Zielstellungen. Ihr umfassender Charakter, ihre Tiefe und Wissenschaftlichkeit sind wirklich eine neue Erscheinung in der Entwicklung unseres sozialistischen Wettbewerbs, die den gegenwärtigen gesellschaftlichen Erfordernissen durchaus entspricht. Wie schon bei der besonders gründlichen Beratung und Vorbereitung des Planes 1978 haben sich dabei die Gewerkschaften erneut als starke Kraft im Kampf um die Ziele des IX. Parteitages erwiesen.

Worauf es bei den Gegenplänen ankommt

Eine große Bedeutung für die Verwirklichung unserer Aufgaben hat die Ausarbeitung der Gegenpläne. Uns kommt es beim Gegenplan nicht auf irgendwelche zusätzliche Leistungen an, nicht auf irgendeine größere Menge Warenproduktion. Um es offen zu sagen: Die Vergrößerung der Bestände an schwer verkäuflichen Erzeugnissen nützt uns nichts. Wir brauchen vor allem mehr verfügbares Endprodukt. Was wir dringend nötig haben – das sind mehr verkaufsfähige Exporterzeugnisse und Produkte zur Ablösung von Importen, als die Planauflagen vorsehen. Das sind mehr Waren für den Binnenhandel, welche die Bevölkerung gern kauft. Was wir brauchen, das sind mehr Ersatzteile, um energisch die Probleme zu lösen, die dabei auf einigen Gebieten bestehen. Es sind auch Produkte, die Lücken bei den sogenannten «1000 kleinen Dingen» schließen.

In den Betrieben der Zulieferindustrie geht es darum, mit den Gegenplänen die höhere Produktion verfügbarer Endprodukte materiell und vor allem auf dem erforderlichen Qualitätsniveau zu ermöglichen. Endprodukte sind nicht nur Personenkraftwagen, Waschmaschinen oder Fernsehapparate, sondern Endprodukte sind auch die Ersatzteile dafür. Das ist eine Frage, die unverständlicherweise in der industriellen Warenproduktion bisher nicht die genügende Berücksichtigung gefunden hat. Wir haben Festlegungen getroffen, um das Problem der Produktion und der Versorgung mit Ersatzteilen sowohl hinsichtlich der Kapazitäten als auch der Leitung, Planung und ökonomischen Stimulierung einer grundsätzlichen Lösung zuzuführen. Beim Gegenplan zählt auch alles, was hilft, produktionswirksame Investitionen und Rationalisierungsmaßnahmen vorfristig in Betrieb zu nehmen. In diesem Sinne sollten die Parteiorganisationen auf den Inhalt der Gegenpläne Einfluß nehmen.

Wir müssen in unserer politischen Führungstätigkeit stets davon ausgehen, daß die Aufgaben des Planes 1978 für jeden Betrieb und jedes Kollektiv objektiv notwendig sind, um unser sozialpolitisches Programm weiter durchzuführen, die materiell-technische Basis der Volkswirtschaft zu stärken, den veränderten außenwirtschaftlichen Bedingungen Rechnung zu tragen und den Schutz unserer Errungenschaften zu gewährleisten. Ein solcher Plan kann nur ein anspruchsvoller Plan sein. Nach gewissenhafter Prüfung können wir sagen, daß es auch ein realer Plan ist. Er stellt lösbare Aufgaben. Solche Realität verlangt, daß die Material-, Ausrüstungs- und Kapazitätsbilanzen aufgehen. Wir wissen, daß es auf diesem Gebiet noch offene Probleme gibt, an denen weiter energisch gearbeitet werden muß. Andererseits besteht die Realität eines Planes nicht nur aus ausreichenden

Zulieferungen und Maschinen. Er stützt sich auf die Initiative und den Erfindergeist der Werktätigen, ja, er ist überhaupt nur real in sozialistischem Sinne, wenn er zugleich anspornt, alle inneren Kraftquellen unserer Gesellschaft vollständig einzusetzen. So will der Plan 1978 an jedem Arbeitsplatz begriffen und verwirklicht werden.

Erich Honecker: Die Aufgaben der Partei bei der weiteren Verwirklichung der Beschlüsse des IX. Parteitages der SED. In: Neues Deutschland vom 18./19. Februar 1978

●●

Zur Durchsetzung ihrer interessenspezifischen Ziele stehen den einzelnen am Wirtschaftsprozeß beteiligten Gruppen vor allem die Phasen der Information und Diskussion zur Verfügung. Die staatliche Plankommission ist letztlich auf die Informationen der unteren und mittleren Produktionsebene bei der Aufstellung ihrer Planungsziele angewiesen. Über die entsprechende Auswahl der Informationen versuchen die Wirtschaftssubjekte in der Regel, die zukünftigen Planauflagen für ihre Produktionseinheit so zu beeinflussen, daß die ökonomische Zielsetzung bei durchschnittlicher Anstrengung erreicht werden kann. Je größer also der Einfluß auf den Informationsbedarf der Zentrale ist, desto größer wird auch vermutlich die Entscheidungsfreiheit des Betriebes sein.

Dem bewußten Zurückhalten von Produktionsreserven versucht die Zentralinstanz mit verschiedenen Mitteln zu begegnen:

- durch eine ständige Verbesserung und Verdichtung des Kontrollsystems, um alle für die Planerfüllung wichtigen Faktoren zu erfassen und zu aussagekräftigen Informationen über den materiellen Ist-Zustand zu gelangen;
- durch das Experimentieren mit den unterschiedlichsten Erfassungskennziffern und Abrechnungsmodalitäten;
- durch die materielle Stimulierung der Betriebe und Werktätigen.

Außer bürokratischen Zwangsmitteln werden auch materielle und ideelle Anreize eingesetzt: Gewinnbeteiligung und freiwillige Zusammenarbeit. Nach dem Prinzip der wirtschaftlichen Rechnungsführung ist es ein Hauptanliegen des sozialistischen Systems, die Effektivität der Produktion durch eine ständige Verbesserung des Anreizes zu steigern. Von der Tatsache ausgehend, daß die Aufstellung des zentralen Volkswirtschaftsplans nicht automatisch zu einer Interessenharmonie zwischen den Betrieben und der zentralen Planungsbehörde führt, versucht man den notwendigen Interessenausgleich mit materiellen Mitteln herzustellen. Besondere Bedeutung kommt dabei der Planung und Bildung des Prämienfonds zu.

Der Betriebsprämienfonds kann formal mit der Gewinnbeteiligung in

Die Bildung und Verwendung des Betriebsprämienfonds stimuliert die Planerfüllung auf der Grundlage planmäßiger Rationalisierung

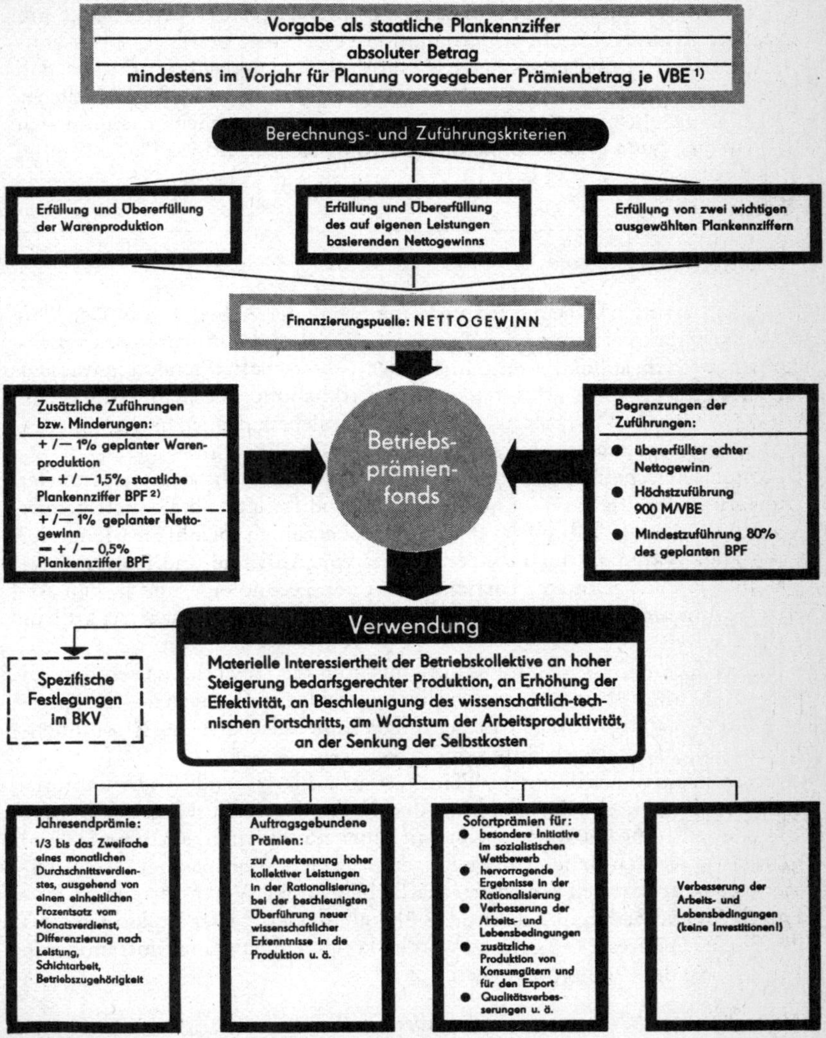

Die Darstellung basiert auf den staatlichen Festlegungen für die Planung, Bildung und Verwendung der Prämienfonds im Jahre 1973

1) Vollbeschäftigten-Einheiten (auf Vollbeschäftigte umgerechnete Beschäftigte des Betriebes)

2) Betriebsprämienfonds

Quelle: Parteihochschule «Karl Marx» beim ZK der SED

kapitalistischen Unternehmen verglichen werden. Inwieweit eine Übereinstimmung der Interessen des Betriebes und der einzelnen Arbeitskollektive mit denen der gesellschaftlichen Zielsetzung erreicht wird, hängt jeweils davon ab, ob die materielle Prämie einen genügend großen Anreiz bietet, um den Betrieb zum Verzicht auf Produktionsreserven zu bewegen. Das Kennziffernsystem muß also das betriebliche Verhalten derart beeinflussen, daß eine Prämienmaximierung nur bei zugleich optimaler volkswirtschaftlicher Effizienz möglich ist. Erst wenn staatliche und betriebliche Planung sich dementsprechend ergänzen, kann man von einer allseitigen Planerfüllung sprechen.

●●

Allseitige Planerfüllung

Den Plan erfüllen – das ist bei uns eine Sache der Arbeiterehre. Der Plan eines Betriebes verkörpert die Verantwortung und die Pflichten des betreffenden Betriebskollektivs gegenüber der Gesellschaft. Er besagt, was der Betrieb zur weiteren erfolgreichen Verwirklichung der Hauptaufgabe in ihrer Einheit von Wirtschafts- und Sozialpolitik beizutragen hat, und an den Ergebnissen spürt jeder, daß sich gute Arbeit für alle lohnt.

Unser wirtschaftliches Wachstum hängt heute mehr denn je von der Steigerung der Effektivität und der Arbeitsproduktivität ab. Deshalb geht es um die allseitige Erfüllung der Pläne, und dabei zählen sowohl die Menge der erzeugten Waren als auch das Verhältnis von Aufwand und Ergebnis, die Qualität der Erzeugnisse, Fortschritte in der Technologie und in den Arbeitsbedingungen, der heutige und der langfristige volkswirtschaftliche Effekt.

Unter diesen Gesichtspunkten organisieren die Gewerkschaften den sozialistischen Wettbewerb – ein Bewährungsfeld, auf dem sich das Schöpfertum der Werktätigen und die Beziehungen kameradschaftlicher Zusammenarbeit und gegenseitiger Hilfe ständig weiterentwickeln.

Eine allseitige Erfüllung des Planes ist ausschlaggebend für die kontinuierliche, dynamische Entwicklung der Volkswirtschaft. Mag ein Betrieb selbst effektiv produzieren – erst mit einer pünktlichen, sortiments- und qualitätsgerechten Belieferung aller seiner Kooperationspartner gewährleistet es den erwarteten volkswirtschaftlichen Effekt. Vertragstreue ist eine entscheidende Bedingung dafür, daß überall im Gefüge der Volkswirtschaft die Effektivitätsreserven genutzt werden können, die in einer noch höheren Kontinuität der Produktion liegen.

Neues Deutschland vom 30. November 1976

●●

Aus dieser Sicht ist die Planung und Bildung von Kennziffernsystemen und Prämienanreizen qualitativer Verbindungsfaktor zwischen den betrieblichen und staatlichen Zielvorstellungen. Die Kennziffern haben vor allem die Aufgabe, über der Angabe von Wert und Menge der Produktion die direkte Kontrolle und Steuerung der Betriebe zu gewährleisten. Die Prämien haben in dieser Hinsicht eine ergänzende Funktion. Sie sollen den Betrieb durch gezielte materielle Stimulierung zu einem volkswirtschaftlich optimalen Verhalten anregen.

Auch aus der offiziell nur spärlich geäußerten Kritik an der Effektivität des Systems geht aber deutlich hervor, daß es der DDR bisher nicht gelungen ist, ein derart funktionierendes Kennziffernsystem zu schaffen. Im Spannungsfeld von normativer Zielsetzung, Entscheidungsfähigkeit und Leistungsoptimierung ist das betriebsspezifische Interesse häufig größer als alle bisher ausprobierten Stimulierungsanreize der Zentrale. Die Produktionseinheiten versuchen ständig, sich durch Täuschung der übergeordneten Stellen einen größeren Entscheidungsspielraum zu schaffen, als ihnen die Planungsbehörde zugestehen will. Durch kalkulierte Leistungsbereitschaft bei Einreichung der Pläne, Abschieben von Verantwortung und Widerstand gegen Veränderungen jeder Art kommt es zu großen Effizienzeinbußen, zugleich aber auch zur Ausweitung der betrieblichen Freiräume.

Erst im Rahmen dieser Interessengegensätze und der durch sie bewirkten Aufweichung zentraler Planungsanweisungen läßt sich die Wirksamkeit der Planung insgesamt einschätzen. Mit Sicherheit kann man feststellen, daß es mit der direkten Verbindung von wirtschaftlicher Zielsetzung und Realisierung gelungen ist, die Krisenanfälligkeit der Volkswirtschaft durch eine Kumulation unterschiedlicher und entgegengesetzter Zukunftserwartungen deutlich zu verringern. Für diesen Erfolg zahlt die DDR den Preis der wirtschaftlichen Schwerfälligkeit, der Bürokratisierung und der fehlenden Austragung von Interessengegensätzen. Die Unterdrückung von Konflikten zwischen Wirtschaftssubjekten und Planungsinstanzen ist aber nicht unbedingt das typische Merkmal jeder sozialistischen Wirtschaftsordnung, sondern eher das spezifische Kennzeichen des sowjetischen Modells, in dem jede öffentliche Interessenvertretung als politische Opposition gedeutet wird. Die grundsätzliche Frage der Interessenartikulation und Interessenabstimmung auf der Basis des gesellschaftlichen Eigentums an den Produktionsmitteln wird zwar immer ein Hauptproblem dieser Wirtschaftsordnung bleiben, aber es ließen sich Lösungsmöglichkeiten vorstellen, die über die Praxis der in der DDR üblichen passiven Leistungsverweigerung in Form der «weichen Pläne» hinausgehen. Daß auch die DDR dieser Diskussion nicht auf Dauer ausweichen kann, zeigt sich immer dann, wenn das System in eine größere Planungskrise gerät und, wenn auch verdeckt, einige Prinzipien der bisherigen Politik in Frage stellen muß.

Arbeitsvorschläge

1. Die Wirtschaftsplanung der DDR ist in ihrer Zielsetzung und Ausgestaltung durch eine Reihe von Faktoren bestimmt, die nur zum Teil der tatsächlichen Verfügungsgewalt der Planungsinstanzen unterstehen. Systematisieren Sie diese Faktoren nach dem Grad ihrer Wirksamkeit.
2. An der Planerstellung sind verschiedene Ebenen und Produktionseinheiten in unterschiedlicher Intensität beteiligt. Erläutern Sie, auf welche Weise und in welchen Zeiträumen die Planung erfolgt. Wie kommt es zur Abstimmung der Interessen zwischen den Planungsinstanzen, und welche Konfliktmöglichkeiten sind dabei denkbar?
3. Die offizielle DDR-Theorie sieht eine Interessenkollision zwischen Produktionsbetrieben und staatlichen Planungsinstanzen nicht vor. Trotzdem gibt es diese Konflikte natürlich, und die Betriebe haben durchaus Möglichkeiten, ihre spezifischen Ziele zu verfolgen und ihren Entscheidungsspielraum zu erweitern. Auf welche Weise kann das geschehen?
4. Durch verschiedene Methoden versuchen die staatlichen Planungsinstanzen, einen Interessenausgleich zwischen den einzelbetrieblichen Zielen und der gesamtwirtschaftlichen Planung herzustellen. Diskutieren Sie die Erfolgschancen dieser Methoden im Hinblick auf die angestrebte Zielsetzung.

IX. Krise und Reform in der Planwirtschaft

Die «Krise» in der Planwirtschaft weist andere Merkmale auf als die in der Marktwirtschaft. Durch die zentrale Verbindung von Produktion und Konsumtion kann der Wirtschaftskreislauf nicht unterbrochen, sondern «nur» fehlgelenkt werden. Kennzeichen dieser falschen Steuerung sind dann Wachstumseinbußen in Form von Versorgungskrisen und Investitionsruinen. Wie das Schaubild ausweist, hat die DDR bisher mehrere dieser Krisen durchgemacht, wobei sich allerdings der Wachstumsverlauf im Laufe der Zeit immer mehr stabilisiert hat. Das ist der wesentliche Unterschied zum Konjunkturverlauf der Bundesrepublik.

Die offensichtlichen Fehler von Planung und Gestaltung der volkswirtschaftlichen Entwicklung führten meist mit zunehmender Intensität der Krise zu Kritik und Änderung des bisherigen Verfahrens. Das Unvermögen zu einer offenen Diskussion der Fehler und Schwächen des Systems brachte es allerdings regelmäßig mit sich, daß bis zum Zeitpunkt des jeweiligen Kurswechsels im offiziellen Sprachgebrauch weiterhin nur Erfolgsmeldungen zugelassen waren. Erst im nachhinein, wenn der Führungsapparat unter

Jährliche Änderungsraten des realen Bruttosozialprodukts in der Bundesrepublik Deutschland und des Nettoprodukts bzw. des realen Nationaleinkommens in der DDR 1951–1976 in vH

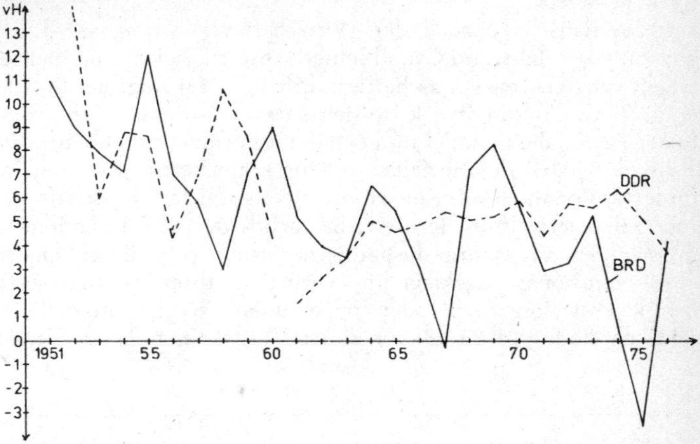

Quelle: Hannelore Hamel (Hg.): BRD–DDR. Die Wirtschaftssysteme. München 1977, S. 221

dem Eindruck der Wachstumsverluste eine Veränderung von Methode und Instrumentarium beschlossen hatte, wurde nun auch öffentlich als falsch deklariert, was kurz zuvor noch als absolut richtig hingestellt worden war. Unter diesen Bedingungen sind das «Neue Ökonomische System der Planung und Leitung der Volkswirtschaft» (NÖSPL) von 1963 und die mehr zentralistisch orientierten Veränderungen Anfang der siebziger Jahre im Rahmen des Ökonomischen Systems des Sozialismus (ÖSS) realisiert worden. Kennzeichnend war jeweils nicht die kontinuierliche Reform, sondern der abrupte Wechsel unter Ausschluß von Öffentlichkeit und Betroffenen, mit Ausnahme der Parteihierarchie.

Dies alles spielte sich auf dem Hintergrund einer revolutionären Umwälzung von Staat und Gesellschaft ab. Insofern kann die wirtschaftliche Entwicklung in der DDR auf Grund der Ausgangssituation von Anfang an als krisenhaft bezeichnet werden. Zwar konnte man in der Theorie auf das sowjetische Modell der Planwirtschaft zurückgreifen, doch blieben in Anbetracht der unterschiedlichen Ausgangsbedingungen und des wirtschaftlichen Entwicklungsstandes der beiden Länder Improvisation, Experiment und Anpassung die beherrschenden Momente der DDR-Planwirtschaft. So stand bis Anfang der sechziger Jahre im Mittelpunkt der Planung allein der Zwang, eine akute Mangellage durch eine quantitativ ausreichende Produktion zu überwinden, die Existenz der DDR zu sichern und damit die Machtfrage zugunsten der SED zu lösen. Dabei bediente man sich weitgehend eines Planungsapparates nach sowjetischem Vorbild, der auf der Grundlage zentraler Mengenplanung, festgesetzter Preise und des Außenhandelsmonopols seine Leitungsfunktion hauptsächlich in Form bürokratischer Anweisungen ausübte.

Dieses stalinistische Modell der Wirtschaftsverwaltung wurde schon Mitte der fünfziger Jahre auf Grund seiner Schwerfälligkeit und Ineffizienz von einigen Wirtschaftswissenschaftlern kritisiert. Im Zuge der Entstalinisierung des Jahres 1956 entwickelte sich eine oppositionelle Strömung innerhalb der Partei, die in Anlehnung an die Reformen in Polen und an das jugoslawische Modell des Sozialismus eine ähnliche Entwicklung in der DDR forderte. Vor allem sollte die zentrale Lenkung der Wirtschaft zugunsten einer Selbstverwaltung der Betriebe nach Kriterien der ökonomischen Effizienz erfolgen. 1957 wurde die politische Gruppierung dieser Opposition als konterrevolutionär angeklagt und verurteilt. Ihre Theorien verfielen dem Verdikt «revisionistisch» oder «opportunistisch». Die offizielle DDR-Geschichtsschreibung vermittelt von diesen Vorgängen folgende Version:

●●

Opportunismus und Revisionismus

Entschiedener als bisher mußte dabei zugleich gegen Erscheinungen des Opportunismus und des Sektierertums angekämpft werden. Es gab 1956 revisionistische Konzeptionen, die die führende Rolle der Partei in der Gesellschaft und die zentrale politische und organisatorische Funktion des sozialistischen Staates in der Planung und Leitung der Volkswirtschaft negierten, eine «Selbstverwaltung der Wirtschaft» empfahlen und das Wertgesetz spontan, als Regulator der Wirtschaft, wirken lassen wollten.

Andere Auffassungen drückten aus, daß der Aufbau und die Leitung der Wirtschaft in erster Linie die Aufgabe von «Industriekapitänen», von Managern sei. Dieser Ansicht lag die Unterschätzung der Rolle der Volksmassen und der schöpferischen Kraft der Arbeiterklasse beim Wirtschaftsaufbau zugrunde.

In einem angestrengten theoretischen und ideologischen Kampf wurden diese dem Wesen des Sozialismus fremden und schädlichen «Theorien» und Gruppierungen zerschlagen. Durch die richtige prinzipienfeste und zugleich elastische Wirtschaftspolitik der SED, die unbeirrbar darauf gerichtet war, die ökonomischen Gesetze des Sozialismus durchzusetzen, konnten Mängel und Schwierigkeiten im Vorwärtsschreiten überwunden und die sozialistische Staatsmacht gefestigt werden.

Hans Müller/Karl Reißig: Wirtschaftswunder DDR. Berlin (DDR) 1968, S. 260

●●

Die «elastische» Politik der SED sah vor allem eine größere Schwerpunktbildung und Produktionsabgrenzung in den einzelnen Industriezweigen durch Absprache mit den Ländern des Rates für gegenseitige Wirtschaftshilfe (RGW) vor. Verschiedene Verordnungen dienten der Straffung und Vereinfachung des komplizierten bürokratischen Apparates, wobei auch den Betrieben erstmals wieder seit 1948 das Recht auf mehr Mitsprache und Selbständigkeit im Rahmen der staatlichen Planung zugesprochen wurde. Nachdem es auf diese Weise zu einer gewissen Konsolidierung der ökonomischen Entwicklung und des Planungssystems gekommen war, ohne daß strukturelle Veränderungen vorgenommen worden waren, stiegen die Wachstumsziffern wieder an. In der Euphorie dieses Erfolges und auf Drängen der Sowjetunion verkündete die SED nun auf dem V. Parteitag im Juli 1958 als «Ökonomische Hauptaufgabe» des neuen Siebenjahresplanes ihre Absicht, die westdeutsche Wirtschaft an Leistung ein- und überzuholen.

●●

Die Ökonomische Hauptaufgabe (1958)

Die Hauptaufgabe des Siebenjahresplanes besteht darin, durch die schnelle Erreichung des wissenschaftlich-technischen Höchststandes die Arbeitsproduktivität und die Produktion in allen Zweigen der Volkswirtschaft bei ständiger Senkung der Kosten maximal zu erhöhen, um damit die materiell-technische Basis für den Sieg des Sozialismus zu schaffen und die wachsenden Lebensbedürfnisse der Bevölkerung immer besser zu befriedigen. Im Zeitraum des Siebenjahrplanes ist die grundlegende Aufgabe zu lösen, durch die umfassende Rekonstruktion der wichtigsten Zweige der Volkswirtschaft, durch die Rationalisierung der Produktion und die volle Entfaltung der schöpferischen Initiative der Werktätigen Westdeutschland auf dem Gebiet der Arbeitsproduktivität einzuholen und zu überflügeln. Durch die Erhöhung der Arbeitsproduktivität und der Produktion sind alle Voraussetzungen zu schaffen, um auch die ökonomische Überlegenheit der sozialistischen Ordnung über die kapitalistische Herrschaft eindeutig zu beweisen . . .

Ulbricht zur Begründung dieser Zielsetzung

Unser V. Parteitag hat die ökonomische Hauptaufgabe für den nächsten Abschnitt unseres Weges beraten, und ich schlage daher im Auftrage des Zentralkomitees vor, als ökonomische Hauptaufgabe zu beschließen: Die Volkswirtschaft der DDR ist innerhalb weniger Jahre so zu entwickeln, daß die Überlegenheit der sozialistischen Wirtschaftsordnung der DDR gegenüber der Herrschaft der imperialistischen Kräfte im Bonner Staat eindeutig bewiesen wird, und infolgedessen der Pro-Kopf-Verbrauch unserer werktätigen Bevölkerung mit allen wichtigen Lebensmitteln und Konsumgütern den Pro-Kopf-Verbrauch der Gesamtbevölkerung Westdeutschlands erreicht und übertrifft . . .

Karl C. Thalheim: Die Wirtschaft der Sowjetzone in Krise und Umbau. Berlin (West) 1964, S. 46

●●

Einige Jahre lief nun die Propaganda für die Erfüllung der «Ökonomischen Hauptaufgabe» auf höchsten Touren. Wettbewerbskampagnen, Produktionsaufgebote und eine neue sozialistische Arbeitsmoral sollten die Realisierung der gesteckten Ziele sichern. Die 1960 zugleich anlaufenden Maßnahmen zur Vollkollektivierung der Landwirtschaft erhöhten zusätzlich den wirtschaftlichen und politischen Druck auf die Bevölkerung der DDR. Eine zunehmende Verschlechterung der Versorgungslage, verbunden mit der Massenflucht und sinkenden Produktionsziffern, führten schließlich auch in den Reihen der SED zu ernsten Zweifeln an der Planung und Zielsetzung dieser Aufgabenstellung. Zunächst versuchte man noch, die Krise durch eine Erhöhung der Arbeitsproduktivität bei gleichzeitiger Steigerung der Arbeitsnormen und gestoppten Löhnen zu beheben – Maßnahmen, die als Notlösung immer dann getroffen werden, wenn die Wirtschaftsentwicklung nicht mit den Plänen übereinstimmt und man sich zu organisatorischen Reformen zunächst nicht entschließen kann.

1961 zog die Regierung dann die ersten Konsequenzen aus der Fehlentwicklung und revidierte die Planziele. Im Laufe einer längeren Reformdiskussion wurde an den Hemmnissen der bürokratischen Planung Kritik geübt und ein System gefordert, das mehr auf die Eigeninitiative und Verantwortung der Betriebe zugeschnitten war. Ihren Niederschlag fand diese Diskussion in der 1963 beschlossenen Einführung des «Neuen Ökonomischen Systems der Planung und Leitung der Volkswirtschaft». Man verzichtete zugunsten größerer Initiative von unten und flexibler Lenkung von oben auf die direkte staatliche Leitung. Innerhalb eines durch die Strukturpolitik des Staates bestimmten Rahmens sollten nun die einzelnen Betriebe auf der Grundlage von «quasi Marktdaten» (Normativen), die ihnen von der Zentrale übermittelt wurden, nach dem Prinzip der Eigenerwirtschaftung der Mittel arbeiten. Als zusätzliches Instrumentarium führte man eine Anzahl sogenannter «ökonomischer Hebel» ein. Dazu zählten vor allem die Methoden der wirtschaftlichen Rechnungsführung wie Preis, Umsatz, Gewinn und Zinsen für die von der Gesellschaft zur Verfügung gestellten Betriebsmittel und das Instrumentarium der materiellen Stimulierung wie Prämien und Löhne. Ebenso wurden die Abhängigkeits- und Unterstellungsverhältnisse der Betriebe im Organisationsbereich verändert, so daß diese in Zukunft selbständiger wirtschaften konnten. Insgesamt kann man die Reform als einen Versuch der kontrollierten Dynamisierung des Systems bezeichnen. Schwerpunkt blieb zwar nach wie vor die zentrale Planung und das in ihr ausgedrückte gesellschaftliche Gesamtziel der Wirtschaft, aber nun sollte die Pluralität der Interessen durch die organisatorische Erfassung und Kanalisierung unterschiedlicher Ansprüche mit in die Planung einbezogen werden. In einer Rede vor dem VI. Parteitag der SED (15. bis 21. Januar 1963) begründete Ulbricht die Reform des Planungssystems mit Mängeln der Investitionstätigkeit und mit Fehlern beim Ausnutzen der ökonomischen Gesetze des Sozialismus. Insofern blieb der grundsätzliche Anspruch auf die gesetzmäßige Objektivität der zentralen Planung erhalten und damit auch ihre Ableitung aus einer angeblich wissenschaftlich gesicherten Basis ökonomischer Entwicklungsbedingungen.

●●

Ulbricht über neue Fragen des ökonomischen Systems (1963)

Hauptaufgabe der Planung und Leitung der sozialistischen Volkswirtschaft ist es, die ökonomischen Gesetze des Sozialismus richtig und vollständig auszunutzen, um eine optimale und damit zugleich proportionale Entwicklung der Produktivkräfte zu sichern. Allein auf diese Weise ist es möglich, die entscheidenden Vorzüge unserer Wirtschaftsordnung zu nutzen.

[. . .]

Die richtige Ausnutzung der ökonomischen Gesetze ist nur dann möglich, wenn wir das System der Planung und Leitung so verbessern, daß den Triebkräften der ökonomischen Entwicklung freie Bahn geschaffen wird und zugleich die Hauptproportionen in ihrer dynamischen Bewegung wissenschaftlich präzise festgelegt werden und ihre Realisierung kontrolliert wird.

[. . .]

Man soll nicht glauben, daß es angängig wäre, die aus einer falschen Behandlung der materiellen Interessiertheit der Menschen entstehenden Mängel durch Appelle an die Moral und das ideologische Bewußtsein zu überbrücken.

[. . .]

Die aus dem umfassenden und exakten Einsatz der materiellen Interessiertheit erwachsende große Triebkraft des bewußten, aktiven und schöpferischen Handelns der Werktätigen wollen wir voll zur Wirksamkeit bringen, wenn wir sagen: Was der Gesellschaft nützt, muß auch dem einzelnen sozialistischen Betrieb und den Werktätigen des Betriebes nützen!

[. . .]

Unter solchen Bedingungen ist der Plan des Betriebes eine staatliche

Weisung, aber er wird auch zugleich von vornherein von jedem Betrieb als sein eigenes wichtiges Instrument entwickelt werden, mit dem er sich selbst eine hohe volkswirtschaftliche Leistung organisiert.

[. . .]

Somit verschwindet auch jegliche Grundlage für die bisher übliche kleinliche Bevormundung der VVB und der volkseigenen Betriebe. Wenn wir hier die Verantwortung und die materielle Interessiertheit richtig festlegen, so werden auch alle konkreten Einzelfragen an Ort und Stelle sachgemäß vorbereitet und einwandfrei gelöst werden. Jede Einmischung anderer Stellen kann nur störend wirken.

[. . .]

Unsere Argumentation richtet sich gegen das dogmatische Verharren auf Positionen der Wirtschaftspolitik, die heute offensichtlich überholt sind. Heute gilt der Grundsatz des höchsten ökonomischen Nutzeffekts.

Walter Ulbricht: Das Programm des Sozialismus und die geschichtliche Aufgabe der Sozialistischen Einheitspartei Deutschlands. Zitiert nach: Karl C. Thalheim: Die Wirtschaft der Sowjetzone in Krise und Umbau. Berlin (West) 1964, S. 145 f

---

●●

Die inhaltliche Grundtendenz dieser Ausführungen schlug sich in einer entsprechenden Richtlinie des Ministerrats nieder:

●●

Grundsätze und Merkmale des neuen ökonomischen Systems der Planung und Leitung der Volkswirtschaft

Das bisherige Planungs- und Leitungssystem unserer Volkswirtschaft sichert nicht in genügendem Maße einen ständig hohen Nutzeffekt der Wirtschaftstätigkeit, der die entscheidende Voraussetzung einer schnellen und proportionalen Entwicklung der Produktivkräfte ist. Die traditionellen Methoden der Planung, die ihnen entsprechende Leitungstätigkeit und Durchführung und Kontrolle der Planaufgaben und die Mängel in der Anwendung der wirtschaftlichen Rechnungsführung sowie die Formen der materiellen Interessiertheit behindern sowohl den notwendigen Grad an Wissenschaftlichkeit der planmäßigen Leitung der Wirtschaft wie auch die volle Entfaltung der Triebkräfte der sozialistischen Entwicklung. [. . .] Alle diese Mängel sind Ausdruck einer durch die politische und ökonomische Entwicklung überholten Art und Weise der Planung und Leitung, die nicht mehr für die vollständige Ausnutzung der ökonomischen Gesetze des Sozialismus geeignet ist, sogar Verletzungen dieser Gesetze zuläßt und damit begonnen hat, das erforderliche Tempo unserer ökonomischen und gesellschaftlichen Entwicklung zu bremsen.

Richtlinie für das neue ökonomische System der Planung und Leitung der Volkswirtschaft. Beschluß des Ministerrats vom 11. Juli 1963. Zitiert nach: Karl C. Thalheim: Die Wirtschaft der Sowjetzone in Krise und Umbau. Berlin (West) 1964, S. 167ff

---

●●

Bei der Realisierung dieses neuen Systems zeigten sich allerdings bald Schwierigkeiten, die den Ansatz der Reform zu sprengen drohten. Einerseits hatte man zwar den Betrieben erhebliche Freiräume zugestanden und den Gewinn zur wichtigsten Kennziffer für das ökonomische Verhalten gemacht, andererseits hielt man aber an der zentralen Bestimmung von Vollbeschäftigung und Preisstabilität fest. Es kam jetzt darauf an, das volkswirtschaftliche Lenkungsinstrumentarium so einzusetzen, daß eine dauernde Übereinstimmung zwischen den Betrieben und der Gesamtplanung gewährleistet war. Im anderen Fall würden sich Disproportionen und Friktionen zwischen den einzelnen Wirtschaftsbereichen nicht vermeiden lassen. Die zentrale Planung wäre in ihrer politischen Zielsetzung gegenüber der Durchsetzungskraft betrieblicher Interessen nur noch von untergeordneter Bedeutung. Da ihr die entsprechende Vorbereitung und Erfahrung fehlte, konnte aber die zentrale Planungsinstanz nicht nach einem ausgereiften Konzept handeln, sondern reagierte praktisch nur auf die offensichtlichen Fehlentwicklungen des bisherigen Systems.

Die Erweiterung des betrieblichen Freiraums, seine relative Autonomisierung brachten nicht nur eine verbesserte ökonomische Effektivität mit sich, sondern zugleich auch die Unterhöhlung der planwirtschaftlichen Zielsetzung. Die bald auftretenden Disproportionen zwischen den einzelnen Wirtschaftsbereichen waren durch indirekte Maßnahmen der Leitung nicht zu beheben. Nach den anfänglichen Erfolgen, die sich in steigenden Wachstumsraten ausdrückten, kam es in den Jahren 1969/70 zu einer erneuten Krise. Die Ursachen dieser Entwicklung waren im wesentlichen:

- Planungsfehler und Fehlentscheidungen der Wirtschaftsführung,
- Funktionsschwächen des Reformsystems,
- extreme Witterungsbedingungen und unzureichende Reserven.

Der Versuch, nach kybernetischem Modell zu einem sich selbst regulierenden System der Planwirtschaft zu gelangen, in dem das Teilsystem Betrieb durch indirekte Steuerung im Sinne des Gesamtsystems funktionieren sollte, scheiterte schließlich an der fehlenden Rückkopplung und mangelhaften Steuerungsmethodik der Zentralinstanz. Angesichts der akuten Mißstände in fast allen Wirtschaftsbereichen, Vesorgungslücken und steigenden Preisen formierte sich erneut Kritik und Unmut in der Bevölkerung und der Partei. Vorerst blieb es aber wie gewohnt bei den Appellen zu mehr Arbeitseinsatz und größerer Sparsamkeit.

●●

Günter Mittag über die Durchführung des Volkswirtschaftsplanes 1970

Die in dem von der Volkskammer der DDR beschlossenen Gesetz über den Volkswirtschaftsplan von 1970 enthaltenen Aufgaben stellen also eine objektive Notwendigkeit dar, deren Verwirklichung eine sehr verantwortungsbewußte und qualifizierte politisch-ideologische und organisatorische Arbeit unserer gesamten Partei und die angestrengte fleißige und schöpferische Tätigkeit des ganzen Volkes erfordern.

Das zu betonen ist besonders deshalb notwendig, weil es unter dem Eindruck bestimmter Schwierigkeiten und Anspannungen Stimmen gibt, die meinen, der Plan sei zu hoch und müsse «entspannt» werden. Die Parteiführung stand sowohl bei der Beratung der Planaufgaben für 1970 als auch bei der Beratung einiger Grundprobleme des nächsten Perspektivplanes vor der Frage zu entscheiden: Entweder mit hohem Arbeitselan und sozialistischer Bewußtheit der Werktätigen die Anstrengungen übernehmen und die Belastungen, die uns die Natur zusätzlich aufzwingt, zu überwinden, damit der Aufschwung der Volkswirtschaft zielstrebig und planmäßig fortgesetzt werden kann, oder nur mit kleinen Schritten vorwärts zu gehen, was bedeutet, im volkswirtschaftlichen Entwicklungstempo insgesamt zurückzubleiben und zugleich für einige Jahre auf eine weitere Verbesserung der Arbeits- und Lebensbedingungen zu verzichten.

Die im Bericht des Politbüros gewürdigten hohen Anstrengungen der Werktätigen und der dabei sichtbar gewordene Stand ihrer politisch-moralischen Bereitschaft zur Steigerung der Leistungen beweisen, daß die auf dem 12. Plenum des ZK beschlossenen Aufgaben für 1970 mit hoher schöpferischer Initiative und straffer Disziplin gemeistert werden können.

Wir müssen jedoch auch feststellen, daß unter den komplizierten Bedingungen der Plandurchführung bestimmte Mängel und Schwächen der Planung und Leitung deutlicher hervorgetreten sind. Es ist deshalb ein besonderes Anliegen des Referates, dem Zentralkomitee eine parteimäßige Einschätzung über politisch-ideologische Probleme der Plandurchführung 1970 zu geben und dabei auch offen darüber zu sprechen, was verändert und verbessert werden muß, um die klassenmäßige Erziehung, die ideologische Festigung, die Staatsdisziplin und den Qualifikationsstand zu erhöhen.

Kommuniqué der 13. Tagung des Zentralkomitees der SED. In: Neues Deutschland vom 11. Juni 1970

●●

Ende 1970 mußte aber die Wirtschaftsführung erkennen, daß sich die Entwicklung eher verschlechterte als verbesserte. Auf seiner 14. Sitzung im Dezember des gleichen Jahres unterzog das ZK das bisherige Modell der indirekten Lenkung und gewinnorientierten Steuerung der Betriebe einer umfassenden Kritik und Überprüfung. Die Planziele für die nächsten Jahre wurden zurückgenommen, die gesamte Langzeitplanung auf die Rahmenplanung für das Jahr 1971 reduziert. Da die indirekte Steuerung offensichtlich versagt hatte, griff die Wirtschaftsführung nun wieder direkt in die Regelung des Wirtschaftsgeschehens ein. So wurde der Katalog von staatlichen Kennziffern, Normativen und Kontrolldaten gegenüber den früheren Jahren erheblich ausgeweitet und qualitativ verändert. Mengenkennziffern traten bei den wichtigen Erzeugnissen wieder an die Stelle der Wertkennziffern. Die im neuen ökonomischen System dominierende Kennziffer «Gewinn», deren Erwirtschaftung und Verwendung weitgehend dem Betrieb überlassen worden war, wurde nun wieder zur Plankennziffer gemacht, und betriebliche Investitionen mußten erneut von den staatlichen Stellen gebilligt werden. Betriebsverlagerungen und -stilllegungen bedurften ebenfalls der Genehmigung. Die neue Abrechnungsordnung sah eine Verschiebung der Verantwortung auf die zentralen Staatsorgane vor, und die zentral geplanten Rechnungspositionen wuchsen im Plan 1971 auf 750 und im Plan 1972 auf rund 800 Einzeldaten.

Erich Honecker, der mittlerweile die Nachfolge Ulbrichts als 1. Sekretär der Partei angetreten hatte, setzte, in der üblichen Verklausulierung, auf dem VIII. Parteitag der SED neue Akzente.

●●

Erich Honecker über planmäßige Entwicklung und realistische Einschätzung (1971)

In der Freude über die Erfolge übersehen wir nicht die ungenügend bewältigten Aufgaben, die verbliebenen Schwierigkeiten und Ärgernisse. Das betrifft beispielsweise das Zurückbleiben der Energieproduktion und der Zulieferindustrie, die Lücken in der Versorgung und den Wohnungsbau.

[. . .]

Im Verlauf des 1970 abgeschlossenen Fünfjahrplanes traten neue Entwicklungsprobleme auf, es machten sich einige Disproportionen in der Volkswirtschaft störend bemerkbar. Unsere Partei, Genossen und Genossinnen, darf sich, wie Lenin lehrte, niemals scheuen, die Wirklichkeit so zu sehen, wie sie ist, und die Lage nüchtern zu prüfen. Das Zentralkomitee hat danach gehandelt. Auf seiner 14. Tagung analysierte es die Erfahrungen der letzten Jahre und zog entsprechende Schlußfolgerungen. Sie betreffen vornehmlich die Sicherung der planmäßigen und proportionalen Entwicklung der Volkswirtschaft, die Ausnutzung der ökonomischen Gesetze des Sozialismus und die realistische Einschätzung unserer Kräfte und Möglichkeiten.

Manche haben in dieser Zeit die Frage nach dem ökonomischen System des Sozialismus gestellt. Genossen, das ökonomische System des Sozialismus entwickelt sich gut, nur allzu viele «außerplanmäßige Wunder» kann es nicht verkraften. Es braucht den bilanzierten Plan als sicheres Fundament.

Erich Honecker: Bericht des Zentralkomitees an den VIII. Parteitag der Sozialistischen Einheitspartei Deutschlands. Berlin (DDR) 1971, S. 37f

---

●●

Bei der Modifizierung des neuen ökonomischen Systems ging es vor allem um die Wiederherstellung einer gleichmäßigen und stabilen wirtschaftlichen Entwicklung. Die Formulierung von den «außerplanmäßigen Wundern» richtete sich gegen sprunghafte Wachstumsraten einzelner Industriezweige, die zu Lasten des Gesamtsystems ihre Gewinne erhöhten. Spekulation und Spontaneität betrieblicher Interessendurchsetzung sollten wieder zugunsten einer qualifizierten und wirksamen zentralen Steuerung verdrängt werden.

Die Veränderung der Produktionsstrukturen und Bedarfsbedingungen sorgen dafür, daß auch diese neue Plansystematik ständig wieder auf ihre Effizienz überprüft werden muß. So bleibt es weiterhin Aufgabe der Politökonomie in der DDR, einen Weg zu finden, der die Betriebe als die Ersteller der materiellen Produktion so stimuliert, daß ihre betriebliche Effektivität zugleich den größten volkswirtschaftlichen Nutzen erbringt. In der aktuellen Diskussion der letzten Jahre wird die betriebliche Selbständigkeit wieder stärker betont. Nachdem weder Prämien- noch Leistungsanreize eine ausreichende Produktionssteigerung brachten, ist nun erneut von einer durchaus möglichen, «relativen» Verselbständigung der einzelnen Betriebe die Rede. In diesem Zusammenhang ist sogar von Widersprüchen der bisherigen Planung die Rede, die eine Stimulierung des wissenschaftlich-technischen Fortschritts der Betriebe verhindern würden. Neue Methoden sollen die Bereitschaft zur Übernahme von Risiken vergrößern, um die Betriebe an einer schnelleren Umsetzung wissenschaftlicher Erkenntnisse in die Produktion zu interessieren. Verantwortungsbereitschaft und Risikofreude werden wie in der Reformdiskussion von 1963 erneut zu den beherrschenden Schlagworten der theoretischen Auseinandersetzung.

Auch in Zukunft wird die Reform der Planung zwischen Zentralisierung und Dezentralisierung schwanken. Als Mittel des wirtschaftlichen Fortschritts und Wachstums ist jede Veränderung der Planungstechnik zugelassen, solange sie das Herrschaftssystem nicht gefährdet. Die weitgehende Ausschließung der Öffentlichkeit bei der jeweiligen Fehlerdiskussion aus

Furcht vor der möglichen politischen Dimension der Auseinandersetzung beläßt den einzelnen Werktätigen in der passiven Rolle des Betroffenen. Der Einzelbetrieb ist bei diesen Veränderungen der Gesamtorganisation in keiner Weise aktiv beteiligt. Er wird lediglich vorher mit den Mängeln im Produktionsbereich konfrontiert und erfährt die Umgestaltung dann in einer Menge von neuen Anweisungen. Ob und inwieweit solche Veränderungen auch die Mitwirkungsrechte der Werktätigen betreffen, ist für den bürokratischen Apparat zweitrangig. Veränderungen der Gesamtstruktur können auf Betriebsebene nur hingenommen, aber nicht diskutiert werden, da sie zugleich die politische Machtstruktur berühren. So ergeht an die Werktätigen meist nur der ständige Aufruf zu erhöhter Leistung, um durch die Mehrarbeit Schwächen des Planungssystems auszugleichen. Dabei bleibt der Zielkonflikt zwischen langfristig erhöhtem Wachstum unter Inkaufnahme von Unzufriedenheit der Bevölkerung oder Befriedigung der Konsumwünsche bei geringerem Wachstum voll bestehen.

Diese Situation wird seit Mitte der siebziger Jahre noch durch die Auswirkungen der Weltwirtschaftskrise mit ihren steigenden Rohstoffpreisen verschärft. So gerät die DDR-Wirtschaft immer stärker in die Klemme zwischen dem Exportzwang zum Abbau der Schulden bei den westlichen Industrieländern und den Forderungen der RGW-Partner nach Lieferung hochentwickelter technischer Produkte und Verfahren. Eingezwängt zwischen den offiziellen Versprechen von mehr Konsumgütern und höheren Sozialausgaben, zwischen steigenden Preisen und langfristigen Plänen ist der wirtschaftliche Aufschwung als Folge der Reformmaßnahmen Mitte der siebziger Jahre bereits wieder gefährdet. Diesmal geht die Krise allerdings weniger vom Planungssystem aus, als von den Veränderungen der Weltwirtschaft.

Arbeitsvorschläge

1. Die Krise in der Planwirtschaft unterscheidet sich qualitativ von einer Krise der liberalen Wirtschaftsordnung, obwohl das äußere Erscheinungsbild in etwa gleich sein kann. Auf welche Ursachen und Folgen sind diese Unterschiede und Ähnlichkeiten zurückzuführen?
2. Das Planungssystem der DDR wurde anläßlich von Krisen zweimal einer Reform unterzogen. In beiden Fällen war zwar die Ursache in Form sinkender Wachstumsraten gleich, aber die Tendenz der Reform unterschiedlich. Beschreiben Sie, auf welche Weise die DDR 1963 und 1970 die jeweils aufgetretenen Krisenerscheinungen zu beseitigen versuchte.
3. Wie alle großen Organisationen leidet die zentrale Planwirtschaft unter Schwerfälligkeit und mangelnder Flexibilität. Die Reformdiskussionen haben daher meist zwei Schwerpunkte: größere Entschei-

dungsfreiheit der einzelnen Produktionseinheiten zugunsten einer Einschränkung der zentralen Weisungsbefugnisse oder gleichmäßige Entwicklung und soziale Sicherheit zugunsten der Durchsetzung zentraler Planungsinstanzen. Diskutieren Sie die jeweiligen Vor- und Nachteile dieser Lösungsversuche.

4. Die Reformmaßnahmen der DDR haben im Westen ein sehr unterschiedliches Echo gefunden. Die bekannteste Interpretation ist die Konvergenztheorie, nach der sich auf Grund der objektiven wirtschaftlichen Bedingungen die Wirtschaftsordnungen des Sozialismus und Kapitalismus langsam annähern, um schließlch in der Synthese eines Systems aufzugehen. Lassen sich die Reformmaßnahmen der DDR in dieser Hinsicht interpretieren?
5. Die DDR wertet die Konvergenztheorie als Mittel der ideologischen Unterwanderung im Klassenkampf. Im Wettkampf der Systeme sei dies eine neue Variante westlicher Politiker, die DDR zu diskriminieren und ihr eigenes System zu konservieren. Versuchen Sie, diesen Standpunkt argumentativ wiederzugeben.

Vierter Teil
Zum aktuellen Stand der Systemkonkurrenz

I. Die DDR: Gesellschaftliche Sicherheit und persönliche Unfreiheit

Seit fast dreißig Jahren versucht die SED, unter Anlehnung an das sowjetische Beispiel den prinzipiellen Anspruch einer alternativen Wirtschafts- und Gesellschaftsordnung – den Sozialismus – mit der Praxis eines ebenso prinzipiellen Umerziehungsprozesses zu versöhnen. Die Chancen für einen derartigen Versuch waren von Anfang an nicht gut, beruhten sie doch vor allem auf Annahmen über eine Entwicklung in den kapitalistischen Ländern, die man zwar erwarten, aber nicht direkt beeinflussen konnte. Die Hoffnung auf eine tiefgreifende Krise der Marktwirtschaft mit einer Zuspitzung der sozialen Widersprüche hat sich über dreißig Jahre nicht realisiert. Was blieb, war der Versuch, die Bevölkerung davon zu überzeugen, daß der in der Praxis sehr kärgliche Sozialismus sich langfristig als überlegen erweisen werde und deshalb immer noch besser sei als der blühende Kapitalismus. Da diese Überzeugungskampagne nicht in Form einer geistigen Auseinandersetzung und Diskussion verlief, sondern sich weithin auf die dauernde Wiederholung der immer gleichen Formeln beschränkte, wurde sie schließlich zum leerlaufenden Ritual. Und je weniger die Propagandamaschine an Wirkung erzielte, desto aufwendiger wurden die Versuche, über Schulen und Massenorganisationen, Medien und Wettbewerbskampagnen wenigstens jeden einzelnen Bürger zu einem formalen Bekenntnis zum Sozialismus zu verpflichten. Dieses Bemühen einer ideologisch fixierten Minderheit, der bürgerlichen Mehrheit den Sozialismus mittels organisatorischem Aufwand und ständiger Wiederholung aufzuzwingen, brachte, wenn überhaupt, eher Opportunisten und Karrieristen hervor, als die angestrebte «sozialistische Persönlichkeit».

Während die staatsbeherrschende Partei über die öffentlichen Institutionen und Medien ihren «Sozialismus» und «Antikapitalismus» verbreitete, scholl ihr das bürgerliche Echo über die auf Westsender eingestellten Rundfunkgeräte und Fernsehapparate der privaten Haushalte entgegen. Gerade die Unfähigkeit der Partei zu einer öffentlichen und offiziellen Diskussion verstärkte den Antieffekt ihrer eigenen Propaganda noch und trieb schließlich den einzelnen Bürger in die Rolle einer gespaltenen Persönlichkeit:

einerseits sprachloser und passiver Untertan, der nur so viel Aktivität zeigt, wie man aus ihm über materielle Stimulierung und organisatorische Erfassung herauspressen kann, andererseits aktiver Privatmensch mit nie erlahmender Energie auf der Suche nach dem persönlichen Vorteil. Diesem Zustand konnte man bis zum Bau der Mauer in Berlin noch durch den Kauf einer einfachen S-Bahn-Karte ein Ende bereiten – ein Ausweg, der gerade für die aktiven, qualifizierten und jüngeren Leute verlockend war, da sie in der Bundesrepublik nicht nur von der politischen Bevormundung befreit waren, sondern vor allem auch in materieller Hinsicht weit bessere Möglichkeiten vorfanden, als die DDR sie ihnen auf längere Sicht anbieten konnte.

Nachdem dieser Fluchtweg nicht mehr zur Verfügung stand, mußten sich die Bewohner der DDR mit dem System arrangieren. Dieses Arrangement war besonders für die Teile der Bevölkerung von zunehmender Wichtigkeit, die über Bildung und Qualifikation auf eine berufliche Karriere hofften. Nachdem die wirtschftliche Stabilisierung des Systems und die Sperrung der Grenzen keine Hoffnung mehr auf eine baldige grundlegende Veränderung zuließen, konnte die bloß passive Hinnahme dieses Staates langfristig nicht genügen. So begann für den größten Teil der Bevölkerung nun doch ein Prozeß bewußter Auseinandersetzung mit der neuen Ordnung, in deren Verlauf man sich teilweise mit den Erfolgen identifizierte und eine Art «DDR-Bewußtsein» entwickelte. Auf der Suche nach Selbstbestätigung und Anerkennung für die eigene Leistung war man nun nicht länger bereit, grundsätzlich alles mit den Augen der westlichen Kritiker zu sehen, sondern schöpfte einen Teil seiner persönlichen Selbstachtung gerade aus der Identifizierung mit den immer größer werdenden Erfolgen in Wirtschaft, Sport und Politik. Ob dies trotz der politischen Erziehung oder dank der Parteipropaganda geschah, wird sich kaum entscheiden lassen. Insgesamt hatte aber dieser Teil der Beeinflussung gewiß eine weit geringere Wirkung, als dies angesichts des Aufwands zu erwarten gewesen wäre. Viel ausschlaggebender war, daß die Wirtschaftspolitik auch den DDR-Bürgern endlich eine Art zweites deutsches Wirtschaftswunder bescherte und man einen Lebensstandard erreichte, der im Vergleich zu den übrigen Ländern des Ostblocks dem der Bundesrepublik zum übrigen Westeuropa entspricht. Das gleichmäßige Wachstum von Produktion und Löhnen, die umfassende soziale Absicherung über Kinderbetreuung, Krankenversicherung bis zum Ferienplatz und die erfolgreiche Schul- und Bildungspolitik waren Tatsachen, die man ohne weiteres als besondere Leistung anerkennen konnte.

Wenn dieser Prozeß des Arrangements und der Aussöhnung zwischen Partei und Bevölkerung trotzdem nicht kontinuierlich verläuft, sondern gerade Ende der siebziger Jahre die Konflikte und Widersprüche eher größer als schwächer werden, so hat das folgende Gründe:

1. Der materielle Rückstand gegenüber der der Bundesrepublik nimmt eher noch zu.

2. Der ideologische Druck und Erziehungsanspruch der SED bleibt unverändert.

3. Eine neue DDR-Generation entwickelt selbstbewußt und qualifiziert eigene Vorstellungen über die Realisierung des DDR-Sozialismus. Trotz der anhaltenden Wirtschaftskrise in der Bundesrepublik ist es der DDR nicht gelungen, den materiellen Vorsprung der Bundesrepublik auch nur annähernd abzubauen und die Versorgung der Bevölkerung mit hochwertigen Konsumwaren, Ersatzteilen und Dienstleistungen sicherzustellen. Während die Bundesrepublik unter dem Druck von Arbeitslosigkeit und verschärfter Konkurrenz auf den Weltmärkten ihre Arbeitsproduktivität überproportional steigern konnte, bleiben Rationalisierung und Intensivierung weiterhin Schwachstellen der DDR-Wirtschaft. Konfrontiert mit steigenden Sozialausgaben, wachsenden Rohstoffpreisen und der zunehmenden Verbitterung der Bevölkerung, die trotz gestiegener Löhne häufig keine entsprechenden Waren im Angebot findet, vesucht die DDR sich des Nachfragedrucks durch Importe von Konsumwaren aus dem westlichen Ausland zu wehren. Im Zickzack improvisierter Maßnahmen, vom Ausbau der Intershops, der Einführung von Westmark als Zweitwährung bis zu den Importen von Volkswagen, gerät so der theoretische Anspruch der Gleichbehandlung aller Verbraucher ins Hintertreffen. Die derart importierte Konsumungleichheit beseitigt zwar den Kaufkraftüberhang, reißt aber zugleich Gräben der sozialen und materiellen Benachteiligung, die vorher zumindest nicht so sichtbar waren.

Die durch Westimporte und Besucherschwemme ausgelöste ideologische Verunsicherung der Bürger, die parallel zu dem politischen Entspannungsprozeß in Europa verläuft, versucht die Partei durch Betonung der politischen Zielsetzung einzuschränken und zu kanalisieren. Gerade weil in der Praxis improvisiert werden muß, soll wenigstens im Bereich der Theorie die Kontinuität bewahrt bleiben. Mit einem ständig dichter werdenden Netz der Erfassung versucht die SED auch noch den letzten und passivsten Bürger zu irgendeiner Art gesellschaftlicher Tätigkeit zu bewegen. Insgesamt zeichnet sich bei der gegenwärtigen Organisationsstruktur und den angesprochenen Tendenzen eine ständige Überforderung aller Werktätigen, einschließlich der Leitung, ab. Dieser Druck muß auf die Dauer zu Gegenreaktionen führen, die sich entweder in Passivität und Resignation äußern oder in einen qualitativen Widerstand gerade der aktiven und engagierten Persönlichkeiten umschlagen.

Diese Phase scheint jetzt, etwa mit der Veröffentlichung des Buchs von Rudolf Bahro oder des im *Spiegel* abgedruckten Manifests einer angeblich organisierten Opposition, sogar innerhalb der SED, erreicht zu sein.

●●

Das Manifest der Opposition

Warum wird der Abstand DDR–BRD in der Arbeitsproduktivität, nach Lenin dem letztlich entscheidenden Kriterium für die Überlegenheit einer Gesellschaftsordnung, in den entscheidenden volkswirtschaftlichen Zweigen immer größer?

Warum ebben die Wellen der Ausreiseanträge und die Versuche zur Republikflucht, selbst unter Einsatz des Lebens, nicht ab?

Warum treten 94 Prozent aller DDR-Bürger, also auch die Mehrheit der Funktionäre, Abend für Abend die geistige Republikflucht an und schalten auf ARD und ZDF? Weil der polit-ideologische Psychoterror unerträglich, die Flucht in eine andere Welt Notwendigkeit zum Überleben ist!

Warum steigt der Verbrauch von Arzneimitteln in der DDR überdurchschnittlich hoch, wobei der Verbrauch der «LMA»-Tabletten (*«Leck mich am Arsch», DDR-Kürzel für Psychopharmaka, A. d. R.*) sogar sechsfach höher liegt als der anderer Medikamente?

Warum hat die DDR Weltspitze bei Ehescheidungen, Selbstmordraten und Alkoholmißbrauch?

Wo liegen die Defekte dieser Gesellschaft?

Warum ist der Datschismus (*benannt nach der Datscha, aus dem Russischen entlehnter DDR-Ausdruck für Wochenendhaus, A. d. R.*) zur Hauptform des Lebens geworden?

Wir könnten weitere Fragen aus einzelnen Lebensbereichen stellen, deren Beurteilung für das Politbüro genauso niederschmetternd wäre, selbst wenn es die Statistiken noch mehr fälschen ließe. Der letztliche Grund für diese deprimierenden, dem sozialistischen «neuen Menschen» hohnsprechenden Tatsachen ist im politischen Überbau ohne demokratische Spielregeln, in der skandalösen Differenz zwischen der ethischen Theorie einerseits und der ahumanen Praxis andererseits, im Widerspruch zwischen PK (*Produktivkräften, A. d. R.*) und PV (*Produktionsverhältnissen, A. d. R.*) zu suchen. Die DDR ist der Abklatsch einer 16. Unionsrepublik (*der Sowjetunion, A. d. R.*), wobei deren negative Seiten mit deutscher Gründlichkeit vergröbert sind.

Der ostdeutsche Arbeiter kann genauso klug, erfinderisch und geschickt wie sein westdeutscher Kollege sein. Aber will er? Hat er den Ehrgeiz, die Arbeitsproduktivität höher zu treiben? Hat er den Anreiz, mehr Geld auf ehrliche Weise, durch echte Leistungssteigerung zu verdienen? Oder soll er Kraft, Werkzeug und Material aus dem Betrieb nicht besser für den privaten Job nach Feierabend einsetzen? Jeder, der in Industrie oder Landwirtschaft, im Gesundheitswesen oder Verkehr, im Handel oder als kleiner Staatsangestellter arbeitet, sieht: Die nicht arbeiten, leben am besten. Soll man es ihnen nicht nachtun?

Die DDR hat angeblich Arbeitskräftemangel, aber die vorhandenen Fachleute können oft nicht sinnvoll ausgelastet werden, weil es an Material, Energie, Transportkapazität oder ähnlichem fehlt. Der Plan wird schon in der Brigade-Abrechnung mit dem Bleistift erfüllt, die Leistung gefälscht, damit die Lohntüte stimmt.

So entstehen Millionen-Verluste. Dann hetzen Überstunden, Sonn- und Feiertagsarbeit die Werktätigen. Der Lohnfonds wird wiederum weit überzogen, die Lücke zwischen Angebot und Nachfrage noch mehr aufgerissen.

Es fehlt an Ersatzteilen, die wertmäßig Pfennige ausmachen, aber ganze Produktionsabschnitte fallen dadurch aus. Zeit, Sprit und Arbeitskraft gehen massenweise verloren beim Kreuz und Quer durch die Republik, um das Nötigste an Engpässen zu überwinden. Wiederum versickern Millionen.

Jeder Kapitalist ginge bei dieser Wirtschaftsweise zugrunde. Bei uns zahlt der Arbeiter und Bauer für die Unfähigkeit des bürokratischen Apparates mit niedrigerem Lebensstandard als im Westen.

Wir erinnern daran, Genossen: Beim NÖSPL (*Neues Ökonomisches System der Planung und Leitung der Volkswirtschaft, wirtschaftspolitische Reformkonzeption mit liberalen Elementen, 1963–1967, A. d. R.*) kann man die vernichtendste Kritik über das Versagen des Systems nachlesen. Es handelt sich dabei nicht um Feindpropaganda, sondern um offizielle Staats- und Parteidoktrin. Nur: Die Honecker-Administration, die den Mund so voll nahm, alles zu bessern, hat das organisierte Chaos bis zur Unerträglichkeit vergrößert. Nie in der Geschichte der DDR klafften Anspruch und Wirklichkeit derart weit auseinander. Nie wurden die Werktätigen derart intensiv ausgebeutet wie heute.

Wir fragen: Hat die Arbeiterklasse für den Acht-Stunden-Tag oder das pausenlose Schichtsystem gekämpft? Die Familien sind Tag und Nacht getrennt, aber die Partei erhebt den Finger: Erzieht eure Kinder sozialistischer, sie sind labil! Am Wochenende darf Vater zur Kampfgruppe, Mutter übt ZV (*Zivilverteidigung, A. d. R.*), der Sohn GST (*Gesellschaft für Sport und Technik, Organisation zur vormilitärischen und wehrsportlichen Erziehung und Ausbildung, A. d. R.*), die Tochter DRK – alles zum Schutz der Politbüro-Kaste!

Von der Woche wollen wir gar nicht reden: Zeitungsschau, Agitatoren-Gespräch, Versammlungen in Partei, Gewerkschaft, FDJ, DSF (*Gesellschaft für Deutsch-Sowjetische Freundschaft, A. d. R.*), Partei-, FDJ- und Gewerkschaftsschuljahr – und überall die gleiche Leitartikel-Litanei.

Die Kollektivierung ist total, selbst das gemeinsame Mittagessen am Sonntag wird ersetzt durch Pflichtdemonstrationen, Pflichtbegrüßungen, Pflichtverabschiedungen, meist eines Sowjet-Touristen.

Der Spiegel 2/78

●●

Während die oppositionellen Kräfte der fünfziger und sechziger Jahre durch Alter, Flucht oder Inhaftierung nahezu bedeutungslos geworden sind, erwächst nun dem System aus seinen eigenen Reihen Widerstand. Es sind Leute, die in der DDR aufgewachsen sind, dort ihre Bildung und Berufsqualifikation erhalten haben und sozusagen altersgemäß den DDR-Staat in ihrer Person mit allen Stärken und Schwächen verkörpern. Kraft ihrer Bildung und ihres Wissens sind sie in der Lage, nicht nur bei der Negation des gegenwärtigen Status stehenzubleiben, sondern mit der Kritik an den vorgefundenen Verhältnissen Ansätze zu einer politischen Alternative zu verbinden. Ihre Basis hat diese Opposition ebenso in den Kreisen von Parteifunktionären wie bei den unteren und mittleren Führungskräften in Verwaltung und Wirtschaft. Eng verbunden mit dieser Gruppe sind die Kritiker aus den Reihen der Intelligenz, insbesondere aus den Hoch- und Fachschulen und dem Künstlermilieu. In der Formulierung ihrer Kritik folgen sie den Kriterien materialistischer Analyse und sozialistischer Orientierung. Die Thematik ihrer inhaltlichen Ausführungen reicht vom Hintertreppenklatsch über die privaten Verfehlungen einzelner Prominenter bis zum utopischen Entwurf eines nationalen, sozialistischen Deutschlands.

Dieser idealistische Voluntarismus entspricht in seiner radikalen Kritik am bestehenden Sozialismus dessen übertriebener Bejahung in den offiziellen Parteiverlautbarungen. Genau diese Tatsache legt auch die Echtheit eines Dokuments wie des Manifests nahe, dessen Verfasser vom gleichen radikalen Moralismus beseelt sind, mit dem ihre früheren Ziehväter einst kommunistische Politik zu machen versuchten. Diese prinzipielle Übereinstimmung zwischen Opposition und Partei in der Verkennung der Realitäten macht die Gegner der Regierung aber zugleich so gefährlich für eine weitere Politik der kleinen Schritte. Das Hochspielen der nationalen Frage und die antisowjetische Tendenz in der Forderung nach Realisierung eines DDR-eigenen Sozialismus mag zwar durchaus der Stimmungslage vieler DDR-Bürger entsprechen, übersieht aber das vitale sowjetische Interesse an der Erhaltung des Status quo in Europa. Die jetzt erstmals aus den Reihen von Parteimitgliedern wieder öffentlich geäußerte Kritik am realen Sozialismus erhält durch seine antisowjetische Zielsetzung und im Zusammenhang mit den Ausreiseanträgen Hunderttausender von DDR-Bürgern eine fast systembedrohende Brisanz. Die Alternative heißt aber im Augenblick nicht «deutscher Sozialismus» oder «sowjetische Planwirtschaft», sondern realer Sozialismus mit offenkundiger Ungleichheit durch Westmarkwährung und Beziehungskäufe oder Mangelgemeinschaft und kalter Krieg.

Auch hier ist die Bevölkerung der DDR in der Erfassung und Bewertung ihrer eigenen Realität nicht autonom. So, wie über dreißig Jahre lang für alles, was in diesem zweiten Deutschland geschah, immer die Bundesrepublik Maßstab und Perspektive war, so könnte dieser Beziehungspunkt auch noch für die Zukunft entscheidend werden. Die Vorteile der sozialen Sicher-

Zuwachs des Bruttosozialprodukts in der DDR und der Bundesrepublik Deutschland (jährliche reale Zunahme in vH)

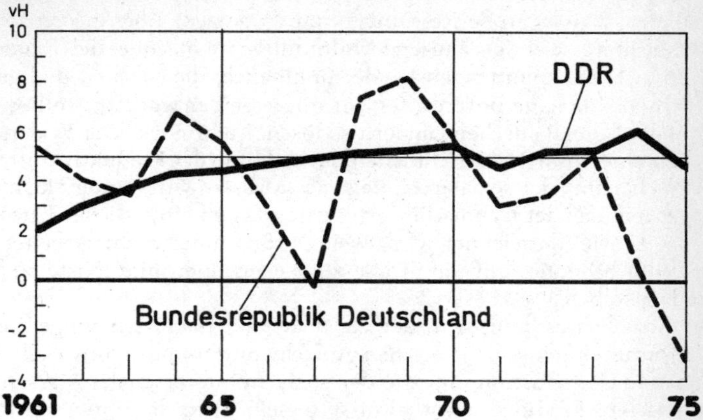

Quelle: Deutsches Institut für Wirtschaftsforschung, Berlin

heit, der Vollbeschäftigung und des langsamen, aber stetigen Wachstums blieben ja eben deshalb fast ohne Resonanz bei der Bevölkerung, weil sie durch den Verlust der politischen Freiheit erkauft worden waren und die Bundesrepublik offensichtlich beides – soziale Sicherheit und persönliche Freiheit – in ihrem System zu realisieren vermochte.

Sollte es in der Bundesrepublik doch noch zu der großen Krise kommen, wäre erstmals für den DDR-Bürger faßbar und konkret, was ihm bisher nur als Propagandatheater der herrschenden Staatspartei erscheinen mußte.

●●

Erich Honecker über den fundamentalen Unterschied beider Gesellschaftssysteme (1977)

Liebe Genossinnen und Genossen!

Um die Welt von heute zu verstehen, um die revolutionären Prozesse und ihre Gegenkräfte richtig einzuschätzen und stets seinen Kampfplatz zu finden, muß man die politischen Erscheinungen vor dem Hintergrund der ökonomischen Herrschaftsverhältnisse und der sozialen Bedingungen sehen. Das heißt im Sinne von Marx, Engels und Lenin an die Dinge heranzugehen. Denn der fundamentale Unterschied zwischen beiden Gesellschaftssystemen liegt in ihren Produktionsverhältnissen.

Das Ziel kapitalistischen Wirtschaftens war und ist der Profit. Selbstverständlich verfügt der Kapitalismus, der sich historisch in der Defensive befindet, noch über große Ressourcen und Potenzen. Aber die Profitwirtschaft im Interesse einiger tausend Multimillionäre macht es den Regierungen der in Frage kommenden Länder unmöglich, die sozialen und gesellschaftlichen Probleme unserer Zeit im Interesse der werktätigen Bevölkerung in den kapitalistischen Ländern zu lösen. Mehr noch: Der Widerstand zwischen einer zum Teil beachtlichen Entwicklung der Produktivkräfte und der Verschärfung der sozialen Notlage der Massen wird immer eklatanter. Es ist soweit, daß der technische Fortschritt von den bürgerlichen Theoretikern als «Furie» bezeichnet wird, weil er für immer mehr Arbeiter und Angestellte bedeutet, auf die Straße zu fliegen und ohne Existenz, ohne Beruf dazustehen.

Der Sozialismus hingegen, der als neue und historisch junge Gesellschaftsformation einen stürmischen Aufschwung nimmt, entwickelt seine Potenzen in Übereinstimmung mit den sozialen Interessen der Massen. Die sozialistischen Produktionsverhältnisse fesseln nicht die Entwicklung der Produktivkräfte, sondern schaffen ihnen breiteste Entfaltungsmöglichkeiten. Jeder Zuwachs an Wirtschaftskraft, jede wissenschaftlich-technische Leistung, jedes Prozent Steigerung der Arbeitsproduktivität findet seinen Umschlag in höherer sozialer Lebensqualität. Der Mensch steht bei uns im Mittelpunkt. Darin liegt, wie wir bereits auf dem VIII. Parteitag erklärt haben, ja der Sinn des Sozialismus: durch unsere sozialistische Volkswirtschaft und ihre weitere kontinuierliche Entwicklung alles zu tun für das Wohl des Volkes, für eine stete Steigerung des materiellen und kulturellen Lebensniveaus.

Während der Kapitalismus eine unüberbrückbare Kluft zwischen Wirtschafts- und Sozialpolitik konstatieren muß, kann der Sozialismus die Einheit von Wirtschafts- und Sozialpolitik im Interesse der Arbeiterklasse und aller Werktätigen zu seinem obersten Leitgedanken erheben. Das ist der Kern des gesellschaftlichen Fortschritts unserer Zeit, das ist der Kern der sozialistischen Revolution in der DDR und ihrer Perspektive.

Wenn bei uns von Wirtschaftspolitik die Rede ist, dann fällt sofort der Begriff Effektivität. Jeder weiß, daß wir uns auf diesem Gebiet viel vorgenommen haben und große Aufgaben noch zu erfüllen sind. Man kann sogar sagen, daß davon, wie wir sie lösen, letzten Endes alles abhängt. Was aber die Frage betrifft, welches Gesellschaftssystem effektiver ist, so ist dieser Beweis längst erbracht. Wir brauchen nur zu fragen, was ist effektiver – das System des Monopolkapitals, das Millionen und aber Millionen als Arbeitslose auf die Straße wirft und damit die Hauptproduktivkraft, den arbeitenden Menschen, millionenfach ausschaltet, oder das System des Sozialismus, in dem alle Arbeit und Brot haben und jeder werktätige Mensch seine Fähigkeiten und Talente, seine Persönlichkeit voll entfalten kann.

Was ist effektiver – das System des Monopolkapitals, in dem sich die Wirtschaft bald auf- und bald abbewegt, in der der Aufschwung nur die Vorbereitung für die nächste zyklische Krise ist, oder das sozialistische System, in dem die dynamische und stabile Aufwärtsentwicklung der Wirtschaft und ständiges Wachstum des Wohlstandes des Volkes charakteristisch sind.

Die Antwort auf diese Fragen ist klar. Im Sozialismus verfügt das Volk über das effektivste Wirtschaftssystem. Inflation, Arbeitslosigkeit, Notstand in der Berufsausbildung zeigen nicht nur die Grenzen der sogenannten sozialen Marktwirtschaft. Sie lassen überhaupt die Grenzen des Monopolkapitalismus erkennen.

Die sozialistische Revolution in der DDR und ihre Perspektiven. Aus der Rede des Generalsekretärs des Zentralkomitees der SED, Erich Honecker, auf der propagandistischen Großveranstaltung zur Eröffnung des Parteilehrjahrs 1977/78 in Dresden. In: Neues Deutschland vom 27. September 1977

●●

So könnte sich schließlich doch noch herausstellen, daß der bisherige Verlust von persönlicher Freiheit nicht ein Opfer ohne jeden Gegenwert war.

Arbeitsvorschläge

1. Lange Zeit war die politische und gesellschaftliche Situation des DDR-Bürgers durch eine Art Persönlichkeitsspaltung in einen passiven Staatsbürger und aktiven Privatmenschen gekennzeichnet. Auf welche Ursachen läßt sich dieser Tatbestand zurückführen?
2. Die gegenwärtige Situation ist einerseits durch enorme Anstrengungen der Staats- und Parteiführung zur Hebung des Lebensstandards gekennzeichnet, andererseits durch eine wachsende politische Opposition, die bis in die Reihen der Partei hineinreicht. Kennzeichnen Sie die Zielrichtung dieser Kritik und die gesellschaftliche Position ihrer Verfasser.
3. Einer der Kernpunkte der oppositionellen Kritik ist die Orientierung der DDR am sowjetischen Vorbild und die Forderung nach einem nationalen deutschen Sozialismus. Halten Sie eine derartige Forderung für realisierbar?
4. Die zukünftige Entwicklung der DDR ist, wie in all den Jahren zuvor, mit der Entwicklung ihres Systemkonkurrenten verbunden. Die Krise der Bundesrepublik könnte die Stabilisierung der DDR sowohl in materieller wie in politischer Hinsicht bedeuten. Halten Sie diese Aussage für berechtigt?

5. Der wachsende Einfluß des Eurokommunismus in Europa in Form der Regierungsbeteiligung kommunistischer Parteien in bisher rein bürgerlichen Staaten könnte auch den historischen Kompromiß zwischen der SED und der Sowjetunion gefährden. Unter welchen Voraussetzungen wäre eine solche Veränderung denkbar?

II. Die Bundesrepublik: Persönliche Freiheit und gesellschaftliche Unsicherheit

Nach der Niederlage von 1945, dem politischen Vakuum der Besatzungszeit und im Konsumrausch einer sich selbst tragenden Dauerkonjunktur schrumpfte die ideologische Auseinandersetzung um die Gestaltung der Wirtschaftsordnung nahezu auf Null. Das gemeinsame Interesse am Wiederaufbau, wirtschaftliche Notwendigkeiten statt politischer Willensbildung, zimmerte ein Bündnis von Arbeitern und Unternehmern auf der Basis wachsender Einkommen. Trotz einiger verbleibender Unterschiede zwischen den Parteien in der politischen Tendenz wurden die Gemeinsamkeiten immer größer. Gemeinsam war der Antikommunismus und der Abscheu vor dem, was sich im Osten Deutschlands als Deutsche Demokratische Republik etablierte, gemeinsam das Bekenntnis zu den liberalen Traditionen der deutschen Geschichte und das daraus resultierende politische Bewußtsein der Anhänger und Wähler aller Parteien. Der beispiellose Wirtschaftsaufschwung ließ über der Beschäftigung des Geldverdienens und Geldausgebens alles vergessen, was einst unter dem Stichwort vom «Klassenkampf» zum eisernen Bestandteil politischen Wissens gehört hatte. Lediglich im Verteilungskampf der Tarifauseinandersetzungen lebten Bruchstücke dieser Zielsetzung in ritualisierter Form weiter.

Die Sozialdemokraten verwandelten sich unter der Hand von der Arbeiterpartei zur Volkspartei, deren Mitglieder mit dem Parteibuch ebenso Karriere zu machen suchten, wie zuvor die Anhänger der bürgerlichen Parteien. Mit dem Godesberger Programm war der Verzicht auf die Theorie einer alternativen Wirtschaftsordnung perfekt. Im Glauben an ein ungebrochenes Wirtschaftswachstum machten sich die sozialdemokratischen Politiker die Position der Marktwirtschaftler zu eigen und verbesserten sie noch durch das Instrumentarium einer rationalen Wirtschaftspolitik in Form der Globalsteuerung. Jetzt ging die Auseinandersetzung nicht mehr um das «Wie» der Wirtschaftsordnung, sondern nur noch um die Verteilungsquote der Wachstumsraten. Sozialdemokraten, Liberale und Christdemokraten stritten gemeinsam um die Position der Mitte und um den Ruf, die jeweils besten Marktwirtschaftler zu sein. Dieser großen Koalition der Marktwirtschaftler traten auch noch die Gewerkschaften bei, deren Integration in das System nach einigem Hin und Her über die Mitbestimmung und Vermögensbeteiligung schließlich in der «konzertierten Aktion» des sozialdemokratischen Wirtschaftsministers Karl Schiller ihren vorläufigen Höhepunkt fand. Die bloße Orientierung auf die Praxis unter Verlust jeder theoretischen Auseinandersetzung ging fast drei Jahrzehnte lang gut. Auch die kurzen Rezessionsphasen schienen eher eine Bestätigung dafür zu sein, daß zwar gewisse Probleme des kapitalistischen Systems in Form der Konjunkturzyklen nach wie vor existierten, man aber jetzt ein geeignetes Instrumentarium zu ihrer Bekämpfung gefunden hatte. In diesem Sinne diente die Bewältigung der ersten großen Nachkriegskrise 1966/67 durch die Koalition von Sozialdemokraten und Christdemokraten als endgültiger Beweis für die Tatsache, daß man mit der antizyklischen Finanz- und Steuerpolitik die wirtschaftliche Entwicklung lenken konnte.

Die noch vorhandene linke Opposition, die sich aus Kreisen der Altsozialisten und der sogenannten Neuen Linken in der Außerparlamentarischen Opposition formierte (APO), stieß daher mit ihren Theorien innerhalb und außerhalb der Parteien nur auf Spott und Verachtung. Im positiven Fall wurden sie in die Kategorie der Spinner und Weltverbesserer eingereiht, im negativen Fall als trojanische Pferde des Kommunismus oder gar als gekaufte Subjekte der DDR hingestellt. Die seit Gründung der DDR latente Agenten- und Unterwanderungsfurcht fand nun in ihnen ein neues Opfer, an dem man ungestört und unter dem Beifall der öffentlichen Meinung Aggressionen auslassen konnte. Auf dem Hintergrund weiter steigender Wachstumsraten zu Beginn der siebziger Jahre konnten zwar Jungsozialisten und Jungdemokraten im Spektrum der etablierten Parteien noch einige abweichende Thesen veröffentlichen, aber dies diente mehr zur Dokumentation pluralistischer Vielfalt und weniger der inhaltlichen Diskussion.

Die geringen Ansätze einer theoretischen Auseinandersetzung fanden mit dem Einsetzen der realen Krise im Jahre 1973 ein abruptes Ende. Mit dem Ölpreisschock und der Antiinflationspolitik der Bundesrepublik setzte eine Konjunkturentwicklung ein, die trotz aller staatlichen Gegenbemühungen letztlich nur mehr Arbeitslose produzierte. So machte sich bald in den Reihen der sozialliberalen Regierung, trotz ihres offiziell zur Schau gestellten Optimismus, Ernüchterung über die Steuerbarkeit der Wirtschaftsprozesse breit. Ende 1977/78 schließlich war kaum noch ein Mittel vorhanden, um die Realisierung der selbst gesetzten wirtschaftspolitischen Ziele zu sichern. Durch Konjunkturprogramme zur Belebung von Nachfrage und Investitionslust der Unternehmer hat die öffentliche Verschuldung bis heute ein Ausmaß angenommen, das von der Opposition bereits als verfassungswidrig bezeichnet wird.

Im Land des Wirtschaftswunders nimmt die Befürchtung zu, daß die Wirtschaftspolitik schon längst den Kräften des Marktes hilflos ausgeliefert

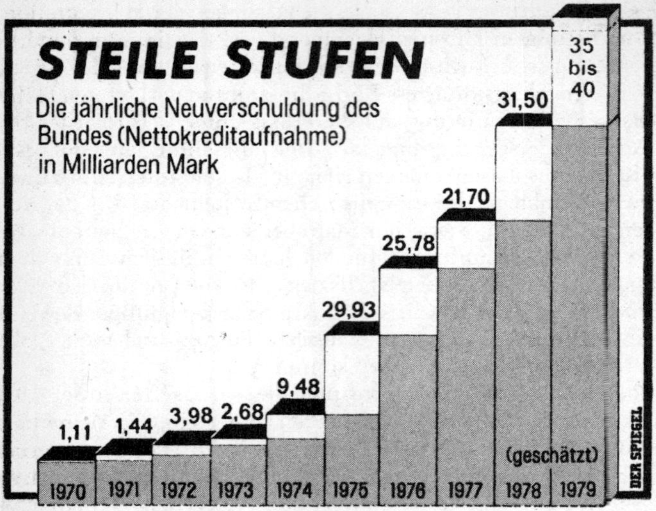

Quelle: Der Spiegel 20/78

ist und die Konjunktur nicht mehr auf die Steuersignale des Staates anspricht. Die Investitionslethargie der Unternehmer und die wirtschaftliche Zurückhaltung der Verbraucher scheinen mit den herkömmlichen Methoden nicht mehr zu stimulieren sein. So macht man schließlich aus der Not eine Tugend, indem man erneut, wie zu Beginn der Bonner Zeitrechnung, auf die Selbstheilungskräfte des Marktes vertraut und auf ein zweites Wirtschaftswunder hofft. Denn eine Art Wunder wäre es schon, wenn entgegen allen offiziellen und inoffiziellen Rechnungen ein neues Konjunkturhoch auf der Basis von Erweiterungsinvestitionen die Arbeitslosigkeit abbauen und die staatliche Verschuldung tilgen würde.

Eingekreist von den Zwängen einer weltweiten Drosselung des Wachstums und der stagnierenden Nachfrage bewegt sich die Wirtschaftspolitik der Regierung zwischen passivem Abwarten und hektischer Improvisation. Die Folgen sind am Hin und Her bei der Rentensanierung, den halbjährlich revidierten Aussagen zur Entwicklung von Arbeitslosigkeit und Wachstum, der eingestandenen Hilflosigkeit gegenüber dem Problem der Jugendarbeitslosigkeit und der Verdrängung von qualifizierten Facharbeitern durch Rationalisierungsinvestitionen ablesbar. In dieser Situation muß schließlich auch eine von Sozialdemokraten geführte Regierung Sozialleistungen kürzen, Reformversprechen zurücknehmen und sich aktiv für eine Anhebung der Gewinne zu Lasten der Lohnquote aussprechen, ohne doch den Erfolg dieser Maßnahmen garantieren zu können. Unter der Hand zerbricht dabei die Basis des bisher alle Parteien tragenden Konsens zur Marktwirtschaft. Trotz aller gleichbleibenden Beteuerungen und Bekenntnisse zur liberalen Wirtschaftsordnung, trotz scharfen Vorgehens gegen alle Parteimitglieder, die sich zu sozialistischen Zielsetzungen bekennen, wächst im bürgerlichen Lager von Konservativen und Unternehmern der Verdacht, daß mit dieser SPD die Krise nicht durchzustehen sei.

●●

Der Abgeordnete Strauß (CDU/CSU) zur Diskussion um die Marktwirtschaft in der Haushaltsdebatte vom 24. Januar 1978

Zu diesem Kapitel gehört auch die dauernde Drohkampagne gegen die Marktwirtschaft und einen Teil ihrer Träger. Ich sage: einen Teil ihrer Träger, weil Marktwirtschaft nicht die Wirtschaftsform der Unternehmer ist. Marktwirtschaft ist die Wirtschaftsform des ganzen Volkes. Marktwirtschaft wird von beiden Seiten getragen, von Kapital und Management einerseits und von Arbeit andererseits. Beides fließt heute zum Teil in erfreulicher Weise auch bereits zusammen.

Aber was soll man davon halten, wenn Herr Vetter zum Beispiel sagt: Arbeitslosigkeit, Kurzarbeit, Leistungsdruck, Jugendliche ohne Ausbildung sind die Ergebnisse unternehmerischer Alleinherrschaft? In unserem Staat gibt es keine Alleinherrschaft, und wenn es sie gäbe, wäre es keine Demokratie mehr.

(Beifall bei der CDU/CSU)

Gerade die Demokratie braucht Macht und Gegenmacht, Gewicht und Gegengewicht. Wir würden uns leidenschaftlich gegen eine Alleinherrschaft oder eine überwiegende Herrschaft des Kapitals wenden. Es muß aber ein ausgewogenes Verhältnis bestehen.

(Lachen bei der SPD)

– Die Tatsache, daß Sie darüber lachen, beweist nur, daß Sie von den Grundwerten, über die wir reden, nichts verstehen.

(Beifall bei der CDU/CSU – Zurufe von der SPD)

Herr Loderer sagte auf dem 12. ordentlichen Gewerkschaftstag der IG Metall in Düsseldorf am 22. September 1977: «Wir sind nicht auf die heutigen Strukturen in der Marktwirtschaft verpflichtet. Lange genug werden wir auf die Selbstheilungskräfte des Marktes vertröstet. Die Marktwirtschaft reicht nicht mehr aus, um die strukturellen Probleme zu lösen.» Herr Mahlein sagte: «Ein Wirtschafts- und Gesellschaftssystem, das nicht bereit oder nicht fähig ist, das Recht auf Ausbildung und Arbeit zu verwirklichen, stellt seine Existenz in Frage und ist selbst daran schuld, wenn die Forderungen nach neuen Ordnungen immer akuter werden.»

Ich möchte jetzt einmal wissen: Wie sollten die «neuen Ordnungen» aussehen? Es gibt doch für diejenigen, die im Herzen und nicht nur mit den Lippen sich zur Sozialen Marktwirtschaft bekennen, nur einen einzigen Weg, diese Mängel zu beheben, die es in unserer Regierungszeit nie gegeben hat, die Produkte der sozialliberalen Koalition und der von ihr geschaukelten Regierungen sind, nur einen einzigen Weg, und das ist, unsere Marktwirtschaft wieder funktionsfähig zu machen.

(Beifall bei der CDU/CSU)

Oder, wenn Sie es einfacher ausgedrückt haben wollen, man schickt ein Pferd nicht auf die Rennbahn und verlangt den Sieg, wenn man ihm vorher die Vorderläufe zusammengebunden hat, wie es in zunehmendem Maße in den letzten Jahren geschehen ist.

(Beifall bei der CDU/CSU – Zurufe von der SPD)

Da werden Strukturräte verlangt, Meldestellen für Investitionsplanungen als Vorkommandos für staatliche Investitionsplanung usw. usw. Man sollte doch in einer modernen Volkspartei – und die SPD erhebt ja den Anspruch darauf; es ist so wie ein Flugzeug, das nicht vom Boden abheben kann, weil die es zur Tiefe ziehenden Kräfte stärker sind als die zum Aufstieg treibenden Kräfte –

(Zurufe von der SPD)

endlich begreifen, daß der Übergang der Verfügungsgewalt über Produktionsmittel von privater Unternehmerschaft in gesellschaftliche oder staatliche Hände nackte Reaktion ist,

(Beifall bei der CDU/CSU)

Rückschlag ist, Niedergang bedeutet, weil damit die Kräfte einer modernen freiheitlichen, dynamischen Gesellschaft mutwillig angetastet und zum Schluß zerstört werden. Aber immer wieder erleben wir ja, daß hinter all dieser Kritik und hinter diesen Plänen der alte marxistische Adam steht, zu glauben, man müsse die Verfügungsgewalt über die Produktionsmittel ändern, dann entstehe die gerechte, vollkommene harmonisch funktionierende, glückselige Gesellschaft. Das ist doch ein abermaliger Beitrag des Aberglaubens, nämlich anzunehmen, daß man damit den Weg zum irdischen Himmel erschließen könne. Nein, man pflastert den Weg zur Hölle, indem man diesen Weg geht.

(Beifall bei der CDU/CSU)

Das Parlament vom 4. Februar 1978

●●

Der Vertrauensbonus der bürgerlichen Wähler gegenüber den Sozialdemokraten schwindet mit den wachsenden Schulden des Staates, von denen niemand weiß, wer sie im Zweifelsfall bezahlen soll. Während so einerseits mit Hilfe von SPD und Radikalenerlaß die theoretische Bandbreite der Diskussion immer enger wird, wächst andererseits im Gefolge einzelner krimineller Terroraktionen die propagandistische Aufblähung der sozialistischen Bedrohung. In vielen öffentlichen Meinungsäußerungen wird die SPD zum unmittelbaren Verursacher von Terror und Krise gestempelt, deren systemveränderndes Wirken bisher nur durch eine mutige Opposition und ein aufrechtes Bundesverfassungsgericht aufgehalten wurde. So setzt sich in der Perspektive des Bürgers das Bild der Regierungstätigkeit der sozialliberalen Koalition aus gutwilliger Hilflosigkeit, offensichtlicher Dummheit und bösartigem Verhalten zusammen. Noch hält allerdings das soziale Netz aus Arbeitslosengeld, Renten und staatlicher Subventionierung die Folgen der Krise im Rahmen des Erträglichen. Das Umverteilungssystem des Sozialstaates verhindert durch Einkommensübertragungen das Absinken vieler Haushalte in die Zone realer Armut. So hätten 25 Prozent der Bundesbürger nach der Definition des Sozialhilfegesetzes ohne die zusätzlichen Leistungen des Staates in Armut leben müssen. Das soziale Sicherungssystem hat diesen Anteil auf etwa ein Prozent reduziert.

Daher überwiegt bei der Bevölkerungsmehrheit das Gefühl der Hoffnung und materiellen Sicherheit. Doch dürfte dieses Gefühl spätestens bei weiter steigenden Arbeitslosenzahlen und der dann notwendigen drastischen Kürzung der Sozialleistungen einer tiefen Enttäuschung weichen. Die schon häufig zitierte Staatsverdrossenheit vieler Einwohner der Bundesrepublik, ihre Bereitschaft, sich nicht etablierten politischen Gruppen und Parteien zuzuwenden, signalisiert zusammen mit der sogenannten Tendenzwende die Richtung dieser Entwicklung. Nach einer Umfrage des Mannheimer Politologen Rudolf Wildenmann, im Auftrage der Zeitschrift *Capital*, wäre jeder vierte Bundesbürger bereit, eine Protestpartei zu wählen.

●●

Verdruß über Parteien wächst

Die Wildenmann-Umfrage kommt laut «Capital» zunächst zu dem Ergebnis, daß, «wenn am nächsten Sonntag Wahl wäre», die SPD 42,1, die FDP 8,8 und die CDU/CSU 47,9 Prozent der Stimmen erhielten. Damit würde die Koalition die Wahl mit einem um 0,4 Prozentpunkte besseren Ergebnis für sich entscheiden. Unabhängig davon hebt die Umfrage aber als Lehre der Vergangenheit hervor, daß das Prestige der drei Bundestagsparteien nach den Wahlen von 1969, 1972 und 1976 schubweise abgenommen habe: «Alle Parteien werden nur noch knapp positiv bewertet, die CSU sogar leicht negativ.»

Die Bereitschaft, eine Art Anti-Partei oder Ohne-mich-Partei nach dem

Muster der dänischen Steuergegner des Mogens Glistrup zu wählen, nennt die Umfrage bereits groß. 25,1 Prozent würden ihr ihre Stimme geben. Nur 46,6 Prozent sagten entschieden nein, während immerhin 28,5 Prozent unsicher waren über ihre mögliche Entscheidung am Wahltag. 34,4 Prozent der Sympathisanten einer Protestpartei rekrutieren sich aus der Arbeiterschaft, was «Capital» als Ausdruck einer Verärgerung über die Abgabenlast wertet, wenngleich das Blatt einräumt, daß die Steuerhöhe in der Bundesrepublik im Gegensatz zu Dänemark «kein generelles Ärgernis» darstellt. Am besten bei der Stange ihrer früheren Wahlentscheidungen blieben die eingeschworenen SPD-Wähler, von denen nur 21,5 Prozent einem Glistrup-Typ nachlaufen würden. Die FDP-Wähler dagegen, vor allem die halbherzigen, würden ihre gelb-blaue Gefolgschaft zu mehr als einem Drittel aufkündigen. Besondere Unentschlossenheit zeigten die noch nicht endgültig entschiedenen CDU-Wähler: Ebenfalls ein Drittel von ihnen weiß nicht, ob sie CDU wie bisher wählen würden oder die Protestpartei.

Damit ist, wie «Capital» folgert, zum erstenmal seit 1952 «die Einbindung der Wähler in das Parteiensystem wieder fraglich geworden».

Außer den ganz jungen Wählern (bis 23 Jahre), die mit der höchsten Quote von 29,3 Prozent zur Protestwahl neigen, haben auch die 24- bis 29jährigen, die seit 1969 als feste Größe in der Rechnung der Koalitionsparteien galten, ihre Bindung gelockert: 25,9 Prozent würden die Anti-Partei wählen.

Die Untersuchung nach Berufsgruppen zeigt, nach «Capital», daß vor allem dem Mittelstand eine Protestpartei willkommen wäre. Über 44 Prozent der Selbständigen, Beamten und Angestellten würden sie wählen. Nur die gewerkschaftlich organisierten und kirchlich orientierten Wähler «halten am traditionellen Parteiengefüge fest». Als Ursache der wachsenden Unzufriedenheit der Wähler mit ihrer bisher bevorzugten Partei sieht die Umfrage die innere Verwirrung in allen drei Parteien, «die bei einer gefährlich starken Minderheit den Wunsch nach einer Veränderung im Parteiensystem geweckt hat».

Frankfurter Rundschau vom 26. August 1977

●●

Im Klima allgemeiner Unsicherheit und Hilflosigkeit gegenüber den ökonomischen Veränderungen, ohne alternative Vorstellungen über mögliche Ursachen und Folgen der Krise könnte sich hier erneut ein Marsch in die Gefilde traditioneller Krisenbewältigung abzeichnen. Der bewußte Verzicht fast aller Medien auf eine umfassende Diskussion alternativer Lösungsvorschläge, die Kennzeichnung linker Kritik mit dem Odium der Verfassungsfeindlichkeit und die einseitige Abschiebung aller Krisenursachen auf die

Gier verantwortungsloser Arbeitnehmer lassen deutlich eine reaktionäre Tendenz zur Bewältigung der Depression erkennen. In diesen Zusammenhang paßt die immer häufiger zu findende Formulierung vom neuen Klassenkampf zwischen den Arbeitsplatzbesitzern und den Arbeitslosen. Die gleiche Kennzeichnung findet sich auch im Zusammenhang mit den Renten und den Arbeitslöhnen. Während man sonst jeden Gebrauch sozialistischer Begriffe als Demagogie verwirft, bedient man sich ihrer sofort, wenn es um Gegensätze unter den Arbeitnehmern geht.

Die wirtschaftliche labile Lage belastet schließlich auch das Verhältnis zu dem eigentlichen politischen Ziehvater der Bundesrepublik, den Vereinigten Staaten. Die Amerikaner erwarten von Westdeutschland als dem wirtschaftlich stärksten Staat in Europa die Rolle einer Konjunkturlokomotive. Die Bundesrepublik soll auf der Basis eines neuen Wachstums auch nach außen, gegenüber dem Eurokommunismus in Frankreich und Italien, das Modell der nach wie vor erfolgreichen Marktwirtschaft präsentieren – ein Ansinnen, das angesichts der bereits fast ausgereizten Bonner Konjunkturpolitik und den nicht zuletzt von den Amerikanern ausgelösten Exporterschwerungen für die deutsche Wirtschaft auf wenig Entgegenkommen stößt.

So zeigt sich zu Beginn des Jahres 1978 die Bundesrepublik nach außen als ein Land mit höchstem Wohlstand und persönlicher Freiheit, während sie im Innern einen Drahtseilakt der Wirtschaftspolitik vollführt, der durch kein Netz theoretischer Alternativen abgesichert ist. Für den über fast 30 Jahre mit steigendem Konsum beschäftigten Bürger, der meist keine Zeit hatte, sich viel um Politik zu kümmern, wäre ein wirtschaftlicher Einbruch ein Fall ins Bodenlose. Die Richtung dieses Falls kann man allerdings ahnen, wenn man die traditionelle Furcht der Deutschen vor dem Osten und dem Kommunismus in Erwägung zieht. Trotz Krise könnte auch hier die DDR durch ihre bloße Existenz als Abschreckungsfaktor schnell zu einer gesellschaftlichen Stabilisierung in Form des autoritären Staates beitragen. Zwar zeigen die Streiks zu Anfang dieses Jahres, daß sich die Basis der Gewerkschaften der Integration in ein System stagnierender Löhne und steigender Gewinne entzieht, doch selbst die teilweise Aufkündigung dieses 1949 erfolgten Bündnisses zwischen Arbeitern und Unternehmern signalisiert eher die Ohnmacht als die Macht der Gewerkschaften. Der Verlauf der Krise wird zeigen müssen, ob sich der deutsche Staat mit der höchsten jemals erreichten materiellen und sozialen Freiheit des einzelnen auch in gesellschaftlicher Hinsicht gefestigt hat. Sonst könnte, wie schon in der Weimarer Republik, die gesellschaftliche Unsicherheit angesichts der sozialen Bedrohung in eine autoritäre Massenbewegung mit aggressiver Tendenz umschlagen. Auch eine Bundesrepublik als Bastion der Marktwirtschaft inmitten vom Eurokommunismus beherrschter oder mitregierter europäischer Staaten wäre allerdings eine Alternative, die in ihren Folgen für das Land und seine Bewohner zur geistigen und politischen Isolation führen müßte.

In dieser Hinsicht wären sich dann allerdings die beiden deutschen Staaten noch einmal ausgesprochen ähnlich: indem sie beide das von ihrer jeweiligen Besatzungsmacht vertretene System am getreuesten nachgeahmt und zur Vollendung gebracht hätten.

Arbeitsvorschläge

1. Im Sog der Dauerkonjunktur nach 1948 kam es zwischen den Parteien zu einer Art großen Koalition im Hinblick auf die Probleme der Wirtschaftsordnung. Diese Übereinstimmung betraf sowohl die negative wie positive Fixierung der theoretischen Auseinandersetzung. Erklären Sie, wie es zur Ausprägung dieser Interessenkoalition kam und was diese Tatsache für Folgen hinsichtlich der allgemeinen politischen Diskussion haben mußte.
2. Die seit 1973 anhaltende krisenhafte Entwicklung in der Bundesrepublik ist mit wechselhaftem Erfolg von der sozialliberalen Regierung bekämpft worden. Verfolgen Sie den Ablauf der einzelnen Konjunkturprogramme, und beschreiben Sie die jeweils erwarteten und tatsächlichen Folgen dieser Politik.
3. Die Hilflosigkeit angesichts der wirtschaftlichen Entwicklung drückt sich einerseits in der wachsenden Staatsverschuldung und andererseits im Mißtrauen des bürgerlichen Lagers gegenüber der sozialliberalen Wirtschaftspolitik aus. Auf welcher Erwartung basiert dieses Mißtrauen, und welche Folgen kann es für die weitere Entwicklung haben?
4. Aus dem parteipolitischen Vokabular des 19. Jahrhunderts wird neuerdings auch von bürgerlichen Politikern und Journalisten die Bezeichnung «Klassenkampf» im Zusammenhang mit der Arbeitslosigkeit gebraucht. Es ist dann von einem neuen Klassenkampf zwischen den Arbeitslosen und den Besitzern von Arbeitsplätzen die Rede. Halten Sie eine derartige Formulierung zur Charakterisierung der gegenwärtigen Situation für treffend?
5. Die DDR hat sich seit ihrem Bestehen stets als mögliche Alternative für eine eventuelle wirtschaftliche Neuorientierung in der Bundesrepublik betrachtet. Halten Sie diese Vorstellung für realistisch oder müßte man eher von einer entgegengesetzten Wirkung ausgehen?
6. Die Bundesrepublik wird häufig mit der Weimarer Republik verglichen. Allgemein kommt man dabei zu der Schlußfolgerung, daß die Demokratie in der zweiten Deutschen Republik wesentlich besser entwickelt und gefestigt sei. Was spricht für und was gegen diese Annahme?

rororo aktuell

Herausgegeben von Freimut Duve

Aufklärung NS-Zeit

Demant, Ebbo (Hg.)
Auschwitz – «Direkt von der Rampe weg ...»
Kaduk – Erber – Klehr:
Drei Täter geben zu Protokoll (4438)

Finkler, Rudi/Stümke, Hans-Georg
Die Verfolgung der Homosexuellen im Dritten Reich
(Arbeitstitel/4827 – in Vorbereitung)

Focke, Harald/Reimer, Uwe
Alltag unterm Hakenkreuz. Wie die Nazis das Leben der Deutschen veränderten. Ein aufklärendes Lesebuch (4431)

Alltag der Entrechteten. Wie die Nazis mit ihren Gegnern umgingen. Alltag unterm Hakenkreuz, Band 2 (4625)

Kühnl, Reinhard
Formen bürgerlicher Herrschaft
Liberalismus – Faschismus (1342)
Formen bürgerlicher Herrschaft II
Der bürgerliche Staat der Gegenwart (1536)
Faschismustheorien
Texte zur Faschismusdiskussion 2.
Ein Leitfaden (4354)

Kühnl, Reinhard (Hg.)
Geschichte und Ideologie
Kritische Analyse bundesdeutscher Geschichtsbücher (1656)
Texte zur Faschismusdiskussion I
Positionen und Kontroversen (1824)

Leiser, Erwin
«Deutschland, erwache!»
Propaganda im Film des Dritten Reiches (783)

Meyer, Alwin/Rabe, Karl-Klaus
Phantomdemokraten oder Die alltägliche Vergangenheit
35 bundesdeutsche Reaktionen. Ein Lesebuch (4344)

Zadek, Walter (Hg.)
Sie flohen vor dem Hakenkreuz
Selbstzeugnisse der Emigranten. Ein Lesebuch für Deutsche (4836 – Herbst 81)

Menschenrechte und Sozialismus

Dross, Armin Th. (Hg.)
Polen – Freie Gewerkschaften im Kommunismus? (4738)

Fuchs, Jürgen
Gedächtnisprotokolle
Mit Liedern von Gerulf Pannach und einem Vorwort von Wolf Biermann (4122)
Vernehmungsprotokolle
November '76 bis September '77 (4271)

Havemann, Robert
Dialektik ohne Dogma?
Naturwissenschaft und Weltanschauung (683)

Pelikàn, Jiři/Wilke Manfred
Menschenrechte
Ein Jahrbuch zu Osteuropa (4192)
Opposition ohne Hoffnung?
Ein Jahrbuch zu Osteuropa 2 (4537)

Schwendtke, Arnold (Hg.)
Arbeiter-Opposition in der Sowjetunion
Die Anfänge autonomer Gewerkschaften – Dokumente und Analysen (4432)